유럽의 극우파들

유럽에 들이닥친 우익 열풍,

왜, 어떻게 시작되었는가

Les Droites Extrêmes en Europe

Les Droites Extrêmes en Europe
by Jean-Yves Camus & Nicolas Lebourg

이 도서의 국립중앙도서관 출판예정도서목록(CIP)은 서지정보유통지원시스템 홈페이지(http://seoji.nl.go.kr)와 국가자료공동목록시스템(http://www.nl.go.kr/kolisnet)에서 이용하실 수 있습니다.
CIP제어번호: CIP2017027618(양장), CIP2017027617(반양장)

유럽에 들이닥친 우익 열풍,
왜, 어떻게 시작되었는가

장 이브 카뮈·니콜라 르부르 지음 | 은정 펠스너 옮김

한울
아카데미

일러두기

이 책의 각주는 독자의 이해를 돕기 위해 옮긴이가 덧붙인 것입니다. 원서의 출처 주 및 일부 설명은 본문 뒤편의 주에 실었습니다.

차례

옮긴이의 말

2017년 4월의 프랑스 대통령 선거는 유럽 국가들뿐만 아니라 전 세계 여론의 뜨거운 관심 속에서 치러졌다. 애국주의자를 자처하면서 외국인 혐오주의와 유럽연합 탈퇴를 정책으로 내세우고 있는 국민전선Front national: FN의 약진이 계속될 것인가에 대한 관심 때문이었다. 국민전선의 당수인 마린 르펜은 결선투표에서 33%를 차지해 대통령에 당선되지는 못했지만, 11명의 후보가 경쟁했던 1차 투표에서 21.3%를 차지함으로써 국민전선의 지지율이 안정권에 들어섰음을 입증했다. 이러한 급진적 극우주의 정당이 합법적 선거에서 약진하는 현상은 프랑스에만 국한되지 않는다. 반이슬람주의를 기치로 내거는 네덜란드 우익 정당인 자유당Parti de la liberté: PVV은 2017년 하원의원 선거에서 13%를 차지하며 위세를 계속 과시하고 있으며, 4년 전 유로화에 대한 반대 운동이 불씨가 되어 결성된 '독일을 위한 대안Alternative für Deutschland: AfD'은 2017년 9월에 있었던 연방하원 선거에서 12.6%의 득표율을 기록해 연방의회에 입성하게 되었다. 나치가 2차 세계대전에서 패배한 이후 72년 만에 처음으로 우익 정당이 의회에 진출함으로써 독일 정치권에 큰 파장을 일으키고 있다. 이처럼 유럽 전 지역에서 약진하고 있는 극우 정당들은 일부 유럽 대중의 정서를 정확하게 반영하고 있다. 2011년 독일의 프리드리히 에버트 재단이 유럽 8개국을 상대로 실시한 설문조사에서 응답자의 절반 정도가 외국인 이민자의 수가 너무 많다는 데 동의했으며, 응답자의 3분의 1은 인종에 따른 차별적 대우가 당연하다고 생각한다고 밝혔다. 외국인 혐오주의, 반이슬람주의, 국수주의 등의 성향으로 나타나고 있는 유럽의 극우주의는 과연 2001년 9·11테러와 2008년 금융위기로 심화된 새로운 현상인가?

이 책의 저자인 장 이브 카뮈Jean-Yves Camus와 니콜라 르부르Nicolas Lebourg는 유럽에서 활동하는 극우파들이 최근의 경제적·정치적 위기 때문에 등장한 새로운 현상이 아니라는 점을 분명히 밝히고 있다. 현재 활동하는 극우 정당들 중 '독일을 위한 대안'처럼 최근에 설립된 정당도 있지만, 대부분은 파시즘와 나치주의로 대표되는 극우주의 이데올로기의 연속성 안에서 시대의 변화에 따라 스스로 변화하고 적응해온 극우파들의 발현이라고 볼 수 있다. 예를 들어 프랑스의 국민전선은 신파시스트주의적 성향을 가졌던 신질서Ordre nouveau에 의해 1972년 창당된 정당이며, 오스트리아자유당은 전직 나치 당원들에 의해서 1955년에 창설되었다. 이 책은 현재 유럽 28개국에서 활동하고 있는 극우주의 단체들을 분석해서 이들이 속한 계보와 이데올로기의 스펙트럼을 거의 백과사전 수준으로 정확하게 정리한다. 두 저자는, 비록 수많은 극우 정당과 극우 단체를 하나로 묶을 수 있는 극우주의 이데올로기가 존재하지는 않지만, 단체들의 다양성과 그들이 속한 국가의 특수성에도 불구하고 그들을 포괄하는 극우주의 계열이 존재한다는 사실을 강조한다. 그렇다면 극우주의라는 개념이 품고 있는 정확한 함의는 무엇인가?

이 책의 두 저자는 오늘날 유럽 극우주의의 기원을 프랑스 역사를 통해 설명한다. 정확하게 말하자면 좌우로 나뉘는 정치 지형에 대한 개념은 1789년 프랑스혁명 이후에 생겨난 정당의 자리 배치로부터 시작되었다.

프랑스혁명 이후 형성된 제헌의회에서 혁명을 무마시키고 왕권체제로의 복귀를 희망하는 귀족들이 의장의 오른편에, 그리고 왕의 권한을 최소화하고 의원제도를 관철시키려는 혁명파들이 중간에 자리를 잡은 가운데 의장의 가장 왼편에는 보통선거를 지지하는 민주주의자들이 자리 잡게 되었다. 즉 혁명 반대파들이 의장의 오른편에 자리를 잡고 혁명파들이 왼편에 자리를 잡음으로써 오늘날 좌우 정치 지형에 대한 개념이 생성되었다. 왕정체제를 고정되어 있는 자연의 질서로 이해하면서 왕정체제의 몰락이 프리메이슨과 유대인 때문이라는 음모론을 퍼트렸던 반혁명파의 후예들이야말로 극우주의의 원형이라고 할 수 있다. 민족주의와 반유대주의 등으로 대변되는 이들의 이데올로기는 유럽 전 지역으로 퍼져나갔으며, 정치적 질서와 신적 질서의 구분에 반대하는 근본주의적 가톨릭주의자들의 이데올로기와 함께 계몽주의를 배척하기도 했다. 혁명 이전의 왕정체제로의 복귀를 희망하는 수구주의자들에 이어 1920년대 파시즘이라는 급진적 우익주의 운동이 일어나게 되는데, 이 운동은 제1차 세계대전의 경험과 러시아혁명의 여파로 생성되었다. 무솔리니가 일으킨 이탈리아의 파시즘을 비롯한 급진적 우익주의 운동의 핵심은 사회를 하나의 생명체로 간주하는 유기체주의였다. 그런데 이들이 추구하는 유기적 공동체란 사회의 동질성을 파괴하는 이방인에 대한 철저한 배제와 사회계급 구성원들에 대한 엄격한 차별을 통해 달성되는 '폐쇄된 사회'이다. 그들은 민주주의적 원칙에 기초하는 모든 형태의 보편주의를 거부했으며, 진정한 엘리트가 권력을 쥐어서 우익주의적인 완전한 혁명을 일으켜야 한다고 주장했다. 즉 무솔리니를 포함한 급진적 우익들은 그 시대의 지정학적 질서를 거부하면서 정치적 자유주의의 모든 유산에 저항했던 무리였다. 파시즘 이후에 나타난 나치즘은 파시즘의 급진적 형태로 분류할 수 있는데, 인종주의와 반유대주의를 특별히 강조함으로써 극우주의 역사에 또 하나의 이정표를 세웠다. 나치즘의 도래로 1945년 직후부터 '극우주의'라는 표현이 일상화되었는데, 이는 민족주의, 전체주의, 외국인 혐오주의를 기본 이데올로기로 삼으며 불평등을 토대로 한 유기체 사회를 지향하는 정치 단체들을 지칭하는 개념이 되었다.

제2차 세계대전 이후 파시즘과 나치즘 이데올로기를 계승하는 신파시즘과 신나치즘이 다시 창궐하게 되고, 이 이데올로기를 대변하는 급진주의 단체들이 계속해서 등장했다. 영국의 저널리스트인 데이비드 어빙David Irving 같은 사람들은 홀로코스트를 전면적으로 부정하는 신나치주의 추종자에 속하며, 신파시즘을 대표하는 이탈리아사회운동Movimento Sociale Italiano: MSI은 반유대주의를 전면적으로 부각시켰다. 또한 백인 파워를 부르짖는 신나치주의자들은 히틀러의 계급적 인종주의를 백인 우월주의로 대체시켰으며, 그들이 사용하는 상징인 '오른 주먹'은 신나치주의자들이 가장 많이 사용하는 상징들 중 하나가 되었다. 그리고 1960년대 말 영국 노동자들의 프롤레타리아 운동으로 시작한 스킨헤드 운동은 신나치주의와 결합하면서 극우주의로 발전했다. 다양한 성향을 가진 인물들을 중심으로 퍼져나갔던 스킨헤드 운동을 하나로 묶는 핵심 이데올로기는 인종 전쟁과 인종 교배를 통해 세계를 혼란에 빠트리려는 유대인의 음모를 널리 알린다는 것이었다.

1960년대에 극우주의 단체들이 와해되면서 세계에 대한 새로운 비전을 제시하는 뉴라이트 운동이 등장했는데, 뉴라이트 운동은 헤게모니 쟁취에 도움이 되는 이데올로기나 철학 그리고 문화적 사상을 제공하는 메타정치 실천운동을 지칭한다. 예를 들어 뉴라이트를 대표하는 유럽문명조사연구단체GRECE는 자유주의에 반대하면서 유기체주의를 강조하고 인종차별을 인정하면서 평등주의를 단호하게 거부하는 원칙을 중심으로 활동했다. 반면 대중주의를 외치며 좌익과 우익의 이념을 폭넓게 수용하는 포퓰리즘은 정당 형태의 운동으로 표출되고 있다. 프랑스의 국민전선, 오스트리아의 자유당, 그리고 독일의 '독일을 위한 대안' 등이 포퓰리즘 정당에 속하는데, 이들은 대중만이 '부패한 엘리트들'을 제거하고 국가를 구할 수 있다는 신념 아래 자유주의 가치에 대한 주장을 강조하면서 다문화주의에 대한 비판을 주요 정책으로 내세우고 있다. 예를 들어 핀란드의 핀인당Parti des Finlandais은 반체제적이고 유럽연합에 비판적이며 반이민적 정책을 지지하는데, 정체성 강조와 반이민정책으로 대변되는 핀인당의 정책은 다른 유럽 정당들의 미래적 지표로 여겨지고 있다. 그런데 포퓰리즘 정당들의 이러한 핵심 이념인 다문화주의 배척은 2001년 신포퓰리즘의 등장으로 이슬람 혐오주의로 이동되었다. 이들은 포스트모던 사회와 후기 산업주의 사회의 문제를 유럽에 거주하는 아랍 무슬림 국가 출신 사람들 탓으로 돌림으로써 대중들의 환심을 사고 있는 것이다. 즉 이 책의 저자들은 세계화에 의해 발생하는 포스트모던주의의 부작용 때문에 포퓰리즘 정당들이 약진하고 있는데, 역설적이게도 이 정당들은 이러한 세계화에 저항하는 정책을 펼침으로써 대중의 지지를 받는다고 밝히고 있다.

그렇다면 이렇게 다양한 형태로 나타나는 급진주의적 극우주의 운동을 포괄하는 개념은 무엇인가? 장 이브 카뮈와 니콜라 르부르는 알랭 네리Alain Néry의 좌우익에 대한 개념 정의를 통해서 극우주의 운동을 포괄적으로 규정하고 있다. 알랭 네리에 따르면 '우익'이라는 용어는 "우월한 가치를 지니고 있으며 공정성을 보장하는, 우리가 가야만 하는 방향"을 가리키며, 반면 '좌익'은 "재난"을 의미한다. 즉 한쪽은 자연적 질서를 의미하고 다른 한쪽은 혁명적 무질서를 의미하는 것이다. 저자들은 극우주의의 특징을 결정하는 대부분의 요소 안에 이와 같은 관점이 내재되어 있다고 분석하고 있다. 따라서 극우주의 운동의 생성이나 전략적 변화는 세계의 지정학적 질서의 변화와 밀접하게 연관되어 있다고 볼 수 있다. 1·2 차 세계대전과 1973년의 오일쇼크 그리고 2001년의 9·11테러 등이 바로 급진적 극우주의 운동에 활력을 불어넣은 역사적 사건들이다. 결국 극우주의는 세계화가 진행되는 과정에서 국가와 사회의 관계가 변질되어가는 것에 대한 적대적 반응으로 나타나는 현상이며, 최근 극우주의가 약진하고 있는 현상은 경제적 세계화가 급속도로 진행되는 가운데 기존의 생활양식이 점차 분화하고 급격하게 변동하는 데 대한 일종의 반응이라고 설명할 수 있다. 그리고 이러한 위기 상황에서 절대적 주권주의가 유일한 해결책으로 제시되고 있는 것이다.

2017년 11월

은정 펠스너Eun-Jung Felsner

1장

극우주의의 탄생

'극우주의', 이 용어는 1980년대 중반 이후부터 선거에서 약진하기 시작한 국민전선Front national의 부각으로 새로운 국면을 맞이하고 있는 현 프랑스 정치 상황을 대변하는 동시에 이러한 정치 상황에 대한 분석의 틀을 제공해주는 용어이다. 또한 이 용어는 그 후 다른 유럽 국가들에서 매우 다양한 양태로 나타난 일련의 사건들로 인해서 더욱 우리에게 친숙해졌다. 외르크 하이더Jörg Haider가 이끄는 오스트리아자유당Freiheitliche Partei Österreichs: FPÖ의 국회 입성(2000)과 영국의 도시 번리Burnley, 브래드퍼드Bradford, 올덤Oldham에서 발생한 무슬림 청소년들의 폭동사건(2001), 노르웨이의 아네르스 베링 브레이비크Anders Behring Breivik가 일으킨 테러사건(2011) 등이 이에 속한다. 이처럼 이 용어는 상당히 다양한 현상을 지칭하는 데 사용되고 있지만, 일반적으로는 극우주의자들이 아닌 '극우주의'를 비난하는 정치인들이 사용한다. 즉 이들은 고려할 가치도 없는 비난의 대상을 지칭할 때 극우주의라는 용어를 사용한다. 극우주의에 대항하는 정치인들은 역사상 존재했던 모든 종류의 민족주의 단체들, 예를 들어 이탈리아의 파시즘이나 독일의 국가사회주의, 20세기 초에 나타난 이와 비슷한 종류의 민족주의 단체들을 극우주의라는 카테고리에 모두 집어넣어 동일화하고 있다. 하지만 '극우주의'라는 개념은 극우주의자로 낙인찍힌 사람들[1]이나 스스로 '민족운동' 또는 '민족주의적 우익'을 자처하는 사람들에 의해서 사용된 적이 한 번도 없다.

그럼에도 불구하고 학계에서는 극우주의 단체들을 하나로 묶을 수 있는 극우주의 계열이 존재한다는 사실에 동의한다. 그러나 정치적인 좌우 대립이 민주주의 가치의 보편성처럼 시공간을 초월하는 현상인 것은 결코 아니다. 한편으로 '극우주의'는 서유럽 정치권에서 사용되는 분석 개념으로 한정되며, 엄밀히 말해 이 개념에 속하는 단체로는 오스트레일리아의 원네이션당One Nation Party과 미국의 몇몇 소수단체(미국당American party) 그리고 아파르트헤이트Apartheid를 그리워하는 남아공의 몇몇 단체들(자유전선

Vryheidsfront, 민족재건당Herstigte Nasionale Party)이 있다. 따라서 라틴아메리카의 반동적, 성직자 지지주의적 독재자들인 '우두머리caudillistes'(칠레의 피노체트 Augusto Pinochet, 아르헨티나의 비델라Jorge Raphael Videla)들은 이 범주에 속하지 않는다. 다른 한편으로 '극우주의' 개념으로는 민족주의 정당과 포퓰리즘, 그리고 외국인 혐오주의자들이 득세하는 중앙유럽과 동유럽의 정치 상황을 절대로 설명할 수 없다. 폴란드의 공화국자주당Samobroona, 라트비아의 조국자유당LNNK, 세르비아의 급진당SRS 등은 서유럽 극우주의 단체보다는 1930년대에 독립운동과 함께 부각되었던 민족주의적 전체주의와 비슷한 성향을 지닌다. 오늘날 유럽의 극우주의를 이해하기 위해서는 프랑스의 역사를 먼저 들여다보는 것이 바람직하다. 왜냐하면 프랑스의 역사를 통해서 극우주의에 대한 일반적인 이론을 정리할 수 있기 때문이다.

반동과 반혁명

1789년 7월 9일에 일어난 프랑스혁명 이후 삼부회가 제헌의회로 재편성되면서 이 과정에서 최초의 정당이 탄생했고, 회의실 자리 배정은 다음과 같이 결정되었다. 우선 의장의 오른편에는 혁명을 무마시키고 왕권체제로의 복귀를 희망하는 귀족들(흑색)*이 자리 잡았고, 그 왼편에는 영국의 양원제를 지지하는 왕당파가 자리했다. 그다음으로 왕의 권한을 최소화하고 의원제도를 관철시키려는 혁명파나 헌법주의자들이 자리했으며, 마지막으로 회의실 맨 왼쪽에는 보통선거를 지지하는 민주주의자들이 자리하게 되었다. 파리 튀일리 궁전의 마네지 회의실에서 시작된 이러한 자

* 프랑스혁명 이후, 자신의 지위가 박탈됨에도 불구하고 혁명에 동참했던 귀족들은 백색 귀족이라고 불렸으며, 반대로 혁명에 반대했던 귀족들은 흑색 귀족이라고 불렸다.

리 배치는 1789년 9월 11일에 시작되었다. 즉 마네지 회의실에서 처음으로 왕의 거부권 행사를 지지하는 의원들이 의장의 오른쪽에 앉고, 그 반대파들은 의장의 왼쪽에 자리 잡게 된 것이다. 미라보André de Mirabeau 자작이 주도하는 가장 우익적 성향을 가진 분파들은 회의실 안으로 들어가지도 못했는데, 당시 이들을 이끌었던 사람들은 미라보 자작, 일명 '미라보 술통'이라고 불리던, 미라보 백작 오노레 가브리엘Honoré Gabriel de Mirabeau의 동생과 카잘레Jacques de Cazalès 장교, 모리Jean-Sifrein Maury 추기경이었다. 이 분파는 얼마 지나지 않아 회의실을 떠나게 되었고, 1789년 말, 대다수가 귀족계급에 속했던 200명 정도의 추종자들이 다른 나라로 이주해버렸으며, 나머지 194명도 본인의 영지로 되돌아가 버렸다. 혁명 반대파들은 대부분 프랑스혁명 기간에, 예를 들어 집정정부와 제1제정 시대에 망명길에 올랐고, 왕정복고 시대와 7월 왕정 시대, 그리고 제2제정 시대 동안 다양한 성향을 보여주면서 활동했는데, 이들이 바로 오늘날 극우주의의 선구자라고 볼 수 있다. 우익이라는 단어가 분명히 존재했고 초기에 어떤 의미로 사용되었는지 파악이 가능하긴 하지만, 이 개념의 확산은 전혀 다르게 진행되었다. 왜냐하면 19세기 초부터 제1차 세계대전이 일어나기 전까지 이러한 정치적 개념들(극우, 우익 등)이 계속 사용되었어도, 일반 시민들은 이러한 좌우대칭 개념에 대해 전혀 알지 못했기 때문이다. 다시 말해, 정치적 성향을 표현하는 이러한 표현들은 의회 안에서나 통용되는 개념이었다.[2]

이러한 개념이 최초로 언급된 문헌에서 흥미로운 사실을 발견할 수 있다. 샤를 10세(1824~1830) 통치하에서 쓰인 한 풍자문은 '극우주의적' 성향을 지닌 어떤 사람에 대해 서술하고 있다. "극우주의적 성향을 가진 이 사람은 지배계급에 속하는 지식인들과 그 당시 정치 체제를 혐오하고, 상당히 회의적이며, 질서를 바로잡기 위해 모든 것이 뒤집어지기를 바란다. 정치인들을 불신하지만 행동과 폭력은 찬양하며, 마지막으로 미래에 일어날지도 모르는 혁명에 대해 불안에 떠는 사람이다."[3] 이러한 묘사는 정치적 성향에 대한 서술이라기보다 개인의 성향에 관한 것이지만 그 내용이 결코 정치적 성향을 표현하는 데 부적절하지 않으며, 어느 정도 일관성을 가진다고 볼 수 있다. 이 반혁명파의 후예가 바로 정통 왕권지지자들로서, 이들은 스스로를 스페인의 부르봉Bourbons왕조의 후예라고 지칭하거나 대주교 마르셀 르페브르Marcel Lefebvre의 사상을 따르는 근본주의 가톨릭주의자를 자처한다. 반혁명 교조주의자들은 세계를 본질적으로 정치신학적으로, 즉 어떠한 질서에 의해 운영되는 개체로 이해했다. 이러한 사상을 지지하는 사람들 중 가장 잘 알려진 사람들은 조제프 드 메스트르Joseph de Maistre, 루이 드 보날Louis de Bonald, 앙투안 드 리바롤Antoine de Rivarol 등이다. 그들의 사상에 따르면 가톨릭 교리에 따라 규정된 자연의 질서는 왕정체제를 인정하고, 고정되어 있으며 절대 변하지 않는 일정한 '질서'에 의해 운영되는 사회조직을 이상향으로 삼는다. 이 사상가들은 모두 프랑스인이었지만, 1870년대부터 부각된 민족주의가 그들에게 중요한 개념이었던 것은 아니다. 다른 한편으로 그들은 영국의 버크Edmund Burke, 스위스의 말레 뒤 팡Jacques Mallet du Pan과 루이 드 할러Louis de Haller의 영향을 많이 받았으며, 사부아Savoyard 지방 출신의 조제프 드 메스트르는 사르데냐Sardaigne(오늘날 이탈리아의 사르데냐섬) 왕국에 속했던 사람이다. 이들은 진보를 불신했으며, 계몽주의자들에 대해서도 상당히 적대적이었다. 계몽주의자들에 의해 도입된 실험정신, 모든 것을 의심하는 태도, 그리고 무신론까지 전부 그들의 경계 대상이었다. 그들은 역사적 전통에서 벗어나는 모든 것을 배척했으며, 샤를 모라스Charles Maurras와 같은 최초의 전통주의자들이었다. 그들은 과거를 이상화하고 희망이 없더라도 끝까지 자신의 이상을 고집하면서 소수로 남아 있기를 선호했으며, 자신들의 낭만주의를 정치에 적용한 '소수 주변자'들이었다. 그들 중, 추기경 오귀스탱 바뤼엘Augustin Barruel 같은 일부 사람들은 혁명을 일종의 파괴라고 간주해 혁명에 대한 저주를 퍼부었는데, 이것은 극우주의자들 사이에서 널리 인용되던 음모론의 단초가 되었다. 바뤼엘은 오늘날에도 발행되고 있는 『자코뱅주의 역사를 위한 회고록Mémoires pour servir à l'histoire du jacobinisme』(1797)에서 왕정 시대의 몰락을 '일루미나티'의 프리메이슨단 지부와 철학자들*의 탓으로 돌렸으며, 이에 유대인들도 경미하게나마 참여했다고 주장했다. 혁명은 그 사건으로서가 아니라 프랑스와 프랑스의 종교를 한꺼번에 파괴하려는 근본이념 때문에 어둠의 세력의 발현으로 간주되며, 본질적으로는 사탄적 성향을 가지고 있다고 치부되었다. 바뤼엘은 자신의 적이 가진 이데올로기에 새로운 명칭을 부여했는데, 바로 '민족주의'이다. 그는 이 민족주의가 옛 왕정체제를 파괴하고 봉건국가 사이의 우애를 무너뜨리고 있다고 주장했다.[4]

르네 레몽René Rémond[5]이 정확하게 묘사한 것처럼 1814년 부르봉왕정이 부활하고 1830년 혁명이 다시 일어나기까지 '우익'이라고 표현될 수 있는 유일한 정치적 분파는 절대군주제를 신봉하는 지지자들뿐이었다. 그들은 자신들이 과격왕당파라고 불리는 것을 마다하지 않았다. '과격'이라는 형용사가 그들에게 어울리는 이유는 그들이 루이 18세의 왕권 회복을 넘어, 군주제의 단순한 부활 그 이상을 원했기 때문이다. 이 '과격파'들은 역사적 섭리주의 철학을 따르는 신비주의자들이었다. 섭리주의에 따르면 프랑스와 부르봉왕조는 신의 의지를 지상에서 관철할 수 있는 유일한 매체였다(중세의 격언에 따르면 "Gesta Dei per Francos," 즉 "신의 행동은 프랑스를 통해서 이루어진다"). 20년 동안이나 프랑스를 떠나 있었던 반혁명파 망명자들은 이와 같은 전설에 집착하면서 완전한 왕정복고를 열망하고 혁명에 대한 반감을 더욱 단단히 굳혀나갔다. 심지어 그들은 프로방스 출신의 백작(루이 18세)이 왕이 되는 것을 못마땅하게 여기기도 했다. 그들은 루이 18세가 집권한 당시, 왕당파 하원으로 활동하면서(1814) 루이 18세가 공포한 헌장에 불만을 표시하고 루이 18세에게 저항하기도 했다. 그들은 그

---

* 계몽주의 선구자들을 말한다.

들의 의견을 ≪르 드라포 블랑Le Drapeau blanc≫과 같은 신문이나 샤토브리앙François-René de Chateaubriand이 집필한 『헌장에 따른 군주제De la monarchie selon la Charte』와 같은 소책자를 통해 계속 전파했다. 이 과격파들은 1824년 그들의 이상에 동의하는 샤를 10세가 즉위하자 잠시 승리에 취하기도 했으나, 그 후 1830년 7월 군주제가 시작되자 그들 중 소수만 정치권에 남아 있게 되었다. 그리고 그 뒤로 다시는 정치권에 들어오지 못했다. 이 시기에 군주제 지지자들은 두 부류로 나뉘었다. 먼저 첫 번째 부류는 자유주의적 군주제를 지지하며 루이 필리프 1세Louis-Philippe(1830년 7월 왕정의 시작과 함께 왕으로 즉위)를 따르는 오를레앙파이고, 두 번째 부류는 정통 왕조를 지지하는 과격파들이다. 첫 번째 부류는 의원군주제를 지지하고, 어떤 의미에서 자유주의의 선봉자들이라고 볼 수 있으며, 전통사회의 유지와 경제적 발전 사이의 균형을 중시하는 중도주의자들이다. 즉 그들은 산업화와 부르주아지의 부상, 경제의 자본화에 상당히 호의적인 태도를 보인 사람들이다. 두 번째 부류는 그들의 이데올로기적 비타협성 때문에 역사에서 낙오된 패배자들이다.

법학자 스테판 히알Stéphane Rials[6]에 따르면 정통 왕조 지지자들은 19세기에 쇠퇴주의적 세계관과 완고한 가톨릭 사상, 섭리주의에 의거해 자신들의 사상을 발전시켰다. 이 섭리주의는 블랑 드 생 보네Blanc de Saint-Bonnet나 루이 뵈이요Louis Veuillot 같은 저자들에 의해 강력한 비관론으로 발전했다. 즉 정통 왕조 지지자들은 인간적인 방법으로는 자신들의 사상을 절대로 관철시킬 수 없다고 믿었다. 그들은 '기적'과 초자연적인 힘에 희망을 걸었는데, 이러한 사상은 그들과 비슷한 이념을 지닌 소설가들, 예를 들면 레옹 블루아Léon Bloy나 바르비 도르빌리Barbey d'Aurevilly, 에르네스트 엘로Ernest Hello 같은 사람들에게 영향을 주었다. 이러한 광신적인 비관주의는 극우주의 사상에서 나타나는 독특한 특징으로서, 극우주의와 파시즘을 구별하는 기준이 된다. 파시즘은 적어도 진보에 높은 가치를 부여하며 미래에 대한 희망을 중요하게 여기기 때문이다.

19세기 말에 반혁명파 계열은 완전히 주변부로 밀려나게 되었다. 1871년 2월 8일에 치러진 국민회의 선거와, 같은 해 7월 2일에 치러진 보조 선거에서 군주제 지지자들이 다수표를 얻었다. 역설적으로 자유주의적 가톨릭을 표방한 뒤팡루Félix Dupanloup 추기경이 의회의 가장 오른쪽 자리를 차지하게 되었고, 바로 그 옆으로 완강한 정통 왕조 지지자들이었던 슈보레제Chevau-Légers 조직이 자리 잡았다. 아르망 드 벨카스텔Armand de Belcastel, 카제노브 드 프라딘Cazenove de Pradines, 알베르 드 뮝Albert de Mun 등이 조직을 이끌었으며, 명칭은 그들이 집결했던 베르사유의 도로 이름에서 따왔다. 이들은 왕정을 복고시키는 데는 실패했지만 군주제가 표방하는 상징에 절대적으로 충성했으며, 엄격한 가톨릭 교리의 영향을 깊게 받았다. 그리고 심지어 1870년에 프러시아에 패배한 것은 신이 내린 벌이라고 믿기까지 했다. 영토를 잃을수록 그들의 세력은 약화되었지만, 그래도 그들은 여전히 평민에 대한 책임의식을 저버리지 않는 지방 귀족이었다. 1883년 샹보르 백작comte de Chambord*을 왕위에 즉위시키려는 왕정복고가 실패로 돌아가자 그들의 계획은 결국 좌절되었다. 결국 왕위에 별 관심이 없었던 샹보르 백작 때문에 실패한 것이었고, 1892년에는 교황이 선포한 공화정의 정당성을 인정하기에 이르렀다. 이러한 왕정주의는 오늘날 프랑스행동Action française(가톨릭 신도 중심의 반공화주의자 단체)에 의해 계승되고 있다.

결국 반혁명 시대에 귀족 엘리트층과 많은 지식인들은 유럽 전역으로 망명했다. 민족주의에 근거한 국가 개념이 구성되기 전이었기 때문에 자유주의 진영과 반혁명주의자들은 국경을 넘나들며 활동할 수 있었다. 이리하여 스페인에서는 나폴레옹 군대에 맞서(1808) 독립 전쟁을 벌였던 초반기에 귀족과 성직자로 구성된 절대주의자들이 생겨났다. 이들은 카디

---

* 샤를 10세의 손자인 앙리 5세로서 부르봉왕조의 마지막 정통 후계자이다.

스의회Cortès de Cadix•에서 모습을 드러내기 시작했고, 1810년 섭정정부가 국가주권에 대한 기본 원칙이 의회에서 결정된다고 선포하자 이에 반대 의사를 표명했다. 그들은 페르난도 7세Fernando VII가 다시 즉위하자(1813) 더욱 급진적으로 행동하기 시작했고, 1833년부터는 '돈 카를로스Don Carlos' 안에서 활동했다. 돈 카를로스는 정통 왕조 지지자들처럼 왕정복고와 다음의 이데올로기를 중심으로 구성되었다. 그것은 절대주의자 운동이 '두 개의 스페인'(좌우익으로 나뉘는 정치 세력의 대립) 이론과 '십자군 전쟁'에 관한 주제를 발전시켰으며, 이것이 1936년에 프랑코주의에서 다시 부활했다는 것이었다. 이러한 이데올로기를 신봉하는 철학자로 잘 알려진 사람은 하이메 발메스Jaime Balmes(1810~1848)이며, 특별히 더 신봉한 사람들은 후안 도노소 코르테스Juan Donoso Cortés(1809~1853)와 후안 바스케스 데 멜라Juan Vázquez de Mella, 펠릭스 사르다 이 살바니Félix Sardá y Salvany 등이다. 후안 바스케스 데 멜라와 펠릭스 사르다 이 살바니의 책으로, 이들의 이데올로기를 잘 요약해서 보여주는 책인 『자유주의는 죄악이다El Liberalismo es Pecado』(1886)는 프랑스어로 번역되기도 했다. 스페인 부왕 통치 황금시대(나폴레옹은 그의 동생을 스페인의 왕으로 임명했다)와 반혁명주의 사상, 가톨릭의 교권 지상주의적 신비주의는 멕시코의 살바도르 아바스칼 인판테Salvador Abascal Infante(1910~2000)의 저술과 정치 활동, 시나퀴스트Sinarquiste 운동에 영향을 주었다. 시나퀴스트 운동은 혁명정부의 1917년 헌법 제정에 반대해 일어난 저항 운동인 크리스테로Cristeros(1926~1929)••의 연속이다.

요약해서 말하면, 역사적으로 '최초의 세계화'라고 부르는 현상은 사람의 이동뿐만 아니라 사상의 전파를 포함한 현상이다. 1840년에서 1940년[7] 사이에 1억 8000만 명의 사람들이 이동했고, 이에 따라 이 시기에는 국가

• 1810~1813년에 열렸다.

•• 로마 가톨릭교회 교도들이 일으킨 반란이다.

간의 경계가 허물어지면서 제국주의 사상이나 이론들이 대중화되었다. 이러한 대중화는 제국주의 사상과 이론의 보편화를 부르짖는 국가들 내에서 자국의 순수성을 오염하는 모든 외부적인 요소들을 차단하는 법적 조치의 근거를 세우기 위한 것이었다. 하지만 오늘날 극우주의 이데올로기(민족주의, 포퓰리즘, 그리고 특히 반유대주의)의 핵심을 이루는 사상들은 그 당시 좌파 혁명가의 지지도 받았다는 사실을 명심해야 한다.

민족주의와 사회주의

극우주의에 속하는 집단을 개념적·이데올로기적으로 정리하는 문제는 결코 간단한 문제가 아니다. 우선 극우주의 추종자들은 자신을 '민족주의자'라고 지칭하지 않고 '애국자'라고 지칭하는데, 이로 인해 혼란이 더욱 가중되고 있다. 또한 그들은 1820년부터 유행하기 시작해 계속 모호한 의미로 사용되었던 '사회주의'라는 단어에 큰 의미를 부여한다. 극우주의의 흐름을 정치적·학문적으로 잘 파악한 사람은 바로 모리스 바레스Maurice Barrès(1862~1923)이다. 바레스는 1889년에 「사회주의! 이 단어에 프랑스의 희망이 있다. 우리 모두 사회주의자가 되자」[8]라는 글을 발표했다. 하지만 이것으로 극우주의에 대한 혼란이 종결되지는 않았으며 오히려 더 확장되었다. 이탈리아의 파시즘은 두 개의 이념을 토대로 생성되었는데, 첫 번째는 사회주의혁명 사조로서 베니토 무솔리니Benito Mussolini가 이 사조를 대변한다. 두 번째는 안토니오 라브리올라Antonio Labriola가 이끈 혁명주의적 노동조합운동에 그 뿌리를 두고 있다. 이 노동조합운동의 사조는 1902~1918년에 사회주의 정당에서 점차 멀어져서 민족주의 노선으로 분리되어 나갔다. 독일의 많은 극우주의자들과 마찬가지로 무솔리니도 조르주 소렐Georges Sorel*의 영향을 많이 받았는데, 소렐의 저서 중 『폭력에 대한 숙고Réflexion sur la violence』(1908)는 무정부주의적 노동조합 운동가들 사이에서 지침서로 사용되었다. 소렐은 급진주의자들 사이를 왔다 갔다 했으나, 레닌Vladimir Ilich Lenin이 보기에 소렐은 "부글부글 끓는 정신의 소유자"였으며 무솔리니는 "내가 가장 큰 빚을 진 이는 바로 소렐이다"[9]라고 밝히기도 했다. 1917년에 일어난 러시아혁명은 혁명조직이 어떻게 권력을 쟁취하게 되는지에 대한 하나의 본보기를 제시했으며, 이탈리아의 파시즘은 "10월 혁명의 교훈을 우익적으로 적용한 예"[10]라고 볼 수 있다. 독일의 철학자인 아르투어 묄러 판 덴 브루크Arthur Moeller van den Bruck는 바이마르공화국 정신에 위배되는 이러한 '보수주의적 혁명'의 모호성에 대해 그의 입장을 다음과 같이 표현했다. "앞으로 다가올 혁명을 완수하기 위해서는 민족주의자와 공산주의자 사이에 경쟁이 일어날 수밖에 없다." 모든 국가의 혁명가들은 '민족주의적 사회주의'를 수립하기 위한 방법을 모색하고 있는데, 러시아의 볼셰비즘bolshevisme이나 이탈리아의 파시즘fascisme이 그 예이다. 그러므로 극우주의는 '혁명을 위한 다른 길'을 모색해야 하며, 이는 사회주의적 나치 독일을 건설하기 위함이다. 사회주의적 나치 독일에서 사회주의는 "전체 국민이 모두 함께 조화를 이루며 더불어 사는 것"[11]을 의미한다. 이러한 성향은 때때로 급진적 좌익주의자들에 의해 모방되기도 했다. 예를 들면 1968년 이후에 독일, 이탈리아, 프랑스의 신파시스트들이 작성한 좌익주의적 선언문에서 그 흔적을 찾아볼 수 있다. 하지만 이러한 성향이 결코 사회주의 계급 간의 문제에 대한 개념을 바꾼 것은 아니다. 그들이 이상적으로 추구한 것은 국가의 통합을 보장하는 조직이지 계급적 투쟁이 아니다. 극우주의자들에게 사회주의는 언제나 공산주의와 무정부주의를 방어할 수 있는 일종의 구제책이었다. 극우주의 이념에서 민족주의와 사회주의가 혼합될 수 있었던 것은 보불전쟁과 제1차 세계대전 사이에 프랑

• 프랑스의 사회사상가로 파시즘의 선구자이다.

스와 유럽의 정치적·이데올로기적 판도가 완전히 바뀌었기 때문이다.

대중적 황제정치를 표방했던 프랑스 제2제정은 1870년 보불전쟁에 패하면서 종말을 맞았다. 1840년, 루이 나폴레옹 보나파르트Louis-Napoléon Bonaparte는 나폴레옹 3세로 즉위하기 전에 다음과 같이 발언했다. "나폴레옹의 사상은 50년 동안의 혁명으로 전복된 프랑스 사회를 재건설하며, 국민의 질서와 자유, 국민의 권리와 집권자의 원칙을 조화롭게 조절하는 것을 원칙으로 한다."[12] 역사학자인 필리프 뷔랭Philippe Burrin은 이러한 나폴레옹의 이념이 좌우 분열을 넘어서 '민족 연합'을 주장하는 정치 계열에 속한다고 보았다. 오늘날 이러한 계열에 속하는 정치인들로 좌파 정치인인 장 피에르 슈벤망Jean-Pierre Chevènement, 우파 정치인인 니콜라 뒤퐁 에냥Nicolas Dupont-Aignan, 극우주의자인 플로리앙 필립포Florian Philippot 등을 들 수 있다. 실제로 나폴레옹 3세의 나폴레옹 정책은 역사학자 앙드레 앙크르베André Encrevé가 서술했듯이 "좌익적 요소(1789년 혁명의 기본 정신, 경제적 진보에 대한 선호, 사회복지법, 국가 정체성에 대한 방어)와 우익적 요소(광범위한 공적 자유에 대한 거부, 성직자 지상주의, 권위주의, 질서와 사유재산의 방어)"[13]를 둘 다 가지고 있었다. 따라서 필리프 뷔랭의 이와 같은 분석은 다른 정치 진영에서 극우주의에 접근하는 사람들을 이해하는 데 도움을 주며, 관찰자 입장에서 왜 가끔 이러한 혼동이 일어날 수밖에 없는지 설명하는 데도 도움을 준다. 왜냐하면 파시즘이 '민족 연합'(나폴레옹 이념, 황제주의적 권위주의 등) 이데올로기를 지지하는 정치 계열의 '급진적' 형태라면, 나치즘도 일종의 '급진적 파시즘'으로 분류할 수 있기 때문이다. 즉 이러한 특수성은 연속성을 유지하면서 오늘날까지 계속 이어지고 있다. 그 특수성은, 파시즘이 '역사 말기의 민족주의'와 전혀 상관없는 현상이긴 하지만 실제로 민족주의와 한 번도 분리된 적이 없다는 사실에 기초한다. 또 다른 특수성은 나치즘을 파시즘에 비교하는 것은 가능해도 그 반대로 파시즘을 나치즘에 비교하는 것은 불가능하다는 사실인데, 이는 나치즘이 파시즘을 넘어서는 이데올로기이기 때문이다.[14] 이와 같은 사실을 근거로 개인의 정치적 성향을 결정하는 것이 무엇인지, 개인의 변화를 촉진하는 것이 무엇인지, 그리고 무엇이 이처럼 여러 가지 성향들을 혼재하게 하는지 파악할 수 있다.

국가와 사회의 특징이 구별되기 시작하면서 그 결과로 얻게 된 중요한 현상 중 하나는 바로 대중의 출현이다. 대중은 산업혁명을 통해 구축된 생산체제 안에서, 그리고 보통선거의 일반화로 활성화된 정치적 논쟁의 장을 통해서 모습을 드러내기 시작했다. 1880년대 공화정이 공고해지던 시기에 프랑스에서는 사상의 교환이 활발하게 일어났으며, 이것은 새로운 우익을 탄생시키는 결과를 초래했다. 제브 스테른헬Zeev Sternhell은 새로이 등장한 우익 진영을 "혁명적 우익"이라고 명명했으며, 이 조직 안에서 파시즘의 징조를 감지했다. 이러한 상황에서 좌익에서 우익으로 이데올로기적 변환을 감행한 첫 번째 사조가 바로 민족주의이다. 이 시점까지 국가라는 개념에 연연한 진영은 공화주의자들뿐이었다. 군인이었던 바라Joseph Bara, 발미Valmy와 제마프Jemmapes 전투 등과 파리코뮌에 참가했던 루이 로셀Louis Rossel 장교는 애국주의적 좌익 진영의 상징이었다. 즉 이들은 국가주권이라는 테두리 안에서 시민권과 평등사상이 자연스럽게 성숙한다는 생각에 동의했다. 이 가운데 사회주의적 민족주의를 대표하는 인물은 루이 오귀스트 블랑키Louis-Auguste Blanqui(1805~1881)로서, 블랑키는 평생을 감옥과 음모론 사이를 왔다 갔다 하며 지냈다. 블랑키즘은 하나의 독트린(주의)이라기보다 행동 지침이라고 볼 수 있으며, 이탈리아의 파시즘뿐만 아니라 프랑스의 극우주의 운동, 과격한 좌익의 급진적 운동에 영향을 주었다. 블랑키즘의 특징은 봉기와 폭동을 부추긴다는 데 있다(1868년에 블랑키는 "혁명의 의무는 멈추지 않고 전투하는 것이다. 즉 무슨 일이 있더라도 전투를 멈추지 않고, 소멸할 때까지 전투하는 것이다"라고 부르짖었다). 이들은 유대주의적 자본주의를 비난했으며, 파리코뮌에 참가해 프랑스 부르주아 정권에 대해 알자스 로렌Alsace-Lorraine[15] 지방을 독일에 기꺼이 내던질 준비가 되어 있는 "내부 프러시아인"이라고 규탄했다. 그들은 또한 일명 '복수의 장군'으로 불렸던 민족주의자 불랑제Georges Boulanger 장군을 조롱하기까지 했다. 같은 시기에 좌익 진영도 그들의 이데올로기를 철저히 재정비하는 과정을 거쳤다.

좌익 진영과 민족주의의 분열은 마르크스Karl Marx와 엥겔스Friedrich Engels의 다음과 같은 주장에 의해 표면화되었다. 즉 마르크스와 엥겔스는 "노동자들에게는 조국이 없다"[16]라고 주장함으로써 민족주의와의 결별을 분명히 했다. 드레퓌스Alfred Dreyfus 사건과 푸르미 학살massacre de Fourmies(1891년 5월 1일, 프랑스 군대가 시위자들에게 총격을 가한 사건)로 인해 좌익 진영의 반군사주의적 경향은 더욱 강화되었다. 노동자총연맹Confédération générale du travail은 1912년 12월 16일, 전쟁에 반대하는 대파업을 주도했고, 1913년 2월 25일에는 3년 동안의 병역의무에 반대하는 파업을 조직했다. 19세기 말에는 반애국주의적 견해가 표출되었는데, 특히 무정부주의자들과 노동조합주의자들에게서 이러한 현상이 두드러지게 나타났다. 그들의 선두에 섰던 귀스타브 에르베Gustave Hervé(1871~1944)는 "프랑스 국기를 쓰레기통에" 처박으라고 외치고 다닌 사람이다. 반애국주의는 반군사주의와 아주 밀접한 관계를 가지고 있는데, 1906년 에르베는 "우리가 인정하는 유일한 전쟁은 바로 시민 전쟁, 사회주의 전쟁이다"라는 글을 기고하기도 했다. 에르베는 국회에서 벌어지고 있는 희극에 휘말리지 않기 위해 시민들에게 투표를 거부할 것을 호소하기도 했는데, 반애국주의자 선봉에 섰던 그는 1914년 사상을 전환하면서 결국 '성스러운 연맹Union sacrée'* 에 동참했다. 그 후 블랑키와 프루동Pierre-Joseph Proudhon의 사상에 영향을 받아, 1920년대에 평화주의자가 되었다가 1932년에 다시 파시스트 집단에 동참했다. '성

---

* 제1차 세계대전 동안 파업을 삼가고 정부의 의견에 따를 것을 호소한 운동이다.

스러운 연맹'을 재건해야 한다는 확신하에 그는 1936년『우리는 모두 페탱*처럼 되어야 한다C'est Pétain qu'il nous faut』라는 화제의 제목이 붙은 책을 한 권 저술했다. 이 제목은 오래전에 유행했던 샹송인 〈우리는 불랑제가 되어야 한다C'est Boulanger qu'il nous faut〉에서 따온 것이다. 에르베는 그의 복잡한 사상적 방황에도 불구하고 비시Vichy 정권을 계속 지지했으며, 모든 형태의 전투적 태도를 자제했다.[17] 에르베 인생에 대한 간단한 소개로 오늘날 상당히 혼란스럽게 보이는 그 시대 사상의 흐름을 파악할 수 있다. 에르베의 개인적 행적이 1870년 이후부터 1918년에 이르는 사상적 흐름을 정확하게 반영하기 때문이다. 또한 이 시기는 그야말로 사상적 전환이 급격하게 이루어진 시기이기도 하다.

독일에 대한 복수에 집착했던 우익 진영은 1870년 이후 민족주의적 요소를 기반으로 한 신비주의를 고안해냈는데, 좌익의 민족주의와는 전혀 다른 것이었다. 이와 같은 민족주의는 드레퓌스 사건을 통해 잘 드러나며, '왜곡된 애국주의'와 소설가 폴 레오토Paul Léautaud가 '앙리 대령 기념비monument Henry'**를 마련하기 위한 기부금을 내면서 쓴 「질서를 위하여, 그리고 정의와 진실에 반대하여」라는 글을 통해 알 수 있다. 이러한 민족주의와 함께 반유대주의도 우익 사이에서 확산되기 시작했다. 반유대주의는 좌익 진영의 푸르동이나 로슈포르Henri Rochefort 같은 사람들의 환심을 얻었으며, 민족주의자들의 신조가 되었다. 이러한 민족주의자 계열에 속하는 인물로는 에두아르 드뤼몽Édouard Drumont과 모리스 바레스가 있으며, 애국주의자동맹Ligue des patriotes과 프랑스조국동맹Ligue de la Patrie française 등이 이

---

* 제1차 세계대전 때 공을 세웠으나 제2차 세계대전 때 나치에 협력함으로써 종신형을 받았다.

** 드레퓌스를 고발하기 위해 거짓 문서를 작성했던 앙리 대령이 감옥에서 자살하자 이를 기념하기 위해 추진된 사업이다.

에 속한다. 또한 샤를 모라스와 프랑스행동연맹ligue d'Action Française도 이 계열에 속하는데, 이들 모두 유대인들을 프랑스 제1의 적으로 취급했고, 안티 프랑스의 화신이자 모든 사회악의 근원으로 치부했다.

이러한 연맹들은 프랑스 제2제정 시대로서 개방적 분위기가 팽배했던 1860년대에 등장했으며, 선거보다는 정치적 행동에 더 열심이었다(그러나 1880년대 이후부터는 선거에 참여하는 연맹들이 등장했다). 즉 그들은 정치적 프로그램보다 그들의 이상향에 더 집착했으며, 이를 가능하게 하기 위해 강력한 사상을 중심으로 다양한 계층의 사람들을 '연합'하는 것을 자신들의 목표로 삼았다. '연합'은 기존의 계급 개념을 초월하는 개념으로서 그들이 사용하는 용어 중 가장 중요한 단어였다. 이 연맹들은 대중에게 정치적 관심을 갖게 하는 것을 그들의 첫 번째 전략으로 삼았다.[18] 폴 데룰레드Paul Déroulède가 이끈 애국자연맹은 국가와 함께 프랑스혁명을 숭배했다. 그들의 신조는 비록 모방된 것이긴 하지만, "공화주의, 나폴레옹주의, 정통왕조주의, 오를레앙가 옹립주의, 이들은 우리의 이름일 뿐이다. 우리의 성은 바로 애국주의이다"였다. 이 신조의 내용은 계속 변화되었으며, 알자스 로렌 지방을 해방시키자는 초기의 주장에서 프랑스를 해방시키자는 주장으로 바뀌었다. 즉 독일에 대한 복수보다 국가의 재건이 그들의 목표가 된 것이다. 데룰레드는 의원제도를 비판하긴 했지만, 블랑키스트들과 파리코뮌 가담자들과 함께 공화제 진영 내에서 계속 활동했다. 그는 '국민투표에 의한 공화제'를 당의 정책으로 제시했는데, 이 공화제는 보통선거를 통해 대통령을 선출해야 하며 '합법적 선거'나 국민투표를 통해 구성된 시민자문위원회의 활동을 보장해야 한다고 주장했다. 데룰레드의 사상을 기반으로 공화주의적·사회주의적 극우주의가 나타나기 시작했다. 이러한 성향은 장 마리 르펜Jean-Marie Le Pen이 오랫동안 사용해온 "민족주의적·사회주의적·대중적 우익"이라는 표현과 일치한다.[19] 데룰레드는 자신이 가진 모든 역량을 불랑제 장군에게 바쳤으며, 1887년부터 1889년까지는 그 무엇도 불랑제 장군을 제지할 수 없는 것처럼 보였다. 불랑제 장군 지지자들의 의원제도에 대한 비판과 대중·민족에 대한 찬양은 왕정주의자들에서부터 파리코뮌에 참가했던 사람들까지 다양한 성향을 가진 사람들의 연합을 가능하게 했다. 하지만 불랑제 장군의 폭력 거부 원칙이 문제가 되어 이 단체는 종말을 맞이하게 되었다. 결국 이 조직은 사법부의 억압을 견디지 못하고, 불랑제 장군이 그의 여인의 무덤 앞에서 자살함으로써 해산되었다. 불랑제주의는 극우주의 사상, 민족적 포퓰리즘이 어떻게 구체화되는지를 보여주는 한 예이며, 폭력을 기준으로 급진주의자들을 분별하는 것이 별 의미가 없다는 것을 분명하게 보여준다. 불랑제주의를 통해 파시즘과 극우주의 사상이 혼합되는 것을 목격할 수 있으며, 불랑제주의에서 후에 극우주의 운동으로 발전한 극우주의 체제가 파생되었다.

민족적 포퓰리즘은 프랑스 극우주의를 지칭하는 개념으로, 국민전선이 1980년대 선거에서 선전하기 시작하면서 함께 부각되었다. 1972년에 창립된 국민전선이 10년 만에 선거에서 큰 성공을 거두게 된 것이다. 그런데 정치학자 피에르 앙드레 타귀에프Pierre-André Taguieff[20]는 국민전선의 성공을 설명하기 위해 민족적 포퓰리즘의 정치적 진화를 쇠퇴로 간주하면서, 건강한 정신의 소유자인 대중만이 국가를 구제할 수 있다고 주장한다. 지도자와 일반 대중 사이의 직접적인 관계를 우선시하며, 이 둘의 관계 단절과 기생충 같은 국가기관들이 국가의 몰락을 초래하는 요소라고 말한 것이다. 그리고 민족적 포퓰리즘은 완전히 부패한 엘리트 계층의 속임수로부터 '상식'을 가진 '프랑스의 보통사람', 즉 프랑스 하층민을 보호해야 한다고 주장한다. 또한 민족적 포퓰리즘은 철저히 민족주의적이며 신화적인 민족주의적 단결을 추구하는 동시에 이질적인 것에 대한 적개심을 기본 성향으로 내포하고 있으며('이질적인 것'은 민족과 문화를 넘나드는 기준에 따라 정의되며, 일반적으로 문화적 개념이 더 강하게 작용한다) 좌익의 사회주의적 가치와 우익의 정치적 가치(질서, 권위 등)를 연결하는 개념이라고 볼 수 있다. 민족적 포퓰리스트들이 아무리 그럴싸해 보이는 미사여구로 자신들의 이데올로기를 치장한다 해도, 그들이 원하는 것은 국가에 해가 된다고 생각되는 모든 종류의 방해자 계층을 제거하고 국가를 통합하는 것이다. 이는 곧 계급투쟁 이데올로기와의 완전한 단절을 의미한다. 민족적 포퓰리즘은 국가와 대중을 하나로 연합시키기 위해 '대중'이라는 단어의 개념을 다양하게 정의하고 있다. 대중은 정치적 통합체로서의 시민demos, 생물학적 통합체인 민족ethnos, 그리고 사회의 몸통을 이루는 '대중계급classes populaires', 마지막으로 '최하층민plèbe'이라는 개념으로 나뉜다. 민족적 포퓰리즘을 표방하는 극우주의는 앞의 세 단어의 의미를 상당히 불명료하게 사용하며, 이 세 개념을 사용해 '민족의 최우선 과제'가 사회적·민족적·정치적 대중을 통일시키는 것이라고 주장한다. 반면 최하층민은 지도자에게 굴복해야만 하는 계층으로, 그들이 지도자에게 굴복함으로써 지도자는 속박을 풀고 대중과 국가가 스스로 주권을 최대한 보장받을 수 있도록 한다. 기생충 같은 부류가 제거될 때 대중은 하나의 민족으로 통합될 수 있다. 민족적 포퓰리즘은 계급을 초월하는 이데올로기이며 '관념적 위선'을 거부하고 '토착적' 가치를 높게 평가한다. 이러한 민족적 포퓰리즘이 프랑스에 뿌리를 내린 지 130년이나 되었다. 그러므로 민족적 포퓰리즘을 프랑스 극우주의 역사에서 떼어내 나치주의 이미지와 결부시키는 것은 불가능하다고 볼 수 있다. 즉 민족적 포퓰리즘을 프랑스 역사와 분리해서 생각하는 것은 불가능하며, 프랑스의 정치 시스템의 일부라고 보는 것이 마땅하다.

한편, 이러한 민족적 포퓰리즘은 현재 유럽 전역으로 점점 더 확산되고 있다. 1970년대에 이 이데올로기에 근거한 정당들이 유럽 전역에서 설립되었으며, 이들은 다음의 세 가지 요소에서 원동력을 얻어 확산될 수 있었다. 사회복지국가 형태(일반적으로 스웨덴과 같은 사회복지국가)와 거의 몰수에 가까운 세금 징수에 대한 거부, 비유럽인으로 구별되는 이민자 문제에서 파생된 외국인 혐오증, 마지막으로 1973년 오일쇼크로 각인된 제2차 세계대전 이후의 경제성장 전망에 대한 비관이다. 첫 번째 요소를 대변하는 정당은 다음과 같다. 모겐스 글리스트루프Mogens Glistrup가 이끄는 덴마크 진보당Fremskridtspartiet과 노르웨이의 정당 창설자의 이름을 딴 안더스 랑어 당Parti Anders Lange이 여기에 속한다. 이 두 정당은 유권자들이 이민정책에 반대하도록 선동하고 있으며 급진적 경제자유주의를 지지한다. 민족적 포퓰리즘에 속하는 프랑스의 국민전선은 1983~1994년에 치러진 선거에서 성공을 거두기 시작했고, 오스트리아의 외르크 하이더가 이끄는 오스트리아자유당은 1986년부터 꾸준히 세력을 확장해 1999년에 전성기를 맞았다. 같은 시기에 벨기에의 정당인 플랑드르블록Flamand Vlaams Blok은 벨기에 정치권에서 점점 입지를 강화해나갔는데, 이 당은 유럽의 다른 정당과 다르게 20세기 초반에 탄생한 민족주의를 계승했으며 당의 정치적 전략을 근본적으로 근대화시켰다.

하지만 민족적 포퓰리즘이 정당들을 통해 점점 구체적으로 구현되기 시작한 시기에, 이 시기를 대변하는 우익주의적 이데올로기가 민족적 포퓰리즘 하나만 있었던 것은 아니다. 우익주의적 성향을 가진 수많은 단체들이 난립하는 가운데, 당의 정책을 일관성 있게 제시하고 지적인 면에서 다른 단체들보다 월등한 수준을 유지하는 단체가 혜성처럼 나타났는데, 바로 '프랑스행동'이다. 이 단체는 1944년에 해산될 때까지 정책적 일관성을 계속 유지했다.[21] 프랑스행동의 원조는 드레퓌스 사건이 발생했던 1898년에 창간된 정기간행물 ≪악시옹 프랑세즈L'Action française(프랑스 행동)≫이다. 이 잡지는 민족주의적·반의회주의적·반드레퓌스주의적·공화주의적 성격을 띠며, 1899년에 샤를 모라스(1868~1952)의 가담으로 더욱 성장해 모라스가 주장하는 '완전한 민족주의'를 옹호하는 대변지가 되었다. 이 잡지의 이름을 따서 1905년에 '프랑스행동'이 창설되었으며, 1908년부터 ≪악시옹 프랑세즈≫는 투쟁적 일간지가 되었다.

프랑스행동의 회원들은 이 단체를 인정하지 않았던 프랑스 왕조의 후계자들보다 군주제 자체에 더 집착했던 신왕조주의 지지자들이었다. 프랑스행동이 활동을 시작한 시기에는 그 누구도 프랑스행동이나 그 핵심 이론가인 샤를 모라스가 '극우주의'에 속한다고 생각하지 않았다. 프랑스행동은 권위주의적이면서 지방분권주의적인 '완전한 민족주의'를 표방했으며 질서라는 개념을 그 무엇보다 중요시했다. 이를 위해 프랑스행동은 가톨릭교까지 개개인을 자연의 질서에 예속시키는 데 도움을 주는 일종의 도구로 축소시켜버렸다. 모라스는 자연의 질서는 신비주의에 의해서가 아니라 이성(구조적 경험주의)에 의해서 규정된다고 보았다. 이것은 '현실적 국가'와 '모세의 율법에 의거한 국가'의 일치에 관한 것이며, 공동체와 자연적인 계급 질서(가족, 직업에 따른다)를 회복시키기 위해서 개인주의에 종말을 고하는 것을 핵심으로 한다. 또한 혁명 이전의 봉건적 질서를 회복하기 위해 자코뱅 국가(혁명 이후의 국가)를 거부한다. 프랑스행동은 다음과 같은 극우주의적 특징을 지닌다. 민주주의에 대한 철저한 멸시와 유기적 공동체 건설에 대한 유토피아적 환상, 그리고 국가에 귀속되는 요소에 대한 상당히 배타주의적인 성향, 마지막으로 야만적 반유대주의이다. 프랑스행동의 반유대주의는 비시 정권(1940)에 의해 조작된 유대인의 사회적 지위를 통해 구체적인 형태를 갖추기 시작했으며, 모라스의 추종자였던 라파엘 알리베르Raphaël Alibert 법무부 장관에 의해 요약정리가 되었다. 한편 프랑스행동은 극우주의 진영 외 다른 진영에도 영향을 미쳤다. 우선 레지스탕스 활동에서 프랑스행동의 영향을 감지할 수 있는데, 철학자 피에르 부탕Pierre Boutang과 대학교수 피에르 르누뱅Pierre Renouvin, 해군 장교 오노레 데스티엔 도르브Honoré d'Estienne d'Orves, 그리고 레미Gilbert Renault Rémy 대령이 프랑스행동의 영향을 받았다. 이들은 모라스와 뱅빌Jacques Bainville의 반독일주의적 민족주의를 민족의 해방을 위한 도구로 이용했으나, 그렇다고 해서 프랑스행동에 종속된 것은 아니었다. 또한 1970년대에 활동한 왕정복고주의자들 중 신프랑스행동 안에서 활동하면서 모라스의 사상을 새로이 부각시킨 사람들도 있었다. 신프랑스행동은 1981년 좌익 진영을 지지하기도 했고, 전혀 다른 성향을 가진 많은 정치가들이 프랑스행동의 영향을 받기도 했다. 오젠 베베Eugen Weber는 프랑수아 미테랑François Mitterrand, 르네 플레벤René Pleven, 로베르 뷔롱Robert Buron과 같은 정치가들이 "프랑스행동의 핵심 세력들과의 짧은 만남을 통해 깊은 영향을 받았다"라고 진술했다.[22] 또한 정치적 활동이나 모든 종류의 극단주의와 아무 상관없는 몇몇 소설가들도 프랑스행동의 영향을 받았다(미셸 데옹Michel Déon, 미셸 모르Michel Mohrt 같은 '후사르hussards'* 활동가들). 모라스가 일으킨 국제적인 파급효과는 1919년부터 1960년까지 지속되었으며, 이베리아반도에서 가장 열렬한 환영을 받았다. 1939년부터 1975년까지 스페인을 지배했던 프랑코 장군Francisco Franco과, 1933년부터 1968년 사이에 포르투갈 제2공화국을 이끌었던 안토니우 드 올리베이라 살라자르António de Oliveira Salazar 총리는 모라스주의에 대해 이미 알고 있었으며, 모라스주의를 높이 평가했다. 또한 온전한 민족주의 이념은 벨기에, 스위스, 프랑스어권 캐나다, 브라질, 아르헨티나에까지 영향을 미쳤다.[23]

19세기 말에 반자유주의적 사상이 꽃피울 수 있었던 것은 이 사상이 표현의 변화에 민감하게 반응했기 때문이다. 1911년 제2차 모로코 위기Affaire d'Agadir**로 인해 프랑스 내에서 평화주의에 대한 목소리가 갑자기 후퇴하기 시작했다. 모로코 문제를 둘러싼 이와 같은 사건으로, 프랑스와 독일 간의 새로운 전쟁이 불가피하다는 인식이 팽배해졌다. 같은 해 『현대 청년층에 대한 설문조사Enquête sur les jeunes gens d'aujourd'hui』라는 책이 출판되었

---

* 1950~1960년대 실존주의에 대항해 활동했던 문학 운동 단체이다.

** 모로코인들이 반란을 일으키자 독일이 아가디르 항에 자국민을 보호한다는 구실로 전함을 파견한 사건이다.

는데, 이 책은 선조들이 중요시했던 가치들을 열거한다. 이는 질서, 규율, 민족, 문화적 실천, 운동, 행동의지 등이다. 이 책은 아가통Agathon(앙리 마시Henri Massis와 알프레드 드 타르드Alfred de Tarde의 필명)이라는 이름으로 출판되었고, 이때부터 전쟁에 임할 각오가 되어 있는 청년층을 가리킬 때 '아가통 세대'라고 부르게 되었다. 이 세대는 주변화된 사회주의 혁명세력뿐만 아니라 자유주의체제와도 거리가 멀었다.[24]

제1차 세계대전이 일어나기 직전, 프랑스 내에서는 프랑스 내부 문제를 둘러싼 갈등이 첨예하게 부각되었을 뿐만 아니라 독일에 대한 저항감도 상당히 고조되었다. 그 당시 독일에서는 독일낭만주의 운동이 팽배해 있었는데, 이 운동은 이성이라든지 과학주의 따위는 집어던져 버리고, 황금시대에 대한 신화와 민속주의적 전설들을 활성화하는 데 집중했다. 그들이 이상향으로 삼은 황금시대는 바로 신성로마제국(962~1806)이다. 봉건주의적 원칙과 직업동맹에 기반을 둔 중세시대가 독일의 이상을 대변하는데, 이는 중세시대야말로 사회 전체가 조화로운 계급적 질서에 의해 이상적으로 운영되었던 사회였기 때문이다. 따라서 범게르만주의는 제2독일제국(1871~1918) 안에서 독일어를 사용하는 모든 시민을 통합해야 한다는 사상에 기초하며, 이 제국은 다른 모든 서유럽 국가들에 대항해 절대권력을 확장시켜야 할 정당성을 부여받는다. 그리고 1879년, 신조어인 '반유대주의antisémitisme'가 등장하면서 새로운 열정이 생겨났다. 기존에 이미 존재했던 반유대주의antijudaïsme•라는 개념에서 벗어나 인종과 과학에 토대를 둔 저항 세력을 구축하기 위한 것이었다. 혈통, 지연, 언어, 이 세 가지 개념이야말로 사회계약을 통해서 생성된 민족주의에 기반을 둔 '민족Völkisch'이라는 개념과 차별화된 민족 개념을 구성한다. 이 개념은 신화적이고 민

• 'antisémitisme'과 'antijudaïsme'은 한국어로 동일하게 '반유대주의'로 번역되어 사용된다.

중적이며 농본주의적인 의미 외에도 '인종주의적raciste'(독일어에 뿌리를 둔 프랑스어 단어)인 의미를 지닌다. 1900년 이후부터는 '반유대주의적'이라는 의미를 내포하게 되었다. 이 순수한 '민족'은 혈연과 지연에 강조점을 둔다. 민족Volk은 '대중peuple'이라는 의미를 가지지만 대중이라는 개념 이상을 의미하기도 한다. 즉 '민족'이라는 개념에는 인종에 대한 개념이 포함되어 있으며, 독일 선사시대의 신화에서 영향을 받은 인종주의와 민속적 전승에 대한 향수를 통해 이 개념을 이해할 수 있다. 여러 가지 요소가 잡다하게 뒤섞인 반유대주의는 여러 사상의 영향을 받았다. 즉 낭만주의와 오컬티즘, 처음으로 등장한 '대체'사상(자연치료법, 자연주의, 채식주의 등)의 영향을 받았으며, 마지막으로 인종주의적 사상의 영향을 받았다. 신화적 성격을 가진 게르만 민족 재건에 대한 열망은 유일신 종교를 배척하고 순수하게 독일적인 이교적 종교를 재건하려는 열망으로 이어졌다. 이러한 흐름은 바로 나치즘에 많은 영향을 끼쳤으며, 나치즘뿐만 아니라 제2차 세계대전 이후에 활동했던 유럽의 민족주의자들에게도 영향을 주었다. 또한 혁명적 민족주의, 신우익주의, 신나치주의 같은 여러 이데올로기의 밑거름이 되기도 했다.[25]

블뤼보Blubo(혈연과 지연의 축약어)라는 개념이 확산될 동안 프랑스에서는 인류사회학과 사회심리학 같은 새로운 학문이 발전하게 되었다. 이 학문들은 이미 그 시대의 상식으로 통용되고 있었으며, 오랫동안 프랑스의 '인종적' 본질에 대한 신앙을 발전시킨 인종주의의 영향을 받았다. 다윈의 진화론을 '인종 투쟁'의 관점에서 왜곡하고 조작하면서 아르튀르 드 고비노Arthur de Gobineau와 조르주 바셰 드 라푸주Georges Vacher de Lapouge는 종 선별의 중요성에 대한 이론을 발전시켰다. 순수한 민족을 열망하는 그들의 관점은 알렉시 카렐Alexis Carrel에 의해 계속 발전되었으며, 아리아족 신화와 혼합되었다. 또한 아리아족 신화는 새로운 인종의 창조가 가능하다고 주창한 영국인 휴스턴 스튜어트 체임벌린Houston Stewart Chamberlain의 영향을 많이 받았다. 18세기 초부터 확산되었던 프랑스의 두 인종 신화(갈리아에 뿌리를 둔 하층계급과 프랑크족에 속하는 귀족계급)는 배척되고, 모리스 바레스와 에두아르 드뤼몽 소설의 중심 사상인 프랑스 단일 '인종'에 대한 사상이 대두되기 시작했다. 단일 인종은 불순물, 특히 유대인이 절대 섞이지 않은 순수한 인종을 추구한다. 이 사상은 국가에 소속될 수 있는 권리가 유전과 혈연에 의해서만 보장된다고 주장했다. 이는 공화정의 기반이 되는 계약과 개인의 의지에 따라 부여되는 시민권에 대한 개념을 완전히 거부하는 것이었다. 이와 동시에 과학적인 근거가 있다고 추정되었던 인종주의는 좌익주의적 의원들의 지지로 확산되기 시작한 제국주의 정치를 정당화하는 도구로 사용되었다. 인종주의를 통해 아랍인이나 유색인종이 본질적으로 열등하다는 인식이 확산되었으며, 식민지가 아니라 프랑스의 일부로 취급되었던 알제리 지방 주민들조차 프랑스 자국 내의 시민과 차별 대우를 받았다. 또 하나의 중요한 변화는 신학적 용어였던 반유대주의antijudaïsme가 점차 인종에 근거를 둔 반유대주의antisémitisme로 대체되었다는 사실이다. 이러한 변화는 19세기 후반기의 마지막 20년 동안 ≪라 크루아La Croix(십자가)≫라는 잡지에 의해 주도되었는데, 이 잡지는 상당히 설득력 있는 논설로 두 단어의 교체를 완결시켰다. 반유대주의는 좌파 혁명가들에게도 영향을 미쳤는데, 이들은 항상 유대인을 자본주의, 돈, 고리대금과 연결 지어 생각했다. 즉 이들은 오랜 전통을 가진 종교적 윤리와 사회주의의 윤리를 혼합한 것이다.

이스라엘 정치인 제브 스테른헬은 이 시기부터 르네 레몽이 구분했던 세 종류의 우익주의(반혁명주의, 오를레앙가 옹립주의, 나폴레옹주의) 간의 구분이 사라졌다고 주장한다. 즉 이 시기 이후로 이러한 세 종류의 우익주의가 혼합되기 시작했으며, 이는 '혁명적 우익주의'로 불린다. 이 혁명적 우익주의는 1981년에서 1940년 사이의 반민주화 운동 속에 스며들었으며, 비시 정권의 공식 이데올로기였던 민족적 혁명의 근본이념으로, 그리고 스테른헬에 의하면 파시즘 속으로 스며들었다. 그렇다면 이 '혁명적 우익주의'는 무엇에 근거하는가? 혁명적 우익주의는 유럽에서 그 당시 진행되고 있었던 근대화와 기술혁명, 노동자계급의 선거 참정권에 근거한다. 즉 '혁명적 우익주의'는 일반 서민들의 사회적 지위와 노동조건에 대한 요구, 그리고 대부분의 노동자계급이 마르크스주의에 동의하지 않는다는 사실에 대응하면서 발전했다. 이 노동자계급은 바레스의 연설문인 「지상과 죽음la terre et les morts」에 대한 예찬을 통해 재발견되었으며, 이는 독일식 표현인 '혈연과 지연blut und boden' 개념에 상응한다. 지식인의 위기, 혁명적 사상과 반자본주의적 특징에 따라 구축된 사회질서에 대한 거부, 국민투표의 전통을 되찾으려는 대중의 열망, 실천 수단으로의 폭력에 대한 변호와 정당화, 동시에 개인과 집단의 재건을 위해 사용되는 폭력에 대한 정당화, 이 모든 것들이 '혁명적 우익주의'가 추구하는 특징들이며, 이는 '우익과 좌익' 그 어느 쪽에도 속하지 않는다는 사실에 기반을 둔다.[26] 반드레퓌스주의자들, 모리스 추종자들, 조르주 발루아Georges Valois와 조르주 소렐을 포함한 많은 사상가들과 함께 '혁명적 우익주의'는 20세기 초기에 대두된 급진주의의 핵심을 이룬다. 제브 스테른헬은 혁명적 우익주의가 파시즘의 토대이며 최초의 파시즘이라고까지 평가한 바 있다.

파시즘

1970년대 후반부터 이스라엘의 역사학자인 제브 스테른헬은 파시즘이 19세기 말에 프랑스에서 태동했다고 주장한다. 스테른헬의 이러한 견해는 세 가지 형태의 극우주의 덕에 프랑스에서 파시즘이 설 자리가 없었다는 주장과 파시즘이 제1차 세계대전 이후 이탈리아에서 태동했다는 일반적인 견해와 대립된다. 그는 프랑스 파시즘에 대한 논쟁을 정리하면서 제

1차 세계대전과 제2차 세계대전 사이의 기간을 '파시즘 시대'로 명명한 에른스트 놀테Ernst Nolte의 주장을 반박한다. 스테른헬은 파시즘의 복잡한 내부적 메커니즘을 밝히고, 파시즘 형성 과정에서 마르크스주의가 어떠한 영향을 미쳤는지에 대해 철저히 연구한다. 또 세기말 계몽주의 유산을 거부하는 것의 중요성을 부각시킴으로써 파시즘을 마르크스주의와 이탈리아의 영향으로부터 해방시킨다. 그는 제1차 세계대전을 통해 파시즘이 태동했다는 주장에 반박하며, 파시즘을 조직적이고 일관성 있는 이데올로기를 가진 시스템으로 평가한다. 제브 스테른헬에게 파시스트 국가는 "전형적인 전체주의 국가이며 파시즘의 핵심은 바로 전체주의"이다.[27]

스테른헬의 사상에 많은 영향을 주었던 조르주 발루아(1878~1945)는 역사적으로 파시즘이라는 단어와 그 형식의 기원이 이탈리아에 있다는 사실을 인정하면서도 이 이데올로기가 세기말 프랑스 민족주의에서 파생되었으며, 바레스가 이 이데올로기의 창시자라고 계속 주장했다. 바레스는 좌익과 우익에 속한 모든 사람들을 재결합시킨 반의회주의자였으며 공화주의적·민족주의적 사회주의자였다. 하지만 파시즘의 창시자가 바레스가 아니라는 주장도 있다. 이 모든 주장은 파시즘의 본질에만 집중한 나머지 파시즘이 가지고 있는 '유연성'(파스칼 오리Pascal Ory의 개념)[28]을 간과하는 실수를 범하고 있다. 즉 파시즘의 본질에는 서로 모순되는 요소들이 공존한다. 예를 들면 조르주 발루아는 파시즘이 자코뱅주의에서 파생한다고 주장하면서 그와 동시에 제1차 세계대전의 경험에서 파시즘의 형태가 형성되었다고 주장한다. 하지만 파시즘의 선구자들이 프랑스행동에 가담했던 사람들이기 때문에 프랑스행동이 '파시스트적' 운동이라고 정의 내릴 수는 없다. 역사적 사건의 순서를 통해 인과관계를 유추하는 것은 분명 한계가 있다. 발루아, 브라지야크Brasillach, 드리외 라 로셸Pierre Drieu La Rochelle 같은 인물들이 파시스트인 것은 모라스의 사상에 영향을 받았기 때문이 아니라 그의 사상과 단절했기 때문이다. 발루아는 "자코뱅주의자들이 전체주의 국가라는 개념을 만들어냈다"라고 주장하면서 프랑스 파시스트들이 그들의 뿌리에 충실해야 한다고 역설한다. 그렇다면 이것은 어떤 의미를 지닐까? 그리고 자크 도리오Jacques Doriot가 "독일이 프랑스를 점령하기 전에 이미 프랑스 사회에는 민족주의적 사회주의와 민족주의 사회주의적 해결책들이 존재했다"[29]라고 서술했을 때, 그것이 뜻하는 바는 무엇일까? 그들은 여러 가지 개념이 혼합된 상징적 대표 개념을 만들어냄으로써 자신들의 논리를 정당화했다. 이 개념은 외부에서 들여온 요소들과 특별히 프랑스 전통에 속한다고 생각되는 민족적 요소가 혼합되어 탄생했는데, 프랑스 전통에 속하는 요소들은 이탈리아와 독일의 그 무엇보다 훨씬 긴 역사를 가지고 있다고 생각되었다. 이러한 혼란으로 인해 우리는 차라리 조지 모스George Mosse에게로 눈을 돌리게 된다. 조지 모스는 파시즘을 부정적 반응으로 보지 않고 일종의 문화로, 그리고 하나의 '양식'으로 분석할 수 있는 길을 열어주었다. 조지 모스는 파시즘의 등장이 제1차 세계대전 기간에 강화된 사회의 폭력성과 관련 있다고 주장했으며, 프랑스혁명과 파시즘은 둘 다 시민 종교 수준의 대중적 이데올로기라는 틀 안에서 이해해야 한다고 주장했다.[30]

제1차 세계대전과 같은 전면적 전쟁에 대한 경험은 사회 주변 세력들을 더욱 급진적으로 만들었으며, 동시에 그들이 대중에게 직접 다가갈 수 있는 기회를 만들었다. 이탈리아, 독일, 프랑스의 파시즘 내에서 전쟁 시기나 평화 시기의 구분 없이 사회를 전투적으로 무장시켜야 한다는 주장이 정치적 이슈로 떠오르게 되었다.[31] 즉 우익이 스스로를 '혁명적'이라고 지칭하기 시작한 것은 1918년 이후부터이다. 따라서 이러한 관점에서 볼 때 스테른헬이 사용한 '혁명적 우익'이라는 표현은 언어사적인 오류였다고 볼 수 있다. 그것은 '혁명'이라기보다 '반동'에 더 가깝다고 볼 수 있다. 반동이라는 개념을 단순히 보수주의적 저항이라고 해석해서는 절대 안 된다. 1795년 '반동'이라고 이름을 붙인 것은 혁명에 대항하는 일종의 폭력적 저항이었으며, 이는 '백색 테러la Terreur blanche'로 불리기도 했다.

파시즘의 기원에 대한 해석이 다양한 것처럼 한정된 시공간 속에서 수많은 이데올로기와 개념들이 등장했다. 1917년에 '급진주의' 개념이 프랑스 대중 논쟁에 처음으로 등장했는데, 프랑스 언론은 당시 러시아 권력을 장악한 볼셰비키주의자들을 비난하기 위해서 급진주의라는 단어를 사용했다. 이 시점부터 '급진적 좌익'에 맞서는 진영을 지칭할 때 '급진적 우익'이라는 개념을 사용하기 시작한 것이다.[32] 따라서 급진주의라는 단어는 정치 진영이 둘로 분열되면서 탄생한 개념이라고 볼 수 있다. 또한 정치 진영으로서 극우주의는 즉시 그들을 하나로 묶는 이데올로기를 구축했으며, 극우주의의 핵심 비전은 바로 유기체주의였다. 그들은 사회를 하나의 생명체처럼 기능하는 유기체로 보았던 것이다. 극우주의자들은 그들이 이상적으로 추구하거나(민족, 국적 또는 인종에 근거한) 그들이 재구성하기를 원하는 유기적 공동체에 대한 개념을 확산시켰다. 이 유기체주의는 자기애('우리'에 대한 가치 부여)와 이방인에 대한 두려움 때문에 모든 형태의 보편주의를 거부한다는 원칙에 근거한다. 따라서 급진적 극우주의자들은 차이(국가, 인종, 개인, 문화의 차이)에 절대적 가치를 부여한다. 중요한 사실은 그들이 차별과 차이를 동일한 관점에서 취급한다는 것이다. 즉 급진적 극우주의자들은 차이로 인해서 사회 안에 불안감이 조성되며, 공동체의 동질성이 파괴될 것이라고 주장한다. 그러므로 극우주의자들은 공동체의 부흥을 보장하는 '폐쇄된 사회'에 대한 이상향에 집착한다. 또한 그들은 당시 정치 시스템을 제도적 관점에서뿐만 아니라 그들이 추구하는 가치적 관점(정치적 자유주의와 평등주의)에서 부정적으로 바라보았다. 그들이 보기에 사회는 쇠퇴하고 있으며 국가는 이러한 쇠퇴 현상을 더 심화시키는 역할밖에 하지 못하는 것처럼 보였기 때문이다. 그러므로 그들은 이와 같이 쇠퇴하는 사회를 구원하는 것을 그들의 주된 목표로 삼았다. 그들은 반사회적 입장을 고수하면서 사회를 구원할 수 있는 대체 엘리트로서 자신들을 내세웠으며, 그들의 이념 원리는 민주주의적 원칙에 기초하지 않고 '진정한 엘리트'가 권력을 쥐어야 한다는 사상에 기초했다. 그들은 위대한 원초적 형태(황금시대, 구원자, 쇠퇴, 음모 등)에 상응하는 역사와 사회를 추구하며, 물질주의적이 아닌 비이성적 가치들(젊음, 죽음에 대한 숭배 등)을 찬양했다. 결론적으로 급진적 극우주의자들은 그 시대의 지정학적 질서를 거부한 것이다.

급진적 우익의 이러한 개념은 다양한 성향의 극우주의를 폭넓게 포괄한다. 즉 이 개념 안에는 완전한 혁명(인류학적·사회학적 의미에서의 혁명)뿐만 아니라 전체주의적 정치체도의 개혁도 포함된다. 그러나 이들의 공통된 특징이 정치적 자유주의의 모든 유산을 거부한다는 것은 사실이며, 이러한 특징은 제1차 세계대전 이후에 등장한 급진적 극우주의의 성향을 결정하는 핵심 요소가 되었다. 그러므로 급진적 극우주의 중 하나에 속하는 파시즘은 단단한 조직력을 갖추면서 다른 극우주의 운동들의 표본이 되었으나 유일한 급진주의 운동은 아니라고 볼 수 있다. 파시즘은 사회주의를 추종하던 자들의 배신으로 탄생한 운동이라고 볼 수 있으며, 제브 스테른헬은 바로 이러한 사실을 특히 강조했다. 하지만 이 배신자들의 세계관과 극우주의적·정치적 신념은 파시즘이 확산되기 이전부터 확립되어 있었다.

제1차 세계대전의 경험과 러시아혁명의 여파로 파시즘의 고전적 형태가 형성되었다. 즉 이러한 경험을 토대로 위계질서 있는 군대처럼 조직된 대중정당이 탄생했고, 이 정당은 사회와 국가의 통합을 실현하는 것을 목표로 삼았다. 또한 이 정당은 외부적으로는 제국주의적 전쟁을 통해, 내부적으로는 전체주의적 국가의 설립을 통해 새로운 인간상을 수립하는 데 주력했다. 의병대처럼 조직된 정당이 파시즘 국가를 장악했으며, 자신들의 세계관을 정치적 종교의 형태로 승화해 모든 시민에게 강요했다. 파시즘은 이와 같이 급진적·민족주의적 성향을 토대로 형성되었으나 유럽에 대한 관심을 저버린 것은 아니었다. 이는 파시즘이 1909년 엔리코 코라디니Enrico Corradini(1865~1931)가 제창했던 '프롤레타리아 국가'에 대한 개념을 구체화했기 때문이다. 코라디니는 사회적 진화론자였으며 반자유주의적·반사회주의적 성향을 가지고 있던 정치가였다. 그에 의하면 투쟁은 계급 사이의 투쟁이 아니라 영국, 프랑스 등 금권주의 국가와 이탈리아 등 프롤레타리아 국가 간의 투쟁이다. 그러므로 그의 견해에 따르면 이탈리아는 스스로를 재생시키고 제국으로 성장하기 위해 다른 국가들과 전쟁을 치러야만 한다. 그는 1910년에 민족주의 단체를 설립했는데, 이 단체는 1914년 이탈리아가 전쟁에 참가하는 데 많은 영향을 미쳤으며 1923년에 무솔리니가 창당한 국가파시스트당과 합병되었다. 이 같은 사실을 통해 무솔리니에게 끼친 코라디니의 영향을 확인할 수 있다. 무솔리니에 따르면 유럽 전체는 문명의 위기를 겪고 있으며, 이러한 위기는 이탈리아를 선두로 하는 프롤레타리아 국가의 제국주의적 투쟁에 의해서만 극복될 수 있다. 따라서 파시스트적 제국주의야말로 유럽 전체를 위기에서 구할 수 있는 유일한 도구이다. 파시즘에 의해 회생된 유럽이 문명의 영화를 다시 누리게 될 것이라고 무솔리니는 확언했다. 무솔리니의 선전지였던 ≪일 포폴로 디탈리아Il Popolo d'Italia(이탈리아 민중)≫는 무솔리니의 파시즘이 다음과 같은 특징을 내포하고 있다는 사실을 잘 보여준다. 이 신문의 제목은 블랑키와 나폴레옹의 인용구로 구성되었으며, 파시즘이 이탈리아 민족주의임에도 불구하고 외부와의 접촉을 두려워하지 않는 사회주의적·민족주의적·제국주의적 관점을 포함한다는 사실을 명확하게 드러내준다. 외부와의 접촉과 관련해 파시즘의 보편성에 관한 무솔리니의 입장은 시간이 지나면서 계속 진화했다. 1928년 무솔리니는 파시즘을 외부로 수출하는 것이 불가능하다고 분명하게 밝혔으나, 1929년 영국 파시스트인 제임스 스트래치 반스James Strachey Barnes(1890~1955)의 책인 『파시즘의 보편적 특징Universal Aspects of Fascism』의 서문에서 다음과 같이 언급했다. "파시즘이 역사적으로 볼 때 온전히 이탈리아에만 국한된 현상이기는 하지만 파시즘의 원칙은 보편적이다." 또한 1932년에 무솔리니는 파시즘이 20세기를 대표하는 이데올로기라고 진술했으며, 무솔리니 정권은 "보편적 파시즘에 대한 숙고"라는 부제를 단 ≪오토브르Ottobre≫라는 잡지를 발간했다. 이 잡지는 날개 돋친 듯이 팔려나갔으며 영국인 오즈월드 모즐리Oswald Mosley와 독일인 알프레트 로젠베르크Alfred Rosenberg, 프랑스행동에 속하는 레옹 도데Léon Daudet의 도움을 받기도 했다. 또한 이 잡지는 '청년유럽Jeune Europe'* 과 '국제파시스트Internationale fasciste'**를 지지하면서 '낡은 유럽'을 청산하자고 외쳤다. 1933년 여름, 독일에 '파시스트 국가'가 건설되자 무솔리니는 이를 적극 지지했다. 무솔리니 정권은 파시즘에 대한 정신적 지지에 만족하지 않고 유럽에 파시즘을 전파하기 위해 경제적으로 지원하기 시작했다. 특히 1935~1936년에 무솔리니는 영국의 오즈월드 모즐리와 프랑스의 데아Déat, 뷔카르Bucard, 들롱클Deloncle, 도리오, 스페인의 팔랑헤Phalange 등을 금전적으로 지원했다.[33]

한편 다른 나라의 파시즘 단체들은 이탈리아의 파시즘을 그들의 기준으로 삼았다. 영국의 모즐리가 주도했던 영국파시스트연합British Union of Fascists이 그 예이다. 이탈리아의 파시즘이 쇠퇴해가는 동안 파시즘의 국제적 흐름은 다시 한번 진로를 바꾸게 되었는데, 그것은 혁명적이고 대중 동원을 강조하는 정책으로의 복귀였다. 1943년 11월, 베로나회의에서 이탈리아 사회주의공화국의 정치적 목적이 유럽민족주의 국가연맹의 설립이라고 선포되었다. 이 연맹은 '세계적 금권주의'에 대항해 투쟁을 벌여야 하며 무슬림 민족주의자들에 기반을 둔 아프리카 대륙의 가치를 재평가해야 한다고 주창했다.[34] 그리고 베로나에서 논의되었던 이러한 주제들은

---

* 1962년에 설립된 유럽민족주의 운동 단체이다.

** 유럽 파시스트들의 정기 모임이다.

유럽 신파시즘의 핵심 이념이 되었다.

주목해야 할 사실은 유럽연합에 대한 파시즘의 논의가 탁상공론에 불과했다는 사실이다. 파시스트들이 원했던 것은 외부 세력이 최대한으로 약화되고 자국의 세력이 강해지는 것뿐이었다. 유럽 각국의 파시스트들은 우선 파시스트들이 활동하고 있는 국가들을 몇 개 그룹으로 분류했다. 서유럽의 파시즘은 제1차 세계대전 이후 등장한 이데올로기로서, 개인과 정부 조직의 재생을 목표로 한다. 중앙유럽과 동유럽의 파시즘은 민족 문제와 깊이 연관되어 있는데, 이는 오스트리아나 헝가리 같은 제국들이 분해되면서 생긴 민족 문제와 베르사유 조약에 이어 체결된 조약들에 따라 결정된 국경 문제로 야기된 것이다. 널리 알려진 사실과 달리 '국제적 파시스트'가 결성된 적은 한 번도 없다. 심지어 1934년 12월 17일에 스위스 몽트뢰에서 열린 '유럽 민족주의 운동 회의'에서조차 이러한 문제는 거론되지 않았다. 이 회의는 단지 이탈리아 무솔리니 추종자들의 프로파간다에 불과했다. 이는 파시즘이 공산주의와 다르게 한 번도 중앙집권적 국제 조직을 결성한 적이 없으며, 한 번도 파시즘 실천을 주도하는 중심지나 통일된 독트린이 없었고, 파시즘을 지지하는 정당들의 이해관계가 일치하지 않았다는 사실에 근거한다. 파시즘이 공유하고 있는 특징은 민주주의에 대한 거부, 공산주의에 대한 혐오, 폭력의 정당화, 지도자와 인종주의, 반유대주의, 민족적 국수주의에 대한 숭배일 뿐이다. 파시스트들은 이와 같은 특징들을 공유하긴 했으나, 파시즘의 형태는 각 나라마다 다르게 나타났으며 다양한 수준으로 사상 운동을 발전시켜나갔다.

급진주의의 다양성

파시즘만이 급진주의적 극우주의의 유일한 운동 세력인 것은 아니다.

주지해야 할 사실은 파시즘보다 더욱 극우주의적인 정치 세력이 있었다는 사실이다. 『우익주의에서 본 파시즘Fascisme vu de droite』의 저자인 이탈리아 철학자 율리우스 에볼라Julius Evola(1898~1974)는 전통주의라는 이데올로기를 정립했는데, 이 이념은 1960~1970년대에 유럽 극우주의자들 사이에서 불길처럼 번져나갔다. 독일에서는 에른스트 니키슈Ernst Niekisch(1889~1967)의 '민족주의적 볼셰비즘'이 가장 과격한 '극우주의'를 대표했다.[35] 독일 나치(국가사회주의 독일노동자당)의 역사는 이데올로기적인 측면에서뿐만 아니라 형식적인 측면에서 다양한 종류의 독일 민족주의 이념들이 있다는 사실을 계속 숨겨왔다. 다시 말하면 독일 민족주의는 아돌프 히틀러Adolf Hitler나 알프레트 로젠베르크, 발터 다레Walter Darré의 민족주의만 있는 것이 아니다. 독일 민족주의는 독일운동Deutsche Bewegung을 기원으로 하며, 이는 헤르더Joachim Goettfried von Herder에서부터 낭만주의에 이르는 폭넓은 사상을 포함한다. 또한 독일운동은 영국의 경험주의와 프랑스의 이성주의를 거부하면서 태동했다. 이러한 사상들은 하나의 이데올로기에서 발전하지 않고 세계관Weltanschauung을 중심으로 형성되었으며, 독일성germanité과 국가Reich가 이 세계관의 핵심을 이루었다. 여기서 국가Reich는 일반적으로 사용되는 국가Nation가 아니라 제국적 특징을 내포한다. 독일에서 국가사회주의가 확산되기 전에 파울 데 라가르데Paul de Lagarde와 율리우스 랑벤Julius Langbehn 같은 사상가들이 있었고, 민족운동Völkisch Bewegung과 반더포겔Wandervogel 청소년 운동과 같은 단체들이 존재하고 있었다(반더포겔의 활동은 1895년부터 1914년까지, 그리고 그 후부터 1933년까지 두 시기로 성격이 구분된다. 두 번째 시기에 반더포겔은 히틀러의 청소년 단체와 통합하도록 강요받았으나 반더포겔의 대다수 회원이 이를 거부했다). 나치즘 외에 존재했던 또 하나의 굵직한 민족주의 운동은 에른스트 윙거Ernst Jünger처럼 나치즘에 부분적으로 동조하면서 거리를 유지하는 것이었다. 이 민족주의 운동이 바로 보수혁명Konservative Revolution이다. 보수혁명은 스위스인 아르민 몰러Armin

Mohler에 의해 도입된 개념이며, 그는 이 개념을 통해 여러 가지 개념들의 복잡한 정신사를 정리했다.[36] 몰러의 보수혁명 개념에 상응하는 운동을 다른 나라에서도 발견할 수 있다. 러시아의 도스토옙스키와 악사코프Sergey Aksakov, 스페인의 우나무노Miguel de Unamuno, 이탈리아의 파레토Vilfredo Pareto와 에볼라, 영국의 로런스D. H. Lawrence와 체스터턴G. K. Chesterton 등이다. 또한 블라디미르 제프 자보틴스키Vladimir Zeev Jabotinsky와 같은 수정주의적 시온주의 이론가의 사상 속에서도 이와 비슷한 이념을 발견할 수 있다. 자보틴스키는 그와 동시대인인 로만 드모프스키Roman Dmowski의 '민족민주운동'에 나타난 폴란드 민족주의적 사상을 유대인 민족주의에 이입시킨 인물이다. 여러 종류의 운동 사상들은 지적인 측면에서뿐만 아니라 정치권력에 직접 영향을 미치기 위해 서로 경쟁했다. 1928년에 보수혁명주의자인 하르트무트 플라스Hartmut Plaas가 '국가적'인 것, '보수적'인 것과 '민족주의적'인 것, '혁명주의적'인 것을 구분해야 한다고 선동하자 그 이후부터 극우주의는 두 영역으로 분열되기 시작했다.[37] 프랑스에서는 이러한 구분이 알제리 전쟁 이후 하나의 교리로 고착되었는데, 이는 도미니크 베네르Dominique Venner가 저술한 『긍정적 비판을 위하여Pour une critique positive』라는 책 덕분이다. 과연 무엇이 이러한 다양성을 가능하게 했는지에 대한 질문은 여전히 숙제로 남아 있다.

극우주의를 하나로 묶을 수 있는 유일한 공통점이 있다면 그것은 바로 '반제도주의'이다. 1927년 독일의 다양한 정치 운동 단체들인 요제프 괴벨스Joseph Goebbels의 국가사회주의, 에른스트 니키슈의 민족 볼셰비즘, 에른스트 윙거의 신민족주의는 바이마르공화국을 "제도시대Systemzeit"라고 부르며 비난했는데, 이는 그들이 보기에 바이마르공화국의 제도가 정치적으로 해악을 끼치며 문화적으로 퇴폐를 조장했기 때문이다. 이 조잡한 제도에 대항하기 위해서 그들은 과격주의자들뿐만 아니라 '주변'에 흩어져 있는 모든 세력이 하나로 연합해 '중앙'을 공격해야 한다고 선동했다. 이러한 표현은 베르너 좀바르트Werner Sombart의 사상에서 차용한 것으로, 좀바르트는 유럽 극우주의자들 사이에서 높이 평가받은 독일의 사회주의 이론가인 동시에 '생존권'을 마련한다는 의미로 이 개념을 사용하던 독일의 지정학자들 사이에서도 높은 평가를 받았던 인물이다. 나치에게 '제도'는 '문화적 볼셰비즘Kulturbolschewismus'과 동일한 의미로 쓰였다. 로젠베르크는 이 제도 안에 대중의 영혼을 파괴하는 요소가 있다고 주장했으며, 히틀러는 이 제도를 운영하는 사람들이 바로 유대인이고, 유대인은 독일인에게서 그들의 '뿌리'를 제거하려는 음모를 꾸미고 있는 사람들이라고 주장했다. 한편 괴벨스는 이 제도를 운영하는 사람들은 뿌리도 없는 세계주의자들이라고 주장했다.[38]

'제도' 개념은 1951년부터 프랑스의 신파시즘 추종자들 사이에서도 사용되었다.[39] 예를 들어 이 개념은 장 루이 틱시에 비냥쿠르Jean-Louis Tixier-Vignancour와 모리스 바르데슈Maurice Bardèche가 20여 개의 소규모 운동 단체를 규합하기 위해 1954년에 창설한 민족연합Rassemblement National의 설립 동기에 사용되었다. 산산이 분열되어 있는 세력들(특히 프랑스는 그 정도가 심했다)을 어떻게 하나의 단체로 규합할 것인가에 대한 문제가 계속 제기되었다. 극우주의 진영의 양분에 직면해서 프랑스행동의 이론가인 샤를 모라스는 1934년 극우주의 세력이 '민족주의적 화해'를 통해 '국민전선'을 형성해야 한다고 제안했다. 이러한 노력은 결국 실패로 돌아갔는데, 실패 원인 중 하나는 모라스가 결성하고자 했던 국민전선이 오히려 거부감을 일으킬 것이라고 생각되었기 때문이다. 그럼에도 불구하고 국민전선은 파리의원이었던 샤를 트로쉬Charles Trochu의 지휘 아래 프랑스행동이나 청년애국단체Jeunesses patriotes, 프랑스연대Solidarité française에서 활동했던 행동원들의 규합을 모색하기도 했다. 하지만 철의 십자가Croix de Feu나 프랑스대중당Parti populaire française, 프랑시스트들Francistes을 설득하는 데는 실패했다. 자크 도리오는 1937년 좌익 개혁주의자들에게까지 호소하면서 그의 정당인 프랑스국민당PPF을 중심으로 극우주의 단체를 연합하려고 시도했다. 극우주의 정권이었던 비시 정권은 그 당시 다양한 성향의 극우주의 단체들이 활동하고 있다는 사실을 잘 알고 있었으며, 이들을 하나로 통합하기 위해 노력하기도 했다.

상당히 복잡한 형태를 띠고 있는 프랑스 극우주의를 한눈에 파악하는 것은 쉬운 일이 아니다. 대부분의 역사학자들은 라울 지라르데Raoul Girardet가 정리한 프랑스 극우주의 계보에 동의한다. 지라르데가 1955년에 제시한 분석에 따르면, 두 세계대전 사이에 프랑스에는 이미 '파시즘의 확산'이 진행되고 있었다. 그러나 아직 진정한 '파시즘 운동'이 뿌리내린 것은 아니었다.[40] 필리프 뷔랭은 프랑스가 파시즘을 "자석처럼 잡아당기고" 있다고 주장하기도 했다.[41] 프랑스에 파시즘이 존재하지 않는다는 주장과, 그와 반대로 파시스트들이 넘쳐난다는 주장 사이의 모순을 통해 이러한 현상을 해석할 수 있는 제3의 가능성이 열리게 된다. 독일과 이탈리아의 파시즘은 군사적이고 위계적으로 조직된 정당의 형태로 나타났으며, 이 정당은 권력 쟁취에 성공했다. 그러나 프랑스에서는 이와 같은 형태의 파시즘이 나타난 적이 없다. 한편으로 두 세계대전 사이에 프랑스에는 반자유주의가 강력한 이데올로기로 등장했으며, 이러한 반자유주의는 프랑스 민족주의적 역사와 스테른헬이 분석한 '전 파시스트'(파시즘이 수면에 떠오르기 이전) 사상의 확산에 근거한다. 프랑스의 파시스트들은 소집단 차원에 머물렀으며, 이들은 세기말에 유행했던 프랑스 민족주의의 토대 위에 외래적 요소들을 적용했을 뿐이었다. 따라서 장 루이 루베 데르 벨Jean-Louis Loubet der Bayle이 지적했듯이, 프랑스의 비순응주의자들을 결코 파시스트들이라고 말할 수는 없지만, 그들을 '30년대 시대정신'과 '파시즘의 확산'에 기여한 자들이라고 평가할 수는 있다.[42]

비시 정권은 과연 극우정권이었는가? 다음과 같은 조건하에서는 그렇다고 말할 수 있다. 비시 정권의 핵심 이데올로기인 '민족혁명'을 통해서 비시 정권은 좌익주의 신사회주의자들과 계획경제주의자에 속했던 정치인들 및 지식인들 중 일부분을 규합했으며, 혁명적 사회주의에 속했던 평화주의자들과 공산주의 탈당자들을 연합하는 데 성공했다. 이들 중에는 드레퓌스 지지자로 활동하다가 대독 협력정책에 합류하면서 정체성을 바꾼 이들도 있다.[43] 페탱Pétain 장군 정권은 공화제를 폐지하고 민주적으로 형성된 정당과 기관들도 없애버렸다. 이러한 조치는 페탱 장군 정권시대의 특수성에 기인한 것이기도 하지만, 1789년 혁명으로 퍼져나간 가치에 대한 복수와 공화제가 도입한 세속성과 같은 가치에 대한 복수에서 기인한 것이기도 하다. 그런데 비시 정권의 정책 중 가장 눈에 띄는 것은 바로 국가적 차원의 반유대주의 확산이다. 비시 정권은 반유대주의 이데올로기 없이 '새로운 질서'를 구축하고 프랑스 국가를 재건하는 것은 불가능하다고 주장했다. 하지만 우익 민족주의자들이나 혁명주의자들 가운데 비시 정권에 대항하는 사람들도 있었다는 사실을 간과해서는 안 된다. 레지스탕스 운동에 참여했다가 수용소에서 죽음을 맞은 조르주 발루아가 바로 이에 속하며, 강제수용소에 수용되었던 라 로크François de La Rocque 대령도 이에 속한다. 이러한 우익 저항 세력들은 강제적으로 해체된 연맹들(프랑스사회당Parti social français 지도자인 샤를 발랭Charles Vallin은 1942년에 영국으로 망명했다)과 밀접한 관계를 맺고 있었거나 보수주의 단체의 대표자들(시민연맹의 루이 마랭Louis Marin, 조르주 망델Georges Mandel, 폴 레노Paul Raynaud)과 긴밀하게 교류한 자들이다. 그리고 이들은 1945년 이후부터 극우주의의 목소리를 대변하는 세력이 되었으며 점령군에게 협력한 정치 세력들과 레지스탕스에 가담함으로써 우익 정권에 대항했던 소규모 세력들을 분명히 구분했다. 이 소규모 저항 세력이 후에 페탱주의에 동참하게 된 것이다.

비시 정권하에서 페탱 장군을 유일한 정당으로 만들려는 노력이 실패로 돌아가고 단체들과 개인들 사이의 경쟁이 심화되는 과정은 피에르 앙투안 쿠스토Pierre-Antoine Cousteau(1906~1956)가 묘사한 글에 잘 나타나 있다.

1943년 9월 17일에 발행된 주간지 ≪주 쉬 파르투Je suis partout(나는 어디에나 존재한다)≫에서 그는 다음과 같이 프랑스 파시즘을 묘사했다. "프랑스 파시즘이 존재하는 것은 사실이다. 하지만 그것은 하나의 정당이 아니라(만약 원한다면 이는 정당 부스러기에 불과하다고 볼 수 있다), 일종의 정신 상태, 반사적 행동들의 집합 또는 인생을 영웅적으로 해석하는 방식에 불과하다. 프랑스 파시즘은 상당히 견고하며 요구 사항도 까다롭고, 영광과 순수성을 향한 끊임없는 의지의 발현이다. 이는 또한 민족을 포기하지 않으면서 유럽을 받아들이는 것이고, 유대인을 배제한 사회주의이며 이성이자 신념이다."[44] 즉 구조적 측면에서 프랑스 파시즘을 정의하기 위해 쿠스토가 말하고자 했던 바는, 바로 프랑스 파시즘은 정당 구성에는 전혀 관심이 없고 '파시즘적 형식'에만 관심이 있을 뿐이라는 것이다. 프랑스 파시즘은 겨우 몇몇 당원을 가진 수많은 소수 정당들로 구성되어 있었으며, 필리프 뷔랭은 이와 같은 현상에 대해 다음과 같이 진술했다. "만약 호크 대령이 이끄는 단체를 파시즘으로 분류한다 할지라도 프랑스 파시즘에 속하는 소규모 단체들은 전부 합쳐서 100만 명 정도의 당원을 확보하고 있을 뿐이며, 이는 전체 성인 인구의 5%도 안 되는 숫자이다."[45] 프랑스 파시즘은 지도자Guide가 있어야 한다는 중요한 사실도 인지하지 못하고 있었을 뿐만 아니라 이러한 사실을 이론화하기까지 했다. 카굴Cagoule(민족혁명 비밀조직)과 들롱클Deloncle(사회혁명운동)에 속했던 조직원들은 1941년에 다음과 같은 주장을 펼쳤다. "비시 정권 말기 사회주의공화국 운동에서 비밀 공동체들은 적당한 크기로 쪼개져서 분리되어 활동해야 한다. 이것이야말로 가장 중요한 원칙이다." 또한 그들은 파시즘을 "지도자 없는 '새로운 기사제도'로 여겼으며, 이는 대독 협력자로 활동했던 사람들의 편입을 용이하게 했다".[46]

전쟁 후에도 프랑스 극우주의는 계속해서 양분되었으며 조직망의 형태로 활동하는 그들의 특성도 그대로 유지되었다. 유럽의 다른 나라들도 이와 같은 현상을 경험한 것이 사실이다. 덴마크와 프랑스 정보국은 전쟁 후에 정체가 모호한, 비슷한 유형의 단체들의 움직임을 포착했는데, 이들의 특징은 몇몇 연합단체들이 다른 단체를 위해서 꼭두각시 노릇을 하며, 이들 연합단체의 활동가들이 성격이 다른 여러 단체를 통해 서로 연결되어 있다는 것이었다. 다양한 성격을 가진 단체들이 의도적으로 분열되어서 활동했으나 그래도 그들을 연합하는 공간은 분명 존재했다. 프랑스 정보국의 정보에 의하면 프랑스 무장친위대Waffen-SS에서 활동했던 군인들이 1946년 조직망을 구축하고 반공산주의 운동 단체 안에 활동가를 침투시켰는데, 이는 체제전복을 반대하는 분위기가 팽배해지는 가운데 체제전복을 유도하는 분위기를 유지하기 위한 것이었다. 그들 가운데 한 명이 샤를마뉴사단division Charlemagne(무장친위대 소속 사단) 소속이었던 피에르 부스케Pierre Bousquet이다. 부스케는 후에 민족청년Jeune Nation과 행동유럽Europe-Aciton, 잡지 ≪밀리탕Militant≫에서 활동했으며, 1972년에 국민전선 최초의 재정관리 담당자가 되었다.[47] 1947년 민족 연합을 추구하는 비밀위원회Comité national de coordination는 보고서를 통해 반공산주의 운동 단체 안에 요원들을 침투시켜야 한다고 주장했다. 이는 반공산주의 단체가 정치의 방향을 주도하게 하기 위한 조치였다. 이 보고서는 다음과 같은 결론을 내렸다. "우리가 바로 새로운 레지스탕스다……." 1951년에 페탱주의자들과 대독일 협력자들 사이의 대립이 깊어지면서 후자는 주간지 ≪리바롤Rivarol≫(아직도 발행되고 있다)을 중심으로 재정비되었다.[48] 1958년에 피에르 시도Pierre Sidos가 이끄는 민족청년이 해산되면서 민족주의적 성향을 가진 정당이 창당되었다. 이 정당은 협상위원회를 통해 운동 단체 전체를 재정비하려고 노력했으나 곧 해산되었다.[49] 민족청년과 프랑스대중당에 속했던 활동가들에 의해 모의된 푸자드주의 운동(노조 운동)도 실패로 돌아갔는데, 푸자드주의 운동의 활동가들은 이 운동을 통해 1934년 2월 6일 콩코드 광장에서 있었던 시위의 열기가 계속되기를 바랐다. 하지만 얼마 지나지 않아 비밀군사조직Organisation de l'armée secrète: OAS이 민족주의자 진영을 하나로 결속시킬 것이라는 희망도 물거품으로 돌아갔다. 이러한 상황을 염두에 두면서 도미니크 베네르는 『긍정적 비판을 위하여』라는 책에서 모라스의 원칙에 근거한 민족주의적 타협안에 이의를 제기했다. 왜냐하면 레닌의 원칙을 따르는 민족주의자들에 의해 타협안이 거부되었기 때문이다. "0 더하기 0은 여전히 0이다. …… 극우주의 단체들의 전략은 강력한 지도 단체가 없다면 결국 실패할 것이다. 강력한 지도력만이 단체의 수준을 한 단계 높이면서 그들의 정책을 확고하게 끌어나갈 수 있기 때문이다."[50] 베네르가 극우주의 연합체를 모라스의 원칙보다 도리오의 원칙에 가깝게 이해한 것은 타당하다고 볼 수 있다. '국가주의자nationaux'와 '민족주의자nationalistes'를 구별하는 문제는 국가주의적 민족주의 문제를 수평구조적 관점에서 바라보려는 시도와 함께 늘 제기되었던 문제이다. 이러한 관점에 비밀군사조직의 기관지였던 ≪레스프리 퓌블리크L'Esprit public(공공 정신)≫는 비록 실패로 끝나긴 했으나 시험대 역할을 했다고 볼 수 있다. 라울 지라르데는 혁명 지상주의와 백인들만의 세계를 열망하는 장 마비르Jean Mabire의 사상 속에서 민족 개념에 대한 혼동과 망상을 목격했을 뿐이라고 진술했다.[51]

나치 독일하의 새로운 유럽 질서

독일에서는 전체주의 국가의 등장과 프로파간다를 통해 통일된 형태의 정당 이미지가 만들어졌다. 그러나 히틀러가 권력에 오르기 전, 나치 당원 중 한 사람이었던 오토 슈트라서Otto Strasser(1897~1974) 지휘관에 의해 당 분열이 조장되기도 했다. 슈트라서는 1930년 혁명적 국가사회주의자 전투연맹Kampfgemeinschaft revolutionärer nationalen Sozialisten을 세우기 위해 나치당에서 탈퇴한 인물이며, 이 전투 공동체는 1931년에 흑색전선Schwarze Front으로 이름을 바꾸었다. 그러나 공동체의 의도와 달리 당원들은 독일 공산당으로 빠져나가 버렸다. 오토 슈트라서는 활동 초기에 그 누구의 도움도 없이 홀로 활동했으나, 곧 각국의 많은 활동가들과 접촉하기 시작했다. 프랑스의 알렉상드르 마르크Alexander Marc와 반순응주의 잡지인 ≪로드르 누보L'Ordre nouveau(새로운 질서)≫, 스페인의 라미로 레데스마 라모스Ramiro Ledesma Ramos가 이끄는 공격적 민족노동조합Juntas de Ofensiva Nacional Sindicalista과 오네시모 레돈도Onesimo Redondo, 그리고 독일의 니키슈 저항단체의 회원들이 슈트라서가 접촉했던 대상이다. 두 세계대전 사이에 슈트라서가 퍼트린 독트린은 미래의 급진주의자들의 사상에 가장 큰 영향을 미쳤다. 그는 도시화되고 산업화된 사회의 붕괴에 대해 역설했으며, 독일이라는 국가적 정체성에 저항하면서 국가와 민족을 분리해야 한다고 주장하는 분리주의자들을 지지했다. 그리고 동유럽, 아프리카, 아시아의 자원과 관련된 경제협력지구를 창설하자고 제안했다.[52] 또한 그의 판단에 따르면 유럽은 혁명적 보수주의의 이상으로 여겨지는 중세 기독교에 너무나 많이 의지하고 있었다.[53] 전쟁 직후 오토 슈트라서는 그가 명예회장직을 맡게 된 국제조직을 창설하는 데 협력한다. 유럽대중운동Mouvement populaire européen: MPE이라고 명명된 이 국제조직은 유럽의 중립성을 강조하는 단체였다. 슈트라서는 독일 통일을 위해 스탈린주의 공산주의자들과 함께 협력했으며, 1958년에 열린 독일 중립주의 회의에 참석하기도 했다. 결론적으로 그는 유라프리카 경제구역의 창설을 강조하면서 아랍과 유럽의 연합을 위해 수에즈와 알제리의 갈등에 반대하고, 팔레스타인 문제를 지지했다.[54]

나치즘은 극우주의 진영의 여러 요소들이 혼합되어 만들어진 이념이다. 나치즘은 그들의 세계관을 형성하기 위해서 급진적 파시즘, 국수주의적 이데올로기와 혁명주의적 보수주의 개념들을 혼합시켰다. 유럽 전역에서 이탈리아와 독일의 모델을 모방한 세력들이 계속 생겨났고, 이데올로기를 토착 민족주의에 이식시키는 방법이 주로 사용되었다. 각 나라에서 나치즘의 확산은 공산주의에 대한 두려움 때문에 더욱 촉진되었고, 예방적 차원에서 반혁명세력을 규합하는 형태로 확산되었다. 헝가리를 점령했던 헝가리 소비에트공화국은 루마니아 군대에 의해 붕괴되었으며, 루마니아 군대는 1920년 오스트리아 헝가리 제국 해군 장교였던 미클로시 호르티Miklós Horthy de Nagybánya에게 권력을 부여했다. 이 장교가 구축했던 보수적 전체주의적 정권은 나치즘의 영향을 받은 여러 급진적 단체들이 활개 치는 것을 묵과했다(호르티 정권 역시 1932~1936년에 상당히 강경해졌다). 이러한 급진주의 단체들 중 페렌츠 살러시Ferenc Szálasi에 의해 설립된 화살십자당Croix fléchées이 윤곽을 드러내기 시작했다. 히틀러는 호르티에게 더 이상 지원을 기대할 수 없을 경우에도 언제든 이러한 급진적 단체들에 도움을 요청할 수 있었다. 그리고 이들은 유럽의 혁명주의적 동지애를 구실 삼아 민족적 제국주의와 대독 협력주의에 언제라도 협조할 수 있었다. 프랑스의 프랑시스트당Parti franciste의 지도자였던 마르셀 뷔카르Marcel Bucard는 "파시즘 연맹이 세계 평화를 이룰 것이다"라고 발언하기도 했다.[55] 1941년부터 헝가리, 불가리아, 루마니아, 슬로바키아, 크로아티아는 베를린·로마·도쿄 3자 협정(제2차 세계대전 당시 연합국에 대항한 추축국)의 지지자가 되었으며, 동시에 프랑스에서 나치에 협력했던 핵심 단체들이 '볼셰비즘에 대항하는 프랑스자원부대Légion des volontaires Français contre le bolchevisme: LVF'를 창설했다. 후에 이 부대는 독일국방군Deutsche Wehr 7사단 638연대로 편성되었다(6000명).

이베리아반도의 전체주의 정권들은 동부전선 문제[56]를 마치 인종청소를 위한 그리스도의 재림인 것처럼 여기면서, 전쟁에는 전혀 관심을 보이지 않고 자국 내의 급진주의자들을 제거하는 데에만 몰두했다. 프랑코 장군 치하에 있었던 스페인은 오네시모 레돈도와 라미로 레데스마 라모스가 대표하는 '좌익적' 팔랑헤주의뿐 아니라 이들보다 더욱 분명하게 '우익적' 성향을 지니고 있었던 안토니오 프리모 데 리베라Antonio Primo de Rivera의 팔랑헤주의에도 저항하면서 조직을 강화시켰다. 마찬가지로 안토니우 살라자르António Salazar가 이끌었던 포르투갈의 제2공화국Estado Novo은 프란시스쿠 홀랑 프레투Francisco Rolão Preto가 이끌었던 민족노동조합 운동과 재빠르게 보조를 맞췄다. 살라자르 정권의 정당은 정치제도보다 국가 경영에 우선순위를 두었다. 조합주의제도(사회 전체 구성원이 조합을 통해 조직되는 제도)는 이탈리아 파시즘 모델을 원형으로 하지만 사회적 가톨릭주의의 영향을 받기도 했다. 즉 교회야말로 이베리아반도의 전체주의적 정권에 가장 중요한 영향을 미치는 요소 중 하나였던 것이다. 살라자르주의와 프랑코주의는 극우주의 독재 권력의 대변자들이었다. 그들은 다른 모든 극우주의자들과 마찬가지로 불평등을 전제로 한 유기체주의를 지지했으며, 이를 통해 사회를 재생하고자 노력했다. 하지만 이들은 급진적 극우주의 관점에 동의하지는 않았다.

급진주의를 경계하는 전체주의적 형태의 정권은 다른 나라에서도 나타났다. 오스트리아의 돌푸스Engelbert Dollfuss, 에스토니아의 패츠Konstantin Päts, 라트비아의 울마니스Kārlis Ulmanis, 리투아니아의 스메토나Antanas Smetona, 프랑스의 페탱, 헝가리의 호르티, 폴란드의 필수드스키Joseph Pilsudski, 루마니아의 카롤 2세Carol II가 여기에 속한다. 농민조합의 총재였던 카를리스 울마니스가 이끈 라트비아 전체주의 정권은 극우주의 세력이 확장되자 이를 저지하기 위해 생성된 조직으로, 1934~1940년에 라트비아를 지배했다. 그 당시 라트비아의 극우주의 세력은 구스타브 셀민시Gustav Celmiņš가 이끄는 천둥십자가Pērkonkrusts 정당과 볼데마스 오졸스Voldemārs Ozols 대령이 이끄는 해방투쟁부대 등이었다. 천둥십자가 정당은 동업조합주의적이었고 종종 나치 문장을 사용하기도 했으며, 신이교주의를 기본 이념으로 삼았다. 그들은 13세기까지 라트비아의 주 종교였던 디에브투리바Dievturība를 재생시킴으로써 신이교주의를 재확산시켜야 한다고 주장했다. 에스토니아의 콘스탄틴 패츠는 '소작인과 영세 농민을 위한 연맹Union des fermiers et petits propriétaires'의 지도자였으며, 당시 안드레스 라르카Andres Larka와 아르투르 시르크Artur Sirk가 이끌었던 밥스Vaps 정당의 세력이 커지는 것을 막기 위해 1934년 전체주의적 정권을 수립했다. 루마니아의 경우, 서유럽의 급진주의적 극우주의에 가장 많은 영향을 미쳤는데, 특히 이탈리아와 프랑스에서 1960~1970년대에 그 영향력이 두드러지게 나타났다.

루마니아의 코르넬리우 젤레아 코드레아누Corneliu Zelea Codreanu(1899~1938)는 1927년대 대천사 미카엘 군단Ligue de l'archange Michel을 창설했으며, 이 연맹은 1930년 대중조직인 철위대Garde de fer가 추가로 조직되면서 확장되었다. 철위대는 후에 군단 자체의 명칭이 되었으며 1933년 '전위조국당'으로 명칭을 바꾸었다. 이 운동의 지도자들은 스페인 전투에서 민족주의자들과 함께 선도적으로 나서서 투쟁했던 사람들이다. 철위대는 농민을 기반으로 한 루마니아의 재건설을 위해 기독교적 신비주의와 민족적 인종주의를 단단하게 혼합시켰다. 그 용사들은 십자군에 비유되었다. "즉 그들의 핵심 이데올로기는 기독교였으며 이데올로기를 구축하는 기반은 산업사회가 아니라 농경사회이다(하지만 이들은 미르체아 엘리아데Mircea Eliade와 에밀 시오랑Emil Cioran과 같은 지식인들이 속한 학생들을 소집하는 것을 주저하지 않았다)." 철위대가 창설된 이후부터 대천사 미카엘 군단은 반자본주의적 성향을 더욱 강화하기 시작했으며, 루마니아 파시즘의 특수성으로 각인되었다. 이러한 철위대의 활동에 자극을 받은 카롤 2세는 1938년 예방적 차원의 쿠데타를 일으켰고 철위대의 지도자였던 코드레아누는 체포되어 처형당했다. 모든 정당 활동을 금지하는 기독교적·전체주의적 독재자가 탄생한 것이다. 1940년 이온 안토네스쿠Ion Antonescu 장군의 지휘하에 군사주의적 민족국가가 수립되자 호리아 시마Horia Sima가 이끌던 철위대는 보복을 시작했다. 철위대가 테러를 일으켜 루마니아 사회를 잠식해가자, 이에 대한 방어책으로 안토네스쿠 장군은 히틀러에게 루마니아 파시스트들을 지휘해달라고 요청했다. 즉 나치 협력자들은 국내의 진정한 나치정책 동조자들을 약화시키기 위해 독일에 손을 내밀었던 것이다. 협력자들은 독일과 연맹을 맺은 국가들이 평화 상태를 유지해야만 독일이 전쟁에서 쉽게 승리할 수 있다고 주장했다. 결국 시마는 독일로 추방되었고 안토네스쿠는 아무런 방해 없이 독일과 협력할 수 있었다. 하지만 나치는 안토네스쿠에게 그를 언제든지 대체할 수 있다는 사실을 환기시켰다. 철의 군대가 재기하는 것이 어렵게 되자 급진주의자들은 루마니아를 파시스트화하고 독일에 적극 협력하는 방향으로 노선을 바꾸었다. 이와 비슷한 현상이 프랑스에서도 일어났는데, 이는 1943년 민병대들의 활동과 함께 시작되었다.

히틀러는 나치의 영향권 안에 있던 국가들을 대상으로 극우주의의 양극화를 의도적으로 조장했다. 우선 '민족주의자'들이 권력을 쥐게끔 만들었는데, 대중이 보기에 이들이 전통적 권위를 대변하는 인물들이었기 때문이다. 동시에 나치는 급진주의자들을 언제든지 민족주의자들과 교체할 수 있도록 그들 주변을 떠나지 못하게 적절히 통제했다. 첫 번째 부류가 바로 나치 협력자들로서, 일반적으로 이들은 전통적 지식인층에 속하며 보수적 사회 정치주의를 추종한다. 또한 반공산주의를 강화하기 위해 독일과의 협력을 원했으며, 특히 독일과의 대등한 관계 안에서 이루어지는 협력을 원했다. 반면 나치정책 동조자들은 유럽의 새로운 질서를 세우기 위한 나치의 투쟁에 동참하기 원하는 파시스트 소수 세력이었다. 히틀러는 다른 대안이 없는 한 이러한 정세를 자신에게 유리하게 이용했다. 한 예로 그는 1942년 나치 동조자였던 비드쿤 크비슬링Vidkun Quisling을 노르웨이 총리로 임명하기도 했다. 유럽 신파시즘 이론의 선구자인 모리스 바르데슈는 나치 동조자들의 꿈을 다음과 같이 요약했다. "유럽의 봄•을 겪어보지 못한 사람들은 우리가 유럽에 대해 이야기할 때 무슨 이야기를 하고

• 프랑스 2월혁명을 비롯해 1848년 유럽 여러 나라에서 일어난 정치적 혁명을 뜻한다.

있는지 알지 못한다."[57] 이러한 이데올로기적 성향은 나치 동조주의의 급진성 정도에 따라 극우주의 진영 내에서 불균등하게 나타났다. 1943년 나치 독일은 프랑스 자원병들이 프랑스 사단 내의 독일 무장친위대에 합류할 수 있도록 허락했다(2500명). 1944년 11월, 볼셰비즘에 대항하는 프랑스자원부대와 비시 정권하의 친독 의용대원들 중 상당히 많은 수의 군인들이 무장친위대 소속 샤를마뉴사단으로 흘러들어 갔다(8000명에 조금 못 미친다). 역사학자 제임스 그레거James Gregor에 따르면 프랑스 본토의 민족주의 개념과 가톨릭의 영향을 많이 받은 '볼셰비즘에 대항하는 프랑스자원부대' 소속자들과 유럽지상주의·나치즘·신이교도주의의 영향을 받은 프랑스 무장친위대 간의 반목은 심각했다.[58] 그 이후부터 나치 독일을 건설하는 것을 목표로 삼은 유럽신질서Nouvel Ordre européen 운동은 출신을 막론하고 병사들을 충원하기 시작했다. 1944년 독일 무장친위대는 90만 명의 군인을 확보했는데, 그중 절반 이상이 비독일인이었다.[59]

샤를마뉴사단은 사단 강령에 국가사회주의 이데올로기에 대한 내용을 포함시키지 않은 듯하다.[60] 사단의 이데올로기는 나치친위대의 언론 매체를 통해 공급되었고, 프랑스와 벨기에의 상호 협력으로 벨기에와 프랑스 북부 지역을 포괄하는 군사 행정부가 세워졌다. 그리고 이 행정부는 국가사회주의 이데올로기의 내용과 형식을 유포하는 중심지가 되었다. 이 이데올로기의 토대를 제공한 것은 렉시즘Rexisme(벨기에 극우주의 단체)의 지도자와 후에 벨기에 무장친위대에 합류했던 레옹 드그렐Léon Degrelle의 파리 연설일 가능성이 크다. 드그렐은 파리에서 '유럽혁명'과 '사회주의'를 찬양하는 연설을 했는데, 유럽혁명이 찬양의 대상이 되는 것은 그것이 지식인의 참여 없이 그리고 유대인의 개입 없이 이루어졌기 때문이다. 또는 국가사회주의 이데올로기는 플랑드르 민족주의자들 및 정보국과 관련이 있었으며 후에 북부 지역의 우익 연맹 창설자가 된 피에르 케누아 드 두에Pierre Quesnoy de Douai가 앙베르Anvers에서 행한 민족 문제에 대한 연설(권터

Hans Friedrich Karl Günther와 로젠베르크가 특히 많이 인용됨)을 통해서 형성되었을 수도 있다. 이 연설은 '프랑스 북부 지역 일반친위대' 신병 모집을 위한 것이었는데, 두에가 연설에서 사용한 일반 정보들은 아마도 플랑드르 일반친위대에서 사용한 내용들이었을 것이다.[61] 다른 한편으로 프랑스어권 일반친위대 소속의 신문인 ≪드브니르Devenir≫가 이데올로기 형성에 특별한 역할을 했을 가능성이 짙은데, 전쟁 후에 나치에 동조한 많은 협력자들이 이 신문에 기고하고 있었기 때문이다. ≪드브니르≫는 이데올로기적 성향을 확실히 드러낸 부제("유럽 공동체의 전투를 위한 잡지")를 달고 있었다. 그러나 이 신문은 프랑스 민족주의와는 전혀 상관없는 주제를 다루었으며, 동시에 1941년 '볼셰비즘에 저항하는 십자군'에 대해서도 별 관심을 보이지 않았다. 인도·유럽의 신화와 언어를 통합하자는 의견을 피력하는 글을 싣기도 하고, "오늘날 다시 회생할 북유럽인"의 출현으로 유럽 국가가 전멸할 것이라는 주장을 펼치기도 했다. 여기서 언급된 북유럽인은 고대의 신화적 존재이며, 기독교의 '오리엔탈리즘'의 영향을 전혀 받지 않은 사람을 일컫는다. 이 외에도 토르에 열광하면서 일반친위대와 바이킹을 비교하는 내용을 토로하기도 했다. 장 마리 발레스트르Jean-Marie Balestre는 이 신문을 통해 "노르망디와 브르타뉴, 부르고뉴 지방의 아리아인들이 그들의 인종적 형제들에게 합류했다"라고 떠들어댔다. 한편, 뤼시앵 르바테Lucien Rebatet는 독일의 나치, 루마니아의 철위대, 미국의 반유대주의자들, 아르헨티나의 민족주의자들 모두 "유럽의 정신, 아리아족의 정신, 혁명의 정신"을 소유하고 있는 자들이라고 찬양했다. 그리고 그는 다음과 같이 결론 내렸다. 동부전선에서 싸우고 있는 병사들이야말로 "유대인, 민주주의, 대기업이 없는 내일의 세상을 이루게 될 국제 아리아족의 엘리트들이다. 18개국, 내가 당신들에게 분명히 말한다. 팔을 힘차게 내밀어 우리의 경례인 아리아족의 경례를 보낸다. 유대인에게 죽음을!"[62]

이교도주의는 '혈통으로 연결된' 유럽연맹을 강조하기 위해 좁은 의미의 민족주의를 거부한다. ≪드브니르≫를 통해 비교도화된 일반친위대의 새로운 핵심 이미지를 발견할 수 있다. 이와 같은 이미지는 생 루Saint-Loup(마르크 오기에Marc Augier의 필명, 1908~1990)의 소설에서 묘사된 과거의 영광을 통해 잘 드러나며, 1960~1970년대 대중문화 속에도 녹아들어 있다(대체역사를 소개하는 저질의 작품들이나 일반친위대를 비밀스러운 외계인으로 그린 작품들이 이에 속한다). 이 급진주의적 소설가는 자신이 자발적으로 동부전선에 참여했다는 사실을 강조하면서 유럽신질서가 불러일으키는 프로파간다적 상상과 실제적 현실 사이를 혼동했다. 생 루의 인생 역정을 살펴보면 그의 사상이 왜 그렇게 발전할 수밖에 없었는지 이해할 수 있다. 생 루는 1936년 레오 라그랑주Léo Lagrange(사회주의자)와 함께 활동하면서 블룸Léon Blum(사회당 당수) 정권 밑에서 청소년부 장관직을 맡았다. 그리고 1941년에는 '유럽대륙의 연합을 위해서 패기 있는 프랑스인으로 구성된 대독 협력단체'를 조직하는 데 동참했다. 이 단체는 후에 '유라프리카 경제공동체, 더 나아가 통일된 세계 경제공동체 조직'의 구상에 영향을 미쳤다.[63] 즉 그는 지정학적 대립을 해소하기 위해 노력한 사람이다. 그는 "당신들은 민족주의라는 개념이 시대에 뒤떨어진 개념이라는 것을 아직도 이해하지 못한단 말입니까? 당신들은 이 전쟁이 제국의 영토나 왕조를 위한 것이 아니라 유럽 전체를 포괄하는 시민전쟁이라는 사실을 아직도 이해하지 못한단 말입니까? …… 현재 일어나고 있는 갈등의 초점은 통일된 유럽 내에서 사회주의를 건설하는 것입니다"라고 말하기도 했다.[64] 그는 특별히 신유럽청년부JEN 관리에 열정을 쏟았으며, 볼셰비즘에 대항하는 프랑스자원부대LVF를 통합하는 데 기여했다.

신유럽청년부의 핵심적 역할은 '볼셰비즘에 대항하는 프랑스자원부대'를 장려하는 것이었다. 신유럽청년부는 마르셀 데아Marcel Déat가 이끄는 민족혁명전선Front révolutionnaire national을 통합하는 데 성공했으며, 그 후 대부분의 자원병들은 친독 의용대에 합류하거나 프랑스 일반친위대에 합류했다.[65] 그들은 또한 잡지 ≪라 젠 유럽La Jeune Europe≫의 보급을 책임지고 있었는데, 이 잡지는 젊은 지식인들에게 대독 협력주의를 주지시키기 위해 창간된 것으로서 1942년에 12개국 언어로 번역되어 발간되었다. 이는 유럽 일반친위대의 발족과 함께 탄생한 유럽대륙 통일에 대한 이데올로기를 확산시키기 위한 것이었다. 또한 이 잡지는 동부전선을 유럽 전체의 주제로 만들기 위해 이를 위한 이데올로기와 프로파간다를 구축하는 지정학적 잡지였다. 마르셀 데아는 이 잡지를 통해 아프리카에서 활동하고 있는 프랑스가 곧 유럽의 동부전선 역할을 하고 있다고 주장했으며, 독일인 마티아스 슈미트Matthias Schmitt는 독일이 유럽을 통일하고 이탈리아가 아프리카를 통일해서 "함메르페스트에서부터 케이프타운"[66]에 이르는 단일 공동체를 이루어야 한다고 강력하게 주장했다. 또한 브루노 프랑콜리니Bruno Francolini는 아프리카 식민지 전쟁 이후에 흑인들과 성관계하는 것과 흑인 지식인들을 고용하는 것을 완전히 금지해야 한다고 역설했다. 왜냐하면 "아프리카 원주민들의 생활양식을 유럽화하고 유럽 문화를 주입하는 것이 결과적으로 아프리카인들에게 해가 될 것이기 때문"이었다. 프랑콜리니의 동료인 율리우스 에볼라는 앞으로 도래할 '제국'이 협소한 민족주의를 넘어서 세워질 것이며, 보편성이 철저히 배제된 이상적인 초월적 존재와 긴밀한 관계를 가지는 공동체가 될 것이라고 주장했다.[67] 이때 파시즘을 대변한다고 생각되는 급진주의 진영을 역사적으로 재구성하는 문제에서 다음과 같은 오류를 범할 위험이 있음을 인지해야 한다. 즉 그들의 본질과 상관없이 그들을 상당히 유럽적이라고 포장하는 것과, 그들의 본질을 은폐하기 위해 폭력성에 대한 언급을 피하는 것 등이다. 우리는 역사적 사실에 충실할 필요가 있다. 우리가 직시하는 진실은 과연 무엇일까?

두 세계대전 사이에 활동한 파시스트들은 외부에서 도입된 민족주의 요소와 국내의 특수한 민족주의를 혼합한 상징을 만들어내면서 스스로를 정당화했다. 국제 무대에서 활동했던 다양한 종류의 운동 형태와 프로파간다, 다양한 사상을 통해 생성된 이데올로기의 제조 과정은 시대와 공간을 막론하고 끊임없이 계속되어왔다. 그리고 이는 파시스트적 '현상'을 설명하기 위해 이용되었다. 하지만 나치 독일이 1942년에 그의 프로파간다 성향을 유럽 중심으로 재편성하기로 결정한 후, 유럽이라는 개념은 하나의 신화적 존재가 되었으며 동시에 파시스트들의 유토피아가 되어버렸다. 제2차 세계대전 이후 모든 단체들은 국제적으로 교류하기 시작했으며, 이를 통해 유럽주의라는 이데올로기를 그들의 목적으로서 공유하게 되었다(심지어 신나치주의자들은 백인과 관련된 모든 종류의 인종주의를 폐기시켰다). 파시즘의 발전 단계는 국제적 사건을 통해 명확하게 파악할 수 있다. 그것은 1919년 이전의 이데올로기 준비 작업과 1919~1942년의 단계적 발전, 그리고 1942년 이후에 나타난 신파시즘이다.

새로운 물결들

1942년에 등장한 신파시즘은 이전의 파시즘과 완전히 구분되는 것은 아니지만 구파시즘에 비해 국가보다는 사회를 중시했으며, 구시대의 국가들보다 유럽을 중요시했다. 신파시즘의 특성은 세계화와 포스트모던주의로 요약되는 사회적·정치적·경제적 상황의 발전과 밀접하게 연관되어 있다. 또한 신파시즘은 파시즘의 초기 단계(1919~1941년, 에른스트 니키슈나 오토 슈트라서로 대변된다)에 존재했던 소수의 초민족주의자들의 역사를 반영한다. 즉 제2차 세계대전 이후 파시즘은 그들이 가지고 있던 '세계 비전'을 다시 강조하기 시작했다. 이 비전은 "근대사회에 대항하는 '근대적 혁명에 대한 것이며, 공동체주의의 회귀를 유일한 목적으로 삼는' 보수주의자들의 혁명"에 대한 것이다. 다시 말하면 제2차 세계대전 이후 파시즘은 그의 핵심 이데올로기 이외에 파시즘이 상징하는 모든 특성을 잃어버렸다. 그 특성들은 산업화 시대에 상대적으로 생겨난 부차적인 현상에 불과했다. 제2차 세계대전 이후의 파시즘은 극소 단체들이 가지고 있었던 형식적 의식만 물려받았는데, 이러한 의식들은 정치적인 의미를 가지고 있다기보다 문화적인 의미만을 함축하고 있었다.

프랑스가 이러한 형태의 파시즘에 속하는 극단적인 경우에 해당한다. 프랑스 파시즘은 한 번도 전통적 의미의 파시즘 형태(대중을 선동하는 정당)로 나타난 적이 없으며, 여러 파시스트적 특징들을 통합하는 형태로 나타난 적도 없다(호전적인 제국주의의 부재). 프랑스 파시즘은 프랑스 특성에 맞게 발전했다. 프랑스 파시즘은 1870~1914년에 태동한 '민족주의자들의 민족주의' 이데올로기 위에 세워졌으며, 제1차 세계대전 이후부터 외부에서 들어온 초국가적 성격을 가지는 특징들과 혼합되면서 뿌리를 내리게 되었다. 그리고 리좀rhizome[•]처럼 확산되어갔다. 즉 프랑스 파시즘은 뿌리줄기처럼 느슨한 조직력을 토대로 실질적인 지도자 없이 극우주의 진영 속에 심어졌다. 전쟁 후에 프랑스의 이러한 조직 구도는 더욱 강화되었는데, 이는 숙청에 대한 두려움, 실패로 돌아간 비밀군사조직 전투 형태에 대한 거부, 그리고 세계적 혁명 때문에 취해진 조치였다. 1919년에 민족주의적 국가 시대가 끝나자 이에 대한 반응으로 파시즘은 유기체적 사회조직에 대한 그의 비전을 포기하지 않고 계속 밀고 나갔다.

이와 같은 사실에 근거해 왜 모든 극우주의자들이 지정학적 질서를 유지하려는 노력에 저항하는지 알 수 있다. 실제적으로 극우주의자들의 전략적 변화는 지정학적 질서의 변화와 밀접하게 연관되어 있다(1870년, 1918년, 1941년, 1962년, 1973년, 2001년에 지정학적, 극우주의 전략적 변화가 동시에 일어났다). 극우주의는 세계화 과정에서 국가와 사회의 관계가 변질

• 뿌리 줄기로서, 들뢰즈(Gilles Deleuze)와 가타리(Félix Guattari)의 공저 『천개의 고원(Mille plateaux)』에 나오는 은유적 표현이다. 포스트모던적 현상 인식을 가리킨다.

되어가는 것에 대한 적대적 반응으로 나타난 현상이다(세계화는 '1차'와 '2차' 세계화를 모두 포함하는 개념이다).

현대 유럽의 급진적 극우주의는 전체적으로 볼 때 통일된 정치 계열이라기보다 일종의 변두리 집단의 저항문화나 하위문화라고 볼 수 있다. 여기서 하위문화는 경멸적 의미가 아니라 사회학자들이 사용하는 소수문화의 개념으로 이해해야 한다. 특히 프랑스에서 이러한 현상이 두드러지게 나타나고 있다. 급진주의 단체들은 르펜 정당이 선거를 통해 계속 세력을 넓혀감에 따라 자신들의 정치적 입지가 축소되는 것을 체감하고 있다. 르펜 정당은 스위스 정치 사회학자들이 만들어낸 개념인 '지붕조직'[68]의 전형적인 예이다. 이 지붕조직은 회원들의 이중 소속을 허용하고 그들의 잦은 이동을 통해 현존하는 모든 단체를 흡수하는 특징을 가지고 있다. 이와 반대로 '급진주의자들'은 민주주의에 강력하게 반대하는 의사 표현의 하나로서 선거에 절대 참여하지 않는다는 원칙을 고수하고 있다. 그들은 또한 민족 문제에 대한 강경한 주장과 유럽주의(국민전선이 사용하고 있는 '좁은' 의미의, 온전히 프랑스적 민족주의에 반대)를 통해, 그리고 청년층만을 당원으로 모집하는 전략을 통해 선거에 참여하는 정당과 차별화하고 있다. 또한 이러한 급진주의자들은 지역 단체들과 판매 부수가 얼마 되지 않는 정기간행물(발행 부수가 몇십 개에서 몇천 개 정도)들을 통해 명맥을 유지하고 있다. 이들은 주변 그룹의 저항문화적 성향을 가지는, 즉 '도시 변두리 집단'이 가지고 있는 사회학적 현상의 대변자로서 정치 연구의 대상이 되고 있다. 그런데 국민전선의 정상화 전략(선거 참여)이 오히려 이러한 단체들의 조직력을 강화시키고 있다.

오늘날 활동하는 급진주의 단체들이 모두 파시스트주의적 성향을 가지고 있는 것은 아니지만, 대부분 20세기의 급진적 극우주의의 영향을 받고 있다. 플랑드르의 이익Vlaams Belang의 민족주의는 요리스 판 세베런Joris Van Severen의 대네덜란드 민족동맹연합Verdinaso에 기초하며, 영토 확장주의와 철저한 반헝가리주의, 반유대주의와 반집시주의를 주장하는 대루마니아당România Mare은 철위대의 영향을 많이 받았다. 그리고 철위대는 알렉산드르 쿠자Alexandre Cuza 교수와 그의 정당인 민족민주주의 정당의 영향을 받았다. 쿠자 교수는 1919년부터 반유대주의를 자신의 신조로 삼은 사람이다. 현재 헝가리의 민족주의를 이해하기 위해서는 호르티 섭정시대의 반동적 정권과 페렌츠 살러시의 화살십자당을 먼저 들여다보아야 한다. 마찬가지로 크로아티아 민족주의자들을 이해하기 위해서는 안테 파벨리치Ante Pavelić의 우스타샤État oustachi(크로아티아의 반유고슬라비아 분리주의 운동조직) 운동과 우익당Parti du droit의 이데올로기와의 연관성을 검토해야 한다. 우익 정당의 이데올로기는 이 당의 이론가였던 밀란 슈플라이Milan Šufflay가 두 전쟁들 사이에 발전시킨 이론에 근거한다.

현재 활동하고 있는 많은 정치 단체들은 그들의 반동적 성향이 점점 소멸하는 것을 막기 위해 전통적 '좌익'이나 '진정한' 파시즘, 또는 국가사회주의에 호소하는 경우가 많다. 독일국가민주당Nationaldemokratische Partei Deutschlands: NPD은 슈트라서 형제와 보수주의 혁명의 민족주의적 혁명주의를 강하게 부각시키고 있다. 이탈리아의 알레산드라 무솔리니Alessandra Mussolini와 이탈리아사회운동 삼색불꽃Movimento SOCIALE-Fiamma Tricolore의 당수인 루카 로마뇰리Luca Romagnoli는 유럽의회 진출에 성공했는데, 이는 잔프랑코 피니Gianfranco Fini에 의해 야기된 파시즘의 변절에 맞서서 이탈리아 사회공화국République de Salò(무솔리니 망명정부)을 다시 세우자고 호소함으로써 가능했다. 스페인에는 팔랑헤주의를 추종하는 다양한 단체들이 활동하고 있는데, 이들은 스스로 더 진정한, 더 과격한 팔랑헤주의 추종자라고 주장하면서 경쟁하고 있으며, 현대 프랑코 장군주의 세력도 잔존하고 있다. 좌익으로의 선회는 종종 프로파간다와 이데올로기 사이의 혼동을 통해 발생한다. 하지만 이러한 현상은 정치 단체들이 절대 타협에 응하지 않았던 자신들의 원래 모습을 되찾으려는 노력, 즉 1919년 최초의 파시스트들이 보여주었던 사회주의적이며 체제전복적인 파시즘 정신을 재정립하려는 노력이라고 볼 수 있다.

급진적 극우주의는 1945년의 쇼크를 회복하지 못했으며, '민족주의자' 진영의 '극우주의'도 상당히 긴 회복기를 가져야만 했다. 두 진영 모두 끊임없이 상대 진영의 배신과 범죄 행위를 고발하고 스스로 방어하는 데 시간을 허비했다. 그런데 갑자기 두 진영을 분리하는 개념이 일상 용어에서 하나로 합쳐지는 현상이 나타났다. 1945년 직후부터 '극우주의'라는 표현이 일상화되면서 포괄적으로 민족주의적이고 전체주의적인 용어로, 외국인 혐오주의에 근거한 정치 단체를 지시하는 용어로 사용되기 시작했다. 1945년 이후에 나타난 극우주의 단체들이 해당되며 민족청년(1949~1958), 푸자드운동 mouvement Poujade(1953~1958), 더 나아가 프랑스령 알제리의 민병대 비밀군사조직 내부에 머물면서 폭력을 휘두른 단체가 이에 속한다. 그런데 이러한 운동의 성향을 분류하는 문제에서 다음과 같은 질문을 던지지 않을 수 없다. 바로 "테러를 수단으로 삼아서 '우익' 정부에 대항하는 '우익적 성향'을 가진 사람들의 '급진성'을 어떻게 분류할 것인가?"이다. 중요한 것은, 이러한 운동 단체들의 성향을 좌우익의 축을 통해서가 아니라 그들의 성향 자체를 통해서 구별해야 한다는 사실이다. 이와 같은 원칙은 '극우주의'라는 표현을 사용할 때 쏟아지는 비난들에 대해서도 마찬가지로 적용된다. 그들의 비난에 의하면 극우주의는 민주주의나 나치즘처럼 다양한 성향을 가지는 운동을 지칭하는 데 적합하지 않다. '극우주의'라는 표현은 우익을 제일 우측으로 분류할 때만 유효한데, 이와 같은 원칙은 민족주의자들의 경제정책을 놓고 볼 때 적절하지 않은 기준이라고 볼 수 있다. 또한 이러한 비난은 '뉴라이트' 단체가 분류 방식을 기준으로 자신들은 극우주의가 아니라고 주장하는 논리에도 적용된다. 프랑스 '뉴라이트' 단체의 대표적 지식인은 알랭 드 브누아 Alain de Benoist 이며, 이 모든 논쟁은 결국 궤변에 불과하다고 볼 수 있다.

극우주의자들 사이에서 경제에 대한 문제는 그들의 세계관을 뒷받침하는 수단이나 직면하는 사안들에 대한 해결책을 제시하는 수단이었을 뿐이다. 1921년, 무솔리니가 연설을 통해 재차 강조했던 '개방주의'적 태도를 전체주의 국가체제로 선회한 것도 이러한 이유에서 가능했다. 하지만 최근 프랑스 극우주의, 특히 시계클럽Club de l'Horloge(뉴라이트)과 국민전선 같은 극우주의 단체 안에서 신자유주의 개념이 민족적 인종주의에 근거하는 사회적 진화론에 편입된 것을 목격할 수 있다. 국민전선은 그 이후에 '국가정책'에 의해 통제되는 '지적 보호주의'를 지지하기 시작했다. 비시 정권은 그 당시 좌익 연합 단체였던 대중전선Front populaire보다 더 적극적으로 경제정책에 개입했으며, 리처드 닉슨Ricahrd Nixon은 "우리는 모두 케인스주의자들이다"라고 강조하기도 했다. 국가가 어느 정도 경제 문제에 개입하는가의 문제를 가지고 정치적 성향을 구분하는 것은 문제를 지나치게 단순화하는 것이다. 극우주의의 다양한 성향에도 불구하고 극우주의자들의 염원인 통합주의적이고 '유기체적' 사회를 건설하려는 그들의 노력은 절대 중단된 적이 없다. 그리고 이 유기체적 사회는 위계질서를 정당화하는 불평등을 토대로 삼고 있다.

만약 모든 정치적 성향을 좌우익으로 나누는 것이 합당하다고 인정하더라도, 극우주의가 보수주의자와 자유주의자보다 우익적 성향을 가지고 있다는 결론을 내리는 것은 문제가 있다. 정치는 매우 다중적 성향을 가지고 있으며, 개개의 정치 진영은 다른 진영들과 교차되는 요소를 가지고 있다. 그러나 정치 진영들이 교차되는 요소들을 가지고 있다고 해서 그 진영을 하나로 묶는 것은 불가능하며, 이러한 공통점을 자율성을 간직한 개개 진영의 연결점 이상으로 해석해서는 안 된다. 그럼에도 불구하고 '극우'를 '우익'으로 분류하는 구조가 계속 존속하는 것이 사실이다. 이와 같은 현상의 이해를 돕기 위해 전통적 가톨릭주의와 정통 왕정주의 흐름의 영향을 받은 어떤 학자의 '우익'에 대한 개념을 살펴보자. 알랭 네리Alain Néry는 라틴어 디렉투스directus에서 파생된 '우익droite'이라는 용어가 "우리가 가야만 하는 방향"을 가리킨다고 정의한다. 그리고 그 방향은 "결론적으로 우월한 가치를 지니고 있으며 공정성"을 보장한다. 반면에 '좌익gauche'은 "양보나 수그러짐을 의미하는 프랑크족의 동사"에서 파생되었으며 '재난'이라는 뜻에 가깝다. 이는 '좌익'과 '불행'이라는 의미로 동시에 해석되는 라틴어 시니스테르sinister에서 유래했다.[69] 한쪽은 자연적 질서를 의미하고, 다른 한쪽은 모든 형태의 구성주의•가 선동하는 혁명적 무질서를 의미한다. 극우주의의 특징을 결정하는 대부분의 요소들 안에 이와 같은 관점이 내재되어 있다. 2013년 '모두를 위한 시위La Manif pour tous'(동성결혼 반대 시위)에 참가했던 급진적 우익주의자들은 이와 같은 관점에 동의한다.[70] '보수주의'와 '신반동주의자들'에 저항하면서 '진보'와 '실천'을 외치는 좌익주의자들은 이와 같은 정의에 어느 정도 동의하며, 좌우에 대한 알랭 네리의 도덕적 구분에는 동의하지 않는다. 또한 이러한 정의는 1970년대 중반부터 프랑스 미디어에 등장하기 시작한 '뉴라이트'의 사상 속에도 은연중에 녹아 들어가 있다. 마찬가지로 1968년에 설립된 유럽문명조사연구단체도 이와 같은 사상을 기반으로 한다. 유럽문명조사연구단체는 좌우익을 분리하는 기준 자체가 구식이고 모든 것을 단순화시킨다는 이유로 이러한 양분화에서 벗어나려고 노력했다. 알랭 드 브누아는 그의 저서 『우익의 관점에서Vu de droite』를 재발행하면서 유럽문명조사연구단체의 입장을 다음과 같이 요약했다. "내가 여기서 말하는 우익은 세계의 다양성으로 인해 발생한 상대적 불평등성을 선으로, 2000년 동안 전해 내려온 평등주의 이데올로기에 의해서 추앙되고 현실화된 세계의 균등화를 악으로 보는 관점을 대변한다."[71] 하지만 '뉴라이트'는 나라마다 다양한 형태로 나타난다.

• 구성주의는 개인주의에 반대되는 개념으로, 대중은 이상적 사회를 건설하려는 전략을 통해 지도되어야 한다는 이론이다.

토착 극우주의자들의 특수한 환경이 큰 영향을 끼치기 때문이다. 독일의 '뉴라이트'는 독일 주간지인 ≪융에 프라이하이트Junge Freiheit(청년 자유)≫와 그와 비슷한 성향을 보이는 비엔나의 ≪추어 차이트Zur Zeit(현재)≫를 통해 '독일 민족적' 성향을 보여주며, 이탈리아의 '뉴라이트'는 이탈리아 정치학자 마르코 타르키Marco Tarchi와 함께 베를루스코니의 우익 정당과 국민동맹Alleanza nationale의 미국 우상주의를 강하게 비판한다. 한편 스페인의 '뉴라이트'는 가톨릭주의에 많은 영향을 받고 있으며, 잡지 ≪헤리페리데스Hesperides≫를 통해 국민당Partido Popular에 협력하고 있다. 마지막으로 벨기에의 로베르 스퇴케Robert Steuckers가 이끄는 유럽공조Synergies européennes는, 이슬람에 대한 강력한 적대감을 지니고 있던 러시아인 알렉산드르 두긴Alexandr Douguine의 '신유라시아주의' 사상을 강조하고 있다.

1945년 이후에 활동하고 있는 유럽 극우주의는 크게 네 종류의 극우 정당으로 나눌 수 있다. 1945~1955년에 활동했던 첫 번째 극우주의 정당은 1930년대 전체주의적 이데올로기에 상당히 근접한 이데올로기를 추종하며 종종 '신파시스트'로 불리기도 한다. 1950년대에 등장한 두 번째 부류는 급진적 중산층 운동에 속한다. 1980~2001년에 '세 번째 물결'이 나타났는데, 많은 학자들은 이들을 '민족주의적 포퓰리스트'로 규정한다. 9·11 이후 '문명의 위기'라는 개념이 대중적으로 확산되면서 네 번째 물결이 일어났다. 또한 극우주의 계열에 속하는 단체들 속에서 초국가적 성격을 가지는 하위 그룹을 따로 분류하려는 시도가 이루어졌다. 예를 들어 피에로 이냐치Piero Ignazi는 파시즘과 긴밀하게 연결된 '전통' 정당들과 '포스트 산업사회' 시대에 등장한 정당들을 구분했다.[72] 한스 게오르그 베츠Hans-Georg Betz는 신자유주의에 속하는 급진적 포퓰리즘, 즉 일종의 자유지상주의와 권위주의적 민족적 포퓰리즘을 구분한다.[73]

현재

네덜란드 정치학자인 카스 뮈더Cas Mudde는 정확한 분석력을 바탕으로 엄격한 기준을 거쳐 극우주의 단체 리스트를 만들었다. 빈정거리는 어투가 담겨 있긴 하지만 현존하는 모든 형태의 극우주의 단체가 담겨 있다. 이 리스트는 그 길이 때문에 '쇼핑 리스트'로 불리기도 하며, 이 리스트에 따르면 프랑스 국민전선은 예외에 속한다. 카스 뮈더에 의해 선별된 극우주의에 속하는 이데올로기로는, 민족주의(국가적 혹은 민족적)와 배타주의(인종차별주의, 반유대주의, 자기민족 중심주의 혹은 민족다원주의), 외국인 혐오주의, 반민주주의적 성격(지도자 숭배, 엘리트 지상주의, 일원론, 유기체적 국가에 대한 비전)이 있고, 포퓰리즘 반정당주의와 '법과 질서' 보호주의, 환경 문제에 대한 고민, 전통적 규범(가족, 공동체, 종교)의 손실 회복을 주장하는 도덕적 가치에 대한 강조, 그리고 일부 분야에 대한 국가의 통제와 자유시장경제에 대한 신봉을 혼합한 사회적·경제적 개혁주의가 있다.

서유럽에서 1980~2000년에 위의 특징을 가진 정당들이 선거에서 승리를 거두기 시작했고, 이들은 자동적으로 극우로 분류되었다(국민전선, 오스트리아자유당, 플랑드르블록, 북부동맹Ligue du Nord, 국민동맹, 덴마크인민당Parti du peuple danois, 노르웨이진보당Parti du progrès norvégien). 곧이어 정치가들은 극우주의 단체들을 온건파와 급진파로 분류하기 시작했다. 이러한 기준에 의하면 급진파는 외국인 혐오주의를 기반으로 민족주의적 노선을 지지한다. 그들은 국적이나 혈통을 기준으로, 주류 민족에 속하지 않는 사람들에게는 국가가 배분하는 특정 혜택을 배제해야 한다고 주장한다. 즉 주류 민족만 한 영토 내에서 유일한 거주권을 가질 수 있다고 본다.[74]

프랑스의 경우 이러한 구분 방식을 적용하는 것이 불가능하다고 볼 수 있다. 1990년대에 이미 막강한 세력을 얻은 국민전선은 민족을 토대로 한 국가 개념을 아주 분명하게 정당의 근본 이데올로기로 삼았다. 이는 국민전선 내부의 뉴라이트 진영의 영향 때문이었다. 그런데 국민전선은 2010년 선거에서 기존의 전략을 변경하고 표준화 전략을 선택함으로써 또다시 성공을 거두었다. 즉 국민전선은 표준화 전략을 선택함으로써 이제까지 국민전선의 핵심 전략이었던 '혁명주의적 우익'이라는 이념에 스스로 문제 제기를 하게 된 것이다. 그때까지 국민전선은 '혁명주의적 우익'이라는 전략을 통해 파시즘과 동일화되었다. 분명하게 국민전선의 장 마리 르펜은 반의회주의와 포퓰리즘적 감성을 혼합해 사회와 사회의 위계질서를 완전히 전복시켜 재편성하려는 의도를 가지고 있었다. 이와 같은 성향은 '대중적 초국가주의의 재생'이라고 규정할 수 있으며, 이는 로저 그리핀Roger Griffin이 규정한 파시즘 개념에 속한다.[75] 그리고 로저 이트웰Roger Eatwell은 이러한 파시즘을 다음과 같이 묘사하고 있다. "이 이데올로기는 전체주의적, 민족주의적으로 특징지어지는 제3의 급진적 수단을 통해 사회의 재생을 도모한다."[76] 그런데 이렇게 이데올로기를 통해 정치 단체들을 분류하는 방식은 예상치 못한 문제를 야기한다. 국민전선은 분명히 대중적 민족주의 정당이다. 그런데 이와 동시에 국민전선은 '후기 산업시대'의 정당들이 가지고 있는 특성도 가지고 있다. 즉 국민전선은 선거라는 수단을 통해 합법적으로 세력을 얻고자 노력하는 간접민주제 안에서 활동하는 정당이다. 하지만 국민전선은 전쟁 이전에 활동했던 파시스트 정당들이나 1939~1945년에 활동했던 나치정책 동조자들과 아무런 유사점을 가지고 있지 않다.[77] 그럼에도 불구하고 이탈리아 역사학자 에밀리오 젠틸레Emilio Gentile가 규정한 무솔리니 정권의 파시즘적 특성을 기준으로 하면, 국민전선도 파시즘의 특성을 지니고 있다고 볼 수 있다. 젠틸레에 따르면 파시즘은 이념이라기보다 끊임없는 투쟁을 의미한다.[78]

젠틸레의 파시즘 개념 규정을 통해 국민전선을 분석해보면, 국민전선이 파시스트적 특성을 상당히 가지고 있지 않다는 사실을 발견할 수 있다. "국민전선은 '대중운동'이 아니다. 그리고 '민간 의병대' 형식을 통해 조직된 정당도 아니다." "세력을 확보하기 위해 '테러'를 사용하지는 않는다." 국민전선은 '새로운 인간'을 주장하는 구성주의를 단호하게 거부하는데, 이는 국민전선이 하이에크Friedrich August von Hayek의 초자유주의와 반혁명주의자들의 전통적 태도에 동조하는 반구성주의를 추구하기 때문이다. 또한 국민전선은 '국가에 대한 시민의 완전한 종속'을 강조하지도 않는다. 우선 장 마리 르펜 시대의 국민전선은 왕권에 가까운 국가의 역할을 축소해야 한다고 주장했다. 그렇게 함으로써 기업의 자유와 자유시장이 성숙해질 것이라고 생각했기 때문이다. 그 후 마린 르펜Marine Le Pen 시대에 와서 국가의 강력한 역할에 대한 이슈가 제기되었다. 국민전선은 국가의 행정적 기능에 대한 완전한 지지와 국가의 경제 개입 문제의 중요성을 강조했으나 생산 설비의 국유화는 반대했다. 또한 국민전선은 파시즘의 미학적 특성들도 내포했는데, 국민전선이 스스로를 '사회 재생의 임무'를 가진 정당이라고 생각하기 때문이다. 그들은 그들의 적들(정치가들)과 때로는 전략적 타협을 하기도 하지만 일반적으로는 "그들과 전쟁을 치르고 있다고 생각"하고 있다. 또한 그들의 지도자나 지도 세력들은 "신화적 사상이나 인생의 희비극에 토대를 둔 문화"의 영향을 많이 받는다. 젠틸레에 따르면 국민전선의 이데올로기는 파시즘의 상당히 특수한 성질들도 내포한다. "비관념적이며 실용적인 이데올로기", 반물질주의와 반개인주의('국가의 정기'를 재충전해야 한다고 끊임없이 호소하는 의미), 반마르크스주의, 사회주의와 동일하게 취급되는 정치적 자유주의에 대한 거부, 대중주의와 반자본주의 추구 등이다. 솔직히 말해, 이러한 분석 후에 남는 것은 과연 무엇인가? 국민전선이 파시스트 운동 단체가 아니라는 사실은 분명하다. 하지만 국민전선이 가지고 있는 파시즘적 특징들이 다른 극우주의 단체들에서도 동시에 나타난다는 사실을 인지하는 것이 중요하다. 국민전선과 파시즘 사이의 관계는 다음과 같이 정리할 수 있다. 파시즘은 그에 속하는 소수 단체들의 이데올로기적 불명확성에도 불구하고 극우주의 진영에 속하지만, 국민전선은 급진적 극우주의에 속하는 단체가 아니다.

국민전선만이 가진 독특한 특성들 중 하나는 이 당이 오랫동안(1972~1999) 팽창과 분열을 거듭하면서 살아남는 데 성공했으며, 프랑스 극우주의의 상이한 단체들을 하나로 묶는 데 성공했다는 사실이다. 이 단체들은 때때로 완전히 상반되는 성향을 가지기도 했다. 국민전선은 전체주의적 공화주의자와 왕정주의자, 전통적 가톨릭주의자와 신이교주의자, 대독 협력자와 레지스탕스, '침체기(1945~1984)' 동안 활동했던 모든 종류의 민족주의 소그룹의 활동가들과 '민족주의적 타협자'로 분류되는 자유주의적, 신드골주의 정당의 급진적 투항자들을 연합시켰다. 이러한 전략은 이미 모라스가 사용한 전략이기도 하며, 정당의 반체제적 성격을 잘 드러내준다. 프랑스 극우주의에 속하는 여러 단체들은 분열을 극복하고 국민전선 안에서 하나로 연합되면서 그들이 하나의 진영으로 통일되었다는 느낌을 받았다. 이들이야말로 1789년 프랑스혁명, 드레퓌스 사건, 해방, 식민 제국의 손실 등 프랑스 역사에 큰 획을 긋는 모든 중대한 사건의 패배자였던 것이다. 이러한 다양한 단체들을 하나로 연결시킨 요소들은 그들 내부를 분열시킨 요소들보다 훨씬 큰 의미를 가지고 있었다. 그들을 하나로 묶었던 것은 '체제 정당'으로 불리는 그들의 적에 대한 적개심이었으며, '체제 정당'은 아주 단순하게 '우리'와 대결하는 '그들'로 불렸다.

이러한 정세 속에서 점차적으로 이슬람교 지지자들의 정체성에 대한 질문이 던져지기 시작했다. 이슬람교 신봉자들이 선거(프랑스무슬림당Parti des musulmans de France)를 통해 합법적으로 정치적 세력을 넓혀가려고 노력하든지, 아니면 '비이슬람' 국가의 모든 제도를 거부하면서 경건주의나 정적주의로 그들의 종교성을 표현하는 데 전념하든지 상관없이, 이슬람주의 운동의 일부는 극우주의 세계관과 매우 유사한 세계관을 가지고 있다. 즉 그들은 사회에 대한 이원론적 관점을 바탕으로 아군과 적군의 구분을 명확히 하며 특히 개인의 공동체 소속을 강조한다. 이 공동체는 시민으로서 개인의 지위와 권리와 보편주의를 거부한다. 이들은 신정정치를 추종하며 그들이 추구하는 사회와 국가 모델은 종교 경전에 토대를 두고 있다. 심지어 일부 권위자들은 코란에서 민주주의가 형식적으로 이슬람법에 저촉된다는 문구를 발견했다고 주장한다. 그들은 종교 윤리에 순종하지 않는 사람들을 처벌하거나 축출하기 원하며, 사회 전체를 절대 권력과 위계질서 위에 세우고자 노력한다. 일부 급진적 이슬람주의자들은 유럽 우익 급진주의자들의 사상 중 두 가지 요소를 특별하게 체화시켰다. 하나는 온전한 가톨릭주의로서 천년왕국설(이 사상이 지하디즘을 추종하는 살라피스트들에게 종말론적 사상을 심어주었다)이고, 다른 하나는 음모론이다. 이들의 이념은 우선 '유대인 음모론'('시온주의'의 새로운 명칭으로서, 반유대주의라는 표현이 일으키는 부정적인 영향을 피하기 위해 고안된 것이다)을 기본으로 구성되었으며, 이는 프리메이슨단, 세계화, 공산주의, 미국에 대한 적대감을 그 내용으로 한다. 이러한 성향은 특히 살라피즘 추종자들을 중심으로 확산되고 있다. 살라피즘 추종자들은 이러한 이념들이 상호 협력함으로써 서구가 무슬림 세계를 지배하게 되었다고 믿는다. 이와 같은 이념은 특히 반시온주의나 반유대주의를 외치던 사람들을 중심으로 조직이나 개인 간의 교류를 통해 확산되었다. 그러나 이러한 특성을 근거로 급진적 이슬람주의자들을 '녹색의 파시즘'(이슬람 파시즘; 녹색은 이슬람을 대표하는 색이다)과 동일하게 보아서는 안 된다. 파시즘과 유사하다고 생각되는 이들의 특성은 사실 파시즘에 가깝다기보다 보수주의적 혁명에 더 가깝다. 하지만 이슬람주의는 유럽 안에 정착하고 통합되는 과정에서 이미 사회에 퍼져 있는 급진적 이념들을 빠르게 흡수하는 경향을 보이고 있으며, 역설적이게도 유럽의 극우주의는 대부분 이슬람 혐오적 성향을 보이고 있다.

이슬람에 대한 적대적 태도가 극우주의 단체들의 네 번째 물결의 중심을 이루지만, 네 번째 물결 이전의 물결을 폐기하지는 않았다. 2014년 유럽 선거를 통해 세 가지 형태의 극우주의 모델이 나타났으며, 각 나라에서 대중적인 인기를 누리고 있다. 네덜란드의 헤이르트 빌더르스Geert Wilders와 그의 정당인 자유당Parti de la liberté: PVV은 신포퓰리즘을 대표하는 정당이다. 그들은 무엇보다도 이슬람 혐오주의를 토대로 엘리트주의를 규탄하면서 대중의 미덕을 찬양하는 데 열을 올리고 있다. 자유당은 아랍계 무슬림들을 적대시하면서 소수집단(동성애자, 유대인, 여성)의 자유를 대변하기 위해 최선을 다하고 있다고 주장한다. 최근 선거에서 좋지 않은 결과를 얻자 헤이르트 빌더르스는 네덜란드의 이민정책과 유럽연합을 강력하게 반대하는 전략을 택했다. 프랑스 국민전선과의 이데올로기적 교류는 당파적 연합을 통해 구체화되었는데, 그 이전까지 빌더르스는 국민전선을 급진주의적이고 반유대주의적인 정당이라고 매도해왔다. 이는 자신이 그러한 성향을 가지고 있지 않다는 것을 부각시키기 위한 것이었다. 하지만 이러한 정책의 전환은 빌더르스가 원했던 만큼의 성공을 거두지는 못했다. 자유당은 선거에서 13.3%의 득표율밖에 기록하지 못함으로써 실망스러운 결과를 얻었다. 극우주의 진영의 다른 한쪽 끝에서는 그리스의 황금새벽Aube dorée이라는 운동이 세력을 넓히기 시작했는데, 말하자면 이 운동은 명백하게 급진적 극우주의에 속하는 운동 단체이다. 황금새벽은 파시즘의 민병대적 형태의 영향을 받아 도시 폭동과 합법적인 선거운동 사이를 넘나들며 활동하고 있다. 또한 파시즘의 반국가 설립 이념의 영향을 받아 스스로 사회주의적 투쟁과 물리적 폭력의 정당한 실천을 대표하는 대중조직의 힘이라고 여기고 있다. 그들은 또한 나치즘에서 영감을 얻어 그리스 고대 문명과 아리아주의를 연결 짓기도 한다(그들은 나치즘이 헬레니즘의 영향을 받은 것이지 그들이 나치즘의 영향을 받은 것은 아니라고 주장한다).[79] 또한 황금새벽은 신나치주의로부터 백인들 내부의 분열을 초월하는 이념을 도입했는데, 이는 비교도적이고 이교도적인 백인 일치주의를 위한 것이다. 그리스 국민의 3분의 1에 해당하는 시민들의 봉급이 깎이고, 4분의 1에 해당하는 사람들이 빈곤층으로 전락할 위험에 처한 상황에서 인종주의는 사회적 부의 재분배를 위한 하나의 투쟁 수단이 되었다. 황금새벽은 선거에서 9.3%를 차지하면서 성공을 거듭하고 있다.

최근 선거에서 가장 의미심장한 성공을 거둔 정당은 바로 세 번째 모델에 속하는 프랑스 정당, 마린 르펜의 국민전선이다. 마린 르펜의 국민전선은 지난 선거에서 24.3%를 차지했다. 국민전선을 지지한 유권자들은 앞의 두 단체보다 훨씬 더 넓은 계층에 속한다. 장 마리 르펜의 이념은 민족주의적 포퓰리즘에 근거하며, 국내의 엘리트와 외부 침입자들에 의해서 자행되고 있는 국가의 쇠퇴에 종지부를 찍기 위해 구원자가 나타나야 한다고 대중에게 호소했다. 그런데 마린 르펜은 이 기본 이념에 신포퓰리즘적 요소를 첨가했다. 국민전선은 2012년 유럽의회 선거부터 그들의 노선을 전환했다. 이 노선은 절대적 주권주의라고 불린다. 그 시점까지 국민전선은 정치적·사회적 불만을 토로하는 창구에 지나지 않았다. 국민전선 자체의 정책보다 사회적 불만이 사람들로 하여금 국민전선에 표를 던지게 만들었던 것이다. 그렇지만 오늘날 국민전선은 절대적 자국 보호정책을 이슈로 당의 결속을 강화하고 있다. 국민전선의 정책은 정치적·경제적·문화적 주권에 근거해 모든 계층을 망라하는 유권자들에게 경제적·인구이동적·문화적 세계화로부터 자국민을 지키겠다고 호언장담하고 있다. 더불어 복지국가('민족적 우선권'에 대한 주제)와 기업의 이윤 창출('현명한 자국 보호주의'에 대한 주제)을 최대한 보장하겠다고 주장하고 있다.

위의 세 가지 경우를 자세히 들여다보면, 이들이 주장하는 이데올로기가 전혀 일관성이 없다는 사실이 명백하게 드러난다. 선거 결과는 각국의 사회 문제와 그와 관련된 문화적 문제를 반영한다. 이들이 가진 공통 요소는 비현실적인 국가의 번영에 대한 기대감이 아니라 유럽연합기구에 대한 비판이다. 그들은 유럽연합이 비민주적 조직이라고 주장하면서, 이 기구는 경제적 자유주의뿐만 아니라 문화적 자유주의를 유럽 내에 극대화시키려는 어용 조직일 뿐이라고 비난한다. 유럽연합기구는 후기 산업사회 결함의 산물(사회의 핵분열, 대량 실업)이며, 이러한 문제들은 극우주의자들에게 다문화 사회의 부작용으로 여겨지고 있다. 또 한편으로 이 세 나라의 선거를 통해 각기 다른 국가로 분열되어야만 했던 소수민족의 반응을 동시에 관찰할 수 있다. 피레네협정(1659)으로 분열된 카탈루냐Catalunya의 경우가 이에 해당한다. 스페인 영토에 속하는 카탈루냐는 독립운동의 역사가 긴 반면, 프랑스 영토에 속하는 카탈라니아Catalogne는 최근에 와서야 카탈라니아 재건설을 위한 운동을 미미하게 전개하고 있다. 피레네산맥 남쪽 지역에서 일어나고 있는 주요 민족주의 운동은 극우주의자들이 주도하지 않는다. 이 운동은 세계화에 대한 저항에 의해서 자극받는 것이 아니라, 그 지역을 긍정적으로 재건하려는 노력의 일환으로 해석될 수 있다. 1960년대 이후 민족주의적 성향을 가진 수많은 군소 정당들이 카탈루냐 지역에서 창당되었지만, 공화주의사회운동Movimiento Social Republicano(유럽 선거에서 0.05%를 득표했다)과 같은 민족주의적 혁명주의적 성향을 가지고 있는 정당은 분리주의를 부르주아적 발상으로 치부하며, 러시아를 포함하는 유럽연방 내에서 스페인 연방을 구성할 것을 주장하고 있다.

스페인 극우주의 정당인 신세력Fuerza Nueva 정당[80]이 어느 정도의 성공을 거두자 스페인 극우주의는 분파주의적 성향을 강하게 보이고 있으며, 자기 갱신에 실패하고 있다. 즉 이들은 프랑스나 이탈리아의 경우처럼 유럽의 경험을 모방하는 데 그치는 것이다. 하지만 스페인 선거 결과는 프랑스 선거 결과와 전혀 연관성이 없다는 사실에 주목해야 한다. 즉 스페인의 다섯 개 극우주의 정당들은 전체 투표의 0.38%를 차지하는 데 그쳤으며, 바르셀로나에서는 특히 더 보잘것없는 득표율을 기록했다. 공격적 민족노동조합의 정통 스페인 팔랑헤당Falange Española Auténtica de las Juntas de Ofensiva Nacional Sindicalista이 0.05%, 공화주의사회운동과 이슬람 혐오에 기반을 둔 민족민주주의Democracia Nacional 정당이 0.03%를 차지했을 뿐이다. 수많은 후보자들이 난립하는 가운데 선거를 통해 적어도 어떤 정책이 대중에게 가장 인기가 있는지 드러났지만, 모든 형태의 극우주의가 막다른 골목에 다다른 것은 사실이다. 비례투표에 대한 이권 때문에 극우주의 정책은 페르피냥Perpignan에서조차 하나로 통일되지 못했다. 극우주의에 속하는 군소 정당들은 바르셀로나의 선거 결과에 상응하는 보잘것없는 득표율을 달성했을 뿐이다. 반면 국민전선에 속하는 정당들은 35.89%의 득표율을 달성하며 선거에서 1위를 차지했다.

이와 같은 사실은 '2008년의 위기'가 '유럽 급진주의자들의 상승'을 유발한 원인이 아니라는 것을 증명한다. 이 시기에 스페인도 심각한 위기에 처했던 것은 의심할 여지가 없다. 카탈루냐는 2010년 이후 실업수당을 받지 못한 실업자 수가 세 배로 늘었다. 또한 루시용Roussillon은 프랑스에서 가장 열악한 지역에 속하며, 이 지역의 중심지인 페르피냥은 주민의 32%가 빈곤층에 속한다. 이러한 사실은 경제적인 문제만을 가지고 유럽 급진주의자들의 상승을 설명하기 어렵다는 것을 증명한다. 극우주의는 극우주의 정당의 일관성 있는 정책과 시민들의 전체주의적 사회에 대한 요구가 맞물리면서 확장된다고 볼 수 있다. 이러한 요구는 공동체의 운명이 위협받고 있다는 불안감에 의해 조성된다. 유럽 자유주의에 의해 유발된 복지국가의 쇠락이 가속화되면서 유럽의 일부는 이전과는 다른 정치적 주장에 귀를 기울이게 된 것이다.

최근 극우주의의 등장은 1930년대의 상황과 전혀 유사성을 지니고 있지 않으며, 2008년 발생했던 경제 위기에 대한 반응도 아니었다. 지난 40년 동안 대서양의 양쪽 지역에서, 프랑스어로 '우경화la droitisation'라고 부르는 현상이 나타나기 시작했다. 이는 사회주의국가와 인류 평등주의의 붕괴와 관련이 있으며, 국가의 형사적 성격을 극대화하기 위해 사회 문제를 민족화하는 경향 속에 진행되고 있다. 즉 이러한 경향은 경제적 세계화가 급속도로 진행되는 가운데 기존의 생활양식이 점차 분화하고 급격하게 변동하는 데 대한 일종의 반응으로 나타나고 있으며, 또한 권위주의적 사회에 대한 열망이 증대되는 현상으로 나타나고 있다. 그리고 이러한 변화 속에서 서구는 더 이상 중심 역할을 하지 못하고 있다. 즉 사회경제적 위기에 관한 지표들이 극우주의화를 조장하는 유일한 동력인 것은 아니다. 프랑스 같은 나라도 똑같은 어려움에 직면해 있다. 하지만 프랑스는 지난 5세기 동안 단일한 문화를 유지해왔기 때문에 오늘날 프랑스가 겪는 위기는 정치적이면서 동시에 문화적인 것이라고 분석할 수 있다. 그리고 이러한 위기 상황에서 절대적 주권주의가 유일한 해결책으로 제시되고 있다. 이와 같이, 우경화는 세계적으로 계속 진행되고 있으며, 극우주의자들로 하여금 그들이 속한 사회에 적절한 해결책을 제시할 수 있는 기회를 제공하고 있다.

2장

파시즘의 후예

제2차 세계대전 이후 극우주의자들은 그들의 급진성을 개선해야 할 필요성에 직면했다. 특히 나치주의와 파시즘에 직접 가담했던 단체의 경우 이러한 필요성을 더욱 절실하게 느꼈다. 그들이 우선적으로 취한 조치는 유대인 학살을 부정하거나 '재검토'하는 것이었다. 스위스인 가스통 아망 아모드뤼Gaston-Armand Amaudruz는 1946년부터, 프랑스인 모리스 바르데슈는 1948년부터 이러한 작업에 착수했다.[81] 심지어 재검토révision라는 용어 자체가 이러한 배경에서 탄생했다고 볼 수 있다. 정확하게 말하면 이 용어는 '1945년 5월 6일 재단Landsforeningen af 6. Maj 1945'에 의해 창설된 덴마크 신문의 명칭이었으며, 이 신문은 1972년까지 발행되었다. 이 재단은 1945년 8월에 창설되었고, '1945년 5월 6일 재단'이라는 이름은 1945년 5월 5일[82] 덴마크 나치 정당인 덴마크 민족사회주의 노동당Danmarks Nationalsocialistiske Arbejderparti이 강제 해산되었기 때문에 붙여졌다. 이 재단은 자신이 과거에 저질렀던 행위와 교리, 이 두 부문 모두를 재검토해야 했는데 이러한 재검토 과정을 통해서 신파시즘의 미래를 보장하려고 했다.

제2차 세계대전 이후 독일과 오스트리아, 이탈리아에서는 나치주의나 파시즘 같은 용어가 법적으로 완전히 금지되었다. 하지만 오늘날 언론이나 정치가들로부터 신나치주의라고 불리는 대부분의 단체들은 소속 국가들의 전체주의적 민족주의의 유산을 물려받았다. 즉 이 단체들은 1930~1940년대의 독일 민족적 사회주의나 이탈리아 파시즘과 연관되어 있다고 볼 수 있다. 폴란드의 정당인 폴란드민족부활Narodowe Odrodzenie Polski은 1934년에 창설된 급진민족진영Obóz Narodowo Radykalny과 연관되어 있으며, 헝가리의 요비크Jobbik(헝가리 개혁 운동)는 화살십자당의 연장이다. 또한 크로아티아, 리투아니아, 루마니아의 신나치주의 단체들도 그들의 뿌리를 소속 국가의 파시즘에 두고 있다. '신나치주의'라는 명칭에 맞게, 이 개념 안에는 다음과 같은 요소들이 포함되어 있다. 그들은 인종 본질주의,[83] 생물학적 차이와 인종 개량주의에 근거한 인종주의를 지지하며, 백인의 우월성〔백인 우월성에 대한 이념은 비정통주의적 사상인데, 나치주의자들은 슬라브 민족을 열등 민족으로 취급(슬라브 민족이 백인임에도 불구)했기 때문이다〕, 그리고 인종주의적 반유대주의를 지지한다. 이 모든 요소들은 유럽신질서NOE에 의해 작성된 사회인종주의 선언문Manifeste social-raciste(1971)의 토대를 이룬다. 이 선언문은 신나치주의 단체들이 참고로 삼는 주요 문서 중 하나이다. 이러한 단체들은 공통적으로 세계 음모론에 집착하며 유대인 집단 학살을 전면적으로 부정한다. 또한 민족사회주의와 아돌프 히틀러를 숭배하는데, 이것 때문에 이들은 종종 광신적 종교 집단처럼 보이기도 한다.

나치즘에 대한 재평가

신나치주의자들의 선거 참여가 허용되는 나라의 신나치주의자들은 종종 자신의 존재와 이념을 있는 그대로 공개한다. 하지만 이러한 공개 행위는 대중에게 별다른 환영을 받지 못하는 듯하다. 신나치주의 단체인 네덜란드민족연합Nederlandse Volks-Unie은 1977년부터 선거에 참여하고 있지만 0.4% 이상의 득표율을 얻은 적이 없다. 덴마크 셸란Sjaelland섬의 2005년 지역 선거에서 덴마크 민족사회주의운동DNSB은 단 0.1%의 득표율을 얻었을 뿐이다. 2010년 스웨덴 그래스토르프Grästorp시 선거에서 민족전선Folkfronten의 후계자인 스웨덴당Svanskarnas은 2.8%를 차지했으며, 2010년 영국 웨스트 요크셔West Yorkshire시 선거에서 영국대중당British People Party은 4.95%의 득표율을 기록했는데, 겨우 283표에 불과한 것이었다.

그런데 그리스 극우 정당인 황금새벽Chrissi Avghi은 위에서 언급한 정당들과 달리 특별한 행보를 보이고 있다. 이 신나치주의 정당은 지난 몇십 년 동안 있었던 유럽 선거에서 가장 좋은 성적을 거두었다. 이들의 이 같은 성공은 계속되는 그리스 경제 위기로 인한 국가의 민족적·사회적 굴욕감과 관련이 있다. 황금새벽은 1999년 0.75%에서 2009년 0.46%로 득표율이 하락했으나, 2014년 9.32%의 득표율을 보이면서 급성장하기 시작했다. 그리고 2015년 9월 국회의원 선거에서 7%의 득표율을 보이면서 안정권에 들어섰다. 이 정당은 그리스의 전통적인 정체성을 방어하기 위해서 반은 헬레니즘주의적이고 반은 북유럽주의적인 이교주의를 적당히 변용한다. 황금새벽의 성공은 대중정교회연대Laikós Orthódoxos Synagermós: LAOS가 2011년부터 연정에 참여한 이후 대중적 지지를 잃기 시작하면서 시작되었다고 볼 수 있다. 대중정교회연대는 공공 안전과 반세계화, 외국인 혐오, 이슬람 혐오를 주장하던 정당이었으며, 2009년 유럽 선거에서 7.13% 득표율을 얻었지만 2014년 선거에서는 2.69%밖에 얻지 못했다. 황금새벽의 특징은 제국주의적 민족주의를 주장하고 있을 뿐만 아니라 테러 활동에도 가담하고 있다는 사실이다. 이 정당은 2012년 1월부터 2013년 4월 사이에 281건에 이르는 인종차별주의적 테러에 가담했는데, 이 테러로 400명이 부상을 당했으며 4명이 사망했다.[84]

독일 신나치주의자들이 처해 있는 상황은 좀 다르다. 왜냐하면 과거 국가사회주의 독일노동자당Nationalsozialistische Deutsche Arbeiterpartei: NSDAP과의 연관성이 증명되면 법적으로 처벌을 받을 수 있기 때문이다. 따라서 독일 신나치주의자들은 국가사회주의 독일노동자당과 관련된 어떠한 정책이나 규칙도 사용할 수 없는 처지에 놓여 있다. 독일의 신나치주의는 독일 내보다 국제적 움직임 안에서 형성되었으며, 독일 내에서 이러한 움직임을 추종하는 세력으로 미하엘 퀴넨Michaël Kühnen과 프리드헬름 부세Friedhelm Busse가 이끄는 독일자유노동당Freiheitliche Deutsche Arbeiterpartei, 크리스티안 보르히Christian Worch가 이끄는 민족사회주의 행동전선Aktionsfront Nationaler Sozialisten, 오스트리아 민족재야저항단체Austrian Volkstreue außerparlamentarische Opposition의 지도자들을 들 수 있다. 하지만 독일 단체들은 '연방헌법수호청Bundesamt für

Verfassungsschutz'의 감시를 받고 있기 때문에 국제 무대에서 주동적 역할을 하지 못하고 있다. 독일에서 활동하고 있는 6000명의 신나치주의자들 중 5명 정도에 해당하는 인물들이 러시아 다음으로 유럽 무대에서 중요한 역할을 하고 있지만 그들의 전략적 가치는 미미한 편이다. 제2차 세계대전 이후 독일의 신나치주의자들은 계속 정치적 재활을 꿈꾸고 있지만 여러 가지 제약으로 적극적 활동을 펼치지 못하고 있다.

1945년까지 정치적 활동을 벌인 국가사회주의 독일노동자당의 당원들은 그 후 극우주의적인 성향을 전혀 가지지 않은 민중 정당에서 활동하거나 국가기관에 종사했다. 즉 1946~1953년에 활동했던 독일보수당·독일제국당Deutsche Konservative Partei / Deutsche Reichspartei, 사회주의제국당Sozialistische Reichspartei, 독일제국당 등은 경제가 계속 악화되는 상황에서 계층 하락의 위기에 처해 있던 계층의 이해를 대변하는 정당들이었다. 이 계층은 주로 동유럽에서 이주한 독일 계열 이민자들과 나치주의 몰락으로 설 곳을 잃은 전직 나치 당원들이었다. 오스트리아의 독립연합Verband der Unabhängigen: VdU(1949)과 1956년부터 활동하기 시작한 오스트리아자유당도 과거 민족사회주의자들의 정책을 다시 언급하기 시작했으며, 대독일 사상(일종의 역사적 수정주의)을 그들의 이념으로 채택하기도 했다. 하지만 나치주의 사상을 포기하지 않으면서 지금까지 제도권에 포함되어 활동하는 정당도 있다. 바로 독일국가민주당이다. 이 당은 당의 존속을 위해서 유화 정책을 계속 펼치고 있다.

1964년에 창립된 독일국가민주당은 1970년까지 신파시스트주의 운동단체들을 규합하는 데 집중했다. 이 정당 지도자들 중 3분의 2에 해당하는 사람들이 국가사회주의 독일노동자당 출신이다. 1965년 선거운동 당시 그들이 사용했던 슬로건은 "독일을 독일 국민에게로, 유럽을 유럽인에게로"였으며, 그들은 나치의 명예를 회복시키려는 노력과 대중의 사회적 불만을 해소하기 위한 보수주의적 정책들 사이를 넘나들며 활동했다.[85]

그런데 민주주의 제도의 가치를 어느 정도 인정하고, 이에 따라 당을 재정비하려는 노력이 오히려 당을 약화시키는 결과를 초래했다. 그 결과 독일국가민주당은 1976년 이후 수많은 다른 단체들과 경쟁해야만 하는 상황에 처하게 되었다. 그들은 1997년부터 독일 국경을 1938년의 상태로 되돌려야 한다고 주장했으며, 이러한 주장은 대중적 지지를 전혀 얻지 못했다. 반면 이 정당은 독일 장벽이 무너진 후에 성격이 불분명한 여러 단체들과 협력함으로써 동독 지역에서 세력을 확장하기 시작했다. 독일국가민주당은 1989년부터 작센Sachsen 지역 선거에 참여하기 시작했고, 2004년에 치러졌던 작센 지역 선거에서 9.2%를 차지하면서 12명의 의원들을 당선시켰다.[86] 하지만 독일국가민주당이 독일 전역에서 완전히 뿌리를 내린 것 같지는 않다. 2014년 선거에서 독일국가민주당은 1%의 득표율을 보이며 한 명의 의원을 유럽의회로 진출시킬 수 있었는데, 이는 단지 독일 선거법이 특수했기 때문에 가능했다.

현 정치 상황에서 신나치주의가 유럽 선거에서 성공을 거두는 것은 거의 불가능해 보인다. 특히 신나치주의 단체들의 폭력성이 문제가 되고 있는데, 이들의 폭력성은 정치적 성격을 가지기보다는 공공질서를 파괴하는 성향을 띠고 있기 때문이다. 특히 러시아에서 이러한 문제가 두드러지게 나타나고 있다. 2011년 이후 국가의 강력한 억압 조치에도 불구하고 러시아의 신나치주의 단체들은 계속 증가하고 있다. 러시아민족연합Russkoe natsionalnoe yedinstvo, 슬라브연합Slavianski Soyouz 등이 이에 속한다. 이 단체들의 이데올로기에는 민족주의적 사회주의와 정통 근본주의, 서방 증오주의가 뒤섞여 있다. 서방 증오주의는 정통 히틀러주의는 아니지만 비러시아인에 대한 살인 행위를 정당화할 만큼의 파급효과를 지닌다. 비러시아인 중 특히 캅카스인과 아시아 사람들이 증오 대상이 되고 있다. 이들의 폭력을 별 의미 없는 단순한 폭력 행위로 간주해서는 안 된다. 이들의 폭력 행위는 일종의 문화적 폭력(종교적·인종적 러시아를 강조하는 정통주의 입장의 연장)[87]과 사회적 폭력(2002년 조사에 따르면, 58%에 해당하는 러시아인들이 스킨헤드가 국가 대신 '뒤처리'를 하고 있다고 생각한다)[88]으로 해석해야 한다.

모든 신나치주의 단체들이 홀로코스트를 부정하는 성향을 가지고 있긴 하지만, 그렇다고 해서 이러한 성향을 가진 사람들의 활동 무대가 신나치주의에 국한되는 것은 아니다. 홀로코스트 부정자들은 현실과 완전히 단절된 일종의 이교집단이라고 볼 수 있으며, 그들의 신조에 대한 거의 종교적 확신과 적에 대한 절대적 적개심으로 무장된 자들이다. 이들은 하나의 조직된 운동 단체를 중심으로 활동하는 것이 아니라 비공식적 조직망을 통해서 활동하고 있다. 이러한 조직망은 폴 라시니에Paul Rassinier와 모리스 바르데슈를 중심으로 프랑스에서 먼저 시작되었으며, 1950년부터 전 세계로 확산되기 시작했다. 특히 이 조직망은 1978년부터 세력이 커지기 시작했는데, 이는 극단적 좌익주의 운동가들이 이 이념을 지지했기 때문이다. 이들은 이 주제를 억압하는 정치적 장치들에 저항하기 시작했고 특히 로베르 포리송Robert Faurisson의 정치적 선동과 선전을 크게 부각시켰다.[89] 유럽의 홀로코스트 부정자들은 프랑스를 비롯해서 다양한 국적을 가지고 있다. 유대인 학살을 부정하거나 그 사실을 축소하려는 행위를 1985년부터 법적으로 처벌하는 독일에서는 빌헬름 슈테글리히Wilhelm Stäglich, 티스 크리스토퍼젠Thies Christophersen, 우도 발렌디Udo Walendy, 호르스트 말러Horst Mahler 등이 홀로코스트 부정자로 잘 알려져 있다. 오스트리아의 게르드 혼식Gerd Honsik과 발터 오헨스베르거Walter Ochensberger도 이에 속하는데, 그들은 1992년 법적 제재를 피해 스페인으로 망명했다. 벨기에의 베르베크Verbeke 형제와 그들이 이끄는 자유역사연구Vrij Historisch Onderzoek: VHO, 영국의 데이비드 어빙, 이탈리아의 카를로 마토뇨Carlo Mattogno, 스웨덴의 디트리브 펠더러Ditlieb Felderer(이슬람주의자이며 마로코의 전직 장교)와 히틀러 철학자 아메드 라미Ahmed Rami도 속한다. 스위스의 가스통 아망 아모드뤼, 르네 루이 베르클라René-Louis Berclaz, 위르겐 그라프Jürgen Graf 등은 처벌을 피하기 위해 2000년 이란으로 망명했다. 이러한 홀로코스트 부정자들의 이념을 하나로 통합하는 것은 불가능하며, 이들 중 핵심 역할을 하는 세력은 독일과 오스트리아의 홀로코스트 부정자들이다. 하지만 이들이 결코 지배적인 역할을 하는 것은 아니다. 그들이 큰 비중을 차지하고 있는 이유는 이들이 국가사회주의자들의 이데올로기를 추종하는 자들이었기 때문이다. 예를 들어 히틀러 암살 미수 사건(1944년 7월 20일) 진압에 가담했던 오토 에른스트 레메르Otto-Ernst Remer 장교나 발행인 헤르베르트 그라베르트Herbert Grabert, 나치친위대 대장이었던 크리스토퍼젠이 이에 속한다.

아마도 현재 유럽에서 홀로코스트 부정자로 가장 알려진 인물 중 한 사람은 데이비드 어빙일 것이다. 어빙은 그의 책(『드레스덴 폭격The Destruction of Dresden』, 1962)에서 연합군의 독일 폭격으로 사망한 독일 민간인의 숫자를 부풀림으로써 나치 범죄를 상대화했고, 집단 학살의 진정한 의도와 히틀러의 직접적인 영향에 이의를 제기했다(『히틀러의 전쟁Hitler's War』, 1977). 어빙은 1988년부터 아주 공개적으로 홀로코스트를 부정하기 시작했다. 그는 또한 1998년에 미국 역사학자인 데버라 립스탯Deborah Lipstadt을 상대로 소송을 걸었는데, 이는 립스탯이 어빙을 역사 위조자라고 했기 때문이다. 이 소송으로 인해 어빙은 언론의 주목을 받게 되었지만, 2000년 소송에서 결국 패했다. 어빙의 역사학자로서의 명성은 이 소송으로 인해 땅으로 떨어졌고, 소송 비용 부담으로 인해 경제적으로도 파산하게 되었다. 그 이후 어빙은 별 볼 일 없는 신나치주의 단체들에 관심을 쏟기 시작했다. 어빙은 오스트리아를 비롯한 여러 나라로부터 입국 금지 선고를 받은 후, 오스트리아에서 체포되어 2005년부터 2006년까지 투옥되었다.[90] 오늘날 홀로코스트 부정자들은 대부분 인터넷을 통해서만 활동하고 있다. 이는 인터넷을 통해 인종차별주의를 제재하는 법망을 피할 수 있으며, 더불어 많은 대중에게 그들의 글을 공개할 수 있기 때문이다. 그들은 인터넷에 공개된 기사의 저자에 대해서는 법적 처벌이 불가능하다는 상황을 이용하는 것이다. 하지만 이러한 상황은 2005년 프랑스에서 내려진 법원 판결에 의해 종료되었다. 프랑스 판결은 웹 호스팅 제공자들에게 홀로코스트 부정자들의 웹 사이트를 검열을 통해 차단할 수 있는 장치를 보장해주었다. 이로 인해 주요 검색엔진들이 홀로코스트 부정자들의 사이트를 차단하기 시작했으며, 많은 사이트들은 이미 차단되었다. 하지만 미국에서의 상황은 좀 다른데, 이는 미국 수정헌법 제1조가 표현의 자유를 보장하기 때문이다. 표현의 자유에 대한 보장 덕분에 미국에서는 홀로코스트 부정자들의 활동이 어느 정도 허용되고 있다. 홀로코스트 부정자들의 사이트는 대개 미국 웹 호스팅을 사용하거나 동유럽(특히 러시아)에 근거지를 두고 있는데, 이는 검열망을 피하기 위한 것이다.[91] 신나치주의와 함께 신파시즘도 유럽 극우주의 형성에 중요한 역할을 했다는 사실을 잊어서는 안 된다. 특히 이탈리아 신파시즘 모델이 선구적 역할을 했기 때문이다.

이탈리아 실험실

1946년에 창당된 이탈리아사회운동MSI은 형식적으로 나치친위대의 허수아비였던 살로공화국(무솔리니가 세운 망명 정부)의 정신을 계승하고 있다고 주장한다. 즉 신파시스트들은 스스로를 순수하고 혁명적인 파시즘의 계승자로 포장하고 있다. 비전문가들을 위해 MSI가 "무솔리니 당신은 영원하다Mussolini Sei Immortale"의 약자라는 것을 밝혀두어야 한다. 오랫동안 이 정당은 유럽 극우주의의 선두주자 역할을 해왔다. 이는 이탈리아의 지정학적 위치 때문이라고 볼 수 있다. 이탈리아의 신파시스트들은 자국의 지정학적 위치로 인해 국가전복(공화국을 전복시킬 수 있다는 희망 아래)과 대항 국가전복(국가의 억압 정책 지지) 사이를 왔다 갔다 할 수 있었다. 한 예로 혁명행동단체Gruppi d'Azione Rivoluzionaria는 1945~1947년에 활동했던 파시스트 민병대로서 체제전복적 성격을 가진 단체였다. 하지만 그들은 전직 나치보안대Sicherheitsdienst: SD의 보호 아래 이탈리아 공산주의자들을 감시하기 위해서 미국 CIA가 조직한 '로스앤젤레스Los Angeles' 조직망을 구성하는 데 참여하기도 했다.[92] 또한 이 단체의 많은 요원들은 스테파노 델레 키아이에Stefano Delle Chiaie가 이끄는 민족선봉Avanguardia Nazionale(1959년에 창립되어 1966년에 해산되었다가 1970년에 활동을 재개했다)에 합류해 '긴장 고조 전략'에 가담하기도 했다. 이 전략은 밀라노 퐁타나 광장 테러(1969년 16명 사망, 88명 부상)와 볼로냐 기차역 테러(1980년 85명 사망, 177명 부상)를 감행하면서 이탈리아 전역을 공포에 휩싸이게 만든 테러 전략이었다.

이탈리아사회운동은 활동가들에게 열망의 대상이었으며 급진적 극우주의의 실천 전략과 사상을 개혁하는 중심적 역할을 했다. 그들의 개혁은 포퓰리즘적 성향을 가지는 전략에서부터 테러에 이르기까지 다양한 방향으로 진행되었다. 하지만 테러를 지지했던 사람들은 이탈리아사회운동을 부르주아적 단체로 취급하면서 비판했다. 1956년 피노 라우티Pino Rauti는 일반적으로 신질서Ordine Nuovo라고 불리는 신질서장학센터Centro studi Ordine Nuovo를 설립했다. 위의 두 단체에서 활동했던 이탈리아 급진주의자들은 율리우스의 철학과 율리우스가 귀족화하고 비교화했던 파시즘의 개념들을 토대로 개혁을 촉진했다. 이런 영향으로 이탈리아의 급진주의자들은 이탈리아 파시즘보다는 나치 독일의 이념에 더 가까워지게 되었다. 특히 반유대주의를 적극적으로 지지하는 부분에서 그 유사점이 돋보였다. 그 외에도 신질서는 반시온주의, 홀로코스트 부정주의, 인종주의, 유럽주의를 그들의 기본 이념으로 내세웠으며,[93] 이러한 이념들은 그들의 정치적 전략에도 영향을 미쳤다. 1953년에 에볼라는 『파괴의 한복판에 선 인류Les Hommes au milieu des ruines』라는 책을 출간했는데, 이 책의 서문은 파시스트 활동가이면서 '검은 왕자'라는 별명을 지닌 유니오 발레리오 보르게세Junio Valerio Borghese가 썼다.[94] 에볼라는 이 책을 통해 '전투 연대' 사상으로 무장한 '진정한' 극우주의자들이 결집해야 한다고 선동했다. 전투 연대는 경찰, 군대와 공동으로 국가전복을 저지하는 국가방어를 목표로 한다. 이 책은 곧바로 신질서에 큰 영향을 미쳤으며, 이탈리아의 급진적 극우주의자 중 하나인 클레멘테 그라치아니Clemente Graziani는 이 책을 유럽의 "민족혁명주의 청년 동맹 복음서"로 추앙했다. 이 책의 지도 방침에 따라 신질서는 압제자들과 동맹을 맺는 전략을 취하게 되었다. 이와 같은 전략은 마르크스주의자들과 민주주의자들과의 "피할 수 없는 최후의 대결"을 위해서 취해진 전략적 선택이었다.[95]

이탈리아의 신질서는 유럽 신나치주의 신질서뿐만 아니라 비밀군사조직과 긴밀한 관계를 유지하면서 쿠데타를 일으키기 위해 국내 활동가들과 동맹을 맺으려고 많은 노력을 기울였다. 이러한 전략은 1965년과 1968년, 두 번에 걸친 그리스 독재자와의 만남에서 영향을 받은 것 같다. 신질서는 민주주의를 와해시키기 위해서 사상적 투쟁도 중요하지만 폭력을 동반한 투쟁도 중요하다는 사실을 각인하고 있었다. 신질서라는 명칭도 마르크스주의 이론가인 안토니오 그람시Antonio Gramsci의 사상에서 영향을 받은 것이다. 안토니오 그람시는 부르주아 국가의 문화적 기반을 무너트리기 위해 노력했던 활동가이다. 1963년 피노 라우티는 다음과 같은 네 개의 우선 과제를 제시했다. 그것은 사회복지제도 재정립과 사회·경제학자들이 주장하는 것과는 다른 종류의 프로파간다로서 반공산주의 투쟁 재정렬, 교리 심화와 운동가들의 재정비 및 교육이다.[96] 그런데 1965년 이탈리아사회운동의 지도자로서 파시스트 고관이었던 조르조 알미란테Giorgio Almirante가 임명되자, 라우티와 그의 동지들은 이탈리아사회운동에 복귀하기로 결정했다. 이러한 결정에 반대했던 운동가들은 신질서정치운동Movimento Politico Ordine Nuovo이라는 새로운 단체를 창설했는데, 그들은 다음과 같은 상징을 선택함으로써 그들의 정치적 성향을 공고히 드러냈다. 즉 그들이 사용하는 깃발에는 나치 깃발의 상징인 만卍자형이 '양날도끼'로 대체되었는데, 이 검은 양날도끼는 그리스 '8월 4일 체제'(1936~1941)의 상징이었다. 드디어 폭력의 시기가 도래한 것이다. 1969~1980년에 이탈리아에서는 4290건에 이르는 정치적 폭력 행위가 발생했고, 그중 67.55%가 신질서와 그의 연맹 단체 소행으로 밝혀졌다.[97] 그 후 보르게세는 국민전선Fronte Nazionale이라는 무장 폭동 단체를 조직했는데, 이 단체에는 신질서 활동 대원 중 약 200여 명이 남아 있을 뿐이었다. 보르게세는 그의 무장 폭동적 사상과 이러한 사상을 공유하는 기업가나 정치가와의 접촉 때문에 오랜 시간 정부의 감시를 받았다. 그가 접촉했던 인물들은 이탈리아사회운동 활동가부터 이탈리아사회주의당 소속 의원까지 다양했다. 1971년 보르게세가 그의 동료들(특히 민족선봉 출신들)과 함께 내무부 장악을 시도했으나, 그의 상황 판단이 부족해 성공하지 못했다.[98]

보르게세가 스페인으로 도주하자, 다른 장교들이 쿠데타를 도모했는데, 이 장교들은 군대 전문기술 관리집단에 속하거나 정보국 소속이었던 신파시스트 운동가들이었다. 이탈리아 정부는 1973년 신질서(활동가 2500명)를 해체시키고 국가파시스트당을 창립했다. 이러한 정부의 간섭은 새로운 테러 단체를 생성시키는 계기가 되었으며, 검은 질서Ordine Nero가 그에 속한다. 검은 질서는 신질서의 상징을 재사용하면서 클레멘테 그라치아니(1925~1996)의 지휘 아래 ≪안노 제로Anno Zero≫라는 회보를 발간했다. 신파시스트인 그라치아니는 오래전부터 OAS(국가전복 대항 전쟁특수부대)에 무기를 공급하던 사람이다. 그는 또한 전직 OAS 가담자들로부터 그 분야에 대한 정보를 얻어 에진터 프레스Aginter-Press라는 언론 매체를 설립했다. 포르투갈에 근거한 이 가짜 통신사는 서유럽에 반공산주의적 분위기를 조성하는 임무를 목적으로 조직되었으며, 서유럽 내에 긴장감을 고조시키려는 전략의 하나로 창설된 기관이다. 그라치아니 자신도 이탈리아 법망을 피해서 스페인으로 도주했으며, 이탈리아 사법부는 그가 테러 관련 소송에 연루되었다는 이유로 그를 계속 추적했다. 하지만 이러한 추적은 그가 계속해서 다른 파시스트들과 협력해 활동하는 것을 막지 못했다. 그라치아니는 프랑스인 프랑수아 뒤프라François Duprat가 검은 양날도끼의 영향을 받아 발행한 ≪아네 제로Année Zéro≫를 위해서 활발하게 활동했다.[99] 검은 양날도끼가 유럽 신파시스트들에게 주는 상징성이 너무나 컸기 때문에, 20년 후에 스페인에서 설립된 전위대Vanguardia가 이 상징을 다시 사용하기도 했다.

이러한 특수 상황 속에서 이탈리아사회운동은 별 볼 일 없는 신파시스트들과 거리를 두어야 할 필요성을 느끼게 되었다. 예를 들어 알미란테는 1970년, 이탈리아사회운동 청년 조직을 위해 다음과 같이 연설했다. "우리는 파시즘이 기괴한 괴물로 보이지 않도록 조심스럽게 행동해야 한다. …… 특히, 낡아 빠지고 시대에 뒤떨어졌으며 멍청하게 옛 시절을 그리워하는 이념으로 보이면 절대 안 된다."[100] 이탈리아 '5월혁명'(1968) 때 알미란테는 핵심적 반공산주의자 세력을 규합했으며, 이를 통해 이탈리아사회운동은 선거에서 영향력을 발휘하기 시작했고, 마침내 1972년 선거에서 '민족 극우'로 자리 잡게 되었다. 알미란테는 프랑스 신파시스트 단체인 신질서(1969년 창립)의 형성에도 영향을 미쳤는데, 이 단체는 이탈리아사회운동을 모델로 1972년 국민전선을 창당했다. 그런데 이탈리아사회운동은 1995년 전당대회에서 잔프랑코 피니가 '후기 파시즘'이라는 개혁을 선포하면서 정치권에 발을 들여놓기 시작했다. 이러한 개혁은 단체의 이름을 민족동맹Alleanza Nazionale이라고 개칭함으로써 상징적으로 시작되었다. 그 후 민족동맹은 우익 진영 내에 진입하는 데는 성공했지만, 이러한 합법화 노력이 오히려 그들의 세력을 축소시키는 결과를 초래했다. 이러한 방향 전환은 유럽 파시즘 단체 내에서도 진행되었으며, 이탈리아사회운동은 수십 년 동안 국제 신파시즘 조직들 사이에서 선도적인 역할을 했다. 예를 들어 잔프랑코 피니는 2002년 모든 국가를 유럽이라는 깃발 아래 하나로 묶기 위한 유럽연맹당Alliance pour l'Europe des nations을 조직했다. 이 조직에는 덴마크의 피아 키에르스고르Pia Kjærsgaard가 이끄는 진보당, 샤를 파스쿠아Charles Pasqua가 이끄는 프랑스연합Rassemblement pour la France, 이스라엘의 리쿠드Likoud 당(참관자로서의 지위 획득)과 아일랜드 공화당인 피아나 팔Fianna Fail이 속한다.

이탈리아 신파시스트들은 신파시스트들의 성향을 민족주의 수준에서 국제주의 수준으로 확장시키는 데 결정적인 역할을 했다. 또한 이탈리아는 투쟁 형태나 문화적 전투와 관련해 혁신적인 전략들을 가장 활발하게 제공한 나라이다. 따라서 이탈리아는 국제 신파시즘 무대에서 중요한 위치를 차지할 수밖에 없었다. 영국의 파시즘 연구자인 로저 그리핀은 이탈리아의 핵심적 역할을 전투의 문화화와 국제화라는 측면에서, 그리고 지도자 없는 다당 체제 조직망이라는 부분에서 아주 정확하게 평가한다.[101] 세계적으로 볼 때 신파시스트들은 유럽의 당면 문제와 유럽의 조직 문제에 대해 상당히 시대에 앞선 견해를 지니고 있었다. 그들의 이와 같은 성향 때문에 때로는 혼란이 가중되기도 했다. 예를 들어 행동주의를 원칙으로 하며 에볼라의 사상에서 많은 영향을 받은 이탈리아 운동 단체인 유럽문명Europa Civiltà은 유럽 동맹을 위한 중앙위원회Conseil central pour un solidarisme européen를 결성했다. 이 위원회는 프랑스청년혁명운동Français du Mouvement Jeune Révolution(OAS-Jeunes-Métro의 전신)과 백러시아 민족창조연합Russes blancs du Narodno Trudovoï Soyouz에 의해 1969년에 설립된 동유럽자유전선Front de libération de l'Europe de l'Est과 공동으로 결성된 것이다. 이들은 1971년에 열린 '세계 연대를 위한' 대회에 참가했으며, 공동으로 ≪유럽 동맹자 회보Bulletin of European Solidarists≫(1972~1974)를 창간했다.[102] 하지만 이러한 시도들도 신파시스트들을 국제적으로 통일시키지는 못했다. 각각의 운동 단체들은 '연대주의'라는 슬로건 뒤에 나라마다 상당히 상이한 현실에 직면하고 있었으며, 알프스 건너편의 단체들은 공식적이지는 않지만 로마에서 활동하고 있었던 프랑스계 벨기에 언론인을 그들의 실제적인 지도자로 삼는 것처럼 보였다.[103] 세 개의 언어를 중심으로 윤곽을 드러내기 시작한 신파시스트 국제조직의 구성은 기대만큼 성공을 거두지 못했다.

유럽민족주의

극우주의자들은 유럽 차원의 극우주의 조직이 구성되기를 계속 열망했지만 이러한 희망이 일종의 망상에 불과하다는 사실을 잘 알고 있었다. 현실을 직시하고 있었던 활동가들은 극우주의자들이 흑색 신화의 존재에 미련을 가지고 있다고 생각했다. 예를 들어 나치의 제4제국의 도래를 준비하는 비밀조직에 대한 환상은 오랫동안 대중문화의 상상력을 자극해왔다. 이 이론은 조직과 이론이라는 두 차원에서 파시즘의 국제화가 거론되기 시작하자 고개를 들기 시작했다. 추축국• 동맹이 깨지자마자 파시스트 운동가들은 그들의 근본이념이 유럽 내에서 인정되는 것을 목격했으며, 그들의 계속되는 정치적 투쟁이 합법화되는 시점을 예견했다. 그들 중 일부는 러시아를 지지하기도 했는데, 이들은 러시아를 지지함으로써 냉전을 종결시키고 유럽을 통일할 수 있을 것이라고 확신했기 때문이다. 이러한 입장에 동의했던 신파시스트주의자들 중 한 사람이 바로 피에르 클레망티Pierre Clémenti(프랑수아라고 불린다)이다. 클레망티는 1934년 프랑스 민족공산주의당Parti français national-communiste을 창설했으며, 독일 점령자들의 요구에 따라 이 정당의 명칭을 프랑스 민족집산주의당Parti français national-collectiviste으로 개정했다. 그는 또한 '개인 자격으로' 영국에 전쟁을 선포하기도 했다. 독일 점령 초기에 그는 나치 시대의 독일과 프랑스 사이의 완전한 동맹을 위해 대독 협력에 반대했지만, 대독 협력주의자였던 피에르

• 제2차 세계대전 당시 연합국 대항 세력으로 독일, 이탈리아, 일본을 말한다.

라발Pierre Laval을 지지했으며 '볼셰비즘에 대항하는 프랑스자원부대' 창설에 가담하기도 했다. 또한 동부전선에 직접 뛰어들어 전투에 참가했다. 결국 클레망티는 1948년 열린 재판에서 궐석자로 사형을 구형받았고, 그 후 스위스로 도주해 망명 생활을 하던 중 1949년 『제3의 평화La Troisième Paix』라는 책을 출판했다. 중요한 것은 그의 저서가 대독 협력자 신문을 주로 인용하면서 '청년유럽 출판사'에서 출판되었다는 사실이다. 클레망티는 반공산주의를 지지하는 저항 세력을 구성할 필요성이 새롭게 대두됨에 따라 이를 통해 나치친위대의 재건이 촉진될 것이라고 확신했다. 동시에 그는 '그와 그의 측근들이 나치 독일의 승리를 원한 것이 아니라 사회주의 유럽의 승리를 원한다'는 사실을 확인했다. 그는 독일, 이탈리아, 프랑스의 나치주의자들과 파시스트들, 즉 과거 반공산주의 세력들의 연결 고리를 파악하고, 이를 통해 이 세 나라를 하나로 연합하는 통일국가의 탄생 가능성을 모색했다. 이 통일국가야말로 제3의 길의 가능성을 열어주는 기본 토대인 것이다. 클레망티의 판단에 따르면 공산주의 저항 세력들이야말로 물질주의로 오염된 공산주의와 마찬가지로 오염된 자본주의에 대항해서 진정한 민족적 사회주의를 실현할 주체들이다. 클레망티가 추구하는 민족적 사회주의는 마르크스주의와 명확히 구별되며, 소비에트연방의 도움으로 실현되어야 한다. 소비에트연방에 대한 이 같은 관점의 변화는 동부전선에서 겪었던 그의 개인적 경험에 기반을 둔다. 그는 동부전선에서 "온전하고, 억세며 선량한 러시아 민족"을 발견한 것이다.[104] 이러한 러시아 우호주의는 '과거'의 활동가들에게서도 발견되며, 민족주의자들의 구조적 재편성이 이루어지는 가운데에도 발견된다.

'유럽민족주의'로 불리는 이념은 우선 다양한 개인들의 사상 속에서 그 출발점을 찾을 수 있으며, 이 개인들은 유럽대륙에 불균등하게 산재한다. 1956년 CIA는 한 보고서에서 '국제 파시스트'로 불리는 활동가가 137명에 이른다고 밝혔다. 독일인 31명, 프랑스인 30명, 스웨덴인 17명, 벨기에인

11명, 이탈리아인 10명, 덴마크인 9명, 오스트리아인 6명, 스페인 5명, 노르웨이인 5명, 영국인 4명, 네덜란드인 4명, 스위스인 4명, 핀란드인 1명이다.[105]

프랑스에서는 두 인물이 주도적인 역할을 했는데, 두 사람 다 통일 유럽의 필요성을 확신했던 사람들이다. 한 사람은 르네 비네René Binet이며, 두 번째 인물은 모리스 바르데슈이다. 모리스 바르데슈(1907~1998)는 대학 교수로서 발자크Honoré de Balzac와 스탕달Stendhal 전문가였다. ≪주 쉬 파르투≫에 문학적 논문을 게재했으며, 파시스트였던 로베르 브라지야크Robert Brasillach의 매형이라는 이유로 추방되었다. 르네 비네(1913~1957)는 끊임없이 국제단체를 조직하려고 노력한 사람으로 스탈린주의, 도리오주의, 트로츠키주의를 차례로 추종했으며, 마지막으로 나치 무장친위대에 연달아 가담하면서 민족적 사회주의 교리의 개혁을 주장하는 선봉대장이 되었다. 이는 그가 독일 군대에 가담한 죄로 처벌받아 반년 동안 감옥살이를 하고 난 후에 일어난 일이다.[106] 그는 아랍연맹과도 접촉했는데, 프랑수아 뒤프라 같은 프랑스 민족주의자 지도자들도 비네와 같은 행동을 취했다.[107] 비네는 전직 무장친위대원에서부터 레지스탕스를 포함한 유럽민족주의자들의 연대를 강력히 원했는데, 이는 러시아와 미국의 '점령'하에 있는 유럽대륙을 해방시키기 위한 것이었다. 비네에 의해 지목된 지배자들은 '흑인'과 '몽고인', '유대인'이었다. 또한 비네는 1950년부터 '생물학적 현실주의'[108]로 불리는 정치적 인종주의에 기반을 둔 민족적 사회주의국가 연합의 설립을 그의 목표로 삼았다. 반미적 유럽 조직을 세우기 위한 이들의 노력은 프랜시스 파커 요키Francis Parker Yockey와 접촉하는 결과를 낳았으며, 요키는 오늘날 유럽민족주의의 대부 중 하나로 간주되고 있다.

재미있는 사실은 요키가 미국 시민이었다는 점이다. 요키는 우선 코글린Charles Coughlin 목사가 이끄는 미국 극우주의 단체에서 활동했는데, 코글린 목사는 사회주의적 가톨릭주의와 음모적 반유대주의를 특별한 색채로 혼합한 사람이다. 그는 파시스트적이기도 하면서 동시에 반동적인 성향도 가지고 있었다. 미군에 입대한 뒤 독일에서 주둔 생활을 하면서 요키는 유럽주의에 대한 신념을 가지게 되었다. 요키는 울릭 바렌지Ulrick Varange라는 필명으로 1948년에 『절대주권Imperium』이라는 책을 출간했다. 이 책은 독일 보수혁명주의자들의 영향을 받아 쓰였으며, 유럽 공동체를 인종보다는 문화를 토대로 이루어진 공동체로 바라보았다. 하지만 저자가 강조하는 핵심 주제는 백인들의 문명이 유대인의 음모에 의해 파괴되고 있다는 주장이었다. 요키에 따르면 유대인은 미국뿐만 아니라 소비에트연방도 이미 지배하고 있다(이는 나치의 핵심적 프로파간다 중 하나이다). 곧이어 요키는 유럽자유전선European Liberation Front을 창당했으며, 그 후 독일 신나치주의 정당인 사회주의제국당Sozialistische Reichspartei에 입당했다. 유럽자유전선의 강령은 붉은색 표지에 나치의 만자무늬 대신 검을 그려 넣고, 나치 슬로건인 "독일이여 일어나라"를 "유럽이여 일어나라"로 대치한 것이다. 강령의 내용은 유대주의로부터 유럽의 영토와 정신을 해방시키자는 것인데, 이 해방은 국가, 인종, 문화의 적당한 균형에 기반을 둔 유기적인 사회 건설을 목표로 한다. 또한 그에 따르면 유럽연합은 북쪽 끝에서 지브롤터, 아일랜드에서 리투아니아에 이르는 유럽의 전 영토를 포함해야 한다. 1948년 이스라엘 국가가 설립되자 요키는 자신의 사상을 더욱 급진화했는데, 그는 서구가 유대·이스라엘의 통제에서 벗어날 수 있는 유일한 길은 신파시스트들이 소비에트연방과 동맹을 맺는 것이라고 주장했다. 이러한 견해는 미국 신나치주의자들 사이에서 급속하게 번져나갔다. 특히 제임스 매돌James Madole에 의해 1948년에 세워진 민족부흥당National Renaissance Party[109]이 많은 영향을 받았으며, 매돌이 1979년 사망할 때까지 정당을 이끌었다.

신나치주의자들은 이와 동시에 아파르트헤이트의 세계화 전략을 고안해내고, 미국의 신나치주의자들은 그들의 국가가 "시온주의자 점령정부

Zionist Occupation Governement: ZOG"라고 떠들어대기 시작했다. 또한 이들은 게르만족이 더 이상 역사의 주도자가 아니라고 말하며, 이제까지 슬라브족을 배제하면서 백인의 우월성을 주장했던 아리아주의의 한계를 분명히 지적했다. 즉 백인들 사이의 우열을 가리던 제국주의는 폐지된 것이다. 소비에트연방의 반시온주의에 영향을 받은 신나치주의자들은 유럽연합이야말로 나치 독일 이후 도래하게 될 유기체적 국가의 마지막 형태라고 생각했다.[110] 한편 프랑스 민족주의적 사회주의 프롤레타리아 정당은 '알제리 혁명', 범아랍주의, '러시아계 아리아 인종'을 토대로 하는 소비에트연방을 지지했는데, 이는 인종적 다양성을 가진 유럽을 '국제적 아리아 국가'로 재구성하기 위한 전략이었다. 그들은 이러한 의도를 방해하는 반대 세력으로 '가톨릭주의, 라틴주의, 민주주의, 자본주의, 유대인, 마르크스주의, 중국인, 흑인'을 동일시했다.[111]

이러한 사상을 발전시킨 인물들은 파시즘 발전에 중요한 역할을 했는데, 그중 핵심적인 역할을 한 주역들은 그 시대에는 잘 알려지지 않은 사람들이었다. 그중 한 사람이 영국인 오즈월드 모즐리 경(1896~1980)이다. 그는 노동부 장관을 지냈고 영국파시스트연합의 지도자였으며 전쟁 기간에 윈스턴 처칠Winston Churchill 수상에 의해 감금되기도 했다.[112] 1948년 모즐리 경은 영국에서 연합운동Union Movement을 설립했으며, 요키가 이 단체에서 활동하기도 했다. 연합운동은 유럽을 하나의 통일된 국가로, 그리고 북아프리카의 3분의 1을 지배하게 될 제3의 세력으로 간주했다. 이러한 사상은 세계대전 사이에 논의되었던 '유라프리카' 설립 문제를 다시 구체화한 것이다.[113] 이 문제는 상당히 조심스럽게 다루어져야 하는데, 왜냐하면 유라프리카라는 단어 이면에는 다양한 의미가 내포되어 있기 때문이다.

1921년에 처음으로 등장한 유라프리카라는 개념은 주로 프랑스 정치권에서 많이 논의되던 개념이다. 원래 이 개념은 프랑스와 독일의 관계를 좀 더 긴밀하게 하려는 의도에서 탄생했으며, 동시에 거대한 유럽을 건설해 유럽 국가의 우월성을 식민지 국가와 공유하자는 의도에서 발전했다. 또한 이 개념은 계획경제주의와 혼합되면서 유럽과 아프리카를 아우르는 거대한 자급자족 공동체 건설을 목표로 하게 되었다. 이러한 사상은 벨기에에서 큰 반향을 일으켰는데, 벨기에의 우익 진영뿐만 아니라 좌익 진영들도 이러한 사상을 환영했으며 심지어 대독 협력주의자들도 이 사상을 지지했다. 또한 쿠덴호베 칼레르기Coudenhove-Kalergi가 이끄는 범유럽Pan-Europe 조직이 이 개념을 지지한다는 사실로, 1930년 무솔리니 지배하에 있던 이탈리아가 이 개념을 곧바로 수용하기도 했다. 하지만 무솔리니는 이 개념이 내포하고 있는 평화주의적 요소를 제거하고 파시스트적 유라프리카 건설에만 집중했으며[114] 무솔리니가 변조한 이탈리아의 유라프리카 개념은 계속해서 중요한 영향을 미쳤다. 실제로 유라프리카론을 주장했던 이론가는 이탈리아의 에르네스토 마시Ernesto Massi였는데, 마시는 파비에와 밀란의 카톨리카 대학의 교수였다. 그는 연구지 ≪제오폴리티카Geopolitica≫(1939~1943)의 공동 편집자였으며, 『유럽에 의한 아프리카, 아프리카에 의한 유럽L'Africa per l'Europe, l'Europa per l'Africa』(1934)의 저자이기도 했다. 마시는 유명한 지리학자였으며, 파시스트 국가와 이탈리아사회운동의 이론에 정통한 학자였다. 또한 그는 독일의 보수·혁명주의적 계통의 학자인 지정학의 대부 카를 하우스호퍼Karl Haushofer의 이론들을 이탈리아에 전파한 사람이기도 하다. 하우스호퍼는 대중의 생동적인 생활공간을 보장하는 거대한 정치적 공간에 대한 사상을 이론화한 사람이다. 유라프리카 사상은 제국주의에 새로운 활력을 불어넣었으며, 파시스트들의 에티오피아 침공 이후 경계선에 대한 새로운 가능성을 제공하는 토대가 되었다. 유라프리카 사상은 나치 독일하에서도 중요하게 취급되었는데, 특히 외무부 장관(그는 이 개념을 독일 전략의 최종 개척 목표로 삼았다)과 경제부 장관(그는 개개 국가가 특수한 경제 분야를 담당하는 가운데 자유무역 지대를 조직하기 원했다)이 이 주제에 커다란 관심을 가졌다. 히틀러도 1941년에 "유럽 통일은 아프리카 식민지를 통해 완성되는 경제구역을 토대로 이루어져야 한다"라고 주장했다. 비시 정권하의 프랑스에서는 행정 공무원들과 유럽신질서 단체들이 유라프리카 이념에 주목했다.[115]

모즐리 경이 제안한 사상들은 결국 개인의 몽상에 그치지 않았고, 개인적 몽상으로 간주되지도 않았다. 예를 들어 남아프리카공화국의 전직 장관이었으며 나치에 우호적이었던 오즈월드 피로Oswald Pirow(1890~1959)는 모즐리 경과 접촉하면서 그의 사상을 공유했다. 아파르트헤이트 정책이 시작된 1948년에 모즐리 경과 피로는 유라프리카에 대한 구체적인 청사진을 제안했다. 아프리카 대륙의 3분의 1을 백인이 통치하고, 나머지 3분의 2를 원주민인 흑인들에게 맡기자는 계획이었다. 그들의 계획은 법적 효력을 발휘하는 실체(아파르트헤이트)와 이전부터 주장되어왔던 지정학적 프로젝트(생동적인 공간의 구축)의 혼합을 토대로 구상되었다. 유라프리카 문제는 1948년 브뤼셀 조약에서 화두에 올랐는데, 이는 상당한 시사점을 던져준다. 이 조약은 벨기에, 프랑스, 영국, 네덜란드, 룩셈부르크의 방어 동맹에 관한 것이었다. 식민지 해방 문제에 직면해서 좌익 계열의 프랑스 장관들은 유럽 공동시장 설립 문제를 심각하게 검토했는데, 이는 아프리카 개발 비용과 함께, 아프리카와 유럽의 긴밀한 관계를 지속하기 위한 비용을 유럽 전체에 골고루 분배하기 위한 것이었다. 1954년 프랑수아 미테랑은 쿠덴호베 칼레르기의 영향을 받은 유라프리카에 대한 논의를 다시 거론하기 시작했다. 또한 1956년 가스통 데페레Gaston Defferre는 '유라프리카 시장' 설립을 목적으로 하는 해외 제국 영토에 대한 규약을 고안해내기도 했다. 같은 해에 경제부 장관 비서실은 "유럽 원자력 공동체와 공동시장 건설, 그리고 전쟁 전부터 확산되었던 유라프리카라는 개념 사이에 연관성이 있는 것처럼 보인다"라고 조심스럽게 인정했다. 실제로 로마조약에서 유럽연합이라는 이념이 무시되고 유라프리카 주제가 논의되었던 것은 프랑스가 감당해야 할 해외 제국의 경비를 분담하기 위해서였다.[116]

급진적 극우주의자들은 유라프리카라는 테마를 통해서 대중에게 쉽게 다가갈 수 있을 것이라 생각했다. 즉 극우주의자들은 그들의 다양한 이데올로기적 사상들을 유라프리카 이념을 통해 통합하면서 누구나 수긍할 수 있게 포장할 수 있다고 믿었다. 모즐리는 인종 간의 결합을 배제하는 유라프리카의 실현을 꿈꾸었다. 그에 의하면 유라프리카는 아프리카의 영혼과 유럽의 영혼을 파괴하지 않는, 철저한 아파르트헤이트 정책을 통해 실현되어야 한다. 요키와 바르데슈처럼 모즐리는 지정학적 질서의 새로운 편성을 변호하면서, 유럽 문명을 파괴하려는 물질주의적 문명 건설에 미국과 소비에트연방이 공조하고 있다고 믿었다. 그가 구상하는 유라프리카는 당연히 자급자족을 원칙으로 하지만, 남아메리카에 대한 지배는 미국과 공유해야 한다. 반면 아랍 국가들은 유라프리카와 소비에트연방 사이를 중재하는 완충 역할을 하게 될 것이다(이와 같은 입장은 오토 슈트라서가 국가사회주의 독일노동자당을 해체할 당시 피력했던 관점과 유사하다. 전쟁 직후 그는 여러 세력들 사이를 중재하는 유럽의 중립성을 강조했으며, '아프리카·미국 경제구역'을 설립하자고 제안하기도 했다).[117] 급진적이긴 하지만 동시에 일관성을 가진 이념을 갖기 원했던 단체들은 이러한 이데올로기가 제공하는 이점을 잘 알고 있었다. 이탈리아의 신질서는 바로 이러한 이념을 중심으로 지정학과 이민족 간의 관계에 대한 아이디어를 발전시켰다.[118]

유라프리카 설립에 대한 실제적인 추진은 프랑스나 영국이 아니라 이탈리아와 스웨덴(스웨덴은 제2차 세계대전 당시 중립국가였다)에서 먼저 일어났다. 유럽의 민족주의자들에게 서로 공조할 것을 제안한 사람은 나치 친위대 잡지 ≪지그날Signal≫의 스웨덴판 편집자였던 칼 에른프리드 칼베리Carl Ernfrid Carlberg였다. 그는 극우주의 조직을 통일하기 위해 이탈리아사회운동이 선봉에 서야 한다고 주장했다. 칼베리는 1950년에 있었던 두 번의 모임을 통해 다음과 같은 구체적인 의견을 제시했다. 그것은 유럽 내 핵심 민족주의자들과 여러 나라의 전략을 함께 모으는 것이었다. 칼베리가 지명한 나라들은 프랑스, 영국, 스페인, 이탈리아, 스웨덴, 덴마크, 노르웨이, 독일, 벨기에, 스위스였으며, 알바니아와 루마니아의 망명자들까지 포함했다. 이 국가들의 활동가들은 유럽 민족운동의 설립에 기본적으로 동의하면서 각 나라에서 두 명의 대표자가 참석하는 유럽 위원회 조직을 제안했다. 1951년 5월 스웨덴 말뫼Malmö에서 첫 번째 회의가 열렸는데, 이 회의는 1941년 추축국 지지 운동을 설립했던 페르 엥달Per Engdahl이 주도했다. 모즐리와 바르데슈 이외에 독일, 덴마크, 스페인, 프랑스, 이탈리아, 스웨덴, 스위스, 노르웨이 그리고 발트해 연안국가의 망명자들을 대표하는 60명이 이 대회에 참석했다. 그리고 엥달, 바르데슈, 카를 하인츠 프리스터Karl Heinz Priester(히틀러청소년단HItlerjugend의 단원이었으며 독일 사회운동의 지도자), 이탈리아사회운동의 에르네스토 마시를 중심으로 국제 위원회가 조직되었다. 마침내 극우주의자들의 국제조직인 유럽사회주의운동Mouvement social européen이 창설된 것이다. 미국 정보부의 정보에 따르면 이 단체에 유럽과 아랍에서 동시에 활동하는 경제조직도 참가했는데, 이 단체는 유럽사회주의운동의 재정을 지원하는 역할을 담당했다. 이 단체의 명칭은 유럽·아랍 연구위원회European-Arabian Study Commission였으며 프랑스와 영국, 그리고 '유대인' 계열의 기업을 의도적으로 배제한 단체였다.[119] 이 단체는 헝가리 화살십자당의 장관이었던 아르파드 헤니Árpád Henney(1895~1980)가 헝가리 망명자들의 대표가 되어야 한다고 주장한 단체이다. 미국은 그를 전쟁 범죄자로 취급했고, 오스트리아로 도주한 헤니는 운 좋게도 프랑스 구역 진입에 성공했다. 프랑스 군대가 그의 신변을 보장한 것은 헤니가 헝가리 정보조직에 대한 정보를 제공하기로 약속했기 때문이다.[120] 헤니는 그 당시 정세를 대변하는 좋은 본보기를 제공한다고 볼 수 있다. 그 당시 냉전 분위기가 조성되는 가운데 유럽의 독립 문제보다 반공주의와 대독 협력주의에 대한 대가 지불이 더 중요하게 다루어졌기 때문이다.

유럽사회주의운동은 극우주의자들이 설립한 최초의 국제조직이었으며, 프랑스 정보부의 정보에 따르면 포르투갈 정부 기금, 프랑스의 봄스Worms은행, 크리스티앙 볼프Christian Wolf(프랑스 기업가로 1945년 이후 페탱파 출판사의 후원자)의 후원을 받았다.[121] 봄스은행의 후원으로 프랑스 대표단의 중요성이 부각되었는데 프랑스 대표단에는 빅토르 바르텔레미Victor Barthélemy와 조르주 알베르티니Georges Albertini, 기 르모니에Guy Lemonnier가 포함되어 있었다. 봄스은행은 자크 도리오가 이끄는 프랑스대중당의 자금 조달에도 관여했다. 비시 정권하에서 도리오와 경쟁 관계에 있었던 마르셀 데아와 그의 측근들은 기업이야말로 '과두 지배' 음모의 핵심적 도구이며, 새로운 정권을 무너뜨리려는 의도를 가지고 있다고 비판했다. 마르셀 데아가 유포시킨 이와 같은 음모론은 몇 년 전부터 프랑스 극좌주의 내에서 유행하던 이론을 재포장한 것이었다. 나치 협력 기간에 마르셀 데아 다음으로 중요한 위치를 차지하고 있었던 알베르티니는 자유의 몸이 되자 봄스은행에 입사했다. 그는 프랑스 제5공화국의 그늘에서 큰 영향을 미쳤던 핵심 인물 중 한 명이었으며, 그의 영향은 조르주 퐁피두Georges Pompidou 대통령의 임기 동안 뚜렷하게 부각되었다. 클로드 하르멜Claude Harmel이라는 이름으로 활동했던 기 르모니에(마찬가지로 데아 밑에서 활동했던 인물)는 사회역사연구소를 이끌면서 '알베르티니 군단'의 대장 역할을 했다. '알베르티니 군단'은 1968년 이후 자유주의적 우익주의자들 사이에서 활동했던 서방Occident 운동 활동가들의 재교육을 맡은 조직이다.[122] 반면 바르텔레미는 데아 무리와 상관없는 사람이었다. 그는 전직 코민테른 활동가로서 도리오의 오른팔이었으며, '볼셰비즘에 대항하는 프랑스자원부대' 중앙위원회 위원으로 활약했다. 1944년 독일로 도주한 바르텔레미는 이탈리아로부터 극우주의 대원들의 침투를 조직하라는 명령을 받기도 했다. 즉 그는 국제적으로 활동했던 인물이었으며, 그의 이러한 경험은 프랑스 조직 운영의 밑거름이 되었다(1973년 국민전선이 신질서와 분열될 당시 장 마리 르펜은 바르텔레미를 국민전선의 행정 비서관으로 임용했다).[123]

유럽사회주의운동은 무장친위대의 잔재가 단체 내에 아직도 강하게 남아 있었음에도 불구하고 아주 공개적으로 파시즘 재정비에 나섰다. 이는 조직 내부에서 파시즘을 개혁해야 한다는 필요성이 대두되었기 때문이다. 유럽사회주의운동은 국민투표로 선출된 지도자에 의해 통치되는 동업조합주의적이며 반공주의적인 유럽 제국의 건설을 희망했다. 이 제국은 제국에 속한 나라들, 그리고 조건에 따라서 식민지 국가들을 포함하는 모든 국가의 공동경제와 공동방어를 원칙으로 삼는다. 하지만 유럽사회주의운동이 파시즘의 근대화를 모색하면서 기존의 파시즘과 완전한 단절을 추구했던 것은 아니다. 이는 파시즘의 본질과 파시즘의 선전이라는 두 부분에 적용되었다. 예를 들면 유럽민족사회주의운동Nationaal Europese Sociaal Beweging은 계속해서 유럽사회주의운동의 플랑드르 지부와 네덜란드 지부를 조직해나갔으며, 이 지부들은 독일 무장친위대에서 활동했던 파울 판 티넨Paul Van Tienen(티넨은 말뫼 대회의 참석자였으며 스페인으로 도주했다)의 보호를 받았다. 또한 유럽민족사회주의운동은 다양한 슬로건을 통해서 그 교리가 사회주의적이고 유럽주의적이라는 사실을 명백히 했다("러시아와 미국에 비해 상대적으로 자유로운 통일 유럽을 위하여", "민족 재건을 위한 유럽의 협력과 사회적 정의", "우리는 경제적 계획경제를 통해서 사회적 계획경제를 원한다" 등). 하지만 판 티넨(1921~1995)이 이 명칭을 선택한 것은 대독 협력자였던 안톤 뮈서르트Anton Mussert가 설립한 네덜란드 민족사회주의운동Nationaal-Socialistische Beweging in Nederland을 계승하기 위한 것이었다.[124] 유럽민족사회주의운동 내에 네덜란드 민족사회주의운동에서 활동했던 인물들과 네덜란드의 다른 파시스트들이 합류함으로써 1955년에 있었던 흑색전선Zwart Front의 유럽민족사회주의운동 해산 작전을 막을 수 있었다. 흑색전선은 정치범죄자재단Stichting Oud Politiek Delinquenten•의 전략을 그대로 모방한

• 전쟁 범죄자들로 구성된 극우 단체이다.

단체였다.[125] 한편 유럽사회주의운동은 르네 비네와 스위스인 가스통 아망 아모드뤼가 개최한 취리히 회담을 통해 위기를 직감하게 되었다. 아모드뤼는 1941년 로잔에서 유라프리카운동Mouvement Eurafrique을 창설한 장본인이며, 홀로코스트를 부정하는 글을 쓴 최초의 인물이다. 그는 말뫼 회담에 초대되었으나 참석을 거절했는데, 이는 말뫼 회담에 참석한 인물들이 인종 문제를 논의할 때 유럽 개념을 배제했기 때문이다.[126]

나치즘에서 신나치즘으로

취리히에 모인 참가자들은 유럽연락사무소라라는 새로운 단체를 조직했는데, 이 단체는 이후 유럽신질서로 전환되었으며, 나치 슬로건을 너무 공개적으로 사용했기 때문에 선동적이라는 비판을 받았다. 그들의 선언문은 슬라브족까지 포함하는 모든 백인 간의 인종적 평등성을 강조하며, 신파시스트주의적 국가들이 유럽 연방으로 하나가 되어야 한다고 주장했다. 그런데 이들이 강조하는 인종주의는 유라프리카 이념을 통해 주장되었던 인종주의나 극우주의자들 사이에 팽배했던 인종주의와 완전히 구별된다. 이 조직은 자신들이 주장하는 인종주의를 '신인종주의'라고 불렀다. 신인종주의는 대륙 주민의 인종적 단일화를 통한 제국의 설립을 위해서 식민지 국가들의 독립을 장려했다(1935년 이탈리아가 에티오피아를 침공한 순간부터 이탈리아 지배자들은 혼혈 문제를 고심했다). 유럽신질서는 인종 문제에 관해서 다음과 같은 주장을 펼쳤다. "인종 간의 서열은 인종 간의 비교에 의해서만 결정되며, 비교를 통해 선별된 우등 인종의 특수성과 전통이 서열을 정하는 기준이 된다. 즉 세상의 균형을 회복하기 위해서 식민지주의를 완전히 철폐해야 한다. 식민지주의는 결국 유색인종에 대한 착취일 뿐이기 때문이다. 이를 위해 다음의 몇 가지를 명심해야 한다. 첫째, 유럽 식민지 국가의 민족들에게 그들 고유의 전통을 되찾게 해주어야 한다. 둘째, 현재 식민정부를 협력 정권으로 대치해야 하는데, 이 협력정부는 각 민족의 고유 전통을 존중해야 한다. 그리고 각 민족의 이익을 위해서 엄격한 인종 분리를 원칙으로 해야 한다. 셋째, 이민족들이 그들 고유의 영토로 돌아갈 수 있도록 조치가 취해져야 하며 이를 적극적으로 보장해야 한다.[127] 유럽신질서가 주장한 인종주의는 반이민주의와 마찬가지로 반식민지주의에 대한 차별성을 부각시켰다. 이러한 논의는 내용상 언제든지 변화될 가능성이 있지만 핵심 주제는 절대 변하지 않는다는 사실을 주지해야 한다(예를 들면 세계화를 거부함으로써 지켜지는 '정체성' 등이 그러하다).

아모드뤼는 유럽신질서 안에서 활발하게 활동했으며, 지금까지 발행되고 있는 잡지인 ≪쿠리에 뒤 콩티낭Courrier du continent≫ 발간[128]에 적극적으로 참여했다. 하지만 그는 유럽사회주의운동에서 탈퇴하기를 거부하면서 이 단체와 계속 접촉했다. 프랑스의 상황은 훨씬 더 복잡했다. 군소 단체들을 연합하는 임무를 맡았던 바르데슈는 이탈리아사회운동의 도움으로 1952년에 ≪데팡스 드 록시당Défence de l'Occident≫이라는 잡지를 발간하게 되었다. 이는 그 당시에 활동했던 모든 극우주의자들의 논쟁을 소개했다. 바르데슈는 또한 프랑스민족위원회Comité national français를 설립해 수많은 단체들을 규합하는 데 성공했다. 예를 들면 프랑스팔랑헤당Phalange française, 유럽대중운동, 유럽중립민병대 등이 이에 속한다. 유럽대중운동은 오토 슈트라서가 명예회장직을 맡고 있었는데, 슈트라서는 독일 통일을 위해서 스탈린주의 공산주의자들과 함께 1958년에 열린 독일 중립주의 회의에 참가한 인물이다. 슈트라서는 팔레스타인 정책을 지지하기는 했지만, 이탈리아 파시스트들 때문에 그 어떤 국제단체와도 교류를 가지지 못했다. 이는 이탈리아 파시스트들이 독일 영토였던 남티롤Sud-Tyrol의 반환을 거부했기 때문이다. 프랑스 유럽대중운동은 프랑스팔랑헤당과 교류했는데, 팔랑헤당은 1958년 정부에 의해 해체된 이후 프랑스대중운동Mouvement populaire français으로 거듭나게 되었다. 프랑스대중운동의 지도자는 샤를 루카Charles Luca였는데, 루카는 데아의 조카이자 유럽사회주의운동의 창립 멤버였다.[129] 루카가 속한 단체의 소식지는 이민정책에 대한 음모론을 공공연하게 주장했으며, 유대인들이 국제적 인종 교배를 장려하고 있다는 글을 싣기도 했다.[130] 이러한 음모론에 신이교주의가 가미되기 시작했으며, 이념들이 혼합되면서 성향이 다른 단체들의 교류가 촉진되었다. 예를 들어 프랑스팔랑헤당은 1958년에 바이킹청년단Wikingjugend 대표단들과 연합해서 동지 행사를 조직하기도 했다(바이킹청년단은 1952년 독일연방공화국에서 창설되었다. 1970년대에 그 세력이 확장되어 네덜란드, 벨기에, 이탈리아, 프랑스에 지부를 두기도 했으며 1994년에 해산되었다. 이 단체는 500명가량의 회원을 중심으로 활동했으며, 독일 신나치 단체 중 가장 핵심적인 역할을 했고, 히틀러청소년단을 모델로 조직되었다).[131]

여러 단체들은 계속 의견 차이를 보이며 대치했다. 비네는 다음과 같은 이유에서 바르데슈에게 맞섰다. 비네는 이론적으로 혁명적 사상이 중요하다고 주장했으며, 정치적 전략을 짜기 위해서 본인이 직접 위원회를 지도해야 한다고 고집했다. 바르데슈는 비네의 이러한 전략을 비판하면서 새로운 조직을 설립했는데, 이 조직은 각국 단체 간 세력 관계 조절위원회였다. 결과적으로 파리에서 유럽사회주의운동 대회가 다시 열렸을 때, 프랑스민족위원회는 독일의 대표로 바르데슈 측근인 카를 하인츠 프리스터 대신 독일블록Deutscher Block의 리더인 카를 마이스너Karl Meissner를 초대했다. 반면 일부 외국 단체들은 프랑스민족위원회가 프랑스 대표로서 회의에 참석한 것을 인정하지 않았다. 스페인 팔랑헤당을 비롯한 몇몇 단체만이 계속 경쟁 구도를 유지했던 이 두 단체와 꾸준히 관계를 유지했다. 1953년 유럽민중운동Mouvement du peuple européen을 통해 유럽신질서와 유럽사회주의운동의 연합을 모색했으나 결국 실패하고 말았다. 유럽민중운동은 유대주의, 공산주의, 프리메이슨단 등을 적으로 규정하고 중립적이고 온건한 이데올로기를 표방했다. 결국 이 두 단체 중 누구도 경쟁 구도를 해체하는 데 성공하지 못했다. 하지만 유럽신질서가 몇몇 단체를 규합한 것은 사실이다. 1956년 1월에 유럽신질서에 속하는 단체로 오스트리아, 벨기에, 핀란드, 네덜란드, 노르웨이, 스위스, 그리고 덴마크의 2개 단체와 스웨덴의 13개 단체가 있었다.[132] 일반적으로 유럽신질서는 1968년 당시 프랑스 신나치주의 세력 안에서 헤게모니적 위치를 차지하고 있었다고 전해진다.[133] 이러한 위치를 이용해서 유럽신질서는 다른 단체들과의 타협에 착수했다. 페르 엥달은 1958년 4월 밀란에서 다음과 같은 사람들의 도움으로 청년유럽민병대Young European Legion 설립을 도모했는데, 그의 목표는 유럽 청년들의 통일된 조직을 설립하는 것이었다. 그에게 도움을 준 사람들은 벨기에 전 무장친위대에서 활동했던 장 로베르 드보트Jean-Robert Debbaudt와 골수 파시스트였던 이탈리아의 스테파노 델레 키아이에, 청년포르투갈Jovem Portugal의 자르쿠 모니스 페헤이라Zarco Moniz Ferreira와 독일 전 무장친위대 소속 장 바우만Jean Baumann 등이었다.[134]

연합을 위한 이러한 노력들은 역사적으로 볼 때 별 의미 없고 보잘것없는 움직임이었다. 하지만 이러한 시도들이 급진주의자에게 몇몇 아이디어를 던져주었다는 사실을 간과해서는 안 된다. 즉 이러한 움직임의 결과로 민족주의를 토대로 한 프랑스 단체들의 통일을 꿈꾸는 이념에 대한 잡지가 창간되었다. 또한 유럽사회주의운동이 실패하자 무장친위대 소속이었던 아르투어 에르하르트Arthur Ehrhardt는 ≪나치온 오이로파Nation Europa(유럽 민족)≫라는 잡지를 발행하기 시작했다. 이 잡지는 서독에서도 똑같은 기능을 발휘했으며, 조르주 알베르티니와 바르데슈, 모즐리, 괴벨스 정권의 비서관이었던 베르너 나우만Werner Naumann으로부터 경제적 후원을 받았다. ≪나치온 오이로파≫는 그 당시 진행되었던 주요한 논쟁에 가담하면서 상당한 영향력을 행사했다. 이 잡지의 구독자는 1953년 6500명에서 2004년 1만 8000명으로 늘었다.[135] 연합에 계속 실패하자 1950년대부터 몇몇 단체 안에서 변화가 일어나기 시작했는데, 20년 후인 오늘날 우리는 이러한 변화를 '메타정치'*라고 부른다. 메타정치는 일종의 '문화적 투쟁'으로서, 정치 변혁이라는 최종 목표를 위해서 단체들이 자발적으로 문화적 상징들을 교체하는 전략이라고 볼 수 있다. 그런데 이 '메타정치'는 대중뿐만 아니라 지식인도 포섭 대상으로 삼았다. 오스트리아의 빌헬름 란디히Wilhelm Landig(1909~1997)가 바로 이에 해당한다. 그는 유럽사회주의운동 내부에서 오스트리아 사회주의운동Österreichische Soziale Bewegung을 주도한 인물이다. 1920년대에 그는 의용군에 가담했고, 그 후에 독일국방군에 가담했다가 마지막으로 오스트리아 나치 정당에서 활동했다. 또한 나치정보부SD와 플로리안 가이어 무장친위대SS Florian-Geyer(독일 무장친위대 기병사단)에 가입하기도 했다. 란디히는 파시즘을 새롭게 포장해서 일종의 정치적 대안으로 제시하고, 그것을 하나의 '세계 비전'으로 탈바꿈시키기 위해 노력했다. 그는 대항문화에 대한 글을 발표했던 중요한 저자들 중 한 사람이며, 그의 소설 『신비한 역사histoire mystérieuse』는 스페인어, 프랑스어, 영어로 번역되었다. 그는 이 소설에서 나치주의를 특정한 신화들과 혼합해 소개했다(중세 가톨릭의 이단 중 하나인 카타리파Cathares, UFO, 성배Saint-Graal에 대한 신화 등). 상당히 대중적으로 쓰인 그의 작품들을 통해 신나치주의 팸플릿을 멀리했던 일부 대중은 반유대주의와 홀로코스트 부정주의를 접할 수 있게 되었다.[136] 다른 저자들도 란디히의 전략을 따르기 시작했다. 한 예로 미겔 세라노Miguel Serrano(1917~2009)[137]는 비교주의적인 나치주의를 주장한 이론가이다. 그는 특히 독일 나치들이 남아메리카로 도주하면서 사용했다는 미확인비행물체의 활용에 대한 논의를 불러일으켰다. 또한 1905년 리옹에서 막시미아니 포르타Maximiani Portas라는 이름으로 태어난(1982년 사망) 사비트리 데비Savitri Devi도 비교주의적 나치주의에 영향을 미

* '정치의 범주를 넘어서는'이라는 의미이다.

친 인물이다. 그녀의 이론은 힌두 전통에 히틀러주의를 접목한 것이었다. 또 영국인 데이비드 마이엇David Myatt의 나치·악마주의도 대중의 관심을 받았다. 비교주의적 나치주의는 나치 독일과 그의 인종주의 정책 부분보다 주변 요소에 초점을 맞춤으로써 제한적이긴 하지만 나치주의에 대한 대중의 거부감을 줄일 수 있었다. 이들은 '대체' 영성에 심취한 사람들이었으며, 음모론을 추종하는 사람들이었다. 1945년 이후 서방세계에서 민주화가 진행됨에 따라 신나치주의는 '악'의 세력으로 간주되었고 하위문화로 취급되었다. 이는 이질적인 요소들이 혼합되는 포스트모던적 현상과 일치한다. 히틀러가 오디니즘odinisme(북방 고전 종교의 신이교주의)과 다양한 형태의 신이교주의를 경멸했음에도 불구하고, 대부분의 신나치주의 추종자들은 비교주의와 나치주의의 상관관계를 핵심 이데올로기로 받아들였다.[138] 유럽의 나치친위대 분대들이 사용했던 '룬문자'는 현재 급진주의자들에 의해서 그들의 팸플릿이나 로고 등으로 사용되고 있다. 특히 나치 독일 분대, 북방 분대, 외젠 공자Prinz-Eugen 분대에서 사용되었던 문자들이 널리 사용되고 있으며, 비중은 작지만 네덜란드, 랑게마르크Langemark, 네덜란드 란드스톰Landstorm 분대에서 사용했던 문자들도 사용되고 있다.[139] 이들은 이러한 상징들을 사용함으로써 자신들의 급진적인 성향을 공고히 하고, 동시에 자신들이 고유한 문화의 소유자라는 것을 알리고 싶어 하는 것이다(이를테면 나치친위대는 '과연' 누구였는가. 그들은 비교도주의적 흑 질서•였다). 또한 황금새벽은 이따금 나치 깃발을 사용했는데, 이 깃발에는 나치가 사용했던 만자무늬가 룬문자로 대치되었다. 이 룬문자는 네덜란드 란드스톰 나치친위대 분대가 사용했던 것이다. 반면 우크라이나의 스보보다Svoboda 민족주의 정당은 나치 독일 분대가 사용한 상징을 변환해서 사용하고 있다.

• 나치친위대 자체를 종교적 색채를 가진 어둠의 세력으로 보는 관점이다.

신나치주의자들은 과거에 활동했던 나치주의자들과 활발하게 협력하고 있다. 예를 들어 유럽신질서는 구나치 무장친위대 유족협조협회(HIAG; 1951년에 설립되어 1959년에 독일연방공화국에 의해 비영리단체로 인준되었다)와 협력하며, 이 유족협조협회의 프랑스 지부는 바르데슈의 후원을 받고 있다. HIAG는 기관지를 통해서 왈롱Wallonie 지역 무장친위대에서 활동했던 나치들에게 드보트(벨기에 정치인이자 일간지 ≪유럽 렐L'Europe réelle≫ 편집인)와 함께 활동할 것을 권유했다.[140] 유럽신질서 안에서 피에르 클레망티는 ≪악시옹 유로펜L'Action européenne≫의 발행과 유럽실천위원회Comités d'action européenne의 설립에 가담했다. 유럽신질서의 지부들이 계속 늘어남에 따라 이 조직 내에서는 유럽이라는 개념과 백인 우월주의가 접목되는 현상이 일어났다. 이 지부들은 캐나다뿐만 아니라 터키에도 세워졌는데, 터키 파시스트들은 터키 민족이 아리아 인종의 분파에 속한다고 주장했다. 그리고 이러한 이념은 러시아인 알렉산드르 두긴의 제국주의적 신우익주의에서도 발견된다.[141] 파시스트 국제연합은 1969년, 1979년, 1981년에 바르셀로나에서 국제 대회를 개최하기 위해 프랑코 장군 정권과 우호적인 관계를 유지했다.[142] 1969년 대회에는 독일, 프랑스, 영국, 이탈리아, 스웨덴, 스위스의 대표단들이 참석했으며 크로아티아, 헝가리, 폴란드, 루마니아의 망명자 대표단이 참석했다. 반면 벨기에, 캐나다, 덴마크, 남아프리카공화국의 대표단은 참석하지 않았다.[143] 정보에 따르면 팔레스타인 파타Fatah• 대표자들도 이 회의에 참석했다고 한다. 드보트는 유럽신질서가 '팔레스타인 저항 운동'에 참여하기를 원했는데, 이를 위해 세계민족사회주의연맹World Union of National-Socialists의 도움으로 팔레스타인 인민해방전선Front populaire de libération de la Palestine을 대신해서 싸울 외국인 용병 모집 단체를 조직하려고 노력했다.[144] 아무튼 일련의 움직임을 통해 우리는 유럽신

• 팔레스타인 자치 정부를 세운 야세르 아라파트 의장이 속한 정당이다.

질서가 조직의 이념 노선을 변경시켰다는 사실을 확인할 수 있다. 한편으로 유럽신질서는 이민정책을 반대하기 시작했는데, 이들은 이민정책을 인종 간의 혼합을 부추기는 유대인의 음모라고 생각했다. 또한 그들은 백인종을 개량하기 위한 우생론을 강조하기도 했다. 이와 같은 이념을 구체화하기 위해 아모드뤼는 자크 드 마이외Jacques de Mahieu(1915~1990)와 함께 정신신체의학, 생물학, 인종학을 연구하는 고등연구소를 설립했다. 이 연구소는 1936년 독일 신의학 대회에서 발표되었던 '숭엄한 과제'를 계승하기 위한 연구를 주요 과제로 삼았다.[145] 샤를마뉴 분대에서 활동했던 마이외[146]는 아르헨티나로 이주한 후, 그곳에서 페론주의에 기반을 둔 국가노동조합주의를 지지하는 대표 이론가가 되었으며, 1960년대에는 가톨릭 파시스트 운동 단체인 타쿠아라Tacuara에서 활동했다. 그 후 마이외는 대학교수가 되었으며 여러 권의 저서를 통해 바이킹족이 남아메리카의 식민지 이전 시대의 선조라고 주장했다. 이러한 주장은 나치친위대 문화연구소, 독일 유산학술협회의 논리와 인종학자인 귄터의 논리를 계승한 것이다. 이 논리는 그 후 나치친위대 문화연구소와 교류를 가졌던 유럽문명조사연구단체에 의해 전수되었으며, 코페르닉Copernic(신우익주의)과 로베르 라퐁Robert Laffont, 제 뤼J'ai lu 같은 좀 더 대중적인 출판사들도 이러한 이념의 영향을 받았다.[147]

청년유럽의 시대

유럽민족주의자들이 역동적으로 움직이는 가운데 특별히 주목받은 단체가 있었는데, 바로 청년유럽이다. 이 단체는 왈롱 지역 출신의 장 티리아르Jean Thiriart와 떼어놓고 생각할 수 없다. 청년유럽은 1990년대 이후부터 혁명주의적 민족주의자들에 의해 독일 극좌주의 단체인 피히테연합

Fichte Bund[148]의 유럽판으로 여겨진다. 1914년에 설립된 피히테연합은 극좌주의적 단체라기보다 국수주의적 민족주의 운동의 성격을 가진 단체였다. 프랑스가 독일 라인강 지역을 점령했을 때, 피히테연합은 프랑스 식민지 소속 흑인 병사들의 역할을 비판하면서 반프랑스 캠페인을 주도했다. 이미 1933년 이전부터 피히테연합은 '세계의 진실을 위한 연합'이라는 이름하에 외국인을 향한 민족적·사회주의적 프로파간다를 퍼트리는 핵심 단체로 활동했다. 프랑스에서 피히테연합의 프로파간다를 답습한 단체는 별 볼 일 없던 나치주의자와 반유대주의라는 광견병에 걸린 사람들뿐이었다. 장 부아셀Jean Boissel은 이 부류에 속하는 사람으로, 로제 카지Roger Cazy와 함께 프랑크전선Front franc을 이끈 인물이다(로제 카지는 1935년 뉘른베르크 나치 전당대회에서 연설하는 '영광'을 얻었던 사람이다).[149] 티리아르는 그 후 리에주Liège 나치정보국이 세운 독일대제국 동지연합Association des Amis du Grand Reich Allemand 같은 단체에서 활동했다.[150] 티리아르는 나치주의 성향이 강한 단체에서 활동하면서도 입으로는 본인이 '반나치주의'와 '극좌주의적 성향'을 따른다고 주장했다.

청년유럽은 무엇보다 식민지 해방 정책을 반대하는 데 앞장섰다. 1960년 7월 콩고의 해방을 앞두고 장 티리아르와 파울 타이히만Paul Teichmann은 '벨기에 소속 아프리카 방어 실천위원회Comité d'action et de défense des Belges d'Afrique'를 구성했다. 이 단체는 벨기에 민족주의적 식민주의자들로서 왕정에 충성을 바치는 사람들로 구성되었는데, 점차 백인 우월주의에 매료되기 시작하면서 비밀군사조직과 알제리 통합을 열렬히 지지했으며, 그들의 상징으로 켈트족 십자가를 사용했다. 이 단체는 시민실천운동Mouvement d'action civique: MAC으로 이름을 바꾸면서 약 350명가량의 대원들을 확보했다. 그들은 우선 전직 군인들에게 공문을 돌림으로써 회원 확보에 나서기 시작했다. 그들은 "나르비크에서 케이프타운, 브레스트에서 부쿠레슈티에 이르는 공동체"에 호소한다고 밝히면서, 알제리 소재 테러 단체들의 행동 방침에 사용되었던 암호로 이루어진 성명서를 발표했다. 그들은 또한 ≪OAS 메트로OAS-Métro≫라는 일간지를 발행하고, 벨기에 영토에서 소속 행동대원들의 퇴각을 조직하기도 했다. 그들의 목적은 식민지가 해방되면서 조성된 긴장 관계를 이용해 대중의 불만을 증가시키고, 이러한 불만을 통해 게릴라 조직을 설립하는 것이었다. 그리고 게릴라 조직의 세포조직을 통해 눈에 보이지 않는 통제 체제를 확립하려 했다.[151] 티리아르는 또한 프랑스 신파시스트 단체들과 접촉하기 시작했다.[152] 계속해서 그는 독일제국당 총수인 페터 켈리스트Peter Kelist와 회담을 가졌는데, 이 회담에는 전직 철위대 당원이며 ≪스바스티카 드 포Swastika de feu≫ 일간지의 편집인 동시에 반볼셰비즘 민족연합Bloc antibolchevique des Nations의 의장인 이온 에밀리안Ion Emilian도 참석했다. 그리고 이 회의에는 남아프리카, 앙골라, 콩고, 알제리에서 온 백인 '식민주의자들'도 참석했다.[153] 티리아르는 1962년 3월 4일 베니스에서 열린 국제 신파시스트 모임에도 참석했는데, 이 모임은 이탈리아사회운동과 오즈월드 모즐리의 선동으로 주선된 모임이었다. 이 모임에서 선포된 성명서는 다음의 두 가지 실천 방침을 제안한다. 첫 번째는 독일제국당, 시민실천운동, 연합운동, 이탈리아사회운동 등 단체들을 연결하는 연락사무소를 설치하는 것이고, 두 번째는 각 단체의 명칭을 하나로 통일하자는 것이었는데, 그 예로 프랑스어 명칭인 유럽민족당Parti national-européen이 제시되었다. 이 연합 정당은 유럽의 통일과 '미국에 의한 서구 유럽의 예속화'를 거부하고 '빼앗긴 동쪽 지역의 회복'을 목표로 했다.[154]

베니스에서 돌아온 티리아르는 비밀군사조직 지지자 소탕 작전 때 체포되어, 한 달 동안 감옥에 갇혀 지내면서 책을 쓰기 시작했다. 그가 1964년에 직접 출판한 책인 『4억 명의 제국: 유럽Un Empire de 400 millions d'hommes: l'Europe』은 그의 걸작이 되었다.[155] 티리아르가 자신의 책을 통해서 구상한 유럽 정당은 유럽민족주의자들의 연합에 불과한 것이었지만, "종교적 질서에 대한 신념과 군사적 질서의 규율"에 의해 움직이는 레닌주의에 기초한 것이었다. 그리고 그는 유럽 정당의 설립을 위해서 동부에서는 '은밀한' 투쟁을, 서부에서는 '지하' 투쟁을 벌여야 한다고 주장했다. 시민실천운동은 베니스에서 논의된 사항을 실천에 옮기기 시작했다. 즉 유럽 정당 설립을 위한 작업에 착수하기 시작한 것이다. 시민실천운동은 정기간행물의 이름을 ≪젠 유럽Jeune Europe(청년 유럽)≫이라고 명명하면서, 청년유럽 벨기에 지부를 자처했다. 중앙집권적인 조직 구조를 가지고 있었던 청년유럽은 여러 나라에 지부(소수의 조직원으로 구성)를 설립했다. 지부는 스페인, 오스트리아, 독일, 이탈리아, 영국, 네덜란드, 남아프리카(남아프리카 조직은 유라프리카Eurafrika라는 명칭을 부여받았다), 포르투갈, 스위스에 설립되었으며, 얼마 후에는 미국에도 설립되었다.

청년유럽 최초의 이론가는 티리아르가 아니라 에밀 르세르프Émile Lecerf (1921~1990)이다. 르세르프는 투아종 도르Toison d'or 출판사의 대독 협력자 출판물을 집필했으며, 1944년에 나치친위대 소속 문화연구소에서 발간한 『태양 원반 연구지Cahiers de la roue solaire』 집필에 참여하기도 했다. 청년유럽을 위해서 그의 첫 번째 공식 문서인 「유럽민족주의적 혁명La Révolution nationale-européenne」이라는 글을 발표했고, 이 글을 통해 유럽은 아프리카를 다시 식민지로 삼아야 하며 한 개의 정부가 '인종적·문화적·경제적 특성'을 중심으로 나뉜 지역을 통치해야 한다고 주장했다. 이와 같은 견해는 프랑스 소설가인 생 루에 의해 확산된 나치 무장친위대의 국수주의적 관점을 그대로 답습한 것이다.[156] 반면에 티리아르는 언어와 전통 유산을 강조하는 민족주의를 강하게 거부했다. 그는 유럽의 모든 국가를 자코뱅주의에 의거해 하나의 개체로 융합하는 혁명적 민족주의를 주장했다(이는 마키아벨리의 사상에서 큰 영향을 받았다고 평가된다).

티리아르가 이상적으로 생각한 통일국가는 한 국가의 주도 아래, 이 국가가 선정한 몇몇 지도 국가들이 분할 통치하는 국가이다. 선정된 국가들은 기능을 중심으로 분야별로(당원들에 대한 사회복지 정책에서부터 적의 진영에 대한 정보 수집까지 세세하게 계획되었다) 구성되며, '세포'(6명의 조직원으로 구성) 조직을 통해 운영된다. 하지만 이 지도 국가들이 관리하는 세포 조직은 지도자 없이 운영되어야 한다. 이는 '우익적 레닌주의'를 실현하려는 노력의 일환이었다. 1963년 청년유럽은 오스트리아, 벨기에, 이탈리아, 프랑스, 포르투갈, 스위스를 지도 국가로 선정했다.[157] 그러나 이 국가 중 일부 국가의 지도자들은 그들 지부를 자체적으로 운영하려 했다. 그 예로 청년 포르투갈은 유럽신질서 출신의 자르쿠 모니스 페헤이라를 지도자로 삼았는데, 페헤이라는 티리아르의 혁명적 이념에 개의치 않고 독자적 행보를 취했다. 그리고 페헤이라는 청년유럽이 서서히 몰락하기 시작하자 그의 조직원들을 살라자르 정권의 과격파로 인도했다.[158] 활발한 활동을 벌인 지부 중 이탈리아의 청년조국Giovane Nazione의 활동은 특별한 주목을 받을 만하다. 이탈리아 청년조국은 전체 지부 중 가장 모범적인 지부에 속하며, 율리우스 에볼라 사상의 영향을 많이 받아 단호한 정책을 펼쳤다.[159] 오스트리아의 청년유럽Junges Europa도 주목받을 만한 지부 중 하나인데, 이 지부는 남티롤 분리 문제 때문에 다른 지부들과 갈등이 생기면서 결국 유럽민병대Legion Europa로 갈라져 나가게 되었다. 무장친위대 소속이었던 프레드 보르트Fred Borth가 이끈 유럽민병대는 이탈리아와 오스트리아 양국에서 테러를 자행했다. 이 단체는 네덜란드 청년유럽Jong Europa에서 분리되어 나온 플랑드르 분리주의자들과 함께 유럽전선Europafront이라는 국제 저항단체를 조직하기도 했다. 유럽 전선은 티리아르에 의해 '신나치주의의 게토'로 불린 단체이다(1963년 분리주의자들은 티리아르가 전쟁 시에 '유대인들'을 살해한 것을 자랑스럽게 떠벌렸다고 주장하면서 반격을 가했다). 유럽전선은 후에 시민실천운동, 청년유럽과 협력했던 유럽신질서와 관계를 회복했다. 유럽전선은 청년유럽의 게르만적 요소들을 재정비하고, 독일국가민주당 내부의 갈등을 증폭시키는 데 중요한 역할을 했다. 또한 독일 민족주의적 혁명주의 운동을 일으키고, 녹색당에 정치적으로 침투하는 전략을 펼침으로서 독일 내에 신우익주의적 이념을 퍼트리는 데 큰 영향을 미쳤다.[160]

프랑스에서도 프랑스 청년유럽을 조직하기 위한 노력이 많이 있었지만 이 조직은 1961년에 법적으로 금지되었으며 1963년에는 소식지 발간도 중지되었다. 피에르 세르장Pierre Sergent을 중심으로 잔존했던 활동가들은 OAS 메트로의 대령에게 프랑스 지부를 위임할 것인가에 대해서도 고려했지만, 1963년에 세르장은 티리아르와 관계를 단절하고 오로지 스위스 청년유럽하고만 우호적인 관계를 유지했다. 프랑스 청년유럽은 파리와 릴에서만 겨우 뿌리를 내릴 수 있었고, 두 명의 지지자에게 의존했다. 한 사람은 장 클로드 자카르Jean-Claude Jacquard(후에 유럽문명조사연구단체 총리가 된다)로, 후에 르세르프의 국수주의적 분리주의에 합류했다. 다른 한 사람은 제라르 보르드Gérard Bordes인데, 그는 대중정신청년Jeunes de l'esprit public 출신으로, 이 단체는 장 마비르의 이념을 대중화했으며 동시에 인종에 기초하는 유럽이라는 개념을 도입했다. 이 두 사람은 한동안 ≪유럽 콩바탕L'Europe combattante(전투하는 유럽)≫이라는 잡지를 발간했는데, 이 잡지는 제목만 바뀐 ≪젠 유럽≫의 복사판이었으며, 1964년 9월부터 1965년 4월까지 발간되었다. 프랑스 청년유럽은 우선 민족학생연맹Fédération des étudiants nationalistes에 침투하려 했고[161] 프랑스공산주의당Parti communiste français 지도자인 모리스 토레즈Maurice Thorez의 암살을 계획하기도 했다. 그들의 계획은 결국 실패로 돌아갔다. 이는 그들이 시도한 공작들이 대중의 호응을 전혀 얻지 못했으며, 중앙지도부에서 이러한 사태에 대해 아무런 대안을 세울 수 없었기 때문이다. 민족학생연맹은 프랑스 청년유럽의 핵심 간부 중 한 명이 특정 문서들을 입수하기 위해 민족학생연맹 사무실에 불법적으로 침입했다고 주장했다. 이 간부는 체포되어 지하실에 감금되었고, 민족학생연맹의 핵심 간부를 포함한 8명의 조직원들에 의해 물고문과 전기고문을 당했다. 청년유럽의 전 단원들이 민족학생연맹에서 축출되자 중앙 지도부는 체포된 사람에게 다음과 같이 말할 수밖에 없었다. "만약 '아주 위험한 상황'이 발생하면 벨기에에서 특공대가 투입될 것이다."[162] 행동유럽으로부터 민족학생연맹을 분열시키려는 작전과 청년유럽의 비밀공작원 투입 작전이 실패로 돌아가자 결국 분열이 일어났다. 유럽대학전선Front universitaire européen은 청년유럽에서 재빠르게 분리되어 서방운동mouvement Occident(1964)으로 거듭났다.[163]

이와 같은 분열에도 불구하고 청년유럽은 거대한 야망을 가지고 있었다. 1964년 7월 마드리드에서 청년유럽의 지도자, 피에르 라가야르드Pierre Lagaillarde(1931~2014년 비밀군사조직 소속)와 유럽의 다양한 운동 단체가 모였다. 그들은 그다음 달에 청년유럽의 주선으로 니스에서 모임을 다시 가졌다. 이 모임에 참석한 단체들은 유럽의 단체들(프랑스, 스페인, 네덜란드, 포르투갈, 동독, 스웨덴, 이탈리아)과 남아메리카의 단체들이었다. 이 모임에서 일정 국가의 '국내적 상황의 필요에 따라' 즉시 투입 가능한 국제 민병대 조직의 설립이 결정되었고, 이 민병대의 운영은 오토 슈코르체니Otto Skorzeny(1908~1975)[164]에게 맡겨졌다. 나치친위대 장교였던 슈코르체니는 1943년 공수작전을 통해 무솔리니를 구출함으로써 극우주의자들 사이에서 전설적인 인물이 되었다. 무솔리니는 이탈리아 왕과 파시스트 대위원회의 결정으로 투옥되었다. 전쟁 후에 슈코르체니는 오데사 비밀조직의 지도자가 되었는데, 이 조직은 전직 나치친위대 대원들을 소속 국가로부터 탈출시키는 임무를 수행한 조직이다. 스페인으로 망명한 슈코르체니는 이집트 무기 수출에 관여했으며, CIA로부터 테헤란과 접촉하고 러시아의 재정적 지원으로 그의 나치친위대 조직망을 유지했다는 혐의를 받았다. 그는 소비에트연방만이 독일의 통일을 가능하게 할 것이라고 확신했고, 그래서 워싱턴 대신 모스크바를 선택했다.[165] 이러한 사실들을 통해 우리는 이러한 단체들과 그에 관련된 인물들이 냉전으로 인해 발생된 갈등 상황을 어떻게 자신들에게 유리하게 이용했는지 파악할 수 있다. 이들은 냉전이라는 상황을 이용해서 서구 진영 내에서 그들의 목적(파시스트적 국가의 설립)을 달성할 수 있다고 믿었던 것이다. 결국 이 모든 상황을 가능하게 만든 것은 냉전이었다. 베를린장벽이 무너지자 동독 비밀경찰의 문서가 공개되었는데, 이 문서를 통해 동독 정보국이 1950년대부터 서독 신나치주의의 활동을 재정적으로 지원했다는 사실이 밝혀졌다. 이는 유럽 내에서 독일연방공화국의 이미지를 훼손하기 위한 것이었으며, 유럽 공동체 방어계획을 저지하기 위한 것이었다.[166]

스페인 프랑코 장군 정권이 청년유럽에게 은신처 제공을 약속했다가 약속을 철회한 사실은 많은 시사점을 던져준다. 먼저 급진적 성향을 가진 주변 그룹들은 서구사회의 질서에 순응할 때만 활동이 가능하다는 사실이다. 1966년 청년유럽의 여름 캠프가 스페인에서 열렸는데, 이 캠프의 주요 활동은 스포츠와 토론이었다. 캠프는 호세 안토니오 프리모 데 리베라 José-Antonio Primo de Rivera(팔랑헤당 지도자)의 무덤에 꽃다발을 헌정함으로써 시작되었다. 캠프파이어가 진행될 동안 참가자들은 모두 함께 팔랑헤당, 독일 아프리카군단, 프랑스 레지스탕스, 이탈리아 민병대의 노래를 부르면서 초국가적이고 초당적인 정치적 신화를 고안해내려고 애썼다. 그러나 1967년 3월에 스페인 정권은 9개국의 청년유럽 대표들의 마드리드 회의를 저지했다. 이는 회의가 시작되기 바로 직전에 결정된 것이었다. 티리아르는 이 사건을 통해 프랑코 장군 정권이 미국의 영향을 받고 있다고 판단했다. 티리아르를 잘 알고 있던 스페인의 유럽민족주의자 에르네스토 밀라 Ernesto Milá는 티리아르의 발언에 대해 다음과 같이 비판했다. "프랑코 장군 정권은 청년유럽과 좋은 관계를 유지하고 있으며, 티리아르는 스페인이 지정학적 문제 때문에 친미적 성향을 가지고 있는 것을 전혀 이해하지 못하고 있다. 스페인 정권이 미국을 옹호하고 있다는 티리아르의 지적은 실수이다."[167] 이와 같은 상황을 놓고 볼 때 스페인의 경우가 상당히 특이한 것은 사실이다.

유럽스페인동지모임Círculo Español de Amigos de Europa: CEDADE은 1962년에 마드리드 청년유럽 안에서 설립되었으며, 그 후 1966년에는 바르셀로나의 '문화 협력' 단체가 되었다. 분리주의자들의 눈에 티리아르가 범하고 있는 가장 중대한 실수는 그가 유물론에 집착한다는 사실이었다. 유럽스페인동지모임은 이데올로기적으로 아주 빠르게 진화했으며, 1969년부터 신나치주의적 성향을 분명히 드러내기 시작했다. 즉 그때까지 스페인 극우주의자들에게 전혀 알려지지 않았던 인종주의와 반유대주의에 대해 강조하기 시작한 것이다(당시 스페인에 거주하는 유대인은 0.05%에 불과했지만, 이스라엘에 대한 적대감은 팽배해 있었다).[168] 이 단체는 슈코르체니나 벨기에 사람인 레옹 드그렐(스페인에서 1944년에 사망했다)과 같은 스페인으로 망명한 전직 나치들의 (아마도 재정적으로도) 도움을 받았다. 또한 아랍 국가나 아랍 국가 고위 관리들의 후한 재정적 도움도 받았는데, 후원자 중에는 사우디아라비아와 성직자 하지 아민 알 후세이니Haj Amin al Husseini도 속한다.[169] 유럽스페인동지모임은 유럽신질서와도 접촉했으며, 특히 유럽민족실천연합Fédération d'action nationale et européenne 프랑스 지부와 돈독한 관계를 맺었다. 그리고 이 관계를 통해 1970년대 말에 유럽스페인동지모임의 프랑스 지부가 설립되었다.[170] 이리하여 신나치주의자들이 이베리아반도, 특히 카탈루냐 지방에 득실거리게 되었다. 하지만 카탈루냐의 국수주의적 민족주의 때문에 그 지방에 신나치주의자들이 집결한 것은 아니며, 신나치주의자들은 오히려 그와 반대로 카탈루냐 운동 지지자들에 대항하는 작전을 시행하기도 했다.[171] 이 단체들은 오히려 이탈리아 신파시즘을 추종하는 과격주의자들로부터 영향을 받았다.

유럽스페인동지모임은 1979년에 정당(유럽민족혁명주의당Partido Europeo Nacional Revolucionario)을 창당했으나, 그들이 관심을 둔 것은 반유대주의와 홀로코스트 부정주의에 대한 글을 출판하는 것이었다. 그들은 출판 사업에 상당한 비중을 두기 시작했고, 1977년 미국인 프랜시스 파커 요키가 저술한 『절대주권』을 번역했다. 이 책은 유럽스페인동지모임이 교과서로 여겼던 책이다.[172] 이 단체는 바그너적 심미주의에 심취해 있었고 환경보호와 지방분권주의에도 관심이 있었기 때문에 다른 단체들과 구별되었다. 특히 프랑스 지부의 소식지인 ≪프로제 에 레페랑스Projets et Références(계획과 기준)≫에 처음으로 환경주의적인 정치 연합을 구성하자는 글을 발표하기도 했다. 유럽스페인동지모임은 프랑스 남동부에 본부를 둔 유럽동지환경연합Cercle écologique des Amis de l'Europe으로 전환되었는데, 이 단체는 인종주의와 아리아주의, 유럽신질서, 철위대의 팸플릿을 계속 유포했다.[173] 1970년대 후반부터 독일 민족주의적 혁명주의자들도 환경운동에 관심을 보이기 시작했으며, 스페인의 급진적 극우주의는 환경보호주의와 동물보호주의 단체를 조직하는 전문성을 지니게 되었다. 그리고 이러한 경험들이 다양한 성향의 운동 단체를 탄생시키는 계기를 마련했다. 예를 들면 1991년 프랑스 극우주의 내부에서 장 마리 르펜 반대자들을 규합하기 위해 ≪나쇼날리슴 에 레퓌블리크Nationalisme & République(민족주의와 공화제)≫라는 잡지가 창간되었다. 이 잡지는 좌익 국가주권주의자들과 환경보호주의자, 극우주의자들이 단결해야 한다고 호소했으며, 과격한 반미국주의 노선과 '반시온주의'를 강조했다. 또한 니키슈, 요키, 티리아르의 영향을 받아서 세워진 신유럽자유전선nouveau Front européen de libération의 실험적 시도에 참여하기도 했다. 하나의 조직망으로 연결되었던 유럽자유전선의 단체들은 스페인, 프랑스, 독일, 폴란드, 영국, 이탈리아에 환경보호주의 정당을 세우려는 계획을 세웠다.[174] 유럽스페인동지모임은 1987년에 유럽신질서를 통합하는 데는 성공했지만 1993년에 자동 해산되었다. 이 단체 회원들의 일부는 문화 투쟁으로, 일부는 민족민주주의(1995년 창설되었으며 이슬람 혐오주의, 대중주의, 스페인 민족주의를 표방한다) 안으로 흩어졌다.[175]

신나치주의자들은 그들의 전략에 따라 청년유럽이 당면한 문제에 관심을 보이기는 했지만 그들은 청년유럽과 다르게 티리아르가 주장했던 반국수주의적 혁명주의를 거부했다. 예를 들어 벨기에의 청년유럽은 유럽 중앙 지도부의 직접적인 통제를 받는 왈롱 지역과 플랑드르 지역을 기반으로 활동하는 단체였지만, 중앙 지도부의 기본 이념과 상반되는 목표를 추구했다. 즉 그들은 다양한 인종으로 이루어진 유럽이 아니라 통일되고 혁명주의에 부합하며 종교에서 해방된 하나의 국가로서의 유럽을 원했다. 그들이 추구하는 유럽은 출신에 상관없이 누구에게나 평등한 유럽이었다. 이러한 갈등으로 말미암아 1964년 8월에 르세르프는 티리아르의 정책을 거부하면서 청년유럽과 결별했다. 티리아르는 인종주의를 배제하고(티리아르는 당시까지 인종주의를 상당히 강조했었다) 드골Charles de Gaulle을 지지하기 시작했다. 그는 당시 드골을 러시아와 미국의 확장을 저지할 수 있는 지도자로 생각했으며, 프랑스의 '비토리오 에마누엘레 2세'로 여겼다. 티리아르는 프랑스를 '유럽의 피에몬테Piémont'•라고 생각했던 것이다. 이러한 의견 차이로 1964년 8월 르세르프는 청년유럽과 완전히 결별했다. 그가 주장한 프로파간다는 좀 더 급진적이었는데, 이는 나치의 선전지를 본떠서 만든 25개 조항의 전단지에 잘 드러나 있다. 그로부터 얼마 후 청년유럽의 회원 중 172명이 자진 사퇴하고, 일부는 축출되는 사태가 발생하면서 조직은 위기를 맞았다. 역사학자인 프랑시스 발라스Francis Balace에 따르면 1964년 말 벨기에에는 200명의 회원이 남아 있었다고 한다. 1965년 유럽 전체 청년유럽 회원은 5000명 정도였으나 경찰국 공안이 추정한 1966년 집계에 따르면 벨기에에 66명, 전체 유럽에 300명이 전부이다.[176]

청년유럽 학생 분과인 유럽학생총연합Fédération générale des étudiants européens은 르세르프에 합류했으며, 르세르프는 민족유럽전선Front national-européen(초기

• 이탈리아 북부의 변방 지역인 피에몬테(Piemonte) 출신인 비토리오 에마누엘레(Vittorio Emanuele)가 이탈리아의 왕으로 등극한 사실을 비유한 것이다.

명칭은 민족유럽노동자전선Front national-européen du travail)을 창립하고 ≪레볼루시옹 유로펜Révolution européenne(유럽 혁명)≫이라는 기간지를 발간하기 시작했다. 1964년 학생총연맹Fédération générale des étudiants을 창설한 프랑스 청년유럽의 학생 분과도 르세르프 조직에 합류했는데, 프랑스 학생 분과는 장 클로드 자카르가 지휘하고 있었다. 그러므로 프랑스 학생총연맹은 프랑스와 벨기에, 두 국가에 동시에 속하는 운동 단체라고 볼 수 있다. 르세르프의 저서들은 1941년 이후에 나타난 나치주의 이념에 동의한다. 르세르프에 따르면 소비에트연방의 주인이 유대인들인 것처럼 미국 자본주의도 유대인들에 의해 조종되고 있다. 그들의 궁극적인 목표는 전 세계적인 유대인 독재 권력을 세우는 것이며, 이 권력 체제는 아주 철저한 공산주의와 독점적인 자본주의 경제를 기반으로 한다. 그들은 백인이야말로 세계의 유일한 주인이며, 『1984』(조지 오웰의 소설)에서 묘사된 인종 교배 현상을, 모든 수단을 동원해서라도 막아낼 유일한 능력을 가진 인종이라고 주장한다. 또한 오로지 철저한 인종 분리와 유럽 지배권의 건설을 통해서만 유럽 시민들이 구원될 수 있다고 믿는다.[177] 프랑스 학생총연맹은 다른 극우주의자 단체들과 연합해 잠입 공작을 시도했다. 이 단체는 1965년 대통령 선거 준비 기간에 틱시에 비냥쿠르 위원회Comités Tixier-vignancour에 잠입하는 데 성공했다. 또한 민족학생연맹과의 굳건한 관계를 확보함으로써 도미니크 베네르(청년유럽 회원)로 하여금 인종 문제에 관련한 프로파간다 문서를 공동으로 작성하는 데 동의하게 했다.[178]

프랑스 학생총연맹은 이데올로기적으로 신나치주의와 비슷한 성향을 가지고 있었으며, 동시에 유럽민족주의 흐름에도 동참했다. 이는 그들이 민족주의자들의 근대화에 대한 우려에 동감했기 때문이며, 민족주의자들과 함께 근대화에 대항하는 수단을 강구하려고 머리를 맞댔기 때문이다. 이러한 이들의 전략은 한편으로는 대독 협력주의적 세계관을 계속 유지하려는 의도와 맞물려 있었지만, 다른 한편으로는 1960년대의 상황에 맞는 정치를 하고자 했던 욕구와 관련된다. 이를 위해서 프랑스 학생총연맹은 선전 활동에서 그들의 이데올로기를 희생할 각오가 되어 있었다. 40명의 회원도 확보하지 못한 이 단체는 일시적으로라도 신나치주의 단체인 유럽민족실천연합과 접촉했으며, 서방운동과 행동유럽의 해산(1968)으로 만들어진 '유럽사회주의자들'의 잔류자들과 겨우 관계를 유지했다. 그리고 이 모든 잔류자들로부터 유럽사회주의연합Rassemblement socialiste européen이 생성되었다.[179] 그 후 르세르프 단체의 운명은 뉴라이트의 역사와 분리해 생각할 수 없게 되었다.

1964년에 프랑스 청년유럽의 비분리주의자들은 유럽정치사회연구소Centre d'études politiques et sociales européennes: CEPSE를 세웠다. 제라르 보르드가 공식적인 지도자이긴 했지만 실제적으로 이 단체를 지배한 인물은 벨기에인인 장 판 덴 브록Jean Van den Broeck이다. 그리고 이 단체의 재정 담당 직원은 트랭키에Roger Trinquier 장군이 이끌었던 국가구조 개혁과 연구를 위한 연맹 소속이었는데, 이 연맹은 체제전복subverion과 대항 체제전복contre-subversion, 반체제전복antisubversion을 전문적으로 연구하던 단체였다. 이 연구소는 ≪라 나시옹 유로펜La Nation européenne(유럽 국가)≫이라는 기관지를 발행했는데, 이 잡지는 그때까지 발행되었던 모든 종류의 잡지들을 계승하면서도 철저히 유럽적인 성향을 가지고 있었다. 이 잡지의 발행인 중에는 이탈리아 출신인 클라우디오 무티Claudio Mutti도 포함되어 있었는데, 무티는 후에 극우주의의 핵심적 인물이 되었다. 이 잡지에서 유일하게 소속을 밝힌 단체는 유럽정치사회연구소뿐이다. 반면 청년유럽은 1965년 여름에 유럽공동체당Parti communautaire européen으로 탈바꿈했다. 이 새로운 꼭두각시는 '역사에 남는 정당'이 되고자 했는데, 이를 위해 이 정당을 토대로 하나의 국가를 설립하기 원했다. 유럽공동체당은 유럽 시민들만을 회원으로 받아들였으며, 언어권에 따라 그들을 조직했다(프랑스어권, 독일어권 등). 이 정당의 지도자는 장 티리아르였으며, 본인이 직접 정당 조직을 전적으로 주도했다.

판 덴 브록은 티리아르의 권위에 도전해 마지막으로 당에서 탈당한 인물이다. 그는 1965년 10월에 탈당하면서 그때까지 티리아르에게 충성을 바쳤던 프랑스 회원들 중 핵심 인물들을 설득해 유럽공동체노동조합Union des syndicats communautaires européens을 설립했다.[180]

이 조직은 유럽의 민족성을 강조했으며, 유럽대륙 밖의 기업들이 장악하고 있었던 기업들을 국유화해야 한다고 주장했다. 이 조직과 유럽사회주의연합은 1969년에 공동으로, 유럽전투Europe Combat라는 새로운 단체를 조직했다. 이 단체는 공개적으로 자신을 우익이라고 내세우면서, 파업에 참가하기도 하고 페론주의를 표방하기도 했다. 이 단체는 1969년 12월 그들의 소식지에서 좌익주의자들에 대해 다음과 같은 견해를 피력했다. "비록 우리(유럽의 사회주의자)는 좌익주의자들의 프롤레타리아 국제주의에 동의하지는 않지만, 그들과의 대결은 피할 것이다. 왜냐하면 그들은 전략적으로 볼 때 현 정권이 무너지는 마지막 순간까지 우리의 동지이기 때문이다."[181]

티리아르가 가장 고민했던 문제는 미국에 대한 문제였다. 티리아르가 보기에 미국은 경제적·정치적·전략적 측면에서 서유럽의 적임에 틀림없었다. 따라서 그는 백인 세계가 모두 결합해야 한다는 주장에 반대했다.[182] 오히려 그는 "미국의 제국주의에 대항하는 세계 전선을 구축해야 한다"라고 주장했다. 유럽공동체당은 체 게바라Che Guevara를 서슴지 않고 인용했으며, 하바나 통신의 글들을 소식지에 게재하기도 했다. 하지만 티리아르가 건설하고자 했던 것은 '마르크스주의'를 토대로 한 공동체가 아니라 '유럽민족 공동체'였다. 유럽민족주의자들은 모택동주의를 신봉하는 중국을 본보기로 미국에 저항하는 전략을 세울 수 있었다. 이러한 전략은 자주 언급되었듯이 좌익주의로의 전환도 아니었으며, 그렇다고 해서 모택동주의로의 전환도 아니었다. 그들의 전략은 티리아르가 발간한 일간지 앞면을 장식한 상징물을 통해서 정확하게 파악할 수 있다. 이 일간지에는

"유럽의 민족주의적 공산주의"라는 제목 아래 공산주의 깃발과 함께 그 뒤쪽에 켈트족 십자가가 분명히 그려져 있었다.[183]

비밀군사조직 활동 대원이었던 티리아르는 아랍·무슬림 세계와도 접촉하면서 활동 범위를 넓혀나갔다. 그는 이스라엘에 대항하며 유럽 내에 반아메리카 게릴라 조직을 세울 수 있는 국제 군사 조직을 세우기 원했다. 시리아 대사, 이라크 대사, 팔레스타인과 알제리의 지도자들은 돌아가면서 티리아르 중앙 조직에서 자신들의 의사를 표현했다.[184] 티리아르가 발행한 일간지는 시온주의를 나치주의와 동일시하는 문제를 집중적으로 다루었던 반면, 청년유럽은 시온주의만을 지지했다.[185] 일간지를 통해 유대인들이 서방세계를 지배하려 하고, 이스라엘을 통해 그들의 지배권을 전세계로 확장하려 한다고 주장했다. 이 일간지는 알제리에서 국가기관에 의해 직접 배포되기도 했다. 티리아르는 1968년 7월에 쿠데타를 일으킨 이라크의 새로운 대통령 아마드 알바크르Ahmad al-Bakr와 만났다. 그 후 티리아르는 레바논과 사회주의 아랍 연맹 대회가 열린 이집트도 방문했다. ≪라 나시옹 유로펜≫은 아랍 국가 연맹과 팔레스타인 해방기구Organisation de libération de la Palestine, 두 기구 모두의 광고를 싣기도 했다. 하지만 ≪라 나시옹 유로펜≫의 재정적 지원은 팔레스타인 해방기구가 전적으로 맡았던 듯하다. 왜냐하면 팔레스타인 해방기구의 수장이 아메드 슈케이리Ahmed Shukeiry에서 야세르 아라파트Yasser Arafat로 바뀌자 일간지와 조직 모두 사라져버렸기 때문이다.[186]

티리아르가 아랍 국가들과 상당히 긴밀한 교류를 한 사실 때문에 포르투갈 독재자 정보기관 문서는 티리아르 무리들을 "몇몇 아랍국가들의 비밀 정보기관과 협조하고 있다"라고 보고했다.[187] 이것이 과연 사실인지 여부를 가리는 것은 쉽지 않다. 왜냐하면 티리아르가 자신을 과대 포장한 선전에 불과할 수도 있기 때문이다. 실제로 티리아르는 다양한 인물들을 만났다고 스스로 자랑하고 다녔는데, 예를 들어 그는 부쿠레슈티에서 중국 정치가 저우언라이周恩來를 만났다고 주장하기도 했으며, 레나토 쿠르치오Renato Curcio가 이끄는 이탈리아 제3세계 마르크스·레닌주의 테러 조직의 선구적 역할을 했던 적색 군단을 조직하는 데 기여했다고 자랑하기도 했다.[188] 여하튼 티리아르의 후반기 진술은 증빙 자료가 부족하기 때문에 신빙성이 떨어진다. 1969년에 있었던 유럽공동체당의 해산은 상당한 혼란 속에서 진행되었다. 티리아르 신봉자에 따르면 이것은 "이탈리아 임페리아Imperia에서 열린 지도자 모임에서 조직원들을 대중조직(학생 운동에서 출발) 안에 침투시키자는 의견에 티리아르가 반대했기 때문"이었다고 한다. 이러한 침투 작전을 적극적으로 지지한 사람 중 한 사람이 그리스 군사 정권에서 돌아온 이탈리아 신나치주의자 프랑코 프레다Franco Freda(1941부터 현재까지 AR출판사 경영)였다. 프레다는 이 모임 이후 티리아르의 개인적 경험을 비판하기 시작했으며, '갈등의 전략'이라는 이데올로기를 퍼트리기 시작했다. 프레다의 이데올로기는 알프스 건너편 지역의 언론들에게 '나치·모택동주의'로 불렸다.[189]

반5월혁명의 확산

프랑코 프레다는 '체제'전복의 그날까지 반미국주의와 반시온주의 세력들을 하나로 연합해 테러를 시작해야 한다고 호소했는데, 그가 말하는 '체제'는 자유주의적 또는 사회주의적 형태에 속하는 자본주의 독재를 의미한다. 그의 최종 목적은 '유기체적 국가'를 세우고 '계급 질서'를 확립하는 것이었다. 이 같은 국가의 설립을 위해서는 1차적으로 파시스트 국가에 계속 남아 있던 자유주의 이념의 잔재가 제거되어야 하며, 이를 바탕으로 모든 반자본주의적 국가들이 연합해야 한다.[190] 이러한 원칙을 토대로 인민투쟁Lotta di Popolo이 설립되었는데, 이 조직은 청년조국, 신질서, 이탈리아사회운동, 전위학생운동Movimento Studentesco Operaio d'Avanguardia 등에서 활동했던 활동가들에 의해 세워졌다. 전위학생운동은 법학학생운동Movimento Studentesco di Giurisprudenza을 계승한 단체로, 법학학생운동은 세라피노 디 루이아Serafino di Luia(대항 전복 기술을 배우기 위해 그리스에 머물다가 귀국했다)에 의해 설립되었으며, 민족 선봉에서 분열되어 나온 조직이다. 1968년 5월 혁명이 일어나자 인민투쟁은 그들의 전략을 수정했는데, 이는 그들의 이데올로기적 입장을 모호하게 포장해 대중에게 더 쉽게 다가가기 위한 것이었다. 예를 들어 인민투쟁은 다음과 같은 상당히 선정적인 슬로건을 내걸었다. "프롤레타리아 파시스트 독재가여 영원하라!", "히틀러와 모택동은 전투를 통해서 하나가 되리라."[191] 뒤이어 프랑스에도 이탈리아의 인민투쟁을 모방한 인민투쟁Lutte du peuple이 설립되었고, 프랑스의 인민투쟁은 신파시스트주의 단체 신질서에서 추방당한 이브 바타유Yves Bataille가 주도했다. 각 단체들은 각국의 극좌주의 사상을 중심으로 이데올로기들을 뒤섞기 시작했다. 이탈리아 인민투쟁은 모택동주의를 차용했으며, 프랑스 인민투쟁은 트로츠키주의를 끌어들였다(하지만 그들은 조직원들에게 다음을 분명하게 말했다. "좌익주의적 개념을 사용하는 것을 두려워할 필요는 없다. 그 개념을 정확하게 사용하거나 그 의미를 완전히 변환시키면 아무 문제 없다").[192] 프랑스 인민투쟁은 문화적 제국주의에 의해 서방과 "유럽이 정신적으로 정치적으로 지배당하고 있다"라고 주장하면서, 이를 종결시킬 단 한 가지 방법은 "지배국가와 종속국가 사이의 계급투쟁"뿐이라고 주장했다. 이는 유대인이 주도하는 "제국주의(미국·소비에트연방·시온주의)에 대항하는 해방 전쟁"으로 해석되었다. 이들이 추구하는 해방은 "친러시아주의자들과 친미국주의자들의 공조를 제거하고 성숙한 사회주의를 토대로 한 새로운 문화 질서를 세우는 것"이었으며, 즉 "진정한 유럽의 사회주의를 확립하는 것"이었다.[193]

프랑코 프레다는 편집자로 활동하며 코드레아누나 뒤프라 같은 저자들을 이탈리아에 소개했다. 프레다가 퐁타나 광장 테러사건으로 감옥에 투옥되자 유럽의 급진적 극우주의자들은 그를 석방하기 위한 운동을 시작했고, 동시에 그가 쓴 글들도 유포했다.[194] 유럽혁명연락위원회Comité de liaison européen révolutionnaire를 중심으로 국제조직의 청사진이 그려졌으며, 프랑스 인민투쟁 활동가들은 이 위원회에 그들이 직접 이베리아반도로 잠입해 스페인 인민투쟁을 '비밀리에' 조직할 것이라고 공언했다. 또한 그들은 스페인 인민투쟁이 스페인 민족사회주의당Partido Español Nacional Socialista과 스페인사회운동Movimiento Social Español의 당원들을 중심으로 조직될 것이라고 내다보았다. 하지만 이 계획은 실패로 돌아갔다. 왜냐하면 스페인 활동가들은 이탈리아 민족전선의 '나치·파시스트들'(알프스 건너편 지역의 용어)과 협력하기를 원했기 때문이다.[195] 한편 유럽혁명연락위원회는 독일 지부의 도움을 받게 되었는데, 이 지부는 1974년 설립된 민족의 이익과 민족혁명 재건설Nationalrevolutionäre Aufbauorganisation-Sache des Volkes: NARO-SdV이었다. 독일 지부는 헤닝 아이히베르그Henning Eichberg(그는 오토 슈트라서가 이끄는 독일사회주의연맹Deutsche Soziale Union에서 1956년부터 활동했으며, 이 단체를 통해 유럽주의적이며 중립주의적인 관점을 습득하는 동시에 보수주의적 혁명을 발견했다)의 민중의 입장에 대한 성명서에 나타난 교조적 논지에 근거해서 450여 명의 조직원을 확보했다. 독일 조직은 극우주의적인 성향뿐만 아니라 극좌주의적 성향까지, 두 가지 성향을 동시에 취했으며, 반기독교주의를 노골적으로 표방하고, 1979년 이후부터는 환경운동으로 방향을 바꾸었다. NARO-SdV는 당시 히틀러주의를 반박하는 데 앞장섰던 에른스트 니키슈보다 한발 더 앞서 나가는 전략을 취했다. 예를 들어 NARO-SdV는 '독일 민중의 민족적·사회적 해방'에 대한 독일 공산당 선언문과 다음과 같은 레닌의 문구를 시대에 맞게 재구성했다. "민중의 이익을 국가의 이익에 맞추면 국가의 이익이 곧 민중의 이익이 될 것이다." 이 문구는 이미 바이마르공화국 시대의 민족주의적 볼셰비즘 운동 세력들이 자주 인용했던 문구이며, 그 후 유럽민족주의적 혁명주의 단체들의 주문처럼 되어버렸다. 벨기에의 몇몇 단체들은 독일 조직과의 직접적인 교류 없이 1970년대 후반까지 이러한 변화에 많은 영향을 받았다. 특히 신질서를 위한 정치연합 Association politique pour un ordre nouveau은 후에 사회주의대중운동 Mouvement socialiste populaire으로 전환되었다.[196]

신나치주의에 좌익주의적 요소를 첨가하려는 노력은 특히 프랑스의 유럽신질서에 의해 주도되었다. 이러한 노력을 바탕으로 민족주의유럽실천연대Fédération d'Action nationaliste-européenne가 설립되었다(이 단체는 세 단체의 연합으로 1966년에 설립되었다. 1966년에 설립된 서방운동, 드보트의 일간지 ≪유럽렐≫ 후원 위원회, 나치친위대 분대의 이름을 차용한 샤를마뉴동지회이다. 샤를마뉴동지회는 청년유럽의 분리주의자들 중 유럽사회주의적 성향을 가진 단체로, 르세르프와 티리아르뿐만 아니라 장 클로드 자카르의 영향을 받았다). 이들은 1968년에 사이비 좌익주의로 방향을 선회하면서 그들 중 일부가 68혁명 때 체포되었다고 주장하기도 했다. 하지만 경찰국은 이를 근거 없는 사실이라고 부인했다. 민족주의유럽실천연대는 이러한 지적을 개의치 않아 하면서 르네 비네와 체 게바라의 계승자들이 공동의 이익을 위해 서로 연합할 수 있다고 주장했다.[197] 결국 유럽신질서 프랑스 지부는 프랑수아 뒤프라가 유럽신질서에 드나들기 시작한 이후 그의 뒤를 따르게 되었다. 신질서의 이론가이고 국민전선의 핵심 인물이었던 뒤프라는 1973년에 두 조직으로부터 모두 퇴출당했다. 뒤프라는 유럽신질서에서 잠시 활동하다가 1974년 유럽실천청년회Jeunesses d'Action européenne와 함께 유럽신질서에서 탈퇴했다. 이는 1974년 대통령 선거에서 장 마리 르펜 후보를 후원하기 위해서였다. 그 후 뒤프라는 유럽실천청년회에 합류해 이 단체의 제2인자가 되었으며, 이 유럽실천청년회의 조직원들이 국민전선의 청년 분과를 구성하게 되었다. 그리고 민족주의유럽실천연대는 헝가리 망명자에게 속했던 출판 사업권을 뒤프라에게 위임했으며, 뒤프라는 이를 통해 프랑스

민족주의적 혁명주의 주간 잡지의 초판과 최종판을 인쇄하게 되었다. 이 잡지의 이름은 ≪레 까이에 유로페엥Les Cahiers européens(유럽 연구지)≫이다. 뒤프라는 신질서의 지정학적 이론을 재정립하기 위해 헝가리 화살십자당의 이념을 재도입했다. 뒤프라는 벨기에에서도 발간되었던 이 주간지를 중심으로 민족주의유럽실천연대를 토대로 한 민족주의적 혁명주의 단체들의 기반을 조직하기 시작했다. 이 단체에서 활동했던 인물들은 후에 국민전선National Front의 지도층과 선거 후보들이 되었으나 민족주의적 혁명주의 단체는 1978년 그들의 지도자가 살해된 후 완전히 해체되었다. 영국 국민전선의 재정적 도움으로 민족주의유럽실천연대는 그들의 선전 활동을 최대한으로 확장시켰다. 하지만 그들은 1980년 시온주의 조직원을 통해 파리 코페르닉 도로 테러(사망자 4명, 부상자 10명)를 주도했다고 거짓으로 자백함으로써 국가로부터 해산 명령을 받았고, 프랑스 정부는 서류상 문제로 인해 소송을 두 번이나 반복해야 했다.[198]

이와 같은 사건은 프랑스 신나치주의자들이 그 당시 유럽에서 발생한 테러들과 무관하지 않았다는 것을 증명한다(특히 신나치주의자들은 프랑스에서 상당히 활발하게 활동했다). 민족주의유럽실천연대와 1980년 볼로냐 대학살의 주동자들이 서로 협조했다는 사실이 확인되었고, 그들이 독일 신나치주의 테러리스트들의 은신처를 제공했으며, 민족주의유럽실천연대의 조직원들과 독일 극우 단체인 호프만조직Groupe Hoffmann이 긴밀히 협력했다는 것도 입증되었다. 호프만조직은 라인강 너머의 신나치주의 테러 조직으로 잠시 동안 파타와 관계를 가지기도 했던 조직이다.[199] 민족주의유럽실천연대는 신나치주의를 전 유럽대륙을 통해 정치화, 행동화하려고 노력했으나 이러한 노력은 결국 실패로 돌아갔다(1980년 파리에서 '최초의 유럽 파시스트 회의'가 열렸는데, 이 회의에는 왈롱, 플랑드르, 오스트리아, 독일, 스위스의 신나치주의자들이 참석했다).[200]

민족주의를 국제화하려는 노력이 결코 쉽지 않다는 사실이 역사를 통해 확인되었다. 따라서 통일된 조직을 설립하려는 의도 없이 유럽 내 활동가들의 모임이 주선되기도 했다. 1972년 뮌헨에서 전쟁 이후 처음으로 대규모 신파시스트들의 모임이 열렸다. 이 대회에는 1200명이 참석했는데, 독일 대표로 독일국가민주당과 ≪나치온 오이로파≫을 비롯한 몇몇 잡지가 참여했고, 오스트리아 대표로는 오스트리아 국가민주당과 몇몇 단체가, 이탈리아에서는 신질서와 민족전선이 참여했다. 벨기에에서는 플랑드르행동조직Vlaamse Militanten Organisatie과 베러 디Were di가 참여했고, 영국에서는 연합운동이, 프랑스에서는 신질서가 참석했다. 이들 중 국제적인 조직은 세계민족사회주의연맹 하나뿐이었다. 1973년 벨기에 안트베르펜에서 열린 회의에는 플랑드르행동조직, 독일의 신우익행동Aktion Neue Rechte, 이탈리아사회운동, 오스트리아 국가민주당이 참석했고, 프랑스에서는 금방 해산된 신질서의 조직원들, 민족주의유럽실천연대, 유럽전투Combat européen의 회원들이 참석했다.[201] 이렇게 국제적인 조직망을 구체화하려는 노력은 티리아르가 종종 '국제 우체통'이라며 비웃었던 상황을 그대로 반영한다. 1980년에 조직되었던 민족주의적 혁명주의 국제조직이 바로 그 예이다. 1987년 4월 3일, 파리에서 프랑스 제3의 길Troisième Voie의 주도로 유럽민족주의자 협력체제가 설립되었다. 이 협력체제에 프랑스 국민전선, 스페인의 자치기지Basas Autonomas와 국가조합주의 운동연합 스페인 팔랑헤당Falange Española de las JONS, 벨기에의 신세력당Parti des Forces Nouvelles, 포르투갈의 민족행동운동Movimiento de Accao Nacional 등이 참여했다. 이들의 이념을 대표하는 이데올로기를 담은 선언문은 제3의 길이 주도해 작성했는데, 제3의 길은 1986년 초에 단체의 강령인 유럽 민족 선언문을 공개하면서 여러 단체들로부터 인정받았다(스페인 팔랑헤당이 제일 먼저 인정했다). 1987년 모임 이후에는 이탈리아의 제3의 길Terza Posizione과 스위스의 제3의 길Troisième Voie이 합류했다.[202] 그러나 제3의 길은 독일에서 고전을 면치 못했는데, 이는 독일의 독일국가민주당과 교류하는 데 실패했기 때문이다. 독일국가민주당은 제3의 길 이데올로기가 당의 이념과 맞지 않다고 보아, 제3의 길과 협력할 의사가 전혀 없었다.[203]

제3의 길 조직의 존재 자체가 매우 불안정하긴 했지만 그렇다고 해서 아무런 관심을 끌지 못한 것은 아니다. 우리는 제3의 길 설립 당시, 그들이 전개한 프로파간다 캠페인을 통해서 그들이 부각시켰던 이슈들에 주목해야 한다. 그 당시의 정황으로 인해 제3의 길은 이민정책 반대를 그들의 주요 정책으로 부각시켰는데, 이는 이러한 문제에 한해서 국민전선보다 더 유리한 위치를 차지하기 위한 전략이었다.[204] 그들은 한 아랍인이 전통의상을 걸치고 어깨에 보따리를 멘 이미지에 "여행 잘하게나, 내 친구!"라고 쓰인 스티커를 제작했다. 이러한 익살스러운 스티커를 통해 제3의 길은 인종 간의 차이를 부각시키고, 정치적 인종차별주의를 이슈화했다. 이 스티커는 조직원들 사이에서 인기가 너무 좋아서 불티나게 팔려나갔다. 이 스티커는 프랑스에서 계속 생산되었으며, 특히 급진적 연합체들 사이에서 엄청난 인기를 누렸다. 이러한 캠페인이 프랑스에서 성공하자 다른 유럽 국가의 단체들도 자극을 받아 비슷한 종류의 스티커를 제작하기 시작했다. 예를 들어 제3의 길로부터 영향을 받은 벨기에 신세력당은 스티커 제작과 함께 "우리는 그들을 본국으로 돌려보낼 것이다"라는 포스터를 제작했는데, 이러한 인종차별주의적 선전 활동 때문에 고소를 당하기도 했다. 고소당한 벨기에 신세력당은 제3의 길 지도부에게 다음과 같은 메시지를 전달했다. "우리는 우리를 방어하기 위해 똑같은 죄목으로 고소된 당신들이 어떤 판결을 받았는지 알았으면 좋겠습니다."[205]

파시즘을 개선하려는 움직임은 확실히 있었다. 하지만 파시즘을 초국가적인 개념으로 승화하고 사회화하려는 노력은 결국 수포로 돌아갔다. 그렇다고 이러한 노력들이 아무런 의미가 없었다고는 말할 수 없다. 왜냐하면 이러한 혁신을 위한 노력들이 포퓰리스트적·신우익주의적 흐름에 영향을 미쳤기 때문이다. 신파시스트들의 행동 양식은 조직 구성 면에서,

그리고 이데올로기나 인적 자본을 개편하는 문제에서 상당히 우유부단한 모습을 보였다. 신파시스트들의 결정적 실수는 그들의 '공통점'을 찾아내지 못한 것과 단체들 사이의 교류의 중요성을 인식하지 못했다는 데 있다. 국제화는 실천적인 면과 이론적인 면에서 동시에 이루어져야 한다. 다시 말해서 정치적 양식을 구성하는 모든 내용들은 교환 가능한 상징들로 이루어져야 한다. 여러 가지 이름으로 불리는 이념, 로고, 슬로건 등이 정치 기호학 시장에 상품으로 진열되어 있으며, 이 시장이야말로 정보 제공과 정보의 자유로운 교환을 보장하는 이상향의 토대였다. 대중화와 계급주의를 강조한 파시즘이 산업사회의 산물이라면 신파시즘은 포스트모던주의 사회의 문제로 인해 생겨난 이념운동이라고 볼 수 있다. 그러므로 신파시스트주의 운동 단체들의 국제화 실패는 다른 관점에서 분석되어야 한다. 국제화 모델이 산업화 시대에 정치적으로 합당한 모델이었다면(스탈린의 경우를 참조하라), 이 모델의 효율성은 산업화 시대 이후에 더 이상 적용될 수 없기 때문이다. 즉 20세기 후반에는 상징들과 방법론, 전문용어들과 아이디어들이 교환되는 조직망이 전혀 다른 방식으로 작용한다는 점을 분명히 해야 한다. 결국 신파시즘은 그들의 의도와는 다르게 조잡한 형이상학으로 치부되고 있으며, 특히 그들의 핵심 이데올로기인 백인 우월주의는 조잡함의 정도가 심하다고 볼 수 있다.

3장

백인 파워

백인들의 이슈를 공동으로 표출하는 국제조직이 제대로 기능을 발휘하려면, 우선 다른 단체들과 마찬가지로 그에 맞는 적절한 형태가 갖추어져야 한다. 영국의 파시즘 연구자인 로저 그리핀은 세계민족사회주의연맹을 '세계적 나치주의' 단체로 분류했는데, 이 단체는 이제까지의 이념 단체들과는 다른 새로운 형태의 단체이다. 세계민족사회주의연맹은 1962년 여름에 영국에서 설립되었는데, 이는 조지 링컨 록웰George Lincoln Rockwell(미국나치당American Nazi party)과 콜린 조던Colin Jordan(영국민족사회주의운동British National Socialist Movement)의 공조로 이루어졌다. 이 단체의 설립 강령은 종교적 신앙 고백서의 형태를 띠며, 7가지 원칙으로 구성되어 있다. "인종 투쟁, 개별 사회의 유기체적 특성, 영원한 자연의 법칙 존중, 생명을 위한 투쟁, 황금만능주의 거부, 개인의 개성에 대한 보장"과 다음에 대한 믿음이 7가지 원칙에 속한다. "히틀러는 시온주의·볼셰비즘주의로 인해 종말의 위기에 처한 지구를 구원하기 위해 보내진 절대 구세주의 선물이었다."[206]

대서양을 횡단하는 분파주의

세계민족사회주의연맹의 지도 세력 중 한 사람에 속하는 이브 잔Yves Jeanne은 왕정주의자였으며, 프랑스대중당 멤버이자 나치 무장친위대 징병 담당관이었다. 또한 주간지 ≪리바롤≫의 알제리 대표였고, 정기간행물 ≪데팡스 드 록시당Défense de l'Occident(서방세계 방어)≫의 발행자였으며, 유럽사회주의운동의 책임자였다. 세계민족사회주의연맹의 성향은 다음과 같은 사실을 통해서 단숨에 파악할 수 있다. 이브 잔은 나치 돌격대의 단검에 손을 얹고 세계민족사회주의연맹의 3대 대표였던 콜린 조던에게 충성을 맹세했다.[207] 이 단체는 유럽에서는 국수주의적 성향을 가진 일종의 분파에 지나지 않았지만, 남아메리카, 특히 아르헨티나와 칠레에서는 큰 성공을 거두었다. 콜린 조던이 디자이너 크리스티앙 디오르Christian Dior의 조카와 결혼한 사실 때문에 이 단체는 여론의 주목을 받았으며, 그의 부인 프랑수아즈 디오르Françoise Dior는 만자형 십자가 목걸이를 공개적으로 서슴지 않고 착용하고 다녔다. 하지만 1964년 5월 프랑스 경찰이 세계민족사회주의연맹의 서유럽연합(1963년 9월 설립)을 해산했을 때, 이 조직의 인원은 겨우 50여 명이었고, 이들은 주로 소외 계층에 속한 사람들이었다.[208] 이 단체가 해산될 때까지 세계민족사회주의연맹은 정치적으로 별로 두각을 나타내지 않았다. 그 후 장 클로드 모네Jean-Claude Monnet는 그의 조직인 프랑스바이킹조직Organisation des Vikings de France을 민족사회주의 프롤레타리아당Parti prolétarien national-socialiste으로 전환하면서, 스스로 세계민족사회주의연맹의 지도자를 자처했다. 프랑스바이킹조직의 기관지인 ≪르 바이킹Le Viking≫은 소비에트연방의 '러시아·아리안주의'를 극찬하면서 '아리아 세계 국가'로 귀착될 '민족 국가 연합'의 설립을 주장했다. 1969년 민족사회주의 프롤레타리아당은 브릴공동체Grande Loge Du Vril로 대체되었는데, 이 명칭은 나치 신비주의 이론에서 따온 것이다.[209] 프랑스 세계민족사회주의연맹의 잔존자들은 이후 신유럽질서로 옮겨 갔다.

1967년 미국나치당의 당수인 조지 링컨 록웰이 그의 당원에 의해 살해되자, 맷 콜Matt Koehl이 세계민족사회주의연맹을 맡게 되었다. 히틀러와 비슷한 외모를 지닌 맷 콜은 나치주의를 종교화하는 이념(비교주의적 나치주의 개념들은 프랑스인 사비트리 데비Savitri Devi, 칠레인 미겔 세라노, 네덜란드인 플로렌틴 로스트 판 토닝언Florentine Rost Van Tonningen의 영향을 받았다)을 신봉하던 사람이었다. 그의 이 같은 성향으로 인해 조직 안에 갈등이 야기되었는데, 왜냐하면 조직의 사무총장인 포울 헤인리히 리스 크누센Poul Heinrich Riis-Knudsen(덴마크 민족사회주의운동 대표)은 콜처럼 나치 신비주의를 신봉하지 않았기 때문이다. 대서양을 가운데 두고 상반되는 두 경향이 발전하게 된 것이다. 미국에서 엄청난 수의 '종교의식적' 성향을 가진 신나치주의가 성행한 반면, 이러한 성향은 유럽 사회에서 외면당했다. 예를 들면 우크라이나 출신의 베른하르트 클라센Bernhardt Klassen에 의해 1973년 미국에 세워진 창조자세계교회Église mondiale du Créateur는 1989년이 되어서야 스웨덴에 발을 들여놓을 수 있었으며, 프랑스에서의 활동은 2001년에야 겨우 시작할 수 있었다. 그들의 '경전'은 제칠일안식교의 교리를 신나치주의로 패러디한 것이다('안전 군단' 조직, '거룩한 인종 전쟁RAHOWA; racial holy war'을 외치는 나치 인사 등).[210] 종교 숭배에 가까운 이러한 나치주의는 세속화가 진행된 유럽 사회에서 거의 호응을 불러일으키지 못했다. 게다가 이 문제 때문에 세계민족사회주의연맹 내부에서 갈등이 일어났으며, 이로 인해 콜린 조던이 다시 당수에 오르게 되었다. 콜린 조던이야말로 대서양을 사이에 둔 두 대륙의 갈등을 자연스럽게 화해시킬 수 있는 인물이라고 생각되었기 때문이다.

그런데 이러한 상황 속에서 '세계적 나치주의'는 독일민족사회주의노동당 해외지부Nationalsozialistische Deutsche Arbeiterpartei-Auslands-Organisation: NSDAP-AO의 설립자인 게리 렉스 로크Gary Rex Lauck(1953)의 주목을 받게 된다. 로크는 아주 철저한 기업가적 자질을 가지고 있었고, 광신적 종교 집단의 전형적인 지도자 타입이었다. NSDAP-AO는 나치의 프로파간다를 12개국의 언어로 번역해 수출하는 회사였는데〔책, 포스터, 군사 기념물, 잡지 ≪NS-캄프루프NS-Kampfruf(투쟁의 외침)≫와 ≪더 뉴 오더The New Order≫ 등〕 특히 급진주의적 나치 서적들을 주로 출판했다. 이러한 서적들은 유럽에서는 판매 금지 처분을 당했으나, 미국에서는 표현의 자유에 대한 보장 때문에 판매가 가능했다. 그리고 그들이 운영하는 웹 사이트는 신나치주의의 성지가 되었다.

2009년에 조던이 사망하고 제프 슈엡Jeff Schoepp(미국민족사회주의운동American National Socialist Movement)이 세계민족사회주의연맹의 재정비를 맡게 되었다. 슈엡은 특히 젊은 스킨헤드를 끌어들이기 위해 세계민족사회주의연맹의 사업 방향을 조정했는데, 인터넷을 통해 '백인 파워White Power' 음악을 제공하고, 비디오 게임과 옷을 판매하는 사업을 신설했다. 현재 세계민족사회주의연맹은 인터넷으로만 활동하고 있으며, 때때로 상당한 양의 정보와 이론을 인터넷을 통해 제공하고 있다(스페인과 프랑스가 이 경우에 해당한다). 즉 세계민족사회주의연맹은 더 이상 지역적 본부를 중심으로 활동하지 않는다. 세계민족사회주의연맹에 속하는 지부 중 가장 중요한 지부는 러시아민족연합, 영국노동당British People's Party(이 당은 2013년 영국 국민전선 때문에 해체되었다), 이탈리아의 파시즘과 자유Fascismo e Libertà 등이다. 이탈리아의 파시즘과 자유는 이탈리아사회운동의 의원이었던 조르조 피사노Giorgio Pisano에 의해 설립되었으며, 이탈리아 사회공화국을 모델로 삼아 세워진 단체이다. 하지만 세계민족사회주의연맹은 NSDAP-AO와 그의 지류들처럼 여론의 주목을 거의 받지 못했으며, '이국적 나치즘' 현상에서 벗어나지 못했다. 이들은 대개 손으로 셀 수 있을 정도의 회원을 가진 소규모 그룹들이며 전 세계에 퍼져 활동하고 있다. 이들은 자국의 인종주의적·민족주의적 단체들과 나치 이데올로기 사이를 왔다 갔다 하며 깜짝 효과를 노리는 단체들이다. 세계민족사회주의연맹은 이란과 일본에도 지부를 두고 있으며, 브라질에서는 나치당으로 활동하고 있는데, 이들은 모두 비슷한 특징을 가지고 있다. 그들이 표방하는 신나치주의는 정치적인 현상이라기보다 문화적인 현상에 불과하다. 문화 현상으로서의 신나치주의는 일부 청년들의 자기표현 방식으로서 모두가 수긍하는 행동 양식을 거부하고 사회에서 가장 금기시되는 이데올로기를 단순히 모방하는 현상으로 나타나고 있다.[211] 문화 현상으로서의 신나치주의는 취약점이 많긴 하지만 장점도 가지고 있다. 조직원의 차원에서 세계적 나치주의 이데올로기는 공동의 프로파간다 활동과 인터넷을 통해 상호 간의 교류를 가능하게 한다. 예를 들어 1983년 초에 "니제르 정부가 외국인 추방을 명령하자 이를 선전하는 전단지가 유럽에 동시다발적으로 뿌려졌는데(특히 런던, 쾰른, 베른, 마드리드, 밀라노, 푸아티에 등)"[212] 이는 일개 조직이 주도한 행위가 아니었다. 바로 이러한 사실을 통해 우리는 신나치주의가 일반적인 조직의 구조나 조직원과 조직의 관계를 넘어서 상당히 시대 상황에 맞는 조직을 운영하고 있음을 확인할 수 있다.

한편 일부 청년들의 문화적 현상으로서의 신나치주의는 1960년대 이후부터 청년 '운동'이 활발하게 일어나면서 서구 사회에 뿌리를 내리기 시작했는데, 이 청년 운동은 '문화적' 운동의 성격을 강하게 가지고 있었으며, 결코 이데올로기적 '당파' 운동은 아니라고 볼 수 있다. 유럽 신나치주의자들에 대한 앵글로·색슨 지역의 영향은 이러한 면에서 상당히 중요한 의미를 지닌다. 즉 히틀러의 계급적 인종주의가 백인 우월주의로 대체된 것이다. 그리고 앵글로·색슨 지역의 신나치주의자들이 사용하는 선전 수단은 이념을 통해서라기보다 슬로건을 통해서 확산되었다. 흑인 운동의 '흑색 파워'에 대응해서 조지 링컨 록웰은 '백색 파워'라는 슬로건을 내세웠다. 이들의 핵심 주장은 백인과 다른 인종의 거주 지역을 영토상으로 확실히 구분하자는 것이었다. 백인들이 어떤 면에서 유전적·문화적으로 우등한지는 논쟁거리가 되지 않으며, 백인만을 위한 정치가 필요하다고 주장하고 있다. 이 부분에서 가장 명심해야 할 사항은 남아프리카의 아파르트헤이트 정책과 같이 유대인을 백인종에서 제외시키는 것이다. 재러드 테일러Jared Taylor가 일으킨 미국부흥운동American Renaissance은 이러한 이념에 반대한 몇 안 되는 운동 단체 중 하나이다. 테일러가 1년에 한 번씩 열었던 컨퍼런스에는 브뤼노 골니시Bruno Gollnisch(프랑스 국민전선), 닉 그리핀Nick Griffin(영국의 브리튼국민당), 또는 홀로코스트 부정자인 캐나다인 프레더릭 폴 프롬Frederick Paul Fromm 등이 참석했다. 테일러는 프랑스 뉴라이트 수필가인 기욤 파예Guillaume Faye의 의견에 동의한다고 공개적으로 떠들고 다녔는데, 파예는 그의 저서를 통해 극우주의자 진영에서 상당한 논쟁을 불러일으킨 인물이다. 파예와 테일러는 이슬람을 향한 인종 전쟁을 즉각적으로 개시하기 위해 유대인들과 전략적으로 연맹을 맺어야 한다고 주장했다.[213] '백인 파워' 이념은 스킨헤드의 사회적·문화적 현상의 토대가 되었으며, 동시에 이 이념을 통해서 단체들이 생겨나기도 했다.

극우주의의 스킨헤드

스킨헤드 운동은 1960년대 말 영국 노동자들이 거주하는 변두리 지역에서 처음 일어났다. 이 운동은 후기 산업주의 시대의 유일한 프롤레타리아 극우주의 운동이었으며, 기업적인 수단(음반 제작, 인터넷 확산)과 비영리적인 수단(스킨헤드 멤버들을 위한 잡지인 ≪스킨진스skinzines≫)을 동시에 이용하는 보기 드문 전략을 취했다. 스킨헤드 운동은 후기 산업주의 사회의 특징과 폭력이 일상화되는 전형적인 운동에 속한다. 영국 변두리 지역의 극우주의자들은 좌파들의 표현을 빌리지 않고 자신들만의 힘으로 사회문제를 이슈화하는 운동을 일으키기 시작했고, 스킨헤드의 옷차림은 스스로를 주변화하는 소외 집단의 상징이 되었다. 그들의 옷차림은 계속해서 급진적 좌파들에게까지 번져나갔고, 결국에 물질만능주의 사회에서 탈정치화의 상징이 되어버렸다. 초기 스킨헤드는 1960년대 청년 문화 속에서 발생했다. 그들의 문화는 비정치적이고, 블루스 리듬과 소울 음악에 열광하며, 백미러를 장착한 베스파Vespa 스쿠터로 대변되었다. 그들은 여가활동이 증가되는 사회 환경 속에서 노동자 계층의 특수한 문화를 자랑스럽게 여겼다. 파키스탄 이민자들을 향해 주먹을 휘두르기도 했지만, 그것은 깡패집단들끼리의 싸움이었을 뿐이며 결코 정치적인 성향을 가진 것은 아니었다. 그들이 축구 경기장에서 부린 난동은 그저 영국 하층 노동자계급의 전통과 비슷한 것일 뿐이었다. 영국의 축구장 난동은 1950년대부터 과격화되기 시작했고, 그 기원은 20세기 초까지 거슬러 올라간다. 스킨헤드 운동은 몇 년 동안 활동이 잠잠하다가 1977년에 새로운 국면을 맞이하게 되었는데, 바로 펑크족이 등장하면서부터이다. 왜냐하면 펑크족 멤버 몇몇이 펑크 록street-punk을 급진화하면서 그들의 폭력성을 극대화할 수 있는 도구를 스킨헤드 안에서 얻었기 때문이다.[214]

또한 이 시기는 팝 문화의 급진화가 시작되었던 시기이기도 하다. 이탈리아의 신파시스트주의 그룹인 야누스Janus는 1970년대부터 전투적인 하드록을 연주했다. 록 음악은 백인 문화와 동일시되었으며 음악적 장르 이상으로 민족혁명주의적 문화의 일부로 간주되었다. 하드 록 문화를 대표하는 핵심적 상징은 자크 마르샬Jack Marchal이 우익단체연합Groupe Union Droit을 설립하기 위해 1970년에 그린 만화 〈곰쥐rat noir〉의 주인공이다. 유럽 여러 국가의 청년 신파시스트들은 여전히 〈곰쥐〉의 주인공 캐릭터를 사용하고 있다. 야누스 앨범을 제작한 후에 자크 마르샬은 스스로 음악을 제작하기로 결심하고, 동료들과 함께 〈과학과 폭력Science & Violence〉(1979)이라는 앨범을 발표했다. 한편 독일에서는 독일국가민주당 소속의 학생들이 1977년에 최초의 독일 록그룹을 결성했다. 이러한 움직임 가운데 국민전선은 선거에서 실패를 거듭하자 록 음악에 관심 갖기 시작했고, 동시에 훌리건들에게도 관심을 보였다.

스킨헤드는 고유한 음악 장르를 발전시켰다〔펑크의 변형인 'Oï(오이)!'; 이 명칭은 'Hey, you!'를 런던 속어 식으로 발음해 축약해서 만든 말이다〕. 1982년에 반파시즘 록 운동에 대한 일종의 반응으로 등장한 그룹 록 어게인스트 코뮤니즘Rock Against Communism: RAC은 스킨헤드 멤버들 사이에서 영국 국민전선의 중개자 역할을 했다. 그룹 RAC는 오이 계열에 속하는 밴드 스크루드라이버Skrewdriver의 리더인 이언 스튜어트 도널드슨Ian Stuart Donaldson(1957~1993)에 의해 조직되었다. 도널드슨과 스크루드라이버는 유럽 스킨헤드 사이에 전설적 영웅으로 간주된다. 이 그룹은 영국 국민전선이 설립한 백인소음클럽White Noise Club에서 분열되어 나왔는데, 이는 1987년에 나치 문구를 사용했던 피와 명예Blood and Honour 조직을 세우기 위해서였다. 피와 명예 소속 단체들은 콤플렉스에서 벗어난 인종주의와 신나치주의를 공개적으로 지지했지만, 정치적 투쟁보다는 자신들의 콘서트에 대한 비평에 더 관심을 보였다. 그들은 심지어 기자들로 하여금 자신들에 대한 평을 쓰도록 강요하기도 했다(예를 들면 그들은 2003년 베르사유에서 열린 '일체감 축제Fête de l'identité'를 관람하고 나오는 기자 두 명을 공격했다). 2007년 알랭 소랄Alain Soral의 권유로 프랑스 국민전선은 그들의 포스터에 피어싱을 한 북아프리카 출신의 이민자 소녀 이미지를 삽입했는데, 이 포스터 때문에 프랑스 피와 명예 조직은 선거에 참여하는 모든 형태의 민족주의 단체를 불신하기 시작했다.[215] 피와 명예 조직은 스킨헤드들을 연합해야 한다고 주장했으며, 국제적인 성격을 갖는 '전투 18Combat 18'과 매우 유사한 성향을 가지고 있었다. '전투 18'로 스킨헤드의 성향을 파악할 수 있는데, 그들이 사용하는 해골 모양은 강제수용소 담당인 나치친위대의 상징이며 숫자 '18'은 첫 번째와 여덟 번째 알파벳인 'AH', 즉 '아돌프 히틀러Adolf Hitler'를 상징한다. 피와 명예는 국제 운동조직은 아니지만 각 단체가 자주권을 가진 체인점 형태로 운영되고 있었다.[216] 또 하나의 국제조직이 1986년에 미국 댈러스에서 설립되었는데, 해머스킨국가Hammerskins Nation라고 불리는 이 단체는 스킨헤드 운동을 세계적으로 연합하는 데 주력했다.[217]

스킨헤드 운동에 사회적·정치적 성향이 부가된 것은 프롤레타리아계급이 와해되기 시작하면서부터이다. 그런데 프롤레타리아계급의 와해가 국경의 소멸과 동시에 진행되었기 때문에 스킨헤드 운동은 아무런 저항 없이 다른 국가들로 확산되었다. 스킨헤드 운동이 급진적 극우주의 성향을 가지게 된 것은 1983~1986년이다. 스킨헤드의 급진화는 유럽의 주요 국가들인 프랑스, 그리스, 헝가리 등에서 진행되었으며 얼마 후 1989년에는 동유럽 국가들인 체코공화국, 루마니아 등으로 번져나갔다.[218] 자본주의가 전 세계로 확산되면서 스킨헤드 운동은 특히 유럽대륙의 동쪽 지역에서 확장되었다. 슬로바키아의 정치 운동 단체인 신자유슬로바키아Nov

Slobodne Slovensko와 슬로바키아형제애Slovensk Postpolitost가 스킨헤드 운동에 많은 영향을 받았으며, 스킨헤드 운동은 때때로 집시들을 배척하는 태도를 보이기도 했다(1993년 이후 체코공화국의 보헤미아해머스킨Bohemia Hammerskins은 반집시 폭력 운동에 전념하고 있다).[219] 발트해 연안 국가의 스킨헤드 운동은 1980년대부터 시작되었는데, 이는 러시아에 대항하는 애국주의 때문이다. 러시아 스킨헤드는 1996년경에 모습을 드러냈으며, 그들은 독립 운동 단체들이거나 피와 명예, 해머스킨의 지부들이었다. 러시아 스킨헤드는 정체가 불분명한 러시아 민족주의자들뿐만 아니라 독일과 미국 민족주의자들의 주목을 받았는데, 왜냐하면 그들이 이제까지 활동했던 스킨헤드와는 전혀 다른 규모로 발전했기 때문이다. 러시아 스킨헤드는 약 5만 명의 회원을 확보했으며, 2006년에 있었던 반체첸공화국 폭동에 2000명의 폭도들을 동원하는 위력을 과시하기도 했다(여론과 공권력은 이러한 '폭발적인 반응'에 강력하게 대응했다).[220]

정치에 전혀 관심이 없었던 스킨헤드들과 좌익적 성향을 지니고 있던 스킨헤드들은 극우주의자들을 스킨헤드라고 지칭하는 것에 반대했다. 그들은 극우주의자들을 "멍청이"라고 비웃으면서 '스킨헤드'는 자신들만이 사용할 수 있는 명칭이라고 주장했다. 반대로 극우주의 스킨헤드들은 스킨헤드들의 이러한 태도를 비웃었다. 영국 스킨헤드 단체인 피와 명예의 지도자였던 이안 스튜어트Ian Stuart는 "스킨헤드가 된다는 것은 곧바로 국가사회주의자가 되는 것이다"라고 주장하면서 스킨헤드에 대한 정의를 분명히 했다. 반면 이탈리아 스킨헤드 단체인 '녹색·백색·적색Verde Bianco Rosso'은 "무솔리니가 최초의 스킨헤드"라고 주장하기도 했다.[221] 극우주의 스킨헤드 청년단체들은 자율성을 확보하기 위해 독립 단체를 조직하기 시작했고, 1986년 브레스트Brest 군사기지의 노동자였던 가엘 보딜리Gaël Bodilis는 신나치주의 성향을 띠는 유럽의 저항자Rebelles européens라는 음반회사를 만들었다. 이 회사는 곧바로 유럽 극우주의 스킨헤드 음악을 대표하는 두 번째 음반 회사가 되었다. 보딜리는 프랑스 국민전선 청년 단체와 신파시스트 단체인 제3의 길에서 활동을 했으며, 프랑스유럽민족당Parti nationaliste français et européen과 접촉했다(보딜리는 해골을 로고로 사용하기 시작했다). 그는 현 정치 상황에서 스킨헤드 운동이 자리를 잡는 데 많은 어려움이 있다는 것을 주지한 사람이었고,[222] 그의 상업적 전략은 상당히 고차원적이었다. 스웨덴에 백인 파워 록이 소개되자마자 울티마 툴레Ultima Thulé라는 그룹이 1993년 음악차트에서 1위를 차지했다. 프랑스에서 유일하게 조직력을 갖춘 스킨헤드는 일명 '뱃스킨Batskin'으로 불리는 세르주 아유브Serge Ayoub(프롤레타리아 출신은 아니다)가 이끄는 국가혁명주의청년Jeunesses nationalistes-révolutionnaires뿐이었다. 이 단체는 1987년에 설립되었으며 음반 회사 유럽의 저항자와 RAC 에빌스킨RAC Evilskins과도 접촉했다. 또한 민족혁명주의 운동 단체인 제3의 길과 1983년에 창립된 프랑스민족당과도 왕래가 있었다. 프랑스민족당은 무장친위대에서 활동했던 피에르 부스케와 장 카스트리요Jean Castrillo의 주도 아래 1980년에 국민전선과 분열되면서 창설된 단체이다(장 마리 르펜이 유대인의 손에 놀아나고 있다는 이유가 한몫했다).[223]

세르주 아유브는 산만한 조직의 질서를 바로잡는 능력을 보여주었을 뿐만 아니라, 여론도 능통하게 다루었기 때문에 한동안 대중 여론의 주목을 많이 받았다. 그는 스킨헤드와 나치당 돌격대의 유사성을 강조함으로써 기존의 역사적·정치적 관점에 도전하는 새로운 논쟁거리를 제공했다. 또한 그가 이끄는 국가혁명주의청년은 그라쿠스 바뵈프Gracchus Babeuf가 발족한 평등사회Société des égaux(프랑스혁명 당시 활동했던 공산주의 지향 단체)를 모델로 삼고 있다고 주장하기도 했는데, 평등사회는 카를 마르크스가 최초의 공산당이라고 평가한 단체이다. 국가혁명주의청년은 국민전선의 보안 업무를 맡기도 했으며, 국민전선은 1995년 시의회 선거에서 세르주 아유브에게 제1후보 자리를 제안하기도 했다. 아유브는 이 제안을 거절했는데, 이는 국민전선이 5월 1일 행진 중에 브라힘 부아람Brahim Bouarram을 살해한 스킨헤드들을 체포하는 데 협조했기 때문이다.[224] 국가혁명주의청년조직이 사용한 폭력은 두 전쟁 기간에 사용되었던 폭력, 즉 정치 세력을 확장시키기 위한 도구로 사용되었던 폭력 이상의 의미를 가진다. 결국 스킨헤드들은 루앙Rouen과 브레스트에서 있었던 '북아프리카인들을 향한 폭력 행위' 때문에 정치적으로 고립되었으며, 급진적 극우주의자들조차 스킨헤드의 이러한 과격한 행동을 경계했다. 사회로부터의 고립과 정권의 탄압(1988년과 1995년에 인종차별주의로 인한 살인 사건 이후)으로 대다수 스킨헤드가 자신들이 속했던 단체를 떠났고, 일부는 훌리건주의로 전향했다. 세르주 아유브는 2010년도에 제3의 길과 국가혁명주의청년을 (재)정비하면서 정치권에 복귀했으며, 가판대에서 일간지인 ≪살뤼 퓌블리크 Salut public≫('대중이여 안녕하신가'라는 뜻의 이 이론지는 뒤프라가 이끈 민족혁명주의 단체가 발행했다)를 배포하기 시작했다. 세르주 아유브가 재정비한 조직은 상당한 호응을 불러 일으켰는데, 이는 2002년 급진연맹Unité radicale이 해체되면서 그 공백을 메꾸는 역할을 했기 때문이다. 세르주 아유브의 조직은 2011년 8월 27일에 설립되었고, 그해 9월에 노르파 드 칼레 Nord-Pas-de-Calais주 지부는 32명의 회원을 확보했으며, 남쪽의 에로Hérault주 회원 수는 22명 정도였다.[225] '두 단체의 연합'을 비판하는 목소리가 커지자 이를 잠재우기 위해서 여러 가지 조치들이 취해졌지만, 제3의 길과 국가혁명주의청년은 2013년 '반파시즘' 운동가인 클레망 메릭Clément Méric이 스킨헤드들에게 살해당하자 정권에 의해 강제 해산되었다. 이 살인 사건은 분명 스킨헤드가 저지른 인종차별주의적 폭력 행위였다.[226]

폭력에 관한 논쟁은 프랑스·유럽민족당의 운명과도 관련이 있다. 프랑스민족당의 분리는 1987년 유로링Euroring 모임에서 결정되었는데, 이 모임에는 벨기에, 영국, 프랑스, 독일의 신나치주의자들이 참석했다. 이들은 정치에는 관심이 없었으며 활동 범위를 단체 내에 한정시켰다.[227] 프랑스·유럽민족당이 주장한 백인 우월주의는 유럽민족주의자들의 이념적 발전과 비교할 때 유토피아적 퇴행을 초래하는 결과를 야기했다. 그들의 슬로건은 "프랑스가 우선이며, 물론 백인도"였는데, 이는 이미 모라스주의자들이 외쳤던 슬로건과 동일했다. 문제는 "프랑스가 우선"이라는 모라스주의자들의 슬로건이, 이미 그의 편협성 때문에 로베르 브라지야크(극우주의 언론인, 소설가)의 비웃음을 받았다는 사실이다. 하지만 프랑스·유럽민족당은 이와 같은 비판에 전혀 동요되지 않았다. 그의 영향력은 점점 커져서 1991년에 이 당의 형제당인 스위스유럽민족당Parti nationaliste suisse et européen이 창설되었는데, 주로 스킨헤드들이 주 당원이었던 이 당은 나중에 해머스킨 지부로 변환되었다. 하지만 이러한 변화가 그들의 핵심 사상에 영향을 준 것은 아니었다. 흑인들을 향한 잔인성과 '유대인'들을 향한 증오는 프랑스·유럽민족당이 제작한 모든 책자나 슬로건에 분명히 드러나 있다. 그리고 그들이 사용하는 방법들도 상당히 과격했다. 프랑스·유럽민족당은 양손을 들고 스킨헤드를 환영했으며, 이민 가족을 상대로 한 테러 행위에 연루되기도 했다(1987~1989년에 이 당의 멤버들은 대략 399건의 형사처벌을 받았다). 또한 이 당의 멤버들은 1991년 카르팡트라Carpentras 유대인 묘지 모독 사건에 가담하기도 했다. 이 단체는 비록 수천 명의 지지자들과 회원을 확보하긴 했지만, 결국 1999년에 해산되었다. 프랑스·유럽민족당의 주도자였던 노르망디 출신의 에리크 소세Erik Sausset는 피에르 비알Pierre Vial이 이끄는 뉴라이트 국수주의 운동 단체인 토지와 민중Terre et Peuple에 입단했는데, 비알은 그의 컨퍼런스에 정기적으로 독일국가민주당의 지도자들을 초청한 사람이다. 프랑스·유럽민족당의 또 다른 주도자였던 스킨헤드 디디에 마니앵Didier Magnien은 상당히 화려한 경력의 소유자이다. 그는 일드프랑스Île-de-France(수도 파리가 속해 있는 지역)의 책임자였으며, 1999년부터 급진연맹에서 활동했다. 또한 독일국가민주당과 관련된 급진연맹의 언론 보도에 자주 언급되었으며, 결국 독일로 이주해서 그곳에서 가장 급진적인 활동가들과 합류했다. 마니앵은 2004년 뮌헨의 유대인 공동체 중앙 지부를 공격하려 했던 신나치의 테러 행위와 관련해서 체포되었다. 그러나 마니앵은 신나치주의자들의 활동을 감시하고 진압하는 헌법보호국 소속 요원이었다는 사실이 후에 밝혀지기도 했다.

이렇게 상이한 성향을 가진 인물들을 하나로 묶는 핵심 이데올로기는 무엇인가? 스킨헤드 운동에서 나타나는 핵심 이데올로기는 인종 전쟁과 인종 교배를 통해 세계를 혼란에 빠트리려는 유대인의 음모를 널리 알리는 것이다. 문화적 세계화가 가속화되는 상황에서 비록 신나치주의 이데올로기가 계속 영향력을 행사하고 있기는 하지만 젊은 층을 중심으로 대두한 새로운 문화 현상인 스킨헤드 운동은 다음과 같은 사실 때문에 주목할 만한 가치가 있다. 의식을 중요시하고 비교조주의적인 원칙을 강조하는 이 문화는 20세기 전반에 나타났던 파시스트 청년 문화와 확실히 차별화된다. 스킨헤드들이 전체주의 체제의 어떤 부분을 모방하고 있기는 하지만, 전체주의에서 중요시되는 질서보다는 무질서에 더 높은 가치를 부여하고 있다는 사실에는 의심의 여지가 없다. 프롤레타리아 청년들의 일탈 운동(러시아 대도시의 교육을 받은 중산층 스킨헤드들을 제외하고)에서 시작해 나치주의를 체화하면서 성장하기 시작한 스킨헤드 운동은 건설적이라기보다는 선동적인 성향을 가진 운동이며, 미국 신나치주의의 도움으로 구체화되었다.

결론적으로 스킨헤드 극우주의는 다음의 몇 가지 특징을 지닌다. 인종차별주의, 프롤레타리아 의식, 조직에 대한 혐오와 갱단 형태 고집, 음악에 의해 형성되었고 음악에 토대를 둔 이데올로기 형태 등이다. 모든 스킨헤드 극우주의 단체들 안에서 신나치주의자가 주도권을 잡지는 않았지만, 신나치주의가 핵심적인 역할을 한 것은 사실이다. 그리고 모든 스킨헤드 극우주의 단체들이 물리적 폭력을 사용한 것은 아니나 대부분은 폭력과 행동에 적극적이었다. 그들의 행동은 감정에 의해서 상당히 많이 좌우되었고, 이로 인해 그들은 상황에 따라 신나치주의자가 되었다가 반파시스트 스킨헤드 단체가 되기도 했다. 이 프롤레타리아 청년들은 절대 좌익주의에 매료되지 않았다. 왜냐하면 그들이 보기에 좌익주의자들은 '하층 백인 노동자'보다 '외국인 범죄자'를 더 옹호하는 것처럼 보였기 때문이다. 그리고 우익주의에도 관심을 기울이지 않았다. 왜냐하면 우익적 보수주의는 그들의 사고나 생활양식과 매우 동떨어진 이념이었기 때문이다. 그들에 의하면 바로 '체제'가 사회의 약자들을 방치했으며, 그들의 갱단이야말로 쾌락과 연대감에 기초한 반사회를 건설할 수 있는 주체 동력이다. 그들이 나치주의를 그들의 선동에 이용하는 것은 제2차 세계대전의 기억을 성역화하는 일반적 추세에 대항하기 위한 것이다. 그리고 무엇보다 중요한 것은 그들이 휘두르는 폭력과 그들의 공격적인 이념 이면에 숨어 있는 현상들에 대한 질문을 던지게 하는 것이다. 그들의 폭력적 행동을 암묵적으로 용인하는 대중의 위선적 행동에 대해 질문을 던져야 한다. 1992년 8월 말 독일 로스토크Rostock에서 스킨헤드가 외국인을 향해 폭력을 휘두르자 구경꾼들은 환호성을 질렀고, 진압 경찰들도 이러한 행위를 방관했다. 스킨헤드들 옆에서 외국인 노동자들에게 폭행을 가한 사람들은 바로 일반 시민들이었으며, 지나가는 구경꾼들은 이러한 행위에 환호를 보냈다. 모든 국가에서 백인 파워는 일부 시민들이 경제의 희생양이 되었을 때 인종 문제가 전면에 부각되면서 사회 문제를 진단하는 잣대가 된다는 사실을 증명했다. 이는 집단적 정체성을 구성하는 '계급의식'을 촉진하는 좌익적 사회운동의 부재와 사회계층화를 정당화하는 우익적 이데올로기 운동이 부재한 가운데 진행되고 있다. 프롤레타리아와 빈곤층으로 격하된 중산층의 무질서 상태는 잡다한 이념들로 형성된 이데올로기를 쉽게 받아들일 수 있는 토양을 형성한다. 바로 이러한 불안정성 때문에 새롭게 등장하는 정치적·문화적 역동성이 사회에 쉽게 흡수되는 것이다.

미국의 경우와는 반대로 유럽의 스킨헤드들은 국가사회주의 블랙메탈

National-Socialist Black Metal 운동에 별다른 관심을 보이지 않았다. 유럽대륙에서 이 운동에 동조했던 사람은 노르웨이 출신의 크리스티안 바르그 비케르네스Kristian 'Varg' Vikernes 한 사람뿐이었다(비케르네스는 2013년에 프랑스에서 체포되었다). 국가사회주의 블랙메탈은 주로 북유럽과 동유럽에서 유행한 현상이었는데, 이들은 1990년대부터 유럽의 이교에 몰두했던 컬트 단체들이었다. 이들은 무엇보다도 인더스트리얼 음악과 사악한 민속 음악에 심취해 있으며(영국 그룹인 데스 인 준Death in June, 커런트 93Current 93, 솔 인빅투스Sol Invictus, 슬로베니아 그룹인 라이바흐Laibach 등이다), 선동적인 가사를 그 내용으로 한다(나치친위대의 룬문자, 반일신교주의, 에볼라에 대한 언급 등).[228] 이들의 등장은 한편으로 1990년대부터 유럽의 음악 장르가 다양해지고 음악이 정치성을 지니게 되었다는 것을 뜻하기도 하지만, 다른 한편으로는 미국이 유럽 음악시장에 영향을 미치기 시작했다는 것을 의미하기도 한다. 이 새로운 현상은 문화적 투쟁과 관련이 있기도 하지만 폭력성과도 깊이 연관된다.

폭력, 급진화, 포퓰리즘

1969년 미국 신나치주의자인 조지프 토마시Joseph Tommasi는 윌리엄 피어스William Pierce와 함께 국가사회주의 해방전선National Socialist Liberation Front을 설립했는데, 이는 신비주의적 성향을 지닌 신나치주의와 저항문화를 결속시키기 위한 의도로 세워진 단체였다. 그들은 좌익적 혁명가들이 동참하기를 원했다(이러한 전략은 동시대 유럽 동료들의 전략과 완전히 일치했다). 1975년에 살해당하기 1년 전, 토마시는 '외로운 늑대' 전략을 고안해냈는데, '외로운 늑대'는 '시온주의자들이 점령한 정권'의 막강한 세력을 무너트릴 수 있는 전략으로 간주되었다. 이와 동시에 '외로운 늑대'는 모든 그룹이 사용하기에 적절한 전략으로 생각되었다. 개인적 투쟁을 내용으로 하는 '외로운 늑대' 전략은 종종 개인의 급진주의화 문제와 혼동되어 사용된다. 하지만 '외로운 늑대' 전략은 집단 안에서 결정되는 투쟁 방식이라는 점을 분명히 해야 한다. 1971년 피어스는 민족연맹National Alliance의 책임자가 되었으며, 영국 신나치주의자 단체들과 많이 접촉했다. 후에 이들은 스킨헤드가 되었다. 피어스는 본인이 가지고 있던 정치적 이념을 다른 방식으로 소개할 필요성을 느꼈으며, 책을 쓰기 시작해 1978년에 세계적인 베스트셀러 작가가 되기도 했다. 그가 저술한 책은 신나치주의 운동에 관한 『터너 일기Turner Diaries』로서, 시온주의자 세력에 저항하는 백인 우월주의자들의 봉기를 묘사하는 인종 간의 최후 전쟁을 다루었다. 그는 이 책에서 폭탄 제조 방법을 아주 자세하게 묘사했으며(이것은 1995년에 168명을 살상한 오클라호마 시티 테러범인 극우주의 투쟁가뿐만 아니라 노르웨이 테러범 아네르스 베링 브레이비크에게도 영향을 미쳤다), 아리아족에 속하지 않는 인종들을 향해서 핵무기나 화학무기, 세균무기 등을 사용하는 것에 대한 판타지를 서슴없이 전개했다. 이 책은 국제적으로 스킨헤드들의 상상력을 극도로 자극했으며, 난투극을 벌인 인종차별주의자들에게도 새로운 관점을 제시했다. 이 책의 영향을 받은 민족연맹의 청년 투쟁가들은 1983년 질서The Order라는 단체를 새로이 발족해 테러 행위를 일삼았다. 이 단체에서 활동한 대원 중 하나인 데이비드 레인David lane은 '14개 단어로 된 문장'을 고안해냈는데, 이 문장은 즉시 번역되어 유럽의 다양한 스킨헤드 그룹들에 수용되었다. 그것은 "우리는 백인 자녀들의 미래와 우리 인종의 존속을 보장해야 한다"이다(데이비드 레인은 살인죄로 150년 형을 구형받았다). 이 내용은 미국 백인 우월주의자 루이스 빔Louis Beam(아리아국가Aryan Nation 단체 소속)에 의해서 1983년에 발표된 '지도자 없는 저항' 이론의 영향을 받았다. 그는 1960년대에 공산주의자들의 권력 장악을 막기 위해 미국 정권의 관리들이 사용했던 방법에서 아이디어를 얻었다고 밝혔다. 이는 테러 조직들을 목적과 전략에 맞게 투입하기 위해 조직들끼리의 수평적 또는 수직적 접촉을 배제하는 것이다.[229] 그의 이론은 1990년대에 미국 신나치주의자들 사이에서 번져나갔으며 '외로운 늑대' 전략과 『터너 일기』를 통해 더욱 확산되었다. 그리고 '외로운 늑대'와 『터너 일기』는 인터넷 덕분에 유럽에도 알려지게 되었다.

이러한 투쟁 형태는 1960년대부터 유럽, 특히 프랑스와 이탈리아에서 등장한 반체제전복 투쟁 형태와 비슷할 뿐만 아니라, 오늘날 부각되고 있는 21세기 이슬람 테러리즘의 형태와 거의 동일하다. 이는 또한 유럽의 급진적 극우주의자들이 행한 테러 행위와도 유사하다고 볼 수 있다. 1999년에 백인 우월주의자인 데이비드 코플랜드David Copeland가 저지른 런던 폭탄 테러, 2011년에 노르웨이 아네르스 베링 브레이비크가 저지른 테러, 1997년부터 발생한 독일 국가사회주의 지하운동Nationalsozialistischer Untergrund의 외국인 혐오 테러들이 이에 속한다. 독일 국가사회주의 지하운동은 14년 동안이나 정체를 드러내지 않고 지하에서 활동했는데, 이는 합법적인 정당의 투쟁으로는 아무런 전망도 보이지 않자 급진적 성향의 투쟁가들이 지하투쟁으로 투쟁의 성격을 전환한 것이라는 가정이 틀리지 않았음을 증명한다.

아네르스 베링 브레이비크 같은 사람을 이해하기 위해서는 그를 단순히 신나치주의적 성향을 가진 사람으로 분류해서는 안 된다. 그의 이념 속에는 여러 국가와 대륙의 이념들이 혼합되어 있다. 우선 브레이비크는 미국 극우주의 국가에 대한 증오를 유럽에 이식한 사람이다. 그는 정부청사를 파괴하고 노르웨이 총리인 옌스 스톨텐베르그Jens Stoltenberg가 주도한 사회민주주의 청년 운동인 청년노동자연맹Arbeidernes Ungdomsfylking 멤버들을 공격했다. 1980~1990년대에 활동한 유럽의 국가혁명주의적 운동 중 대부분은 이미 파시즘적 성격을 가지고 있었으며, 정부와 그의 억압적인 기관들에 대해 끊임없이 비판하고 민족에 대한 찬사를 아끼지 않았다. 그들의 목적은 노동자 위원회가 적당한 권력을 가지는 생산적이고 지방분권적인 연방제를 이루는 것이었다. 하지만 노르웨이 테러는 중앙정부에 대한 미국적 불신이 수입되어온 것이라고 말할 수 있다. 중앙정부에 대한 불신은 다음과 같은 신념을 근거로 표출된다. 유일하게 정당성을 인정받을 수 있는 권력은 백작령이나 중앙정부 없이 운영되는 연방 국가 수준의 권력이다. 이러한 이념의 기원은 1788년의 '반연방주의'로 거슬러 올라간다. 이 '반연방주의'•는 티 파티Tea Party 운동에서 주장하는 것처럼 민주적 합의라는 이념 속에 그 영향이 강력하게 남아 있다. 그런데 '시온주의자에 의해 점령당한 정부Zionist Occupation Government'라는 이념을 직접 실제에 적용하고, 노르웨이 상황에 맞게 변형시킨 사람은 바로 브레이비크였다. 적용했다고 말할 수 있는 것은 그가 노르웨이 정부를 인종적·문화적 점령자의 공범으로 여겼기 때문이며, 변형은 그가 노르웨이 국가와 문명의 정체성을 파괴하는 세력으로 유대인이 아니라 이슬람을 주목했기 때문이다. 20세기 유럽에서 활동했던 그의 선배들처럼, 브레이비크는 '체제'와 '문화사회주의'가 민족에 기초한 공동체를 파괴하고 있다고 믿었는데, 그가 그의 선배들과 구별되는 점은 이러한 이념을 이슬람 혐오를 기반으로 한 서구주의의 틀 안에서 바라보았다는 데 있다. 그의 테러를 자극한 여러 이데올로기 중 가장 핵심적 이념은 그의 선언문에 잘 드러나 있다. 「2083: 유럽 독립 선언문」이라고 불리는 그의 선언문은 그 후로 유럽 신포퓰리즘 정치의 새로운 소프트웨어의 기초가 되었다. 브레이비크는 신나치주의자도 아니고 노르웨이 민족주의자도 아닌 서구주의를 주창하는 투쟁가이다. 그가 그의 선언문을 모국어가 아닌 영어로 작성했다는 사실은 상당한 시사점을 던져준다. 그의 세계관의 중심에는 유라비아Eurabia(유럽의 이슬람화)라는 개념이 자리 잡고 있는데, 이 개념은 영국의 수필가인 밧 예올Bat

• 작고 힘없는 정부와 지역의 자치권 유지·강화를 지향한다.

Ye'or(지젤 리트만 오레비Gisèle Littman-Orebi의 필명)이 구상한 것이다.

유라비아의 환상은 한편으로 유럽(우선 프랑스)의 정치와 문화를 세계의 엘리트 계층이 고안한 다문화주의에 굴복시키는 데 있으며, 다른 한편으로 유럽인들을 전체주의적이고 정복자적 기질을 가진 이슬람에 '굴복'시키려는 강박관념에 의거한다. 유럽인들은 그들의 무력함 때문에, 아니면 대대로 내려오는 반유대주의 때문에 유라비아의 환상에 동의하게끔 되어 있다. 이슬람은 무슬림들의 대거 이민으로 이미 유럽에서 수적으로 다수가 되었다. 이러한 문화 충돌 이론에 대한 급진적 단순화는 유럽 극우주의 정당이 주장하는 제4의 물결이라는 논리 안에서도 찾을 수 있다. 제4의 물결은 주로 네덜란드의 헤이르트 빌더르스와 스위스의 오스카 프레이징어Oskar Freysinger가 주장하고 있다. 브레이비크와 이 두 사람의 근본적인 차이는 이 두 사람이 (밧 예올과 같은) 정치적 폭력을 절대적으로 거부한다는 사실에 있다. 이러한 차이점에도 불구하고 브레이비크는 전통적 극우주의자들과 차별되는 이들의 이념에 일부 동의한다. 이는 그가 1973년에 창설된 진보당Parti du progrés에서 10년 동안이나 활동했다는 사실을 감안할 때 놀라운 사실이 전혀 아니다. 진보당은 외국인 혐오를 기반으로 한 포퓰리즘적 성격의 최초의 정당이며, 신파시스트 단체들과 상관없이 선거에 참여했다. 이 정당의 기본 원칙은 '유대·그리스도교'와 같은 문화 개념과 이스라엘에 대한 옹호인데, 이러한 이들의 원칙은 신포퓰리즘과 극우주의의 반유대주의를 분명히 구별하는 것이다. 진보당의 두 번째 원칙은 더 이상 교리적 기독교주의를 주장하지 않고 문화적 기독교주의를 강조하는 것이다. 그들은 근본주의적 개신교도 거부하고 교권지상주의적인 가톨릭도 거부한다. 브레이비크는 기독교를 역사적인 문화 요소로, 그리고 유럽의 지리적 풍경을 구성하는 일부로 여긴다. 이는 스위스의 스위스인민당Union démocratique du centre en Suisse이 교회의 탑들이 무성한 스위스에 회교사원의 첨탑을 건설하는 것을 반대하는 이유와 같은 맥락이다. 공산주의 국가가 이미 몰락한 상황에서 브레이비크는 마르크스주의보다는 인종과 문화가 뒤섞이는 현상을 더 증오했다. 결국 그는 가상공간에서 주변 집단들의 다양한 문화를 태평스럽게 뒤섞어서 체화했는데, 다양한 문화적 요소 중 그가 가장 중요하게 여긴 이념은 음모론이다. 그는 비술에 특별한 관심을 가졌고, 전통을 거부하고 관습을 거의 무시하는 사이비 기사단, 프리메이슨단에 심취했다.[230]

유럽에서 이슬람을 상대로 문화 전쟁을 벌이고 있는 신세대 활동가들처럼 브레이비크도 자신의 이념을 인터넷에서 퍼오는 사이버 활동가에 불과했다. 그는 인터넷을 통해서 빠르게 전파되는 대부분 영어로 쓰인 이슬람 혐오주의에 대한 글들을 바탕으로 자신의 이념을 구축했다. 즉 브레이비크는 토론방과 웹 사이트, 사회관계망을 통해 활동하는 전형적인 '극우주의 2.0 세대'에 속한다. 이슬람 급진주의자들의 대다수가 테러 조직과 상관없이 개인적으로 활동하는 것처럼 브레이비크도 단독으로 활동했고, 그의 폭력적 성향은 인터넷을 통해서 계속 급진화되었다. 마찬가지로 이미 조직화된 극우주의 정당(프랑스 국민전선을 포함한다)들도 급진적인 활동원들의 폭력을 부추기고 있다. 하지만 브레이비크의 경우와 데이비드 코플랜드, 독일의 국가사회주의 지하운동 등 '외로운 늑대'나 '지도자 없는 저항' 같은 투쟁 방식이 외부의 도움 없이 스스로 급진화되는 것은 아니다. 이러한 단독 투쟁가들의 생애를 살펴보면 그들은 노르웨이진보당의 전투적인 태도에 영향을 받았거나 브리튼국민당이나 독일국가민주당에 드나들었던 사람들이었다는 사실을 확인할 수 있다. 브레이비크는 유럽 극우주의의 발전 방향을 보여주는 전형적인 예이다. 극우주의자들은 만약 그들이 정치적 고립 상태에서 벗어나서 합법적으로 정치권에 합류하기 원할 경우, 그들의 이념이나 행동을 민주주의 원칙에 어긋나지 않게 수위를 조절해야만 하는 상황에 처해 있다. 그렇기 때문에 네 번째 세대에 속하는 신포퓰리즘 정당들은 그들의 지지자 중에서 테러를 감수할 개인적 일탈자를 일부러 만들어내고 있다. 이들은 인종 전쟁의 불가피성과 이슬람을 향한 '레콩키스타Reconquista'(이베리아 남부 반도의 이슬람 국가로부터의 회복)의 필요성을 말 그대로 받아들여 실천에 옮길 수 있는 투쟁가들이다. 극우주의를 하나의 진영으로 파악하기 위해서는 그들이 가진 모든 성향(단체의 소속 문제, 이데올로기적 성향, 사회학적 성향)의 국제적 역동 관계를 먼저 살펴보아야 한다. 점점 더 많은 대중의 호응을 얻고 있는 이슬람 혐오주의와 브레이비크와 같은 급진적 개인의 출현은 서로 밀접하게 관련되어 있다. 마오쩌둥은 작은 불씨 하나가 전체 평야를 불바다로 만들 수 있다고 말했다.

블록정체성Bloc identitaire 지도자들의 행적을 살펴보면 이 같은 성향을 분명히 확인할 수 있다. 파브리스 로베르Fabrice Robert와 필리프 바르동Philippe Vardon은 원래 프랑스 국가혁명주의 계열의 스킨헤드 출신이며, 외설적 록 밴드인 프락시옹Fraction(1994년 프락시옹 헥사곤Fraction Hexagone이라는 이름으로 창설되었다)의 멤버였다. 파브리스 로베르는 그가 발간하는 회보 ≪젠 레지스탕스Jeune Résistance(저항 청년)≫를 중심으로 스킨헤드 단체들을 연합하려고 노력한 인물인데, 이는 처음에는 '민족주의·볼셰비즘'에 기초한 신저항Nouvelle Résistance을 위한 것이었지만, 후에는 급진연맹을 위해 연합 활동을 벌였다. 파브리스 로베르는 그의 선전물에 데이비드 레인의 글이나 시온주의자 점령정부에 대한 표현들을 인용하면서 이들의 논리와 '체제'의 논리가 동일하다는 것을 보여줌으로써 이러한 연합 활동이 중요하다는 것을 강조했다. 로베르는 또한 음악을 통해 정치적 성향을 표현하기도 했는데 이는 미국의 영향을 받은 것이다. 1994년 미국의 그룹 라호와RAHOWA는 저항음반사Resistance Records라는 음반사를 설립했으며, 이 음반사의 음반들은 전 유럽으로 수출되었다. 그리고 그룹 라호와가 발행한 잡지 ≪레지스탕스Resistance(저항)≫는 바로 시온주의 점령정부의 약자를 전 세계에 퍼트린 장본이다. 또한 저항은 『터너 일기』에 영향을 받아 시온주의자 점령정부에 대항하는 테러리즘에 호소했다. 이 음반사는 결국 민족연맹에 넘겨졌고, 민족연맹은 음반사의 성향을 블랙메탈 쪽으로 재정비했으나 그들의 운동 목표가 바뀐 것은 아니었다. ≪레져스탕스≫는 실제로 음악과 정치 사이의 관계를 돈독히 하는 것을 목표로 한 잡지였다. 즉 이미 세뇌된 'RAC'와 같은 그룹들의 신념을 더 강화시키는 것뿐만 아니라 인종차별주의에 관심 없는 일반 대중을 음악을 통해 정치화하는 것을 목적으로 삼았다. 또한 록그룹 프락시옹은 '프랑스 록 정체성Rock identitaire français'(1997년에 등장한 개념이다)이라는 음악 장르를 개척했는데, 이 개념은 결론적으로 말장난에 불과한 것이었다. 왜냐하면 '프랑스 록 정체성'은 랩이든 테크노든 상관없이 모든 종류의 음악을 다루었기 때문이다. RAC가 정치적 색깔을 가졌던 것과 다르게 프랑스 록 정체성은 많은 사람에게 민족주의 사상을 고취시키는 것을 목적으로 삼았다. 이러한 의미에서 프랑스 록 정체성은 급진적 성향을 가진 젊은 청년들에게 그들이 처한 사회적 현실에 눈을 뜨도록 해주었고, 그들이 살고 있는 '게토'에서 스스로 벗어나도록 자극했다. 요약해서 말하자면, 저항음반사의 전략이 사회적으로 상당한 영향을 끼친 것은 사실이다. 그들의 주요 관심은 선동주의적 나치주의로부터 급진적 운동의 성격을 해방시키는 것이었다. 하지만 이 운동의 하부 조직원들은 지도부의 기본 방침과 다르게 이념적으로 양극화되는 성향을 보였다. 이들은 록그룹 프락시옹이나 급진연맹의 좌익적 이념보다 인종 문제와 이슬람 혐오주의에 더 관심을 보인 것이다. 프락시옹의 앨범인 ≪레콩키스타Reconquista≫(2001)는 이러한 이데올로기의 변화를 대변한다. 마찬가지로 급진연맹과 스페인의 사회공화주의 유럽대안연맹Alternativa Europa-Liga Social Republicana이 발행하는 잡지인 ≪레지스탕스≫도 인종 문제를 주로 다루는 테크노 음악에 관심을 보였다. 이들은 테크노 음악이 '백인'의 음악이며, '흑인'의 랩 음악에 대항하는 음악이라고 주장했다. 이러한 단체들은 분명히 개버스킨gabberskins(벨기에, 네덜란드, 북프랑스에서 스킨헤드의 외양을 모방하고 백인 우월주의를 주장한 테크노 팬)과 마키네로스Makineros(스페인과 루시용Roussillon의 테크노 그룹) 등과 같은 집단 현상과 관련 있긴 하지만, 이러한 현상을 조직화해 지도하는 수준에 이르지는 못했다.[231] 록그룹으로 꽤 성공적이었던 프락시옹은 오토 슈트라서(1931)가 이끄는 흑색전선이 사용한 상징들을 사용했다. 프랑스 민족주의 혁명주의자들은 20년 전부터 슈트라서의 이념에 영향을 받았으나 슈트라서가 사용했던 상징을 사용한 단체는 유럽의 저항자뿐이었다. 프락시옹의 활동 덕분에 슈트라서의 이념들은 널리 퍼져나가기 시작했고, 그의 상징들은 정치 조직인 신저항과 급진연맹의 스티커를 통해 알려지기 시작하면서 프랑스 전체로 확산되었고, 결국 전 유럽으로 퍼져나갔다. 인종 문제와 이슬람 혐오주의가 확산되는 과정에서 스킨헤드가 전위적 역할을 했던 것은 아니다(파시즘이 출현하기 전에 이탈리아의 미래파 운동가들과는 달리, 스킨헤드는 문화적 운동으로 정치 체제를 무너트리는 데 관심이 없었다. 미래파 운동가들은 예술 작품을 도덕 질서와 부르주아적 사법 체제를 무너트릴 수 있는 상징으로 보았다). 하지만 스킨헤드들은 형태를 완성시키는 실험실의 역할을 했을 뿐이다. 즉 스킨헤드들을 통해 이전에 전혀 대중의 관심을 끌지 못했던 운동 형태들이 대중의 호응을 얻게 된 것이다. 예를 들어 블록정체성과 같은 단체는 세련된 정치적 선동과 선전을 통해 끊임없이 대중에게 호소했다.

2002년 자크 시라크Jacques Chirac 대통령을 향한 막심 브뤼느리Maxime Brunerie의 테러가 실패하자 급진연맹은 해체되었다. 이 사건은 '시온주의자 점령정부'를 향한 '외로운 늑대' 테러 행위의 신호탄이었다. 한편 '지도자 없는 저항' 단체들은 2003년과 2004년에 다양한 형태의 테러를 시도했다. 급진연맹과 상당히 가까운 관계를 유지했던 이 단체들은 파리 회교사원 내에서 팔레스타인 자살 테러를 모방하는 테러를 시도했으며, 가톨릭국가연맹Fédération nationale catholique의 무장 세포조직 해체 작전에도 개입했다. 가톨릭국가연맹은 급진연맹이 설립한 청·백·록Bleu Blanc Rock 음악 조직망과도 교류를 가졌는데, 이 조직은 가톨릭 보수주의와 스킨헤드 이데올로기를 동시에 주장함으로써 독창적 성향을 보여주었다. 이들의 반유대주의적 성향은 상당히 과격해서 그들이 발행하는 회보에 에두아르 드뤼몽과 로베르 브라지야크의 글들을 실었을 뿐만 아니라 유대인 교수가 재직하던 샤토루Châteauroux 대학의 벽에 반유대주의 상징들을 낙서하기도 했다.

테러가 성행하기 시작하자 블록정체성은 정치적 이념을 재정비해야만 하는 상황에 처하게 되었다. 이 단체는 반유대주의와 반시온주의, 전체주의, 행동주의, 신이교도주의 등을 모두 포기해야 했다. 그리고 조직을 세분화함으로써 활동의 수평선을 넓히고 동시에 사법적인 보호막을 강화했다. 블록정체성은 더 이상의 스킨헤드들을 멤버로 받아들이기를 거부했는데, 이로 인해 스킨헤드들은 그들만의 토론방을 통해 블록정체성이 유대인에게 팔려나간 단체라고 놀려댔다. 선거를 통해 합법적인 정당으로 변환하려는 시도는 실패했지만, 블록정체성은 다양한 종류의 운동가들을 연합하거나 적절한 수위의 정치적 선전과 선동을 조직하는 데에는 성공했다. 2012년 선거에서 블록정체성이 지지자들에게 그들의 투표 성향에 대해 물었을 때, 2104명에 이르는 투표자들은 블록정체성을 지지했다고 밝혔다.[232]

다른 급진적인 청년 단체들도 비슷한 개혁 조치를 취하기 시작했다. 독일의 자유동지회Freie Kameradschaften와 같은, 소위 '자치' 단체로 불리는 그룹들이 증가하기 시작했다. 이 단체들은 정권의 억압을 피하기 위해 지역적으로 분산하고 조직을 세분화했으며, 테러 행위를 일삼는 지하 활동에서 벗어나려고 노력했다. 또한 외부에서 볼 때 좌익적 이념들을 주장하면서 이데올로기적 방향 전환을 시도한 단체들이었다. 그들은 반세계화와 반급진적 시온주의, 경찰과 군대를 포함한 국가와 그의 상징물을 상대로 투쟁하려는 의도를 가지고 있었다. 독일의 자치 민족주의자들은 '지도자 없는 저항'의 유산과 1970년대 말 이탈리아의 급진적 좌익 자치 운동의 유산을 모두 이어받았다고 볼 수 있다. 부상하고 있는 또 다른 운동은 이탈리아의 카사파운드 로마시민Romains de Casapound이 시작한 운동인데, 이는 파시즘을 현대화하려는 운동으로 볼 수 있다. 이들은 사회 참여, 반자본주의, 대항문화와 공동체주의를 대변하는 파시즘의 추종자들이다. 이 운동을 모델로 여러 지역에서 비슷한 운동이 일어났지만(예를 들어 마드리드의 공화주의사회운동이 이에 속한다), 이들은 이탈리아의 카사파운드처럼 대항문화를 정착시키는 데는 실패했다. 이러한 새로운 운동들의 등장은 스킨헤드 운동에서 파생된 단체들이 정치적으로 활동할 수 있는 능력이 있었다는 것을 보여준다. 이는 스킨헤드들이 우둔하다는 일반적 견해를 일축한다.

이러한 개혁 운동과 관련해서 황금새벽의 행보는 상당히 중요한 시사점을 던져준다. 1980년에 창립된 이 단체는 우선 유럽동지 스페인모임의 모델에 근거한 이데올로기를 추종하는 중앙 본부였으며 후에 유럽신질서에 가입했다. 그리고 2005년 '증오의 물결 페스티벌Hatewave Festival'을 주최하기 위해 백인 파워 진영과 교류했다. 황금새벽 단원들의 서재는 비교주의 성향의 신나치주의에 대한 서적으로 넘쳐났으며, 물론 그중에는 『터너 일기』와 바르데슈, 에볼라 또는 모즐리의 저서들도 포함되어 있었다. 황금새벽은 독일, 오스트리아, 미국, 캐나다의 그리스 공동체를 중심으로 지부를 개설함으로써 국제화의 길을 밟기 시작했다. 2015년 이후부터 유럽 전역에 퍼져 있는 많은 단체들이 황금새벽이 사용하는 이름이나 형태, 슬로건 등을 사용하고 있다. 스페인 황금새벽Amanecer Dorado, 이탈리아 황금새벽Alba Dorata Italia, 그리고 헝가리 황금새벽Magyar Hajnal이 이에 속한다. 지금 현재 이 단체들은 그리스의 황금새벽과는 다르게 본국에서 선전하지 않는다. 각 나라마다 처한 상황이 다르기 때문이다. 그리고 황금새벽 지부들은 그리스 황금새벽의 논리에 관심을 보이기는 하지만 황금새벽 전체를 위한 통일된 프로그램을 운영하는 데에는 별 관심을 보이지 않고 있다. 황금새벽은 스페인에서 오히려 다른 단체들과 활발히 교류하고 있는데, 예를 들어 카탈루냐 자치 운동 단체인 '카탈루냐를 위한 플랫폼Plataforma per Catalunya'이나 유럽의 반미국 시온주의에 토대를 둔 스페인 연합 단체인 공화주의사회운동, 민족민주주의당의 과격파 등이다. 이 외에도 그리스 황금새벽이 교류하는 당으로는 헝가리의 요비크, 이탈리아의 신세력Forza Nuova과 카사 파운드Casa Pound, 스웨덴의 스웨덴당, 독일의 국가사회주의 지하운동과 독일국가민주당이 있으며, 비록 친소련적 성향을 띠고 있긴 하지만 우크라이나의 스보보다 등도 있다. 또한 키프로스의 국민대중전선Ethniko Laiko metopo과도 거의 공생에 가까운 협력 관계를 유지하고 있다. 이 단체들 중에서 친밀한 관계를 맺었던 단체들은 이탈리아의 신세력과 황금새벽에 의해서 연합되었는데, 이 연합 단체의 명칭은 민족유럽전선이었으며, 이탈리아의 로베르토 피오레Roberto Fiore가 이끌었다. 이 두 단체 외에도 민족유럽전선은 독일국가민주당, 브리튼국민당, 국가조합주의 운동 연합 스페인 팔랑헤당, 루마니아의 뉴라이트Noua Dreapta, 프랑스부흥Renouveau français, 폴란드민족부활 등의 단체를 규합했다.[233]

결론적으로 백인 권력과 그 주변 단체들은 급진적 극우주의 단체들이 인종에 대한 이슈를 통해 재정비되는 과정을 명확하게 보여준다. 제2차 세계대전 후 몇십 년 동안 나타난 이념과 사상들은 결국 파시즘을 쇄신하고 인종차별주의에 근거한 정치적 이념을 부각시키려 노력했다. 인종적·문화적 문제가 핵심 이슈로 등장한 것이다. 한편 유럽민족주의는 점차 후퇴하는 경향을 보이고 있으며, 새로운 이념들과 그들의 활동 영역은 분명 초국가적인 성향을 보이고 있다. 국가혁명주의 지도자들의 반미국주의가 격렬하긴 했지만 서구 중심주의는 계속 존속할 것으로 예상되는데, 이는 정치학자 가엘 브뤼스티에Gaël Brustier의 표현을 빌리자면 서구 중심주의가 1973년 이후 서구에서 번지기 시작한 '위기의 이데올로기'를 대변하기 때문이다. 백인 파워는 프롤레타리아이면서 동시에 프롤레타리아로 남기를 원했다. 반면 백인 파워 이후에 등장한 뉴라이트는 스스로가 귀족적으로 되기를 원했는데, 이는 국가혁명주의 지도자들이 반미국주의를 외치면서 동시에 서구 중심주의에 집착했던 모순성을 대변한다.

4장

뉴라이트

뉴라이트의 정치적 본질을 밝히는 문제가 정치학에서 중요한 연구 주제로 부상하고 있다. 뉴라이트가 학문적인 관심을 끄는 이유는 이 개념 안에 다양한 성향을 가진 단체들이 포함되어 있기 때문이며, 이 단체들 중 가장 두드러진 활동을 하고 있는 단체, 예를 들면 유럽문명조사연구단체와 같은 단체는, 그들의 발언이나 입장과 관련해서 상당이 진보적인 성향을 보이기 때문이다. 즉 뉴라이트에 속하는 단체들은 그들의 본질을 과감하게 개혁하면서 시대의 변화에 적응하고 있다. '뉴라이트'라는 개념은 '새로운 문화'를 대변하는 신우익주의에서 파생한 개념이 아니다. 비록 이 개념이 단수이긴 하지만 실제로 이 개념은 여러 종류의 이데올로기를 내포하며, 이 이데올로기들이 공유하는 것은 '메타정치Métapolitique' 실천에 대한 것뿐이다. 유럽문명조사연구단체의 소장이었던 자크 마를로Jacques Marlaud는 이 개념을 다음과 같이 정의 내렸다. 메타정치는 "장기적으로 정치권에 영향력을 미칠 수 있는 모든 종류의 문화와 사상에 대한 숙고와 분석, 전파에 대한 연구이다. 이는 더 이상 권력을 쟁취하기 위한 노력이 아니며, 권력자에게 그의 결정에 도움이 되는 (또는 반대하는) 이데올로기적·철학적·문화적 사상을 제공한다."[234] 이는 우익주의자들에게 그들의 말과 사상을 통해 문화 투쟁을 전개해야 한다는 사실을 주지시키고 있다. 이러한 '우익의 그람시주의화'는 유럽문명조사연구단체의 영향을 강하게 받았으며, 프랑스 우익 진영의 사상적 논쟁에서 필수불가결한 공식이 되었다. 하지만 뉴라이트 현상은 지식인층에만 한정되는 현상이 아니다. 뉴라이트는 빼앗긴 세력을 회복하기 위해 우익주의 진영을 재무장하기 원했으며, 이는 그 당시 여전히 문화 영역에서 헤게모니를 장악하고 있는 좌익 진영에 대항하기 위한 것이었다. 이를 위해 설립된 단체가 바로 시계클럽이다. 이 클럽은 언론인과 수필가, 정부 고위 관리가 모인 싱크탱크였으며, 1974년 이방 블로Yvan Blot, 장 이브 르 갈루Jean-Yves le Gallou, 앙리 드 레스캉Henry de Lesquen이 설립했다. 그리고 미셸 포니아토프스키Michel Poniatowski

의 보호를 받았던 브뤼노 메그레Bruno Mégret가 이 클럽에 곧 합류했다. 이 클럽은 우익주의적이라고 평가받는 책 몇 권(『미래의 뿌리Les Racines du futur』, 1977)을 출판했으며, 사회주의 진화론(신다윈설을 완성하기 위해 기존의 인종주의를 보완한 신자유주의)으로 평가받는 교리의 영향을 받았는데, 사회주의 진화론은 경제 문제에 관련해 점차적으로 국가자유주의로 대체되었다. 1979년에 있었던 유럽문명조사연구단체를 둘러싼 논쟁으로 인해 시계클럽은 엄격한 의미에서의 뉴라이트에서 멀어졌으며, 반면 우익 정당은 시계클럽과 거리를 두게 되었다. 결과적으로 시계클럽의 몇몇 지도자들은 1985년에 국민전선과 합류하게 되었고, 이로 인해 시계클럽은 국민전선과 전통적인 우익 진영 사이에 다리를 놓는 역할을 하게 되었다. 뉴라이트가 주변으로 밀려나게 된 두 번째 원인은 1981~1982년에 뉴라이트 계열의 인물들이 영향력을 행사하던 전국 규모의 대형 언론지의 경영권을 박탈당했기 때문이다. 1977년 로베르 에르상Robert Hersant이 일간지 ≪피가로Figaro≫와 ≪피가로 매거진Figaro-Magazine≫(이 언론지들의 편집은 루이 포웰스Louis Pauwels, 파트리스 드 플룅케트Patrice de Plunkett, 장 클로드 발라Jean-Claude Valla가 맡았고, 알랭 드 브누아 본인이 정기적으로 칼럼을 기고했다)을 인수했으며, 레몽 부르진Raymond Bourgine이 운영하던 언론 매체인 발몽드Valmonde의 경영권을 박탈당했다. 결국 뉴라이트는 국민전선이 극우주의 진영에서 헤게모니를 쟁취하는 과정에서 희생된 희생양이었다. 국민전선의 헤게모니 쟁취는 선거의 승리와 그의 효과적인 미디어 플레이로 가능했다. 국민전선에만 관심을 집중시켰던 반파시즘주의자들도 뉴라이트에 별다른 관심을 보이지 않았다. 결국 좌익주의자들과 대다수 지식인층(특히 좌파)은 계속해서 뉴라이트와의 대화를 거절했는데(이탈리아에서는 이들 사이의 대화가 이루어졌으며, 독일에서는 ≪융에 프라이하이트≫ 잡지 기사에 이들의 대화가 실리기도 했다), 이는 타당한 논리에 근거한 것이었다. 이로 인해 뉴라이트는 고립될 수밖에 없었으며, 단독으로는 더 이상 버틸 수 없는 처지에 놓이게 되었다. 따라서 뉴라이트는 극우주의 진영과 실제적으로 교류한 적이 없음에도 불구하고 자신을 극우주의자로 인정할 수밖에 없는 상황에 처하게 되었다. 마지막이지만 가장 중요한 이러한 모든 사건들이 뉴라이트 멤버들 중 일부를 무기력하게 만들었으나 그들은 이러한 고립이 그들의 가치를 증명해준다고 믿었다. 또한 그들의 글이 여러 군데 인용되고 있었기에 자신들의 지적 활동의 중요성이 인정받고 있다고 생각했다.

현상의 유동성

'뉴라이트'라는 개념은 1965년에 배리 골드워터Barry Goldwater가 대통령 선거에서 실패한 뒤부터 미국적 콘텍스트에서 사용되기 시작한 개념이다. 이는 우익주의자들이 영어권에서 사용되었던 자유주의라는 이념에 대응하기 위해 쓰기 시작한 개념으로, 이 개념이 내포하는 이념은 급진적 근본주의 및 종교와 대중주의적 가치에 대한 강조이며, 반평등주의 지향과 인종차별 철폐 반대이다. '뉴라이트'라는 개념은 미국의 언론인이었던 리처드 비게리Richard Viguerie[235]에 의해 대중화되었으며, 그 후 미국, 오스트레일리아, 영국에서 보수적이고 도덕주의적인 성향을 가진 운동 단체들을 포괄적으로 지칭하는 개념으로 사용되었다. 이 운동 단체들은 국가의 기능을 최소한으로 축소하는 것을 목표로 한 단체들로서, 이 운동의 선두주자로 미국의 로널드 레이건Ronald Reagan과 영국의 마거릿 대처Margaret Thatcher를 들 수 있다.[236] 그런데 이들이 주장하는 우익주의는 미국의 공화당이나 영국의 보수당, 뉴질랜드제일당이 주장하는 우익주의와 성격이 비슷하다고 할 수 있지만, 유럽문명조사연구단체나 그의 협력 단체들이 주장하는 뉴라이트와의 공통점은 하나도 없다. 이들의 우익주의는 오히려 유럽문명조사연구단체의 뉴라이트 이념에 정반대되는 정치적 입장을 취하고 있다. 역설적이게도 양 진영 모두 '보수적 혁명'이라는 표현을 사용하고 있지만, 묄러 판 덴 브루크의 불분명한 사상이나 1948년에 발표된 아르민 몰러의 사상을 이어받은 단체는 뉴라이트주의자들뿐이다.

더 자세하게 설명하자면, '뉴라이트'는 언론에 의해 고안된 개념이다. 이는 1979년 6월 22일에 ≪르 몽드Le Monde≫에 실린 티에리 피스터Thierry Pfister의 논설로 인해 불붙은 유럽문명조사연구단체의 사상을 둘러싼 격렬한 논쟁에서 시작되었다. 뉴라이트에 대한 논쟁이 일어나자 유럽문명조사연구단체는 그들에게 득이 되든 해가 되든 부득이하게 이 개념을 수용할 수밖에 없었는데, 이는 이 개념을 통해 그들의 정체성을 한층 더 강화할 수 있다고 판단했기 때문이다. 하지만 유럽문명조사연구단체가 뉴라이트 개념이 뜻하는 바를 제대로 파악한 것은 아니었다. 스스로 뉴라이트에 속한다고 주장하는 지식인들이나 단체들은 통일된 하나의 이념을 공유하고 있지 않았다. 이들이 내세우는 이념들 사이에 유사점이 있긴 하지만 절대로 통일된 이념은 아니며, 이 이념 안에는 시간이 지나면서 잊힌 프랑스 고유의 본질에 대한 우월성이 스며들어 있었다. 15년 전에 형성된 뉴라이트 이념은 오늘날 뉴라이트 소속 핵심 단체들에 의해서 주장되는 사상과 전혀 다르다. 알랭 드 브누아와 샤를 샹페티에Charles Champetier가 작성한 「2000년의 뉴라이트」 선언문에는 다음과 같은 이념이 담겨 있다.[237] 자유주의와 세계적 상업화 반대, 개인주의 반대, 유기적이고 공동체적인 사회 개념 선호, 평등주의 거부, 평등주의의 토대가 되는 일신교 거부, 역사적 전통을 가진 집단 정체성과 집단들 간의 '다름에 대한 권리' 존중, 처음부터 인종 간의 차등을 인정하고 차별주의로 향하는 진화론 인정 등이다. 즉 이 이론에 따르면 개개 문명은 그 문명이 생성된 영토 안에서 자신에게 맞는 진화 단계를 밟고 있다. 국가 형태 거부, 지역주의 권한을 우선하는 연방제 선호 세력의 분산에 기초한 국제 관계에 대한 비전 등의 관점에서 유럽은 대중의 제1의 적으로 간주되는 미국의 전방위적 권력 구조에

서 벗어나 통일된 연합국가의 형태를 갖추어야 한다.[238]

그러나 위에서 언급한 내용들로 유럽문명조사연구단체의 이념이 좌익주의적 사상과 유사하다고 판단해서는 절대 안 된다. 이 선언문은 명백하게 우익에 속한 모든 이념을 옹호하고 있을 뿐이다. 이 이념 중에는 좌익주의자들이 주장하는 이슈도 포함되어 있으며〔특히 공동체주의와 연방주의는 '제2좌익'(마르크스주의에 기초한 좌익과 구별)의 이념이다〕, 자유주의적 세계화에 반대하는 이념은 좌익의 핵심 이념이기도 하다. 하여간 이 선언문의 핵심은 알랭 드 브누아가 "동일성의 이데올로기"라고 부르는 이념을 거부하는 것과 관련된다. 다시 말해서 이는 대중화에 대한 거부이며, 단일화에 의해서 문화적 정체성이 해소되는 것에 대한 거부이다. 또한 인간의 기본 권리에 속하는 평등주의에 대한 거부이다. 뉴라이트는 사회유기체설 문제에서 극우주의와 의견을 같이하지만 테크노크라트와 기업가 정신에 대항함으로써 자유·보수주의적 우익주의와 의견을 달리한다.

이러한 이념들을 바탕으로 뉴라이트는 새로운 상황에 재빠르게 적응하는 유연성을 보여주었다. 유럽문명조사연구단체가 발간한 ≪누벨 에콜 Nouvelle Ecole≫(1973) 창간호에 나타난 인종생물학적 관점과 1992년에 알랭 드 브누아가 ≪르 몽드≫와의 인터뷰에서 밝힌, 인종에 대한 관점의 차이는 상당히 크다고 볼 수 있다. 알랭 드 브누아는 "국민전선이 차이를 차별로 정당화하기 위해 사용하는 전략들은 당신이 직접 대중화한 것 아니냐"라는 질문에 다음과 같이 대답했다. 국민전선의 시각은 "차이를 절대적인 진리로 내세우는 것인데, 이는 개념 자체에 의해서 규정되는 절대성이 아니라 상대적 관계에 의거한 절대성이다."[239] 알랭 드 브누아는 수십 년간 국가형태와 국가주권의 반동적 성격에 대해 계속 경고했지만, 최근에는 국민전선의 부총재인 플로리앙 필립포의 주장에 동의함으로써 그의 의견을 철회했다. 플로리앙 필립포는 알랭 드 브누아의 의견에 정반대되는 전체주의적(정치적·경제적·문화적) 국가주권주의를 옹호한 사람이다. 이 운동에 동참한 기욤 파예는 인종차별주의에 대한 신조를 작성했는데, 이를 기반으로 그는 1979년에 다음과 같은 발언을 했다. "지중해를 중심으로 나뉜 아프리카와 프랑스의 생물학적·문화적 '정체성'을 지키기 위해 외국인 이민자들을 상대로 투쟁할 것이 아니라 이민정책 자체에 대해 반기를 들어야 한다." 이러한 기욤 파예의 주장은 그로부터 30년 뒤에 백인 파워의 관심을 받게 되었다.

뉴라이트는 1978~1980년에 프랑스에서 격렬한 논쟁의 대상이 되었으며, 1993년 ≪르 몽드≫에 실린 기사로 인해 또 한 번 논쟁에 휘말렸다. 지식인 40명이 서명한 "경계 주의보"라는 글이 7월 13일 자 신문에 실렸는데, 이 기사에는 뉴라이트 연구자인 정치학자 피에르 앙드레 타귀에프가 뉴라이트 관찰자에서 동조자로 변모했다는 사실이 함께 실렸다. 그러나 프랑스인들은 프랑스 중심주의적 사고에 갇혀 뉴라이트가 유럽 차원에서 형성된 사상적 학파라는 점을 인식하지 못했으며, 뉴라이트주의자들이 프랑스에서와 마찬가지로 독일과 특히 이탈리아에서 활동하고 있다는 사실을 파악하지 못했다. 사상적 학파로서의 뉴라이트는 동일한 뿌리를 가지고 있으며, 교류와 확산을 가능하게 하는 조직망을 갖추고 있었다. 하지만 뉴라이트는 교조적이고 중앙집권적인 조직 구조를 가진 통일 운동체가 결코 아니며 한 번도 그랬던 적이 없다. 뉴라이트는 각 나라의 특성에 맞게 발전했고, 시간이 흐름에 따라 계속 진화하기도 하고 쇠퇴하기도 했다. 뉴라이트 이념의 핵심은 유럽문명조사연구단체와 이 단체가 관여한 출판물을 중심으로 형성되었다(≪엘레망Eléments≫, ≪누벨 에콜≫, 그리고 관련 범위를 좀 더 좁히면 알랭 드 브누아가 개인적으로 운영했던 ≪크리시스Krisis≫가 해당한다). 또한 외국 단체와 출판물의 영향도 많이 받았다. ≪엘레망≫은 1999년에 발행된 2월호에서 외국인 단체와 출판물의 명단을 공개했다. 먼저 델타재단Fondation Delta의 이름으로 뤼크 포웰스Luc Pauwels가 발행하는 네덜란드어권 벨기에의 ≪테코스Tekos≫, 이탈리아의 마르코 타르키가 발행한 출판물(≪트라스그레시오니Trasgressioni≫, ≪디오라마 레테라리오Diorama Letterario≫)과 잡지 ≪후투로 프레젠테Futuro Presente≫, 베를린에서 발행되는 주간지인 ≪융에 프라이하이트≫와 비엔나에서 발행되는 주간지인 ≪추어 차이트≫, 아르헨티나 좌익 페론주의자인 알베르토 부엘라Alberto Buela가 발행하는 ≪디센소Disenso≫, 루마니아의 보그단 라둘레스쿠Bogdan Radulescu와 그의 클럽인 아콜라드 클럽Club des Accolades이 발행하는 ≪마이아스트라Maiastra≫, 스페인의 호세 하비에르 에스파르자José Javier Esparza가 발행하는 잡지 ≪헤스페리데스≫ 등이다. 이 잡지 중 몇몇은 이미 폐간되었지만 모두 뉴라이트의 다양한 이데올로기를 담았던 그릇들이다.

예를 들면 벨기에 잡지 ≪테코스≫는 1940년 이전에 플랑드르 민족주의를 주장했던 요리스 판 세베런과 그의 정당인 플랑드르민족연맹Vlaams Nationaal Verbond의 영향을 받았으며, 전쟁 후 가톨릭주의가 플랑드르 민족주의자들의 정치적 발언에 대해 간섭하기 시작하자 이에 대응하기 위해 형성된 잡지이다.[240] 이 잡지는 독일의 ≪융에 프라이하이트≫보다 더 많이 과거 유산을 다루었다. ≪융에 프라이하이트≫는 질적으로 상당히 뛰어난 잡지였으며, 가판점에서 합법적으로 판매되었다. 그리고 가끔은 과거 국가사회주의가 던졌던 질문들을 다시 이슈화하기도 했다. 2005년 ≪융에 프라이하이트≫는 "1945년 5월 8일: 해방이었던가"라는 주제로 독자들을 향한 대규모 설문조사를 실시했다. 오스트리아자유당의 이론가였던 안드레아스 묄처Andreas Mölzer가 발행하는 잡지인 ≪추어 차이트≫는 "오스트리아의 정통 보수주의 주간지"[241]로 간주되고 있으며, 이러한 이유로 유럽문명조사연구단체나 마르코 타르키의 출판물들과 분명히 구분되었다. 타르키는 이탈리아의 저명한 정치학자이며 우익 전문가로서, 이탈리아사회운동 청년 분과의 문화 저항 운동을 주도하기도 했지만, 현재는 우익적 성향을 모두 거부하고 베를루스코니Silvio Berlusconi 정부를 향해서 신랄한 비판을 가하고 있다. 스페인 잡지인 ≪헤스페리데스≫는 계속해서 국민당

Partido Popular의 사상에 영향을 미치려고 노력했는데, 국민당은 미국의 신보수주의 관점에 가장 많이 동화된 동유럽 우익 정치 정당이었다.

뉴라이트를 추종하는 외국 단체 중에는 전혀 뉴라이트 이념에 동조하지 않으면서 뉴라이트라는 '상표'만 도용하는 단체도 있다. 예를 들면 루마니아의 뉴라이트는 철위대의 계승자이며, 신파시스트주의적이고 제국주의적·반집시적·반동성애주의적 성격을 지니고 있다. 또한 유럽문명조사연구단체 이념에 근거한 '뉴라이트'와 덴마크의 '뉴라이트nye hojre'는 아무런 유사점도 공유하지 않고 있다. '덴마크대중당Dansk Folkeparti'으로 대변되는 덴마크의 뉴라이트는 반유럽주의와 민족주의, 이슬람 혐오주의, 그리고 외국인 혐오주의를 기본 원칙으로 삼는다. 메타정치적 전략을 계승하기 위해 자이므 노게이라 핀투Jaime Nogueira Pinto에 의해 시작된 포르투갈의 뉴라이트는 알랭 드 브누아의 이념들을 포르투갈에 소개했다. 하지만 이들의 '보수적 혁명'은 몰러나 니키슈의 사상에 근거하지 않고 레이건과 대처의 사상을 따른다. 이들의 이러한 성향은 유럽문명조사연구단체의 이념에 비추어볼 때 전혀 이치에 맞지 않는 것처럼 보이지만, 시계클럽의 경우를 생각하면 이해할 수 있다.[242] 자이므 노게이라 핀투는 알랭 드 브누아의 대표작인『우익의 관점에서』를 그대로 인용한 책을 한 권 출판했으며,[243] 1980년 ≪후투로 프레젠테(현재의 미래)≫라는 전형적인 뉴라이트적 제목을 가진 잡지를 창간했다. 하지만 그는 헤리티지재단Heritage Foundation의 이념에 계속 동조했으며, 다음의 사상을 이데올로기의 핵심으로 삼았다. "교황 요한 바오로 2세가 주창한 로마 가톨릭교회 부흥 영성의 중요성과 미래의 지배자로 여겨지는 레이건이 이끄는 미국의 중요성." 이러한 이데올로기적 팽창은 뉴라이트 운동의 역사를 통해서 설명될 수 있다. 뉴라이트는 프랑스에서 유럽민족주의적 정당 구성이 실패하자, 그 결과로 생긴 현상이다. 그러므로 뉴라이트의 핵심 인물은 알랭 드 브누아가 아니라 도미니크 베네르라고 봐야 한다.

뉴라이트와 유럽민족주의

2013년 봄, 도미니크 베네르가 파리 노트르담 대성당에서 자살한 후 그의 정체성에 대한 혼란이 일었다. 그의 자살 행위가 동성결혼에 대한 권리에 반대하는 저항 행위로 해석된 것이다. 그러나 그의 60년 동안의 정치 행적을 추적해볼 때, 그가 보수 가톨릭주의에 영향을 받았다는 사실을 그 어디에서도 찾아볼 수 없었다. "나는 우리를 짓누르고 있는 혼란 상태에 종지부를 찍기 위해 내 자신을 희생할 필요가 있다고 생각한다"라는 그의 말로 보아, 그의 자살 동기가 정치적인 성격을 띠고 있었다는 사실은 틀림이 없다. 그러나 그의 죽음에 대한 오해는 그가 "혼란 상태"라고 지칭한 것이 모든 형태의 결혼에 대한 인정이라고 해석하는 데 기인한다. 그와 같은 정치적 진영에 속했던 대다수 정치인들처럼 베네르는 동성결혼에 대한 법적 허용이 일반적인 시대의 흐름에 포함되는 현상이라고 믿었다. 즉 현재 급속하게 진행되고 있는 '세계화'로 인해 유럽 문명은 서서히 파괴되고 있으며, 동성결혼은 그 일부에 불과하다고 보았던 것이다. 그는 문명사회의 종말을 초래하는 제1의 원인으로 "우리 국민을 대체하려는 목적을 가진 범죄 행위"를 꼽았다. 이는 프랑스와 유럽의 토착 민족을 이민정책과 외국인과의 결혼을 통해서 구조적이며 지속적, 강제적으로 대체하려는 움직임이다. 베네르는 프랑스의 봄Printemps français(동성결혼 반대 단체)의 동성결혼 반대 운동을 지지했는데, 그는 이 단체를 지지하는 이유로 두 가지 요소를 제시했다. 하나는 베네르가 전혀 믿지 않았던 보수적이고 부르주아적인 가톨릭 전통이고, 다른 하나는 모든 사람이 하루 속히 인식하기 바랐던 '정체성'에 대한 문제이다. 그는 1962년에 자신이 직접 도입하고, 바이마르공화국 시대에 유행했던 급진적 보수혁명의 논리에서 사용된 분류법을 다시 활성화시켰다. 그에 따르면 극우주의는 다음의 두 부류로 나뉜다. 첫 번째는 '국수주의자nationaux'(보수주의자와 반동적 부르주아, 법치주의자이거나 무장 폭동 선동자)이고, 다른 하나는 '민족주의자nationalistes'(체제전복을 원하는 엘리트 혁명가)이다.[244] 그가 자살하려고 선택한 장소가 성당이었다는 사실이 모두를 놀라게 했는데, 이는 그가 일신교를 거부했다는 것을 모두가 알고 있었기 때문이다. 하지만 다른 한편으로 이러한 선택은 그의 일관성 있는 신념과 관계된 것이었다. 그의 운동에 동참한 대다수 동료들처럼 그에게 가톨릭주의는 믿음에 관한 것이 아니라 문화였다. 즉 교회는 유럽 문화의 상징으로서 중요한 의미를 지닌다. 바로 이 점이 크리스틴 부탱Christine Boutin(기독교민주주의당Parti chrétien-démocrate 총수)이 이해하지 못한 부분이다. 부탱은 끝까지 베네르가 개종하기를 바랐다.

도미니크 베네르는 민족청년에서 정치 생활을 시작했고, 식민지 갈등 문제에 많은 관심을 두고 있었다. 피에르 시도가 주도한 민족청년의 언론 매체를 통해 베네르는 이미 단순한 민족적 제국주의를 넘어서는 유럽적 민족주의에 대한 생각을 글로 발표했다. 나세르Gamal Abdel Nasser•에 의해 아랍 국가가 연합되고 소련과 미국, 그리고 모택동의 중국이 막강한 세력으로 등장하자 베네르는 인종에 기반을 둔 제국을 세워야 할 때가 도래했다고 믿었다. 그는 서유럽연합이 동유럽인들의 해방을 가져오게 될 것이라고 믿었으며, 연합된 유럽은 유라프리카로 규모를 넓힐 것이라고 믿었다.[245] 비밀군사조직의 조직망에 대한 탄압으로 감옥에 갇혔다가 출소한 후, 그는 민족학생연맹의 이데올로기 노선을 검토하기 시작했다. 이 시기는 ≪유럽 악시옹Europe-Action(행동 유럽)≫의 발행 시기와 맞물리는데, 당시 청년이었던 알랭 드 브누아는 파브리스 라로슈Fabrice Laroche라는 가명을 써서 이 잡지에 글을 기고하기 시작했다. 베네르는 「긍정적 평가를 위하여」라는 글에서 티리아르를 인용하면서 공산주의에 맞서서 서구를 지켜야 한다는 논지를 펼쳤는데, 그가 논리를 전개할 때 사용한 이론은 기존의 이론

• 이집트의 군인이자 혁명가이다.

들과 구별되었다. 서구의 민족주의자들은 "백인 국가의 전투원"이라고 명명되었으며, 그들의 전투는 더 이상 반공산주의적 투쟁이 아니었고 인종 간의 전투가 되었다.[246] 이 잡지는 프랑스 민족주의가 고수해온 전통적인 민족주의를 저버렸다. 가톨릭주의는 신이교주의를 통해 폐기되었으며, 국가라는 개념도 백인종을 방어해야 한다는 이유로 뒤로 밀려났다. 결국 인종주의가 핵심 이데올로기로 자리 잡게 된 것이다. 이러한 이데올로기의 전환으로 인해 그는 그동안 식민지 제국 방어라는 명분으로 투쟁해왔던 일부 당원들과 갈라서게 되었다. 이들은 베네르의 이데올로기가 나치주의와 유사하다고 경고했다.

메타정치 전략은 바로 이러한 상황에서 시작되었는데, 이는 일반적으로 추정되는 것처럼 유럽문명조사연구단체의 설립과 관련된 것은 아니다. ≪유럽 악시옹≫은 특별히 극우주의자들을 겨냥해서 발행된 잡지였으며, 반동주의적 편집자들에 의해 발전된 개념들을 극우주의자들 사이에 뿌리내리게 하기 위한 목적을 가지고 있었다. 7000권 중 2500권이 군인들과 석방된 전쟁 포로에게 공짜로 배포되었다. 베네르에 따르면 피에르 부스케가 책임자로 있었던 배급 위원회는 문화 투쟁을 벌이기 위한 전초전을 구상하는 곳이었다. 이들의 최종 목적은 극우주의 추종자들을 민족학생연맹 멤버들이 운영하는 조직으로 유인하는 데 있었다. 또한 그들은 틱시에 비냥쿠르 위원회[247]에 침투해서, 그들의 신임을 얻어 그 조직의 '핵심' 대원이 되라는 임무를 부여받기도 했다. 특히 그들은 재정에 관련된 자리를 얻기 위해 많은 노력을 기울였는데, 이는 자본망을 형성하기 위한 것이었다.[248] 이와 같은 사실로 미루어볼 때 메타정치는 게릴라적 투쟁과 극우주의 진영에 새로운 이데올로기를 제공하는 전략을 동시에 펼쳤다고 볼 수 있다. 경찰청 정보에 따르면 ≪유럽 악시옹≫의 주도자들은 1965년 대통령 선거에서 실패한 이후 틱시에 비냥쿠르 위원회에 침투하는 데 성공했는데, 이는 장 루이 틱시에-비냥쿠르와 장 마리 르펜 사이의 갈등 때문에 가능한 것이었다. 이들은 틱시에 비냥쿠르 위원회 책임자들 중 150명(모두 행동유럽 공작원)이 서명한 「기초에 대한 호소」라는 선언문을 배포했는데, 이는 '연합된 하나의 정당'을 설립하기 위한 기초 작업이었다. 연합 정당인 민족진보운동Mouvement nationaliste du progrès은 언론을 통해 다양한 단체를 연합하고, 더 이상의 분열을 용납하지 않으며 신용이 떨어진 지도급 인사들을 배제한 연합체로 소개되었다. 민족진보운동의 지도급 인사들은 실제로 유럽행동에서 활동했던 사람들로 구성된 비밀단체인 중앙민족주의Centre nationaliste의 멤버들이었다. 이 비밀단체는 전쟁이 끝난 후, 말 그대로 경험에 근거한 연합체를 설립하기 위해 다양한 운동 단체 안에 활동 요원을 침투시켜야 한다는 아이디어를 발전시킨 조직이었다. 이 비밀단체의 정책 결정은 네 사람이 주도했는데, 그들 중 세 명(브누아, 마비르, 리비에르Claude Rivière)은 후에 유럽문명조사연구단체의 핵심 사상을 구축할 때에도 관여했다.[249] 이들의 이데올로기는 유럽 내의 활발한 교류로 형성되었다.

샤를 모라스는 독일 단체들과 교류하기를 꺼렸지만, 민족학생연맹은 라인강 건너편의 여러 단체와 교류했으며, 그중에는 독일국가민주당도 포함되어 있었다. 1965년부터 민족학생연맹은 ≪융에스 포룸Junges Forum≫('청년 광장'이라는 뜻이며, 1964년에 창간된 잡지로 독일 뉴라이트의 기수 역할을 했다)과 교류하기 시작했으며, ≪융에스 포룸≫은 이와 같은 교류를 통해 프랑스 뉴라이트의 영향을 받기 시작했다. 그리고 이러한 사상들을 독일 전체 민족주의 운동 속에 스며들게 했다. 반대로 독일 민족주의자들의 혁신적 가치가 프랑스 뉴라이트 운동에 영향을 미치기도 했다. 헤닝 아이히베르그(1942)가 그 중개자 중 하나이다. 그는 독일의 우익 잡지 ≪나치온 오이로파≫의 협력자였으며, 1966년에는 민족학생연맹이 주최하고, 벨기에와 독일의 활동가들이 소개된 여름 캠프에도 참여했다. 아이히베르그는 이 캠프에서 행동유럽이 주장한 이데올로기적 전환에 동감하게 되었는데, 그 내용은 '인종에 대한 현실적 개념[250]에 근거한 구원자 숭배 이데올로기에 대한 폐기'였다. 그는 독일로 돌아와 행동유럽의 이념을 독일 민족주의자 진영에 퍼트렸고, ≪누벨 에콜≫ 독일 특파원이 되었다. ≪누벨 에콜≫은 특별히 ≪융에스 포룸≫ 내에서 유럽문명조사연구단체와 관련된 활동을 한 단체이다. 이러한 활동을 통해 아이히베르그는 유럽 뉴라이트의 핵심 사상인 인종다원주의를 고안하게 되었다(반인종주의는 개개인이 다음의 원칙을 지킴으로 형성된다. 즉 개인은 다른 인종과의 결합을 삼가고 자신의 정체성을 보장하는 인종문화적 집단에 소속되어야 한다. 이는 유럽신질서의 신인종주의와 유사하긴 하지만 좀 더 인간미가 가미되었다고 평가받는다).

독일의 젊은 민족주의자들은 1960년대 말에 사상의 근대화를 통해 변화를 모색했다. 변화의 핵심은 1969년 독일국가민주당에 의해 시작된 '저항' 캠페인이었다. 이 캠페인을 통해 민족주의주의자 핵심 조직들이 병합되었으며, 1년 후에 저항실천Aktion Widerstand이라는 공동전선이 설립되었다. 이 명칭 자체는 민족주의·볼셰비즘주의 이론가인 에른스트 니키슈를 연상시키지만, 이 단체의 이론을 정립한 사람은 독일국가민주당의 지도자이며 국가사회주의 독일노동자당의 멤버였던 아돌프 폰 타덴Adolf von Thadden이었다. 그는 1969년 12월, 「보수주의 혁명」이라는 문서를 통해 그의 이념을 명확하게 밝혔다. 그는 이 문서에서 독일 국민의 생물학적·인종적 순수성을 지키기 위해서 폭동이 불가피하다는 사실을 명백히 피력했다. 폭력적 혁명과 운동의 조직력에 의해 순수성을 지킬 수 있다고 본 것이다. 이러한 신념 아래 독일국가민주당은 유럽해방전선Europäische Befreiungsfront이라는 테러 단체를 조직하게 되었다. 저항실천의 핵심 주동자 중 한 사람인 위르겐 리거Jürgen Rieger는 북유럽연맹Ligue nordique의 회원이었으며 뉴라이트의 가장 중요한 잡지인 ≪노이에 안트로폴로기Neue Anthropologie(신인류학)≫를 발간한 사람이기도 하다. 그 후 리거는 유럽문명조사연구단체와 유럽신질서에서도 활동했다. ≪노이에 안트로폴로기≫를 발행한 활동가들은 권터와 로젠베르크가 주창했던 나치 인종주의 이념에 완전히 동의하기는 했지만, 역사적으로 몇몇 경우를 제외하고는 대체적으로 너무 극단적으로 적용되었다고 생각했다. 나치 인종주의 이념 속에는 동족 사이의 결혼만을 고집하는 유대인들에 의해 조장되는 세계 혼혈주의에 대한 전설이 포함되어 있다. 세계 혼혈주의를 통해서 유대인들이 세계 최고의 엘리트가 될 수 있다는 것이다.[251]

'저항실천'의 가장 열렬한 당원들은 1972년 독일국가민주당에서 분리되어 신우익행동이라는 단체를 설립했다. 이 단체는 다음과 같은 이데올로기를 어떻게 확산시킬 것인가에 대해서만 고민했는데, 그들의 이데올로기는 정당 형태를 거부하고 그들의 적이 사용하는 언어에 관심을 집중시켜서 다양한 단체를 연합하는 초당적 조직망을 구성하는 것이었다. 하지만 헤닝 아이히베르그는 이러한 전략에 만족하지 않고 사상적 변신을 거듭했다. 대학 교수가 된 아이히베르그는 정치적으로 계속 변신했고, 환경보호주의 운동에 관심을 보였다(독일 뉴라이트는 1980년부터 독일 녹색당에 적극적으로 참여했다. 이탈리아 뉴라이트도 1986년부터 녹색당에 관심을 보이기 시작했는데, 이는 녹색당 내에 뉴라이트에 영향을 미친 에볼라의 사상에 대응하는 반근대적 이념이 존재한다고 믿었기 때문이다. 유럽문명조사연구단체는 1989년경에서야 신이교도주의적 관점을 토대로 녹색당과 교류하기 시작했다). 헤닝 아이히베르그는 1982년 이후 덴마크에 정착했고, 현재 덴마크 급진 좌익주의 정당인 사회주의민중당Socialistisk Folkeparti의 문화부에서 활동하고 있다. 즉 활발한 활동을 벌였던 독일의 민족주의는 독일국가민주당의 그늘에 머물지 않았다. 왜냐하면 독일국가민주당의 청년 운동이 1973년에 다음과 같이 선언했기 때문이었다. 민족주의는 미국과 소련 자본주의적 제국주의에 저항하는 것을 기본 원칙으로 하는데, 이들의 제국주의적 성격은 민중을 억압하는 제도를 기반으로 한다. 따라서 이들의 제국주의에 대항하기 위해서 '민족 해방' 전쟁을 벌여야 하며, '국제주의적이고 다민족주의적인 테두리 안에서' 아프리카, 아시아, 바스크, 브르타뉴, 플랑드르 등의 해방 투쟁을 지지해야 한다.[252]

이와 같이 국가들 사이의 교류는 끊임없이 계속되었다. 아르민 몰러(보수혁명 주창자)는 이미 1960년대부터 알랭 드 브누아와 친분 관계를 유지했으나, 보수혁명 이념에 전념하게 된 것은 1972~1987년이었다. 이를 계기로 카를 슈미트Carl Schmitt, 묄러 판 덴 브루크, 오스발트 슈펭글러Oswald Spengler와 에른스트 윙거 등이 유럽문명조사연구단체로 흡수되었다. 에볼라의 사상이 프랑스에 소개된 때도 바로 이때이다. 에볼라의 사상은 이브 잔이 발행하는 신나치 잡지인 ≪드브니 유로펜Devenir européen(유럽의 미래)≫뿐만 아니라 민족주의적 혁명주의자들과 1977년에 에볼라를 인용한 뉴라이트까지 다양한 단체를 통해 수용되었다.[253] 하지만 프랑스에서는 문화적 차원의 논쟁이 당파적 전략으로 흡수되었다. 오직 하나의 긍정적인 비판(혁명주의적 엘리트 한 명이 '민족주의자'들을 연합할 것이며, 이를 토대로 '국수주의자들'도 규합하고 통제할 수 있다)에서 주장하는 규범에 따라, 프랑스 진보적 민족주의 운동은 극우주의 전체를 하나로 연합하는 조직을 세웠다. 바로 유럽해방연합Rassemblement européen de la liberté이다. 포퓰리즘적 성향을 가진 이 정당은 행동유럽의 중요한 이념들 중 몇 개를 취했는데, 예를 들면 '미개발 지역과 저능력자들'에 대한 지원을 중단하는 것 등이었다. 이 정당은 1967년 선거에서 참담히 패했으며, 피에르 부스케와 피에르 클레망티의 지도하에 재조직되었다. 이는 동부전선에 참여했던 두 명의 전직 무장친위대 소속 요원들의 퇴진에 대한 요구와 독일국가민주당과의 교류 활동 중단, 남아공의 아파르트헤이트와 히틀러의 『나의 투쟁Mein Kampf』을 테마로 한 세미나에 대한 철회 요구로 이어졌다.[254]

알랭 드 브누아는 그가 "정치에 뛰어들기로 결단하고" 잡지를 발행하기로 결정한 시기가 1967년 가을이라고 밝힌 바 있다. 또한 그는 1967년에서 1968년 사이의 겨울 동안, 행동유럽에서 그와 비슷한 활동을 한 십여 명의 동료들을 규합하는 데 성공했다. 그는 뉴라이트의 탄생과 동시에 '신좌익' 운동도 일어났다고 주장했으며, 이와 같은 현상을 "새로운 세대의 특수한 현상"이라고 분석했다.[255] 그리고 브누아의 예견대로 뉴라이트와 신좌익 운동의 연합이 이루어졌다. 이 연합 운동은 니스의 민족학생연맹에서 활동한 자크 브뤼야스Jacques Bruyas가 주도했는데, 브뤼야스는 1968년 1월 15일에 유럽문명조사연구단체의 임시 사무실을 설치한 장본인이고, 후에 ≪누벨 에콜≫로 거듭난 잡지의 초기 간행물을 발간한 사람이다. 피에르 안드레 타귀에프는 뉴라이트 주동자들의 첫 번째 모임이 1968년 5월 4~5일, 이틀에 걸쳐 리옹에서 열렸다고 주장했다. 그러나 그 시기에 모임을 주도한 사람들 중에는 첫 모임이 다르게 시작되었다고 주장하는 사람들도 있다. 후에 유럽문명조사연구단체의 총재가 되었고, 비밀군사조직에 연루되어 감옥살이를 한 모리스 롤레Maurice Rollet(1933~2014)는 1967년 11월 모임에서 민족학생연맹의 핵심 인물 몇 명이 '급진적 방향 전환'을 결정했다고 정확하게 회고했다. 그 후 1968년 1월 29일 마르세유에서 있었던 그의 생일잔치에서 십여 명이 발기해 유럽문명조사연구단체가 설립되었다고 증언했다. 롤레는 설립자들의 이름을 약자로만 소개했지만, 대부분의 신원이 밝혀졌다. 그들은 파브리스 라로슈라는 이름을 사용한 알랭 드 브누아, 테오 발라라Théo Balalas, 피에르 마르세네Pierre Marcenet, 장 클로드 발라, 장 마르셀 자가메Jean-Marcel Zagamé, 도미니크 가자Dominique Gajas, 자크 브뤼야스, 모리스 롤레이며 이들은 창단 멤버에 속한다. 그런데 이 명단에 대해서 논쟁의 여지가 없는 것은 아니다. 왜냐하면 대학교수인 안 마리 뒤랑통 크라볼Anne-Marie Duranton-Crabol과 극우주의 기록 보관자인 앙리 코스통Henry Coston이 또 다른 버전을 주장하고 있기 때문이다.[256] 한편 장 카스트리요는 또 다른 주장을 펼쳤다. "베네르는 조직 내의 임무 분담에 대해서만 신경을 썼고, 알랭 드 브누아는 그가 발행하고자 했던 잡지의 이론 문제에만 집중했다. 마지막으로 (민족혁명주의적 경향을 가진) ≪밀리탕≫

이 생겨났다."[257] ≪밀리탕≫은 부스케와 카스트리요가 1967년부터 발행한 잡지로서, 1972년에 이 잡지 팀이 국민전선에 합류하면서 국민전선의 회지가 되었다.

유럽문명조사연구단체는 비판적 좌익 진영과 함께 공감했던 이슈들 때문이 아니라 극우주의 진영이 해체되면서 설립된 단체라고 볼 수 있다. 정보부의 정보에 따르면 극우주의 진영은 유럽해방연합이 해체되자 새로운 전략을 세울 수밖에 없었다. 유럽해방연합은 여러 개의 발행물과 독립 단체로 분해되었으며, 베네르는 프랑수아 미테랑이 이끌었던 좌익사회민주연맹Fédération de la gauche démocrate et socialiste을 지지하기 시작했다. 그러다 1968년 3월에 일어난 개혁의 바람이 활동가들을 고무하게 되었는데, 공금 횡령뿐만 아니라 사기와 연관된 재정 문제로 인해 극우주의 진영 단체 내의 수많은 지도급 인사들이 경질된 사건이 일어난 것이다.[258] 이것이 바로 1968년의 5월혁명이다. 유럽해방연합의 해산과 함께 생겨난 다양한 간행물들과 스스로를 '유럽 사회주의자'로 지칭하던 부류들은 해산 후 무정부주의주의자들과 접촉하기 위해 노력했다. 이와 같은 현상은 독일과 이탈리아에서도 동시에 일어났다. 예를 들어 민족청년의 멤버이며 클레망티의 대자였던 피에르 비알은 ≪소샬리즘 유로페엥Socialisme européen(유럽 사회주의)≫ 출신이다. ≪소샬리즘 유로페엥≫은 '적색 깃발'과 '민족주의적 공산주의', '유연한 조직 구조를 가진 프랑스 청년 좌익주의' 등의 성향을 가지고 있었으며, 프랑수아 미테랑의 정당인 좌익사회민주연맹과 모즐리에게 관심을 가지기도 했다. ≪소샬리즘 유로페엥≫ 발행자들은 스스로를 '정치적 실천의 토대가 되는 사상의 실험실'이라고 규정했다.[259] 이와 같은 특성은 분명 유럽문명조사연구단체의 설립 취지와 일치한다. 마찬가지로 유럽학생총연합도 무정부주의자들과 접촉하기 시작했고, '생물학적·역사적 물질주의'라는 이름으로 혁명주의에 기초한 유럽사회주의연합을 출범시켰다. '생물학적·역사적 물질주의'는 행동유럽이 교리화했던 르네 비네의 '생물학적 현실주의'의 새 명칭이었다. 그리고 이 단체는 그 시기에 등장한 새로운 개념을 비판했는데, 그 개념이 바로 자본주의의 '세계화'이다. 이 단체는, "특별한 구조 속에서 지위를 박탈당한 계층들이 자본주의로 인해 발생하는 소외 현상을 더 이상 스스로 방어할 능력이 없다는 것을 이미 의식하고 있다"라고 보았다. 바로 이러한 이유에서 "언어와 경제, 인종적 국경을 토대로 한 유럽 국가의 설립이 필요하다. …… 통일된 유럽은 유럽인들만의 국가가 될 것이며, 우리는 인종주의를 조장하는 근본 원인을 제거하기 위한 투쟁을 전개할 것이다. 이러한 인종주의는 미국을 분열시키는 원인이지만, 유럽에서는 최종적으로 유럽을 하나로 결속시키는 토대가 될 것이다. 왜냐하면 우리는 같은 문화와 같은 관습을 소유하고 있기 때문이다"라고 말했다.[260] 그들이 발간한 잡지인 ≪푸르 윈 젠 유럽Pour une Jeune Europe(청년 유럽을 위하여)≫은 그 제목에서부터 좌익적 성향을 환기했고 동시에 나치적 선동을 유발했다. 이것이 바로 유럽신질서가 주장한 사상이라고 볼 수 있는데, 그들의 사상은 극우주의와 차별화되는 반제국주의적이고 반미국적인 표현을 통해서 재구성되었다. 또한 그들의 사상은 좌익 진영에 속하는 사람들을 위해 철저한 반공산주의적 입장을 관철했으며, 국제적 자본주의의 폐기에는 동의하지 않았다. 또한 민족주의에는 동의했으나 인종적 지역주의와 생물학적 인종주의, 문화적 차별주의에는 반대했다. 이러한 논리는 곧이어 유럽문명조사연구단체의 반서구주의 논쟁 속으로 뒤섞여 들어갔는데, 이는 이 단체의 의도와 상관없이 전개된 '좌익으로의 전환', '반순응주의적' 이념으로의 발전이었다.

유럽문명조사연구단체의 정관은 1969년 1월에 작성되었다. 초기 활동가들 중에서 좌익적 사상을 가진 사람들은 없었지만, 세계민족사회주의연맹에서 활동했던 마르셀 르페브르가 끼여 있었다. 반면에 알랭 드 브누아는 그리스 군사 정권의 초청으로 그리스에 머물고 있었다.[261] 유럽문명조사연구단체는 '유럽적 사회주의'를 목적으로 세워진 단체였으며, 이는 유럽민족주의로부터 출발해 1968년 5월혁명의 실패를 경험하고 뉴라이트라는 국수주의적 성향에 이르는 거대한 흐름 속에서 형성되었다. 유럽문명조사연구단체의 이와 같은 발전은 이 단체의 설립자이자, 1978~1984년에 사무총장을 지낸 피에르 비알에 의해 주도되었다(비록 알랭 드 브누아는 오랫동안 '생물학적 현실주의'를 기피했지만, 피에르 앙드레 타귀에프는 유럽문명조사연구단체의 초기 20년을 다음의 네 시기로 구분했다. 첫째, 1968~1972년 철저한 반공주의에 기반을 둔 '생물학적 현실주의'에 상응하는 인종주의, 둘째, 1972~1979년 철저한 반유대·그리스도교에 기반을 둔 인도·유럽 문화적 인종주의와 반평등주의, 셋째, 1979~1983년 철저한 반미국주의에 근거한 반자유주의와 다른 형태의 '환원주의', 넷째, 1984~1987년 혁명주의적 제3의 길과 인종다원주의이다).[262]

유럽문명조사연구단체의 사상이 상당히 유동적이기는 했지만, 다른 단체들과의 활발한 교류를 통해 유럽의 급진 극우주의 진영으로 자리 잡게 되었다. 또한 유럽문명조사연구단체는 메타정치에 대한 상호 교류에 만족하지 않고, 혁명주의적 민족주의 진영과 연합해 정치 단체를 조직하기 원했다. 1984년에 유럽문명조사연구단체와 장 질 말리아라키스Jean-Gilles Malliarakis(피에르 비알은 이미 이 사람과 접촉하고 있었다)가 이끄는 혁명주의민족운동Mouvement nationaliste-révolutionnaire: MNR이 모임을 가졌다. 그다음 해에 장 질 말리아라키스와 기욤 파예는 파리에서 새로운 모임을 갖자고 약속했으며, 프루동서클Cercle Proudhon이 주최한 제네바 회의에 같이 참석했다. 이 회의는 "정체성에 대한 권리"라는 주제로 열렸으며, 유럽 뉴라이트의 핵심 인물들(알랭 드 브누아, 피에르 비알, 벨기에의 로베르 스퇴케, 이탈리아의 마르코 타르키, 영국의 마이클 워커Michael Walker와 피에르 크레브스Pierre Krebs)이 참여했다.[263] 이러한 노력들은 결국 열매를 맺었다. 1985년 가을에 혁명주의민족운동과 신세력당(신질서에서 활동한 인물들에 의해 1974년에 창립)의 잔존 세력들, 그리고 전위청년Jeune Garde(독자적 단체로 소개되긴 했지만 실제로는 혁명주의민족운동의 지부)가 연합해 제3의 길을 창설했다. 이는 유럽문명조사연구단체와 방어연합단체Groupe union et défense의 주도하에 성사되었다. 급진주의자들은 국민전선의 도약이 일시적인 것에 불과하다고 판단하고, 연합체를 통해 “르펜에게 실망한 사람들에게 이데올로기적 주춧돌”을 제공할 수 있다고 확신했다.[264] 하지만 유럽문명조사연구단체와 제3의 길은 얼마 지나지 않아서 여러 가지 문제로 의견 충돌을 빚게 되었다. 예를 들어 민족주의적 혁명주의 진영에서 활동하던 투쟁가들은 유럽문명조사연구단체가 전국적으로 배포되었던 포스터 인쇄비를 지불하겠다는 약속을 지키지 않았다고 비난했다.[265] 인쇄비 지불에 대한 약속과 여러 가지 모임을 통해 내릴 수 있는 결론은, 유럽문명조사연구단체가 메타정치보다는 정치적 활동에 더 관심이 있었다는 사실이다. 기욤 파예와 피에르 비알은 정치 활동을 전개하기 위해 최전선에서 민족주의적 혁명주의 진영과 접촉했다. 하지만 두 사람 중 한 사람은 국민전선에 합류했고, 다른 한 사람은 유럽문명조사연구단체에서 축출당했다는 사실은, 왜 이러한 전략이 난관에 봉착할 수밖에 없었는지 부분적으로 설명해준다. 국민전선은 그들의 예상과는 다르게 계속 성공을 거두고 있었던 것이다. 그럼에도 불구하고 뉴라이트와 민족주의적 혁명주의 진영은 유럽자유전선이라는 테두리 안에서 공동체를 구성할 수 있었다.

유럽지역주의

유럽문명조사연구단체가 문화 전략으로 내세운 이념들 중 가장 강력하게 밀고 나간 것이 바로 국수주의이다. 국수주의 이념은 민족주의적 혁명주의자들에게도 확산되었으며, 결국 포퓰리즘 정당들도 이 이념에 물들게 되었다. 국수주의는 국제 교류 시 유럽문명조사연구단체가 제일 먼저 내세운 이념이기도 하다. 피에르 비알은 국민전선의 지도부를 장악한 뒤, 1995년 토지와 민중의 설립과 함께 국민전선 안팎으로 신이교도주의적인 국수주의 노선을 구축했다. 토지와 민중은 독일의 반더포겔[266]과 비슷한 성향을 가진 단체로, 이 두 단체는 특히 '연맹'적 성격과 문자 그대로 국수주의적 인종주의를 주장한다는 점에서 공통점을 가지고 있었다. 토지와 민중은 나치즘을 연상시키는 발언을 하기도 했으며, 유럽에서 인종 문제 때문에 전쟁이 일어날 것이라고 떠들기도 했다. 토지와 민중과 같은 외부 조직은 선동적 프로파간다를 확산시킬 수 있는 수단으로 국민전선에 이용되었다. 하지만 토지와 민중은 국민전선 내부의 급진성을 강화시키는 데 기여하기는 했어도 내부 세력을 교체하는 데는 실패했다. 토지와 민중이 1998년 국민전선의 주도권을 장악하려고 시도하자, 장 마리 르펜은 브뤼노 메그레 주변을 맴도는 '인종주의자들'을 비난하면서 이 단체와 거리를 두게 되었다. 그 후로 메그레는 그가 창립한 단체인 민족공화국운동Mouvement national républicain 안에서 차지하는 토지와 민중의 비중 때문에 궁지에 몰리게 되었다. 결국 피에르 비알은 2001년 9월 11일 이후, 메그레가 이슬람에 대항하기 위해서 유대인을 옹호하는 것처럼 보이자 메그레와의 교류를 단절했다. 토지와 민중은 벨기에와 스페인(티에라 이 푸에블로Tierra y Pueblo), 포르투갈(테라 에 포부Terra e Povo), 이탈리아(테라 인수브레Terra Insubre)에 지부를 설치함으로써 국제화되었으며, 2013년부터는 스위스의 신나치 조직망인 스위스 유럽행동과 교류하기 시작했다. 이 단체는 2010년 이후부터 유럽신질서의 재활 조직으로 활동하기 시작했다.

토지와 민중의 이데올로기와 조직 형태에 상당히 근접한 성격을 가지는 단체가 바로 독일의 툴레세미나Thule Seminar이다. 이 단체는 1980년 프랑스인 프랑수아 피에르 크레브스가 설립했으며, 툴레모임Société Thulé이라는 명칭을 통해 공개적으로 선동적인 성향을 드러냈다. 툴레모임은 '신비로운 역사'와 비교도주의적 신나치주의를 추종하며, 국가사회주의 독일노동자당을 뒤에서 조종하는 거대한 비밀조직으로 간주되었던 단체이다. 바로 여기에서 '우익적 그람시주의'가 어떻게 음모론을 통해 강화되는지 살펴볼 수 있다. 음모론적 사상을 확산시키는 일개 광신자 집단이 역사를 뒤집어엎을 수도 있는 것이다. 툴레세미나는 ≪엘레망≫이라는 잡지를 발행하면서, 이 잡지에 '흑색 태양' 상징을 거리낌 없이 사용했는데, 이 상징은 베벨스부르그Wewelsburg에 주둔했던 나치친위대가 소유했던 성의 장식이었다. 흑색의 태양 모자이크는 계속해서 비교도주의적 신나치주의의 관심 대상이 되었으며 대중문화에도 영향을 미쳤다(빌헬름 란디히의 책 등이 그 예이다). 독일 모델을 토대로 스위스 툴레서클Cercle Thulé이 1983년에 세워졌고, 그다음 해에 프루동서클이 설립되었다. 이 서클은 에볼라 노선을 표방한 뉴라이트 성향을 따른다. 또한 프루동서클은 1990년에 해체될 때까지 뉴라이트 국제 모임이나 홀로코스트 부정주의자들의 모임을 주선했다.[267]

프랑스와 벨기에의 교류가 이러한 국제화 움직임을 더욱 증진시켰다. 에밀 르세르프는 ≪누벨 에콜≫의 편집 위원회에 참가하고, 벨기에의 뉴라이트 잡지인 ≪누벨 유럽 매거진Nouvelle Europe Magazine≫(1973년에 2만 3000부를 인쇄했다)의 발행에도 관여했다. 1972년 유럽문명조사연구단체의 벨기에 버전인 서클에라즘Cercle Erasme이 설립되자 벨기에에서도 뉴라이트에 대한 관심이 생겨났다.[268] 벨기에 뉴라이트를 주도한 인물은 로베르 스퇴케(1956)였다. 스퇴케는 드보트가 이끈 국가대중전선Front nationaliste populaire에서 활동했으며, 그 후 ≪누벨 에콜≫에 가담했다가 1983년 유럽연구조사동향Études, recherches et orientations européennes 연구소 설립에 합류하고, 벨기에 뉴라이트의 핵심 출판물(≪오리앙타시옹Orientations≫, ≪블루아Vouloir≫)의 발행을 주도했다. 스퇴케는 벨기에인 피에르 프레송Pierre Freson과 프랑스인 기욤 파예와 함께 1985년 인종차별적 이데올로기에 근거한 종합 테제를 소개하는 책을 출간했다. 이 책은 인종에 대한 '올바른 개념'과 '올바른 정의'를 내포한 일종의 백과사전으로서 독자들에게 그 내용을 '암기'할 것을 권장했다. 그리고 이 책을 통해 뉴라이트주의자들은 티리아르가 '우리 시대의 가장 영향력 있는 정치 이론가'라고 서슴지 않고 주장했다.[269] 이 주제에 관한 소논문들이 ≪르 파르티잔 유로펜Le Partisan européen(유럽 투쟁가)≫이라는 잡지를 통해 계속 발표되었는데, 이 잡지는 상당한 영향력을 행사했던 백과사전적인 종합 이데올로기를 제공했으며, 후에 다른 단체들에 의해서 자주 인용되었다. '투쟁가'는 미국 시온주의자의 통제와 이민자들의 범람에 대항해 유럽을 방어하는 전투원들이며, "힘의 공백 기간"에 살면서 "대중을 위해 세계의 지배계층과 다국적 자본주의에 대항해" 전쟁을 치르는 사람들로 언급되었고, "투쟁가들은 곧 방어자들"이었다. 또한 유럽이 겪고 있는 갈등은 "반미국주의를 지지하는 정당과 미국주의를 지지하는 정당 사이의 갈등", 미국을 지지하는 자들이 야기한 "정치적·사회적·인종적" 갈등이고, 이 갈등은 "완전히 열린 시민전쟁"을 통해 해결할 수 있다고 보았다. 또한 이 전쟁을 치르기 위해서 유럽 투쟁가들은 무기를 들고 무장해야만 한다고 주장했다.[270]

하지만 프랑스와 벨기에의 활발한 교류는 내부자들의 갈등으로 분해되기 시작했다. 기욤 파예는 1986년에 축출되었는데, 1987년 8월까지 그가 무슨 이유로 축출되었는지 정확하게 밝혀지지 않았다. 피에르 비알이 ≪르몽드≫에서 밝힌 바에 따르면 유럽문명조사연구단체가 점차적으로 ≪블루아≫와 ≪오리앙타시옹≫, 벨기에 동료들의 존재를 경시하기 시작했고, 기욤 파예와 다르게 티리아르를 그들의 모델로 삼는 것을 거부했기 때문이다. 결론적으로 "이러한 판단에 근거해 기욤 파예가 더 이상 유럽문명조사연구단체를 지지하지 않는다"는 판단에 이르렀다.[271] 1993년 프랑스 남동부에 위치한 루마랭Lourmarin에서 유럽행동공동체연맹Fédértion des activités communautaires en Europe의 여름 회의가 열렸다. 이 조직은 실제로 존재하지 않는 조직이었지만 유럽문명조사연구단체에 속하지 않는 유럽 뉴라이트 진영의 모임을 주선하고, 알랭 드 브누아와 갈등 관계에 있었던 인물들을 규합하는 역할을 했다. 두 사람이 이 회의를 주관했는데, 그중 한 사람은 티에리 뮈드리Thierry Mudry였다. 뮈드리는 민족주의적 혁명주의 진영과 프랑스의 국수주의적 성향을 띠는 뉴라이트 사이를 넘나들면서 활동한 사람이다(그는 ≪르 파르티잔 유로펜≫, ≪민족주의와 공화국Nationalisme et République≫, 프로방스포럼Forum Provence, 신저항에서 활동했다). 다른 한 사람은 그의 부인인 크리스티안 피가세Christiane Pigacé(1990년대 국민전선의 학술위원회 위원으로 활동)였다.[272] 이 모임을 통해서 1994년에 유럽 전 지역을 망라하는 유럽공조가 형성되었는데, 이 조직은 로베르 스퇴케가 주도한 유럽문명조사연구단체의 분열 조직이었다. 이 조직은 파리·베를린·모스크바를 축으로 하며 러시아에서 태동된 신유라시아주의를 주창했다. 이 개념은 우선 프랑스의 대중투쟁조직Organisation Lutte du Peuple에 의해 계승되었으며, 특히 루마니아 출신의 장 파르뷜레스코Jean Parvulesco가 많이 인용했는데, 파르뷜레스코는 신유라시아주의를 세계 백인 연합의 유토피아적 마지막 단계로 간주한 사람이다.[273] 파블레스코는 후에 유럽공조의 회원이 되었으며, 알렉산드르 두긴의 사상에 중요한 영향을 미쳤다(두긴은 1992년 ≪엘레망≫을 창간해서 로베르 스퇴케와 장 티리아르 등의 글을 러시아에 소개했다. 그런데 그는 그 잡지에 나치를 숭배하는 상징들도 함께 실었는데, 이는 두긴이 알랭 드 브누아와 거리를 두게 되었음을 의미한다).[274]

로베르 스퇴케가 유럽문명조사연구단체를 비판한 이유는 유럽문명조사연구단체가 메타정치와 관련해 아무런 결과물을 내놓지 못했기 때문이며, 현실성이 전혀 없는 사상을 추구했기 때문이다(특히 이민 문제에 관해서). 유럽문명조사연구단체는 유럽 문화 공간에서의 현실적인 정치 조직을 구성하기 위해 필수불가결한 지정학과 법학 관련 분야에 대한 구체적인 전략을 전혀 제시하지 못한다는 비난을 받았다. 결국 유럽 영토에 외국인 공동체의 존재를 인정해야 한다는 브누아의 주장은 스퇴케로부터 강한 비판을 받았다. 스티케는 외국인 이민자들을 "단지 잠시 스쳐가는 인종일 뿐이며, 숫자가 너무 많기 때문에 절대 동화될 수 없고, 스스로 생존하기 위해서 마피아 조직과 같은 지하경제활동을 추구하는"[275] 공동체라고 보았다. 이와 같은 발언은 스티케가 브뤼셀정체성보장Bruxelles Identité Sécurité이나 플랑드르블록과 같은 정치 단체와 밀접하게 교류했었다는 점을 감안할 때 놀라운 일도 아니다.

유럽문명조사연구단체보다 미디어의 주목을 덜 받긴 했지만, 유럽공조는 상당한 파급효과를 일으킨 몇몇 사건을 주도한 단체이다. 예를 들면 이 단체는 프랑스 리옹 3대학에 뉴라이트 소속 교사들을 침투시키는 데 성공했으며, 이들 중 몇몇은 대학이 제공하는 편익을 조직 활동에 이용하기도 했다. 거시적으로 볼 때 로베르 스티케가 발행한 출판물들이 전혀 별 볼일 없는 것은 아니었다. 스티케는 지적 호기심으로 가득하고 철학적·정치적 문화에 대한 지식이 풍부한 사람이었다. 또한 그는 정확한 독일어를 구사했기 때문에 그의 경쟁자가 되어버린 그의 대부분의 옛 친구들보다 상당히 유리한 조건을 가지고 있었다. 프랑스 뉴라이트주의자들은 독일을 그들의 본보기로 삼으면서도 독일어, 즉 중유럽의 문화를 완전히 무시했다. 따라서 스티케에게는 프랑스 뉴라이트들을 비난할 권리가 충분히 있었다. 로베르 스티케는 2개 국어를 완벽하게 구사하는 플랑드르 출신으로, 이러한 특수성 때문에 뉴라이트 당원들 가운데 이중 문화를 마음대로 다룰 수 있는 유일한 사람이었으며, 상당히 복잡한 정체성의 소유자이기도 했다. 결론적으로 말해, 그는 진정한 유럽인이었다고 말할 수 있다. 하지만 유럽공조의 활동은 분명 한계가 있었다. 유럽공조는 지나치게 우익적이었고, 소수의 활동가들을 제외하고는 전혀 이해가 불가능한 논쟁들과 너무나 많은 참고물, 텍스트를 본보기로 삼아 단체의 성격 자체를 불분명하게 만들었다. 이러한 참고물과 텍스트들은 결국 직감을 가리는 잡다한 지식에 불과했던 것이다.

기욤 파예를 살펴보자. 그는 1998~2000년에 뉴라이트에 다시 합류했으며, 이 기간에 자신의 주관심사였던 미래주의를 내용으로 하는 책 몇 권을 출판했는데, 이 책들의 주제는 결국 인종 문제에 대한 것이었다. 그는 유럽대륙에서 '유럽혈통에 속하는' 인종과 '외부' 인종 사이의 폭력을 동반한 대립이 불가피하다는 의견에 계속 집착했다. 그의 저서인 『유럽의 식민지화, 외국인의 유입과 이슬람에 대한 진실La Colonisation de l'Europe, discours vrai sur l'immigration et l'islam』[276]이 출판되고, 이 책에 서술된 폭력에 대한 내용 때문에 파예는 형사처벌을 받았다. 하지만 이 책으로 인해서 그는 급진적 극우주의 진영, 특히 토지와 민중 단체 내에서 지지자를 확보하게 되었으며 유럽공조의 관심도 끌게 되었다. 반면에 알랭 드 브누아와 샤를 샹페티에는 단호하게 파예와 거리를 두게 되었다.[277]

기욤 파예는 인종다원주의를 경멸하면서 '문명사회에 쇼크를 던지는' 인류 미래에 대한 극단적인 비전을 제시했다. 그는 우선 '유로시베리아'를 토대로 한 백인 연합의 도래를 예견하고, 다음으로 '북쪽 지역을 아우르는 제국'의 도래로 세계적 차원의 백인 제국이 세워질 것이라고 예견했다. 2001년 9월 11일 사건 이후 이슬람 혐오증이 보편화됨으로써 기욤 파예의 이론은 그가 속한 그룹뿐만 아니라 일반 대중에게도 호응을 얻었다. 반면 이슬람 혐오증이 강화되자 뉴라이트에 속한 단체들은 정치적으로 궁지에 몰리게 되었다. 이는 한편으로 외국인 혐오증과 이슬람 공포증 사이의 '간격'을 신포퓰리즘이 메꾸기 시작했기 때문이며, 다른 한편으로 현재 이스라엘을 향한 뉴라이트의 호의적 태도가 급진적 극우주의 내에서 누구의 관심도 끌지 못하게 되었기 때문이다(토지와 민중의 기욤 파예에 대한 지지나 툴레세미나에 대한 지지는 중립의 길이 아직 불가능하다는 것을 입증한다).

하위문화

뉴라이트의 이미지는 신이교주의와 깊이 관련되어 있다. 나치주의에서 신이교주의가 미치는 영향이 종종 과대평가되고 있는데, 이러한 사실로 인해 뉴라이트와 나치주의의 관계에 대한 분석도 혼동을 일으키고 있다. 뉴라이트의 핵심 인물 중 몇몇이(예를 들면 장 마비르와 피에르 비알) 이러한 혼란을 가중하는 데 일조하기도 했다. 하지만 신이교도주의는 나치주의에만 영향을 미친 것이 아니다. 신이교도주의는 비물질주의적 세계에 대한 비전을 주 내용으로 한다. 이러한 비전이 크게 확산되지는 않았지만, 브뤼셀에서 발행되었던 ≪안타이오스Antaios≫[278](언어학자 크리스토퍼 제라드Christopher Gérard가 주도했다)와 같은 잡지처럼 이러한 비전에 관심을 보인 사람들도 분명 있었다. 이교주의 단체의 놀라운 점은 그들이 이교주의를 미학적 관심 때문에, 그리고 뉴라이트 운동에서와 같이 유대기독교주의에 대한 거부(뉴라이트주의자들은 이러한 이유에서 이교주의를 추종한다) 때문에 추종하는 것이 아니라는 사실이다. 그들은 이교주의를 하나의 종교로서 상당히 능동적인 신앙 대상으로 여겼다. 일반적으로 신이교주의는 일종의 신앙이라기보다 자연 안에서 인간의 역할에 대한 문제를 고민하는 이념으로, 크리스티앙 부셰는 1980년대부터 "우익의 신이교주의가 프랑스 극우주의 하위문화의 핵심 요소가 되었다"라고 서술한 바 있다.[279]

신이교주의 이념의 확산은 유럽청년Europe Jeunesse이라는 스카우트 조직이 주도했는데, 이 조직은 1973년에 장 마비르와 모리스 롤레가 세운 단체이다. 이 조직의 이데올로기는 아주 분명했는데, 이는 이 조직에 속한 단체들이 인종 문화에 대한 주제를 중심으로 활동하는 '반스bans'로 구성되어 있는 것을 통해서 알 수 있다(왈롱 지역의 반 갈리아 벨기카Ban Gallia Belgica, 프랑스 니스 지역의 반 리게리Ban Liguerie 등 현재 10여 개 지역의 '반스'가 활동하고 있으며, 60여 명이 지도부를 이끌고 있다). 그들은 자연의 생태 리듬을 토대로 하는 이교도의 생태 주기를 추종한다(춘분, 하지와 동지, 수확 시기, 고대 켈트족 축제인 사만Samain을 위한 야영 등). 한편 이 조직은 행동유럽의 상징이었던 보병의 철모를 사용하고 있다. 유럽청년은 니콜라 브누아Nicolas Benoit(1875~1914) 장군이 주도한 프랑스 방어를 기본 이념으로 하는 스카우트주의와 1933년 이전에 활동했던 독일 청년 운동의 성격을 종합시키고자 노력했다. 이 같은 특성 때문에 유럽청년은 미국의 사회학자 버타 테일러Verta Taylor가 지적했듯이 일종의 재충전 조직으로 구분된다. 유럽청년과 같은 운동 단체는 이데올로기가 약화되고 주변 환경이 비호의적이거나 심지어 적대적으로 변하는 상황 속에서 이데올로기 추종자들의 계속적인 참여를 고무시키는 역할을 한다.[280] 유럽청년은 독일의 반더포겔의 정신을 토대로 자신의 '뿌리'에 충실한 청년들의 단체를 구성하고자 했다. 장 마비르는 덴마크 교육자인 니콜라이 그룬트비Nikolai Grundtvig(1783~1872)의 '대중 고등교육 기관'을 이 단체의 모델로 삼았다. 모든 스카우트주의가 그러하듯이 그들이 강조하는 실천은 항상 특정한 윤리적 원칙에 따른다. 야영지에서 벌어지는 모든 활동, 기습 연습이나 철야, 토론 주제는 모두 '명예'라는 윤리적 원칙을 중심으로 이루어졌다. 명예란 "우리 자신에게 충성하는 것"이며, 다음과 같이 정의 내려졌다. 명예는 "전설적 북극지방Thulé 주민들을 다른 모든 민족과 구분시키는 기본 도리이며, 이 주민들이야말로 스톤에이지 시대의 태양 성전을 건설한 자들이다. …… 또한 명예는 스파르타인들의 법이기도 하다. …… 작센 사람들은 명예 때문에 그들 선조의 신앙을 저버리느니 차라리 베르덴Verden에서 스스로 멸망하기를 원했다".[281] 장 마비르가 후원한 또 다른 단체인 '철새Les Oiseaux migrateurs'는 1990년대에 신이교주의의 토대가 되는 신화적이고 북부주의적('전설의 창시자를 지칭하는' 의미에서)인 전설을 더 비약적으로 발전시켰다. '철새'는 "절대로 화해할 수 없는 두 개의 세계에 대한 비전"을 제시했는데, 하나는 숲속에서 거주하는 사람들과 그들이 가진 비전이고, 다른 하나는 사막에

서 사는 사람들과 그들이 가진 비전이었다.[282]

유럽문명조사연구단체는 단체의 신이교주의적 성향 때문에 이베리아 반도에서 환영받지 못했다. 스페인의 잡지 ≪헤스페리데스≫는 호세 하비에르 에스파르자와 오로라문화프로젝트Proyecto Cultural Aurora의 후원으로 1993년에 발행되기 시작해 2000년에 발행이 중단된 잡지이다. 이 잡지는 문명사회의 물질주의화와 동질화를 비난하면서 유기체적 사회 구성에 대한 비전을 제시했다. 유기체적 사회는 지역주의에서 탈피해 그 공간을 스페인과 미국을 아우르는 환태평양으로 넓히고, 정체성에 대한 연대적 상호 침투를 통해 구현되는 사회이다. 중요한 사실은 호세 하비에르 에스파르자가 강한 어조로 유럽문명조사연구단체와 알랭 드 브누아의 반기독교주의를 비난했다는 사실이다. 좌익 진영도 동참했던 스페인의 문화 운동 진영은 ≪엘 마니피에스토El Manifiesto≫(알랭 드 브누아도 참여했다)라는 새로운 잡지를 통해서 확산되는 뉴라이트(뉴라이트의 지도자인 호세 마리아 아스나르José Maria Aznar는 정부의 문화부 장관직에 임용되었으며, 장관직 임용에도 불구하고 다른 직책들도 병행했다)를 두 손 들고 환영했다. 하지만 뉴라이트 운동을 통해서 좌익 진영과 생산성 있는 대화를 나누고자 했던 에스파르자의 소망은 결국 이루어지지 않았다.[283]

포르투갈의 뉴라이트는 신자유주의 물결에 합류하고 유럽문명조사연구단체를 도입하는 데서 상당히 특이한 행보를 보였는데, 이는 다음과 같은 이유 때문이었다. 포르투갈의 뉴라이트 계열 잡지인 ≪후투로 프레젠테≫가 가지고 있었던 계획은 우선 우익 진영을 재정비하는 것이었으며, 이를 추진하기 위해 미국의 슈퍼 자본주의에 제동을 걸고 프랑스의 신이교주의를 거부하는 전략을 택했다. 이와 같은 결합이 과연 효과적이었을까? ≪후투로 프레젠테≫에서 활동하던 집필가들이 포르투갈의 문화 진영과 언론계에서 영향력 있는 인사가 된 것은 사실이지만, 그들의 이념이 주류가 된 것은 아니었다. 정부의 좌익 진영과 사회 문제를 논할 때 포르투갈의 뉴라이트는 독일, 벨기에 또는 프랑스의 뉴라이트와 완전히 다른 반동주의적 관점을 견지했다. 결국 ≪후투로 프레젠테≫는 그 영향력을 상실하고 말았지만, 2000년에 민족재건당Partido Nacional Renovador이 창당되면서 뉴라이트주의자들이 다시 활동하기 시작했다. 극우주의를 재건하려는 이러한 시도는 프랑스 국민전선의 영향을 많이 받았다(심지어 국민전선의 상징인 불꽃까지 도용했다). 하지만 민족재건당은 여론 조사에서 1%도 안 되는 지지율을 얻었으며, 청년 당원들이 해머스킨Hammerskins과 연루되어 폭력 사건을 일으키자 이들의 시도는 실패로 돌아갔다. 이러한 사실로 인해 민족재건당은 알랭 드 브누아의 정신을 계승하는 단체로 평가되지 못했다.[284]

이탈리아도 매우 특수한 경우에 속한다. 이는 이탈리아의 우익 진영이 율리우스 에볼라의 이론으로부터 많은 영향을 받았기 때문이다. 에볼라의 이론은 모든 이교주의적 종교의 근원이 되는 원시적 전통이 존재한다는 사상에 근거한다. 이러한 이론 덕분에 이탈리아 뉴라이트는 아무런 어려움 없이 가톨릭의 굴레에서 벗어날 수 있었다. 예를 들어 클라우디오 무티는 리비아의 카다피Muammar al Qaddafi와 이란의 호메이니Ruhollah Khomeini를 마치 유럽민족주의자들의 본보기가 되는 것처럼 유럽에 소개하기도 했다. 무티의 관점은 제3의 길에 의해서 확산되었고 알랭 드 브누아에 의해 수용되었는데, 브누아는 이란의 시아파 정권을 '혁명적 전통주의'를 대변하는 정권으로 평가한 바 있다.[285] 그런데 이들이 이렇게 이란의 예를 본보기로 삼은 것은 조직의 내부적 전략과 관련이 있다. 그 이전까지 이탈리아에는 '유럽사회주의', '나치·모택동주의', '국가볼셰비즘' 등의 이념들이 있었을 뿐이다. 무티가 스스로를 "유럽의 시아파"라고 지칭한 것은, 일종의 이데올로기의 시적인 표현이라고 볼 수 있다. 이는 정치적으로 서로 모순되는 개념의 나열에 불과하며, 시아파주의는 유럽의 사회주의라는 이념에서 사회주의를 대체하는 형용사일 뿐이었다. 무티의 이데올로기적 토대는 절대 변하지 않았고, 그는 전과 다름없이 에볼라적 아리아주의자로 남아 있었다. 사회를 전복시키려고 노력하는 사람들은 더 이상 좌익적 사상에 의거하지 않고 이슬람을 모델로 삼게 되었다. 무솔리니 이후로 파시스트들이 '혁명'이라는 단어를 구체적인 전략이라기보다 일종의 시나 은유적 표현으로 사용했다면, 이와 비슷한 현상이 뉴라이트에서 일어났다고 할 수 있다. 이슬람은 최초의 파시즘과 파시즘 운동이 추구했던 체제전복 이념을 부활시켰다. 하지만 지정학적 상황으로 인해 사회혁명의 지평선은 더 이상 러시아의 사회주의가 아니라 이란으로 대치되었다. 그런데 이러한 관점은 1977년 이탈리아사회운동의 청년 그룹에 의해 설립된 이탈리아 뉴라이트Nuova Destra에 영향을 미치지 않았다. 마르코 타르키는 알랭 드 브누아와 비슷한 관점에서 기독교를 비판했는데, 브누아는 기독교가 보편주의와 평등주의를 정당화한다고 보았다. 하지만 뉴라이트는 에볼라주의자들뿐만 아니라 가톨릭주의자들도 환영했다. 이와 같은 과정을 통해 에볼라의 사상과 뉴라이트의 역동성이 결합함으로써 이념적으로 하나의 방향성이 잡혔다. 에볼라는 근대화를 일종의 퇴화로 간주하면서 비판하고, 전통이 영적·정치적으로 지배하는 태초의 상태로 복귀할 것을 지지했으며, 영웅들의 탁월함을 찬미했다. 또한 신성한 질서의 구현을 위해서 정당 형태를 거부하고 인종주의를 생물학적 차원이 아니라 '정신을 공유하는 인종'을 토대로 정의 내렸다(그의 저서인 『인종에 대한 종합 이론Synthèse de doctrine de la race』은 파시스트들의 지지를 받았다). 에볼라는 결국 다양한 문화적 인종을 토대로 한 연방제국을 세우기 희망했다. 대부분의 뉴라이트 추종자들은 그것이 유럽의 뿌리를 되찾자는 이념이든 "육체적 조국"(소설가 생 루의 표현)의 연맹에 관한 이념이든, 아니면 인종주의에 근거한 이념이든, 에볼라의 사상과 혼합될 수 있는 모든 이념을 지지했다.

프랑스 유럽민족주의자들과 이탈리아 유럽민족주의자들 사이의 유사성은, 한편으로는 메타정치를 추구하는 방향으로, 다른 한편으로는 혁명주의적 전통주의와 테러주의를 추구하는 방향으로 나타났다. 그리고 이들의 유사성은 이데올로기적이고 변증법적인 일관성을 겸비하고 있었다. 1960년 『호랑이 위에 걸터앉다Cavalcare la tigre』라는 책을 통해 에볼라는 민족주의 이념에 새로운 자극을 주었는데, 이 이념은 그 자체 내에 모순성을 안고 있었다. 그는 이 책에서 정치적 실천에 대한 필요성을 강조했는데, 이는 서구가 '칼리 유가Kali-Yuga'(힌두 우주론에 의한 황금시대 이전의 암흑시대) 상태에서 계속 헤매고 있다고 보았기 때문이다. 그의 가설은 무정치apoliteia 상태로 모두 회귀하는 것을 토대로 한다. 개개인은 정치에서 완전히 분리되어 '대성전大聖戰', 즉 내면에서 치러지는 거룩한 전쟁에 정신을 집중해야 한다. '차별화된 인간'으로도 불리는 전통적 인간은 감시인의 자격으로 세상에서 자행되는 폭력이나 정치 행위들을 경험할 수 있다. 이는 이들이 세상의 동질화 흐름에 맞서 자신의 해방을 추구하는 비전을 가지고 있기 때문이거나 전통적 인간의 영역 저편에 상승적 주기가 재가동되고 있기 때문이기도 하다. 에볼라의 이러한 사상은 아르민 몰러의 사상과 상당한 유사성을 지닌다. 몰러에 따르면 서구는 현재 '공백 상태'를 겪고 있는데, 이 공백 상태는 시간의 두 순환 주기 사이에 놓인 일종의 구형 형태로서, 결국 공백 상태를 통해 보수적 혁명에 이르게 된다(에볼라는 보수적 혁명이 참된 국가라고 말했다). 영국의 파시즘 연구가인 로저 그리핀에 따르면 이 같은 사상은 주변으로 밀려난 파시스트 지식인들에 대한 메타정치적 궤변에 불과하다. 이 지식인들은 공동의 세계관을 공유하면서 영적 투쟁을 벌이는 눈에 보이지 않는 엘리트들이다. 이러한 사상은 혁명주의적 전통주의자들뿐만 아니라 뉴라이트 추종자들에게도 많은 영향을 끼쳤다. 이들의 계획은 완전한 존재론적 단절과 존재 자체(개인)의 혁명을 통해서 유럽 혁명을 성취하는 것이었다. 또한 이들의 목적은 각 민족의 뿌리와 지역을 토대로 한 유럽 제국으로 대변되는 공동체의 부활이었다. 이 제국은 미국 제국주의적 문화에 의해서 강요로부터 벗어나고, 이민자들과의

혼혈로 초래된 사회의 동질화에서 벗어나는 것을 목표로 한다.[286]

이 사상은 이탈리아 급진 극우주의에 상당한 영향을 미쳤으며, 이러한 사실은 에볼라 사상의 중요성을 입증한다. 에볼라 사상은 영국의 뉴라이트주의자들에게도 마찬가지로 중요했다. 1980년에 이탈리아의 테러 단체로 추정되는 무리들이 런던으로 피신했는데, 이 무리 중 하나에 속하는 로베르토 피오레는 현재 이탈리아 뉴라이트의 지도자가 되었다. 에볼라 사상과 코드레아누의 신비주의에 영향을 받은 이 단체는 영국 국민전선 청년 그룹 안에서 그들의 이념을 전파시켰다. 이들은 영국 운동가들에게 새로운 종류의 인간상인 '정치적 군인'을 훈련시켜야 한다고 호소했는데, 정치적 군인은 십자군 전쟁 용사들과 철위대의 용병대, 이란의 이슬람 혁명의 수호자들 안에 구현되었던 선구자적 전투가를 본보기로 삼는다. 영국 국민전선 청년 그룹 소속이며 로베르토 피오레의 친구였던 마이클 워커는 1981년 ≪내셔널 데모크라틱National Democratic≫이라는 잡지를 발간하기 시작했는데, 이 잡지는 1983년에 ≪더 스콜피온The Scorpion≫이라는 이름으로 개명되었다. 에볼라의 영향을 아주 많이 받은 영국의 뉴라이트 잡지는 영국 극우주의자들에게 그때까지 알려지지 않았던 작품을 소개하기도 했다. 또한 ≪더 스콜피온≫은 반미국주의적 입장을 분명하게 견지했다.[287]

에볼라적 관점들은 프랑스 신나치주의 등의 다양한 경로를 통해서 유럽문명조사연구단체 내로 유입되었다. 에볼라의 이념은 이탈리아뿐만 아니라 율리우스에볼라 사상연구소Centre d'études doctrinales Julius Evola(이탈리아 에볼라연구소Centro Studi Evoliani의 확장)로 대변되는 프랑스·스위스의 노선을 통해서도 유입되었다. 이 연구소의 멤버들 가운데 스위스 혁명주의적 전통주의자인 다니엘 콜로뉴Daniel Cologne(민족주의적 혁명주의 기초 공동체와 사회신질서Nouvel Ordre social 출신)과 에볼라의 책들을 번역한 사람이자 ≪푸르 윈젠 유럽≫에서 활동했던 필리프 바이예Philippe Baillet가 특히 주목을 끈다. 그들의 조직은 1970년에 설립되었으며, 1977년에 ≪토탈리테Totalité≫라는 잡지를 발행하기 시작했다. 이 잡지는 에볼라 외에도 클라우디오 무티와 프랑코 프레다의 글을 프랑스 언어권 독자들에게 소개하고, 프랑스 극우주의 진영 내에 리비아와 이란을 지지하는 논문들을 소개하기도 했다. 필리프 바이예는 1984년부터 ≪누벨 에콜≫의 편집위원회 위원으로 활동했으며, 이후에 편집장(1985~1986)이 되었다. 1982년 ≪토탈리테≫의 위원들은 파르데Pardès출판사를 설립해 뉴라이트와 관련된 책을 출판하고 배포하는 데 주력했다. 이들에게 에볼라의 사상은 중요하긴 했으나 실제 전투에서 무용지물이라는 이유로 계속 비판받았다(기욤 파예나 크리스티앙 부셰가 특히 에볼라를 비판했는데, 부셰는 개인적으로 에볼라에게 관심이 많았음에도 불구하고, 에볼라의 전략이 무기력한 정신박약자들을 마치 영웅이나 지식인들처럼 믿게 하는 무력주의를 조장한다고 보았다). 필리프 바이예는 2008년 홀로코스트 부정주의자들이 운영하는 출판사에서『백인의 대항: 혁명을 위하여Pour la contre-révolution blanche』라는 책을 출판했는데, 이 책에서 그는 "이미 예고된 인종적·문명적 전쟁에서 우리가 살아남을 수 있는 유일한 길은 백인들 가운데 새로운 인간이 출현하는 것뿐"이라고 밝혔다.[288] 에볼라의 사상처럼 30년 동안 전개되었던 뉴라이트의 복잡한 사상을 간단히 요약하는 것은 불가능하다. 이것이 바로 뉴라이트가 가진 구조적 문제이다. 뉴라이트는 더 이상 지식인들의 관심의 대상이 되지 못하고 있으며, 뉴라이트에 가담했던 사람들 중 일부는 결국 백인 우월주의를 추종하게 되었다. 그리고 이것은 뉴라이트 운동에 큰 영향을 미치지 못한다. 좌익 진영의 뉴라이트에 대한 비판보다 더 중요한 것은 뉴라이트를 극우주의의 아류로 보면 안 된다는 사실이다. 즉 뉴라이트를 단지 극우주의의 전통적 이슈를 미화해 현대적으로 적용시키는 단체라고 평가하는 것은 오류이다.

정체성을 이루는 본질은 무엇인가

유럽문명조사연구단체는 이 단체의 설립자들을 비롯한 관련자들 외의 사람들에게 알려지기 시작하자마자 신랄한 비판에 부딪혔다. 1974년 이후부터 모라스주의자 진영과 가톨릭 진영의 비판을 받았으며, 그 후에는 좌익 진영의 비판을 받았다. 이들은 여러 가지 이유를 들면서 유럽문명조사연구단체가 정치적 게토에서 벗어나고자 하는 신파시즘 단체라고 비판했다. 이들에게 유럽문명조사연구단체는 사상의 혁신을 통해서가 아니라 이념을 변조하고 위선적 행동과 이중적 주장을 통해 그들의 목표를 달성하려는 단체로 보인 것이다. 이러한 비판들은 특히 피에르 앙드레 타귀에프가 1981년에 발표한 기사에 자세히 나와 있다. 타귀에프의 기사는 당시 세간의 주목을 받았으며, 여론의 시선을 전혀 개의치 않은 채 "뉴라이트의 나치 유산"이라는 제목으로 발표되었다.[289] 그러나 이러한 비판과 상관없이 뉴라이트의 실제 상황은 훨씬 더 복잡했다. 뉴라이트는 민족주의적 혁명주의와 1930년대의 비순응주의, 독일의 보수혁명에서 유래했다. 하지만 뉴라이트는 이들의 직접적인 계승자도 아니고 복제도 아니며 이러한 이념들로 환원될 수도 없다. 뉴라이트의 성향 자체가 상당히 불분명했음에도 불구하고, 뉴라이트 추종자들은 그들의 특징이라고 간주되는 요소들을 못마땅하게 여겼다. 알랭 드 브누아는 반유대주의적 성향을 비난했지만, 잡지 ≪엘레망≫은 선동자 디외도네Dieudonné(프랑스 배우이며 공개적인 반유대주의적 발언으로 주목받았다)를 찬양하는 글을 싣기도 했다.[290] 알랭 드 브누아는 인종 본질주의를 비난했으나 유럽문명조사연구단체는 이에 굴하지 않고 지그리트 훈케Sigrid Hunke의 글을 번역하고 배포했다. 훈케는 독일유산학술협회Ahnenerbe에서 파생된 툴레세미나 멤버였고, 이 단체의 기관지인 ≪게르마니아Germanien≫에 글을 발표한 사람이다. ≪게르마니아≫의 많은 삽화는 ≪르 파르티잔 유로펜≫에 실리기도 했다. 반면 파르데출판사는 알랭 드 브누아가 편집한 『보수주의 혁명Révolution conservatrice』 전집 중 두 권을 사들이기 위해 나치 당원이었던 한스 귄터의 인종 교리 번역을 제안하기도 했다. 모순투성이인 이러한 현상을 어떻게 이해할 것인가.

1999년 2월 ≪엘레망≫에는 극우주의 진영의 계보에 대한 논문이 실렸는데, 이 논문은 극우 진영 36개 단체의 윤곽을 탁월하게 분류했다. 이 논문은 극우주의 단체들을 그들의 이념, 갈등 관계에 놓여 있는 단체, 그들이 참고하는 저자들, 그들이 선호하는 상징적 시대, 그들이 찬양하는 숭배자와 선호하는 영화들을 통해 구분한다. 정치학에서 사용하는 분류법에 의거해서 살펴볼 때 이러한 분류 방법은 상당히 원시적이라고 할 수 있다. 하지만 이 분류 방법을 과소평가하면 안 되는데, 그것은 이 방법이 각 단체를 그의 고유한 특성에 따라 분류한 것이기 때문이다. 우익주의는 어찌되었든 구체적인 삶과 삶의 양식과 관련해 나타나는 현상이기 때문이다. 그렇다면 뉴라이트는 이러한 특성들 중 어떤 특성을 가지고 있는가. 뉴라이트는 '개인주의적 성향과 공동체적 성향을' 조금씩 다 가지고 있으며, '민족주의적 혁명주의 성향'과 '유럽연맹적 성향', 그리고 '생물학적·위생학적 성향'과 '지역주의적 성향', '국수주의적 성향'도 다 가지고 있다. 이미 확산된 이념을 개조하는 것 외에 뉴라이트가 달성한 업적은 무엇인가. 간단히 말해서 뉴라이트는 그들이 확산시키고 대중화시키고자 하는 이념들을 지식인들의 사상 속에 침투시켰다. 그리고 이와 같은 사실은 결코 등한시되어서는 안 된다. 반일신교주의를 미셸 우엘베크Michel Houellebecq와 미셸 옹프레Michel Onfray에게서 발견할 수 있으며(에볼라 사상은 주류 세력들로부터 외면당했으며 극우주의 외부 세력, 예를 들어 피에르 앙드레 타귀에프 같은 사람들만 지지했다),[291] 개인의 능력에서 선천적인 기질과 후천적으로 획득한 부분에 대한 논쟁의 수용, 급진적 공화주의 모델에 대항하는 종교적 성향을 가지며 인종을 토대로 한 공동체의 재건, 또는 미셸 마페졸리Michel Maffesoli의 테제인 '하위문화'와 조직망으로 연결되는 공동체의 재건, 미국의 공동체주의와 카를 슈미트, 에른스트 윙거의 저서를 프랑스에 도입, 유럽문명조사연구단체의 반물질주의와 시계클럽의 극단적 자유주의의 관점에서 우익 진영의 경제 전략 재수립 등이다.

유럽문명조사연구단체와 시계클럽의 추종자들은 프랑스 국민전선의 전략 수립에 영향을 미치기도 했다. 프랑수아 뒤프라는 1976~1978년에 "100만 명의 실업자가 있다는 것은 100만 명의 너무 많은 이민자가 넘친다"라는 슬로건을 사용하도록 장 마리 르펜을 설득했으며, 1985년에는 '민족주의 선호'에 대한 이슈가 장 이브 르 갈루에 의해 이론화되고 정착되었다. 르 갈루는 시계클럽과 공동 집필한 책을 통해 이러한 이론을 발전시킨 사람이다.[292] 브뤼노 메그레를 중심으로 활동했던 뉴라이트의 다른 공헌은 중앙위원회에 의해서 작성된 창립 선언서에 잘 나타나 있는데, 정치학자인 알렉상드르 데제Alexandre Dézé는 이를 "정책의 유연화"[293]라고 부른다. 이 선언문은 정체성과 이민 문제를 집중적으로 다루고 있으며, 공화주의적 모델을 연구하고 국민전선의 정치적 내용을 세계화에 맞게 변혁하는 것을 내용으로 한다. 이는 마리 르펜이 국민전선의 당수로 선출되기 20년 전에 국민전선의 이미지를 근본적으로 쇄신시키는 계기가 되었다. 결론적으로 메그레를 중심으로 활동했던 뉴라이트주의자들은 뉴라이트가 그때까지 중요하게 여겼던 '정체성' 개념을 중심으로 국민전선의 사상과 언어를 재구성했으며, 그때까지 효과가 있는 것으로 증명되었던 인종 문화에 대한 주제를 언어적으로 재창조했다.

이와 같은 재생 노력에도 불구하고 브뤼노 라르비에르Bruno Larebière가 지적했듯이, "뉴라이트 이념의 확산은 1998년 뉴라이트의 지도자 세력들과 추종자들이 떠나면서 갑자기 중단되었다. 오늘날 국민전선 내에 남아 있는 뉴라이트의 영향력은 거의 '제로'라고 할 수 있다. 심지어 마리 르펜이 현재 집착하고 있는 '내부 주권주의'와 '공화주의'는 뉴라이트의 이념에 상반된다."[294] 알랭 드 브누아는 2011년 급진적 반시온주의자[295]인 알랭 소랄과 크리스티앙 부셰가 핵심 집필가로 활동했던 격월간지 ≪플래시Flash≫와 인터뷰를 가졌는데, 그는 이 인터뷰에서 국민전선이 "자유 경제와 금권주의를 비판하는" 쪽으로 방향을 전환했다고 시인했으며, "한 번도 국민전선에 투표한 적이 없다"라고 밝혔다. 또한 "국민전선이 공동체주의에 대해 너무 교리주의적인 비판을 가하고 있다"라고 비판했으며, "이슬람에 대한 혐오가 점차적으로 외국인 이민자에 대한 혐오로 대체되고 있다"라고 말했다. 이민자에 대한 비판은 '시민의 권리'라는 이름하에 정당화되었다.[296] 결국 국민전선은 정치 진영에서 뉴라이트의 비전을 대변한 단체가 아니다. 국민전선은 프랑스 민족주의와 '국민의 권리'로서의 국민투표를 거부하는 뉴라이트의 이념들은 물리치면서 뉴라이트로부터 (단순화된) 교리들을 끌어와서 사용했을 뿐이다.

유럽 전체 차원에서 뉴라이트는 수많은 텍스트와 아이디어, 슬로건과 견해가 교환되는 것을 가능하게 했다. 이러한 교환으로 유럽대륙의 민족주의자들은 일종의 공통적 문화 토대를 구축할 수 있었다. 1992년 하지夏至에 런던에서 열린 행사에는 다음의 단체들이 참가했다. 제3의 길, 영국의 스콜피온Scorpion, 알제리의 이슬람구제전선Front islamique de salut, 유럽이슬람후원의회Conseil islamique de défense de l'Europe, ≪오리온Orion≫(클라우디오 무티와 제3의 길 책임자가 참여한 이탈리아 잡지), 신저항, 북아일랜드의 울스터운동Ulster Movement의 대표자들과 반시온주의자 랍비인 미국인 메이어 실러Mayer Schiller 등이다. 알랭 드 브누아는 참석 의사를 밝혔음에도 불구하고 실제 회의에 참가하지는 않았다. 이 모임에서 다양한 의견들이 제시되었지만, 만장일치로 합의를 본 내용은 다음과 같다. "기초 공동체의 부흥과 소규모 자유 지역의 설립, 그리고 세계의 새로운 질서에 도전하는 모든 저항단체들 사이의 연대"이다. 이러한 내용은 "행동은 지역적으로, 생각은 글로벌하게"(자크 엘륄Jacques Ellul)라는 문구로 요약될 수 있다.[297] 이러한 최소한의 합의 사항이 전혀 의미가 없었던 것은 아니다. 다양한 공간을 수용하는 유럽 차원의 조직을 구성하려는 열망 속에서 뉴라이트는 다른 단체의 활동가들과 함께 그의 세계관을 공유할 수 있었다. 결론적으로 뉴라이트는 하나의 지적 프로젝트로서 정치 이념의 역사 속에 흔적을 남겼으며, 그 흔적은 쉽게 사라지지 않을 것이다. 왜냐하면 뉴라이트는 1960년대에 극우주의 단체들이 와해되면서부터 세계에 대한 비전을 새롭게 제시한 유일한 운동이기 때문이다. 비록 뉴라이트가 초국가적 하위문화를 생산해내는 데 그쳤다 할지라도 뉴라이트의 영향은 계속 남을 것이다.

5장

종교적 반근대주의

일반적으로 가톨릭 반근대주의intégrisme와 극우주의는 구조적으로 유사성이 있다고 여겨져 왔고, 반면 다양한 교파로 이루어진 프로테스탄트는 신앙의 자유를 우선시하기 때문에 극단주의를 거부하고 교리주의를 배척하며 개인의 권리를 존중한다고 여겨져 왔다. 그런데 덴마크와 노르웨이, 스위스에서 활동하는 외국인 혐오주의적이고 민족주의적인 포퓰리즘 정당들의 성격을 보면 현실은 이와 같이 단순하게 구분되지 않는다는 사실을 발견하게 된다. 보수주의적 혁명 연구의 선구자인 아르민 몰러는 포퓰리즘 정당들의 성향 속에 프로테스탄트적 요소들이 강하게 자리 잡고 있다고 밝혔다. 루터의 두 왕국론에 기초한 국가 권위에 대한 개념이 중요한 역할을 하고 있기 때문이다. 또한 그는 낭만주의 시대 청소년 운동(반더포겔 등이 속하는 청소년 운동)과 국수주의적 운동 안에서도 프로테스탄트적 요소가 발견된다고 주장했다. 프로테스탄트주의에 대한 권위적 해석은 다음과 같은 단체의 지도자들에게 영향을 미치기도 했는데, 스위스인민당의 지도자인 크리스토프 블로허Christoph Blocher는 개신교 목사의 아들이며, 헝가리 요비크의 부총재인 로란트 헤게뒤시 주니어Lóránt Hegedűs Jr.는 칼빈주의 목사이다. 하지만 이들의 프로테스탄트주의적 성향은 개인 차원에 한정된다. 즉 이제까지 유럽에서 우익 정당이 자신을 프로테스탄트 정당이라고 밝힌 경우는 단 한 번도 없었다. 한 예로 1987~1989년에 얼스터 연합주의자당Parti unioniste d'Ulster(북아일랜드 보수 정당) 소속의 유럽의회 의원인 존 테일러John Taylor는 국민전선이 주도했던 유럽 우익 단체의 회원이었는데, 개신교 신자였던 그가 우익을 지지한 것은 유럽연합에 반감을 가지고 있었기 때문이다. 하지만 그렇다고 해서 프로테스탄트들이 극우주의에 전혀 가담하지 않은 것은 아니다. 두 이념 사이의 구조적 유사성이 있는 것은 아니지만, 프로테스탄트들은 역사적으로 우익 진영을 많이 지지해왔다. 사회 문제에 대한 관심 때문에 두 진영의 상호 교류가 형성되기도 했으나 민족주의적 프로테스탄트주의로 규정되는 정치적 성향을 띤 단체들은 아직 나타나지 않았다. 반면 프로테스탄트주의의 영향을 받으면서 동시에 모라스의 민족주의를 수렴한 흥미로운 성향을 가진 단체가 하나 있었는데, 바로 스위스의 보두아즈연맹Ligue vaudoise이다. 보두아즈연맹은 상당한 영향력을 발휘한 단체 중 하나로, 1920년 중반에 변호사인 마르셀 레가미Marcel Régamey(1905~1982)에 의해 창설되었다. 이 연맹은 무엇보다도 평등주의를 비판하기 위해서 예정설을 강조하는 프로테스탄트주의를 주장했고, 종교개혁을 자유의지에 대한 선언이라기보다 기독교 원시 공동체로의 회귀로 해석했다.

이와 같은 사실에도 불구하고 신앙과 급진주의의 결합은 사실상 가톨릭 진영에서 주로 나타나고 있다. 급진적 가톨릭주의를 서술하는 단어들은 반근대주의, 근본주의, 전통주의 등 상당히 다양한데, 이 단어들은 불분명하게 쓰인다. 반근대주의, 근본주의, 전통주의와 같은 표현은 종교적 신앙과 실천을 토대로 하는 시스템이 자유의지와 민주주의, 그리고 개인의 권리를 존중하는 자유주의 정치 체제의 기본 원칙들을 부정할 때 쓰이는 말이다. 그러므로 가톨릭주의자들이 극우주의 성향에 편승할 때, 이 세 가지 개념(반근대주의, 근본주의, 전통주의)으로 대변되는 이념이 정치 진영에서 어떻게 해석되는지 살펴보는 것이 중요하다. 폴란드나 스페인과 같은 나라들은 국교로서의 가톨릭주의 전통을 가지고 있는 나라인데, 국교 가톨릭주의 전통의 종주국인 프랑스는 강력한 세속화의 영향으로 이러한 전통이 한 번도 정당 형태의 정치 조직으로 나타난 적이 없다. 게다가 샤를 모라스의 "무엇보다도 정치가 우선"*이라는 모토를 거부한 프랑스 가톨릭주의자들이 추구한 바도 결코 정당 형태의 정치 조직 설립이 아니었다. 이들이 추구한 것은 신학적이며 의식(교회 의식)적이고, 문화적이면서 동시에 정치적인 반근대주의였다. 한 가지 염두에 두어야 할 사실은 서유

* 교회보다 정치가 우선이라는 의미이다.

럽의 세속화가 1945년 이후부터 급속도로 진행되었다는 사실이다. 등록 교인의 수는 계속 감소하고 있으며, 더욱 중요한 것은 개인의 종교가 투표에 미치는 영향이 감소하는 추세라는 점이다.

하나의 신앙, 다양한 경로

종교사회학자인 동시에 역사학자인 에밀 풀라Emile Poulat는 '반근대주의자intégriste'라는 용어의 기원을 1880년대 스페인으로 보았다.[298] 이 시기에 신문기자이면서 국회의원이었던 라몬 노세달Ramón Nocedal은 국가 가톨릭 정당Parti catholique national을 창립했는데, 이 정당은 반근대주의 정당이라는 이름으로 더 잘 알려져 있다. 샤를 10세를 옹호하는 왕정주의가 팽배한 가운데, 이 정당은 교황 비오 9세(1864)가 작성한 반자유주의적 교서 목록Syllabus의 입장에 영향을 받아 근대화를 전면적으로 거부했다. 이 정당의 반근대적 성향은 너무 극단적이어서 교황 비오 10세조차 이 정당을 비난했을 정도이다. 교황 비오 10세는 1907년에 그의 회칙인 파센디Pascendi를 통해 '근대주의의 오류'를 비판했는데, 근대주의는 그 시대의 신앙과 이성, 신앙과 과학을 화해시키려는 노력으로 대변된다. 로마의 신부였던 움베르토 베니니Umberto Benigni가 이끄는 '사피니에르Sapinière'라는 성직자·평신도 간 조직망이 '반근대주의적 가톨릭 신자들'을 집결시키고 교리에 어긋난 일탈적 행위를 추적하기 위해 교회 내에서 비밀리에 조직되었다.[299] 그러나 교황 베네딕토 15세는 1921년에 이 조직을 해체했는데, 이는 그들이 밀고 행위와 거짓된 혐의를 뒤집어씌우는 행위를 끊임없이 일삼았기 때문이다. 사실 반근대주의라는 개념은 가톨릭에만 해당되는 개념은 아니었기 때문에 교황에게 전혀 문제가 되지 않을 수도 있었다. 그러나 바티칸은 반근대주의가 전통의 불변성을 고집하고 복음이 사회 문제에 관심을 가져야 한다는 교회의 고유한 역할을 거부하는 것을 우려했다. 반근대주의는 교회 역사의 한 시점을 불변하지 않는 기준으로 삼고 당면한 문제에 대해 오로지 한 가지 해결책(과거의 해결책)만을 제시한다.[300] 반근대주의를 주창하는 주요 인물 중 한 사람인 마르셀 르페브르 신부(1905~1991)는 교황 비오 9세의 반근대주의적 사상을 거부하는 모든 교회를 비판한 바 있다. 또한 그는 교황 비오 6세부터 교황 비오 12세까지의 기간에 생성되었던 교황의 모든 칙령을 신성화했으며, 이러한 칙령들이야말로 "최고의 강제력을 지니며 무오류성까지도 보장한다"라고 역설했다. 즉 이 칙령을 토대로 교회와 인간의 행동이 심판되어야 한다고 본 것이다.[301]

교황의 저항에도 불구하고 반근대주의적 성향은 계속 확장되어나갔다. 기독교적 정신을 토대로 하는 민주주의의 발전과 진보적 가톨릭주의의 등장으로 제2차 바티칸공의회(1962~1965)에서 대대적인 개혁의 물결이 시작되었다. 이것은 비록 시대의 요청에 뒤처진 감이 없지는 않았으나 필연적인 결과였다. 그러나 이러한 개혁 물결은 스스로를 '가톨릭 반근대주의자'라고 부르는 자들과 타인에 의해서 반근대주의자들이라고 불리는 무리들을 조직화했으며, 그들의 목소리를 더욱 높이는 결과를 낳았다. 극우주의와 반근대주의의 결합은 1945~1956년에 이루어졌는데, 이 시기에 '프랑스행동'의 지적 유산을 계승하는 여러 집단과 잡지들이 창간되었으며[302] 샤를 모라스 자신도 코르미에Cormier 수도원장의 영향으로 유치장에 있는 동안 다시 가톨릭 신자가 되었다. 또한 낭트의 수도원장이었던 조르주Georges de Nantes는 1947~1952년 ≪악시옹 프랑세즈≫을 계승한 잡지 ≪아스페 드 라 프랑스Aspects de la France(프랑스의 양상들)≫에 종교 칼럼을 연재했다. 조르주 수도원장을 이 잡지에 소개한 사람은 피에르 부탕이었다. 한편 ≪팡세 카톨리크Pensée catholique(가톨릭 사상)≫의 편집을 맡았던 핵심 인물들은 로마의 프랑스 신학교 신부였던 르 플로흐Le Floch의 문하생들이었는데, 르 플로흐 신부는 1927년 프랑스행동을 공개적으로 지지함으로써 신학교에서 쫓겨났다. 여기서 중요한 것은 그가 신학교 학생 중 한 명이었던 르페브르 신부에게 지대한 영향을 미쳤다는 사실이다.[303]

장 우세Jean Ousset(1914~1994)는 1946년에 비시 정권하의 청년군단Jeune Légion이 시행한 교리적 과제를 계승하는 단체인 비판연구종합센터Centre d'études critiques et de synthèse를 설립했다. 이 센터는 1949년 가톨릭국가Cité catholique로 명칭을 바꾸고 잡지 ≪베르브Verbe≫를 발간했다. 가톨릭국가는 비밀스러운 조직이라는 점에서 사피니에르를 계승한 단체라고 볼 수 있다. ≪베르브≫는 오랫동안 지면의 일부분을 할애해 그들의 임무가 "과제 중심의 긴밀한 조직망을 통한 엘리트 양성"이라고 밝혔으며, 실제로 이 잡지는 활동가들 사이에서 높은 평가를 받았다. 즉 가톨릭국가의 사상은 알제리 전쟁 기간에 장교들에게 확산되었으며, 특히 알제리에 주둔했던 장교들과 라셰루아Charles Lacheroy 장군이 지휘하는 '심리전 제5사무소'에 많은 영향을 미쳤다. '혁명 전쟁'의 이론가라고 불리는 라셰루아 장군은 트랭키에 대령과 함께 민간인을 동화하는 것이 전쟁의 핵심임을 군사들에게 이해시키려고 노력했다. 모든 전쟁은 전인적인 성격을 가지는데, 이는 전쟁이 육체와 마찬가지로 영혼도 장악해 이 둘 모두를 전쟁을 통해 굴복시키고 전쟁에 최선을 다하도록 동화해야 하기 때문이다. 1956년 이후부터 군대는 가톨릭국가의 교리를 적극적으로 장려하기 시작했다. 이것은 가톨릭국가의 교리가 심리전에 유효하게 사용될 수 있다고 생각되었기 때문으로, 이로 인해 군대 내에서 가톨릭국가를 추종하는 그룹들이 기하급수적으로 늘었다.[304]

디엔비엔푸 전투(프랑스의 대 인도차이나 전쟁)에서 패한 후 대다수 장교들은 군대의 조직 개편에 집중했다. 이는 프랑스의 패전 이유가 군대의 정신 무장 미비와 공산주의 전략과 같은 이데올로기에 대한 무지에 있다고 분석했기 때문이다. 그들은 프랑스 전통 군대가 게릴라전에서 패한 이유가 '베트민'(베트남독립동맹회)이 그들의 전쟁을 민족 전쟁으로 승화시켜

전 국민을 세뇌시켰기 때문이라고 분석했다. 그 시점까지 프랑스 장교들은 갈등을 조장하는 프로파간다의 효력에 대해서 아는 바가 전혀 없었다. 그리하여 그들은 '체제전복'의 방패가 될 수 있는, 마르크스주의보다 더 효과적이고 일관성 있는 이데올로기를 찾기 시작했다. 정신 무장을 위해 도구로 사용될 수 있는 이데올로기 형성 작업이 시작된 것이다. 기독교 문명을 기반으로 하는 서구는 '자연 질서'를 뒤집어엎으려는 무신론적 공산주의에 대항해야 한다. 식민지 피지배자들의 권리에 대한 문제는 종말론적 대결 구도 안에서 최종 목적을 성취하기 위한 과정에 불과하다. "정치와 사회적 행동에 관한 가톨릭 교리"의 전도사를 자처했던 장 우세는 『주가 통치하는 세상을 위하여Pour qu'Il règne』(르페브르 신부가 서문을 기고했다)라는 제목의 책을 저술했다. 이 책은 반체제전복에 대한 두 가지 행동 지침을 제시했는데, 이 행동 지침은 그때까지의 프랑스 군사 전통에 어긋나는 것이었다. 우세는 이를 정당화하기 위해 신학적·윤리적 근거를 제시했다. 그가 제시한 행동 지침은 고문과 적극적 행동주의였다. 이 행동 지침은 '국가의 안전'을 위한 정당행위로 받아들여져 계속 확산되었으며 특히 라틴아메리카 지역에서 큰 반향을 일으켰다.

이러한 상황에서 반근대주의를 주창하는 평신도 사상가가 등장했는데, 바로 프랑스행동의 멤버였고 페탱 장군으로부터 직접 훈장을 받은 장 마디랑Jean Madiran이다. 그는 가톨릭국가의 활동가였으며 주간지 ≪리바롤≫(극우주의 잡지)에 관여하기도 했다. 그러나 뤼시앙 르바테가 ≪리바롤≫에 간섭하기 시작하자 왕래를 끊었다. 그는 1956년 공의회에 관한 내용을 다루었던 주요 잡지 중 하나인 ≪이티네레르Itinéraires≫를 창간했으며, 그 후 일간지 ≪프레장Présent≫의 설립과 발간에 참여했다. 성 도미니크 수도회에 소속된 평신도로서 마디랑은 교황권 지상주의를 계속 추종했으며 분열 문제 때문에 르페브르 추종자들을 거부했다.

1963년 가톨릭국가는 단체의 명칭을 바꾸었는데, 의도적으로 절대 축약할 수 없는 명칭을 택했다. '자연법과 기독교 교리를 기초로 한 교리적 실천과 시민사회 조직을 위한 국제 사무소'이다. 제2차 바티칸공의회 이후, 가톨릭국가의 정치적 투쟁은 주로 교회 내부에서 전개되었다. 반유대주의를 체계적으로 분석한 『경멸에 대한 가르침L'Enseignement du mépris』[305]이 출판되자 반유대주의 프로파간다와 반유대주의를 정당화하는 뿌리 깊은 장치들도 제거될 수 있는 여건이 조성되었다. 『경멸에 대한 가르침』은 반유대주의로 깊이 물든 서구의 정신 상태에 대해 상세하게 다루고 있다. 가톨릭국가 소속 멤버들이나 그를 지지하는 사람들은 이스라엘 국가의 부활과 그들이 재정착하는 문제에 대해 호의를 가지고 있었던 반면, 바티칸은 이스라엘을 공식적인 국가로 인정하지 않았다는 사실로 인해(두 국가의 공식 외교 관계는 1993년에 체결되었다) 반유대주의가 뒤섞여 들어간 반시온주의가 탄생하는 결과를 초래했다. 홀로코스트 부정주의자이며 반시온주의자인 로제 가로디Roger Garaudy의 저서[306]를 피에르Pierre 신부가 지지한 것은 바로 이러한 관점에서 이해되어야 한다. 대다수 극우주의자들의 제2차 바티칸공의회 수용 문제는 이 주제를 주로 다루었던 ≪엘리트 유로펜L'Elite européenne≫(서구에 대한 문제를 주요 주제로 다루고 신질서 설립에 참가한 잡지)에 잘 나와 있다. 이 주제에 대한 개별 논문의 제목은 다음과 같다. 「베일에 가려진 집단」, 「베일에 가려진 집단과 국제 유대주의」, 「비밀집단Synarchie이 추진하는 기독교 통합 운동」, 「비밀집단에 의한 근대화」 등이다.[307] 이러한 급진주의적 견해들은 바티칸에 의해 교회 안에서는 어느 정도 진정되었지만, 반유대주의에 대한 음모론은 교회 밖에서 불처럼 퍼져나갔다. 이러한 음모론이 가지고 있는 장점은 현존하는 모든 이데올로기뿐만 아니라 어떤 이념에도 적용 가능한 소재들을 자체 내에 무궁무진하게 가지고 있다는 사실이다. 전통주의자 사상가인 레옹 드 퐁생Léon de Poncins은 1936년에 폴란드 소설가인 에마누엘 마린스키Emmanuel Malynski와 함께 고전으로 평가되는 『은밀한 전쟁La Guerre occulte』을 공동 집필했다. 그리고 이들이 집필한 『세계를 지배하는 유대인과 프리메이슨단Juifs et francs-maçons à la conquête du monde』은 율리우스 에볼라에게 영향을 미쳤다.[308] 이러한 이념들은 비록 주류 문화에 속하는 것은 아니었으나 다양한 이념과 다양한 정치 전략으로 재생산될 가능성을 충분히 내포하고 있었다.

이러한 음모론을 재활용할 수 있는 가능성을 보여준 단체가 바로 프랑스실천Œuvre française이다. 1969년 피에르 시도에 의해 창설되어 페탱주의 성향을 띤 프랑스실천은 파시즘적 요소뿐만 아니라 백인 우월주의, 가톨릭 절대주의를 표방했으며 반유대주의를 핵심 이념으로 삼았다. 또한 반시온주의와 홀로코스트 부정주의적 성향도 가지고 있었다. 프랑스실천은 결론적으로 말하면 세계화된 반유대주의를 하나의 세계관으로서 정착시킨 단체로서 하나의 통일된 조직이었으며 극우주의자 진영 내에서 그들에게 반감을 가지고 있던 사람들에 의해 일종의 '종파'로 분류되었다. 1980년 프랑스 경찰청은 이 단체의 사설 의용대 활동 때문에 이 단체를 해산시켜야 한다는 의견을 제시했으며, 정부에 계속해서 이 단체를 감시해야 한다고 권고했다.[309] 그리고 2005년에 내무부 장관은 이 단체의 무력 해산을 다시 한번 검토했다. 사법부와의 계속되는 마찰과 장 마리 르펜의 계승자가 되려는 욕심 가운데 프랑스실천은 2007년부터 국민전선과 교류하게 되었다. 두 단체의 통합 협상을 장 마리 르펜과 피에르 시도가 직접 이끌었다. 하지만 2011년 마리 르펜은 프랑스실천 멤버들(이반 베네데티Yvan Benedetti와 알렉상드르 가브리악Alexandre Gabriac)이 큰 소란을 피우자 그들을 국민전선의 지도부에서 축출했다. 그들이 르펜의 적수인 브뤼노 골니시를 지지했다는 이유에서였다. 결국 프랑스실천과 같은 주변 단체들은 국민전선 내부의 경쟁 구도 안에서 도구로 이용될 뿐이었다. 피에르 시도는 절대로 그러한 이중적 행위를 한 적이 없다고 거듭 억울함을 호소했지만, 마리 르펜은 이와 같은 숙청 작업을 통해 국민전선 안에서 민족주의적 가톨릭주의 세력뿐만 아니라 파시스트 세력도 약화시킬 수 있었다.[310] 2012년 동성결혼을 반대하는 '모두를 위한 시위'에서 문제를 일으키고 '프랑스의 봄' 데모 행렬에서 소란을 피운 프랑스실천은 결국 해체되고 말았다. 이들이 해체되자 마리 르펜과 플로리앙 필립포는 국민전선이 프랑스실천과 전혀 상관없는 공화주의 정당이라고 주장할 수 있게 되었다. 그들에 따르면 극우주의적 성향을 가졌던 단체는 국민전선이 아니라 프랑스실천이었다. 결국 21세기에는 급진적 성향의 조절 수위에 대한 문제가 자연스럽게 제기되고 있는 것이다.

가톨릭국가의 영향하에 다음 두 단체가 설립되었다. 하나는 ICTUS(사회효용 문제에 관한 문화과학연구소, 1981년에 창립되었다)이고, 다른 하나는 키비타스Civitas(성 비오 10세회의 전통을 따르는 단체로 1999년에 창립되었다)이다. 이러한 단체들과 함께 '가톨릭 반근대주의자'와 같은 개념은 점차 사라지고 그보다 덜 경멸적인 '전통주의자'나 '전통을 고수하는 가톨릭'이라는 표현들이 생겨났다. 그런데 이 두 개념 사이의 경계는 상당히 모호하다. '가톨릭 반근대주의자들'은 전통의 불변성을 주장하는 사람들로서, 성경의 불변성뿐만 아니라 신부와 교회학자들의 해석, 공의회에서 결정되는 해석, 교황의 해석의 불변성을 주장한다. 이 모든 해석들이 절대 변질되지 않는 하나의 데이터베이스를 구성하는 것이다. 또한 전통은 교리와 의식, 교리문답에 의해 유지되며 일반적으로 세상을 향한 교회의 태도에 의해서도 유지된다.

반근대주의자들과 전통주의자들 사이에 미묘한 뉘앙스적 차이가 있기는 하지만 그들이 가지고 있는 틀은 동일하다고 볼 수 있다. 그들이 두려워하는 것은 교회 복음의 효력과 본질이 외부의 공격에 의해 영향력을 상실하는 것으로서 가장 치명적인 공격은 교회를 시대에 맞게 변화시키는 것이다. 그리고 신앙의 토대를 완화시키는, 심지어 신앙의 토대 자체를 흔드는 변화의 요구에 대응하는 것이다. 우리는 일반적으로 반근대주의자들을 교리주의자로 여기고, 전통주의자들을 종교의 외형적 형태를 그리워하는 자들로 여긴다. 그러나 이 두 흐름을 다음과 같이 표현하는 것이 아마도 적절할 것이다. 즉 그들을 그들의 가족이 진화하는 가운데 공동의 기록을 보존하고 있는 사촌과 같다고 보는 것이다(제2차 바티칸공의회에 의해 단절이 생겼다). 하지만 그들은 그들의 유산을 관리하는 면에서 차이점을 보인다. 반근대주의자들은 종교의 자유를 허용하고(그리고 유대주의와 관련된 『경멸에 대한 가르침』에 대한 파기) 합의와 통합을 촉진하는 공의회의 개혁을 재검토하기 원했다. 그들은 또한 '교황 5세'의 미사라고 불리는 트리덴티노 미사(전통 라틴 미사) 형식에 따라 예배드리기 원했다. 그들이 전통주의자들과 구별되는 점은 교회 자체에 관련된 문제뿐만 아니라 그들의 사고방식의 차이에 따라서도 구분된다. 여러 가지 차이점 중 특히 눈에 띄는 것은 반근대주의자들이 영적 영역과 세속적 영역 모두에서 권위를 가진다고 주장한다는 점이다. 반근대주의자들의 이러한 주장 때문에 그들은 교회와 국가 사이의 갈등이 아주 심한 프랑스 같은 나라에서 우익 진영이나 극우주의 진영으로 분류된다. 그러나 우익적 성향을 가진 반근대주의자들이 모두 가톨릭국가의 이념에 충실한 가톨릭 민족주의자인 것은 아니다. 프랑스 도미니크회 수도사들은 가톨릭국가를 다음과 같이 비난했다. 가톨릭국가는 "권위주의적이고 반동적인 정치 형태의 대변자이며 …… 현재를 거부하고 과거를 추종하며 자유를 거부하고 권위를 추종하는 단체이다."[311]

반근대주의자들은 제2차 바티칸공의회의 내용을 비난하는 데 그치지 않고, 가톨릭 공의회의 본질 자체에 의문을 제기했다. 이러한 경향은 급진주의적 성향을 지닌 사람들 사이에서 공석주의sédévacantisme로 발전했다. 교황의 자리가 공석이라고 주장하는 이 교리는 1979년에 게라르 데 로리에Michel Guérard des Lauriers 신부에 의해 이론화되었으며, 종교의 자유가 공포된 1965년 공의회 이후 교황이 된 교황 바오로 6세와 그의 계승자들의 신성이 결여되어 있다고 주장한다.

공석주의는 해결 불가능한 모순성에 대해 해답을 제시하려고 노력하는데, 이는 만약 교황 자체가 무오류성을 내포한다면 어떻게 이단적인 사상을 공개적으로 가르칠 수 있겠는가에 대한 것이다. 그들의 대답은 교황의 자리 자체에 권위가 있는 것이지, 그 자리에 앉은 사람들이 권위를 가진 것은 아니라는 것이다. 프랑스의 약 20여 개 단체들이 이 같은 교리에 동조하고 있다. 공석주의에 동조하는 주요 단체는 좋은 충고 어머니연구소Institut Mater Boni Consili, 마르셀 르페브르 성직자연맹Union sacerdotale Marcel Lefebvre과 교황 비오 10세 모임Société de Saint-Pie-V 등이다. 그리고 제2차 바티칸공의회를 비판하는 세력 가운데 중요한 위치를 차지하는 반근대주의자 단체는 가톨릭개혁반대Contre-Réforme catholique이다. 이 단체는 1967년 조르주 드 낭트 수도사에 의해 설립되었는데, 낭트 수도사는 1966년 교회로부터 추방당한 인물이다. 가톨릭개혁반대는 퀘벡과 벨기에에 지부를 설치했고, 그곳에서 ≪누벨 유럽 마가진Nouvelle Europe Magazine≫의 지지를 받았다. 그 뒤로 낭트 수도사는 교회 분리주의 운동을 거부하면서 1975년부터 정치 운동에 뛰어들었다. 그가 추구했던 정당은 유럽 공동체를 기반으로 한 왕정주의적 가톨릭 팔랑헤당이었으나, 과도기적 형태로서 프랑코 장군, 페탱 장군, 포르투갈의 살라자르와 같은 인물에게서 영감을 얻은 '국가적 독재' 체제를 수용해야 한다고 주장했다. 이 정당의 기본 이데올로기는 음모론에 근거한 반유대주의이며 공산주의와 프리메이슨단, 그리고 세계주의는 '기독교의 철천지원수'인 유대주의를 통해 생겨난 이념들이라고 주장했다. 이 운동에서 발행하는 잡지의 발행 부수만 4만 부에 달했고, 이를 통해 상당한 영향력을 행사할 수 있었다. 특히 군인들 사이에서 인기가 높았다. 그러나 1985년 이후부터 여러 가지 이유로 인해 위기를 맞게 되었는데 우선 신학자 토마스 아퀴나스Thomas Aquinas의 신학을 추종하면서도 종말론 문제에서 그리스도 재림 신앙을 믿은 낭트 수도사의 경우, 그리스도의 재림이 결국 현실화되지 않았다는 사실에 문제가 있었다. 또한 낭트 수도사가 국민전선의 비약을 호의적인 시선으로 바라보았음에도 불구하고 1988년 대통령 선거에서 장 마리 르펜보다 자크 시라크를 지지한 점, 마지막으로 교회 내에 르페브르의 주장을 쫓아 분열이 일어나자 낭트 수도사가 르페브르를 거세게 비난한 점들이 문제가 되었다. 결국 이 단체가 끝까지 고수한 이론은 논도르프Charles-Guillaume Naundorff의 이론이었다(논도르프에 따르면 루이 17세는 1795년에 사망한 것이 아니라 샤를 기욤 논도르프Charles-Guillaume Naundorff로 변장했으며, 따라서 합법적 왕위 계승자는 논도르프의 자손들이다). 가톨릭개혁반대는 로마로부터 이단 종파로 취급받았으며, 2004년 루이 17세의 심장이 생드니Saint-Denis 성당으로 이전되는 행사에 참가하는 것도 거부당했다.

우익주의 단체이면서 가톨릭 성향을 가진 단체들 중 최근에 등장한 단체는 트래디스마티크tradismatique(전통과 카리스마의 축약어)에 속하는 단체이다. 이는 유럽 가톨릭 전통주의자들이 미국의 종교 문화에서 유래한 카리스마적 운동을 그들의 운동에 접목하면서 생겨난 단체로서, '카리스마적 부흥Renouveau charismatique'은 1975년에 교회의 인정을 받고 장려되기도 한 단체이다. 전통주의자들은 그들의 역동성에 끌려 이 단체와 교류하기도 했으며 2013년에 있었던 '모두를 위한 시위'의 주동자도 바로 '트래디스마티크'주의자들이었다. 이들 중 도미니크 레Dominique Rey 신부는 툴롱 프레쥐스Toulon-Fréjus 교구가 주선한 심포지움에 마리옹 마레샬 르펜Marion Maréchal-Le Pen(장 마리 르펜의 손녀)을 초청함으로써 대중에게 알려진 인물이다. 툴롱 프레쥐스 교구는 오랫동안 우익주의자들의 모임 장소로 유명한 곳이다. 의사소통과 평신도 계층의 통합, 그리고 소규모 단체들을 조직할 때 발휘된 카리스마적 능력으로 '모두를 위한 시위'는 '단순한 보수주의적 시위'에서 '진정한 사회운동'으로 승화되었다. '모두를 위한 시위'에 처음으로 참가했던 사람들은 인간의 종족 유지에 대한 보수주의적 개념을 수용하면서 우익 진영을 계속 넓혀나가는 주춧돌이 되었다. 이들의 이념은 상당히 반

자유적 성격을 가지고 있었으나 시대에 뒤떨어진 개념이라고 볼 수는 없었다.[312]

'트래디스마티크'주의자들과 '모두를 위한 시위' 주동자들은 근대성에 합류하는 방법을 파악함으로써, 1989년에 실패로 돌아간 반근대주의자들의 계획을 계속 이어갈 수 있게 되었다. 반근대주의자들은 프랑스혁명 200주년을 맞이해서 대중적 저항 세력을 조직하려고 계획했다. 그들의 이러한 계획을 통해 우리는 그들이 아직도 세속화된 사회에 적응하지 못하고 있으며, 현대사회의 여러 현상을 전혀 객관적으로 바라보지 못하고 있다는 사실을 확인할 수 있다. 1989년 1월, 파리의 뮈티알리테Mutualité 회의장에서 열린 별 의미 없는 작은 모임에 국가재건Restauration nationale(프랑스행동의 계승자), 프랑스유럽민족주의 정당, '교황 비오 10세 성직자회Fraternité sacerdotale Saint-Pie-X: FSSPX'가 참석했다. 이 모임은 친독 의용대원이었으며 국민전선의 부총재였던 프랑수아 브리뇨François Brigneau가 주도했다. 그는 이 모임에서 "우리는 (프랑스혁명 동조자들이 부착했던 것을) 휘장이라고 말한 적이 절대 없다. 그것은 뒤집어진 황색별(유대인 표시)이었을 뿐이다"라고 선포했다. 프랑스공화국에 저항하는 반대 세력들은 8월 15일에 100만 명 이상이 시위에 참여할 것이라고 기대했으나, 실제로는 7000명에서 1만 명에 이르는 반근대주의자나 극우주의자들이 모였을 뿐이었다.[313] 여기서 얻을 수 있는 교훈은 분명하다. 교회 안에서 생성된 반근대주의는 결국 반정치적 성향으로 기울게 되어 있다는 사실이다. 반동적인 근대주의뿐만 아니라 보수주의적인 혁명 모두 일관성 있는 지적 이념으로 발전할 가능성을 가지고 있다. 하지만 저항에만 집중하는 운동은 엄밀하게 말해서 정치 운동이라고 분류할 수 없는데, 이는 대중 동원을 동반하는 정치 운동적 성향이 결여되었기 때문이다. 즉 이러한 운동은 미학적 차원에 머무를 뿐이다.

국민전선 내에서의 반근대주의

1970년 스위스에서 마르셀 르페브르 신부가 창설한 '교황 비오 10세 성직자회'는 반근대주의를 대표하는 단체이다. 르페브르 신부는 가톨릭 2000년 전통의 교리를 단절시키는 사건으로 여겨졌던 제2차 바티칸공의회의 개혁을 거부한 고위 성직자 층에 속한 인물이다. 그가 쓴 글에 분명히 나와 있듯이 르페브르는 "바티칸공의회에서 분명히 선포되고 모든 개혁의 중심이 되는 신근대주의와 신프로테스탄트주의적 경향을 수용하는 바티칸 개혁에 반대"했다. 그는 특히 교회 예배 의식의 개혁과 주교 합의제, 그리고 종교 간의 대화를 거부했으며 무엇보다도 "진실과 마찬가지로 거짓에도 똑같은 권리"를 부여하는 종교적 자유에 대해 강하게 반기를 들었다.[314] 르페브르는 종종 종교 혼합주의와 혼동되는 교회 일치주의를 거부하면서 교회가 국가 종교로서의 기능과 선교적 소명을 되찾기 원했다. 그리고 프랑코 장군과 포르투갈의 살라자르, 칠레의 피노체트 정권을 이상적인 국가 모델로 삼았다. 그는 현대사회의 죄악의 근원이 프랑스혁명에 있으며, 프랑스혁명은 프리메이슨단과 계몽 정신, '진보적' 성직자들이 결합해 일으켰다고 믿었다. 그리고 이를 설명하기 위해 오귀스탱 바뤼엘과 존 로비슨John Robison의 사상을 인용했다. ≪프레장≫과 같은 교회 분리주의에 반대하는 잡지를 보고 르페브르의 사상에 동조하게 된 그의 제자들은 종교적 영향과 경제적인 파급력을 동시에 가지고 있는 반유대주의를 지지했다. 그들은 자유주의와 공산주의가 유대교에서 유래한다고 믿었다. 이들의 반유대주의는 공의회 이전에 온전히 신학적 의미에서 주장되었던 반유대주의의 경로를 벗어난 것이었다. 2002년 베르나르 안토니Bernard Antony(국민전선 당원)는 "현재 정치는 국적을 알 수 없는 자본주의와 국제적 사회주의의 비극적 결합에 의해 좌우되고 있다. 이러한 문제에 관심을 가지고 계속 추적하면 그의 실체를 파악할 수 있다"라고 말했다.[315]

1977년 2월 '교황 비오 10세 성직자회' 추종자들에 의해 파리의 생 니콜라 뒤 샤르도네Sanit-Nicolas-du-Chardonnet 교회가 점령당하는 사건이 발생했다. 이 사건으로 전투적인 활동을 벌였던 반근대주의가 여론의 관심을 받기 시작했다. 그 후 이 교회는 '교황 비오 10세 성직자회'의 본부가 되었으나 성직자회의 신학교는 독일 바이에른 주에 세워졌다. 그리고 1999년 이후부터 생 니콜라 뒤 샤르도네 교회는 알랭 에스카다Alain Escada가 이끄는 키비타스 운동의 중심지가 되었다. 활동 초기부터 키비타스는 극우주의 진영과 접촉하려고 노력한 단체이다. 이들은 아파치계획Projet Apache의 파리 청년 모임과 교류하기도 했으나 문화적, 윤리적으로 상당히 권위주의적인 성향을 가졌던 키비타스는 세상을 향해 상당히 반사회적인 태도를 취했다. 이러한 성향들로 인해 그들이 원했던 목표에 도달하는 데 방해를 받았다. 키비타스는 마린 르펜의 성향에 별로 동의하지 않았으며 프리지드 바르요Frigide Barjot와는 거의 공감대를 느끼지 못했다. 바르요는 '모두를 위한 시위'에서 동성결혼에 가장 열성적으로 반대한 인물로, 키비타스는 바르요의 입장에 동의하지 않으면서 동성결혼 문제를 최대한 조심스럽게 피하고자 했다.[316] 반면 '교황 비오 10세 성직자회'는 그들의 활동 영역을 파리에 국한시키지 않았다. 이 단체는 300여 개의 사립학교에 조직망을 건설했으며, 유럽의 탄탄한 조직과 함께 국제적 조직망을 건설하기 시작했다. 이들은 헝가리의 철의 장막이 거두어지자마자 곧바로 헝가리에 조직을 건설했으며 이들의 조직은 교회 분리주의자들, 즉 르페브르 신부와 그의 제자들이 주교 세 명의 서품식과 관련해 교회에서 추방당하는 시기와 맞물려서 확장되었다. 세 주교는 각각 미국, 프랑스, 스위스 주교였다.

그때까지 가톨릭 반근대주의자들은 실제적 정치 활동과 거리를 두고 있었으며 그의 입장을 잡지를 통해 발표할 뿐이었다. 키비타스는 이러한 입장에 관련해서 선배들의 태도를 계승했으나 국민전선의 비약적인 발전으로 인해 상황이 곧 바뀌게 되었다. 모라스의 사상을 추종하는 반근대주의자들이 정치 개입 문제를 심각하게 고려하기 시작한 것이다. 국민전선은 반근대주자들과의 협력을 위해 잔다르크의 글귀나 '성당의 나라 프랑스', 또는 프랑스 민족적 정체성을 기독교와 동일시하는 테마를 그의 담론에 끌어들이기 시작했다. 그리하여 국민전선과 전통주의적 반근대주의자들의 합병이 성사되었고, 이는 세 단계에 걸쳐서 이루어졌다. 우선 1980~1981년에 로맹 마리Romain Marie(베르나르 앙토니의 필명)가 주도한 샤를리에 센터centre Charlier•가 건립되었으며, 1980년 가을에 파리에서 열린 '프랑스 친목의 첫날' 행사에 장 마리 르펜과 민족주의적 가톨릭 단체들이 대거 참석했다. 1981년 5월에는 국민전선, 가톨릭개혁반대, 샤토 조베르Pierre Chateau-Jobert 장군의 동지들, 그리고 왕정주의자들이 함께 시위에 참가함으로써 둘의 연합이 공고해졌다. 무엇보다 중요한 계기는 월간지였던 ≪프레장≫이 1981년 11월부터 일간지로 전환된 것이다. 일간지 ≪프레장≫은 로맹 마리, 프랑수아 브리노, 장 마디랑을 포함한 편집군이 지휘했다. 오늘날까지 가판대에서 팔리고 있는 ≪프레장≫은 독자 대부분이 정기 구독자이며, 국민전선을 지지하고 로맹 마리가 창설한 또 하나의 조직인 기독교세계연대Chrétienté-Solidarité 위원회와 긴밀한 관계이다. 1984년 로맹 마리는 국민전선 지도부를 규합했으며 '인종차별 반대와 프랑스 기독교 정체성 존중을 위한 연대AGRIF'를 창설했다. 이 단체의 목적은 '반프랑스적 인종차별주의'나 '반기독교적 인종차별주의' 사건이 발생했을 때 이를 법적으로 고발하는 것이었다. 이러한 개념들은 2005년부터 '기독교 혐오주의'라는 개념으로 정리되었다. '기독교 혐오주의'는 바티칸의 공식 문서에서 언급된 개념으로, 이 공식 문서는 교황 베네딕토 16세가 외교사절단을 영접할 때 사용한 연설문이었다. 또한 이 개념은 국제조직의 문서에도 자주 등장했다.[317] 예를 들어 2009년에 열린 제2회 더반Durban 컨퍼런스 선언

• 가톨릭 전통주의자 단체이다.

문에는 '이슬람 혐오주의, 반유대주의, 기독교 혐오주의, 반아랍주의'에 대한 투쟁을 벌여야 한다는 내용이 포함되어 있다. 또한 '유럽 안전과 협력 조직OSCE'도 2011년 9월 12일, 이탈리아 로마에서 이 주제를 가지고 컨퍼런스를 개최했다.

일간지 ≪프레장≫은 공의회 이전의 유대주의를 계속 고수하고 있으며, 진보주의적 성향을 가진 성직자와 문화적 자유주의에 의해 발생한 모든 현상을 상대로 전투를 벌이고 있다. 유대인 문제와 관련해 ≪프레장≫의 편집인들은 유대인 압력단체가 국민전선을 상대로 적대적 로비를 벌이고 있다는 소문을 퍼트린 장본인이 바로 자신들이라고 주장했다. 1986년 ≪르 몽드≫는, 미국에서 설립되었으며 프리메이슨단 성향을 가지고 있던 국제 시온주의 유대인 조직인 '계약의 아들들B'nai B'rith'의 공식 성명서를 발표했다. 계약의 아들들은 이 성명서를 통해 우익주의자들에게 국민전선과 멀리하라고 권고했고, 이에 ≪프레장≫은 "계약의 아들들의 강요"에 맞서 이를 규탄하는 캠페인을 벌이기 시작했으며, 우익주의자들은 국민전선과 계속해서 협력을 맺어야 한다고 강조했다. 이 캠페인은 유대인들의 로비 활동을 집중 공격하는 중심 역할을 하게 되었고 반인종차별주의 운동의 '본부'로 여겨졌다. ≪프레장≫은 1988년 대통령 선거운동 기간에 이 주제에 대한 소책자를 발간했으며 '대량 배포될 것이라는 확신'하에 낱개로는 판매하지 않고 한번에 15부 이상씩 주문하도록 원칙을 세웠다. 전부 합쳐서 7만 부가 팔려나갔는데, 이는 ≪프레장≫이 여러모로 상당히 전위적인 단체였다는 점을 시사한다.

교회 내부에서와 마찬가지로 국민전선 내부에서도 가톨릭 민족주의자들의 목표는 자체 정기간행물을 발간하고 자체 교육기관을 조직하며 자체의 교리적 이념을 분명하게 제시하는 것이었다. 하지만 그들은 정당 설립에는 관심이 없었다. 이는 유럽 전역에서 활동하는 반근대주의자들의 전략을 그대로 답습한 것으로서 유럽의 반근대주의자들은 극우주의 정당이 이미 존재하는 상황에서 자체적으로 정당을 구성하려는 전략을 세우지 않았다. 또한 민족주의적 가톨릭은 교회 분리주의를 지지하지도 않았다. 민족주의적 가톨릭이 관철한 이러한 관점에 의거해 역사적으로 계속 문제가 되었던 가톨릭과 이교도들 사이의 갈등 문제를 재조명할 필요가 있다. 일반적으로 1990년대에 국민전선의 내부 분열은 가톨릭과 이교도의 갈등 때문이라고 해석된다. 대다수 관찰자들은 이러한 갈등이 신학적 문제를 토대로 한 것이라고 생각하지만 민족주의적 가톨릭주의자들과 급진적 이교도주의자들의 갈등은 본질적으로 정치적인 갈등이었다. 이는 국수주의자nationaux와 민족주의자nationalistes 사이의 갈등의 연속이라고 볼 수 있다. 신이교도주의자들의 정체성은 일반적으로 기독교주의, 특히 로마 가톨릭 교회와의 끊임없는 갈등에 의해 형성되었다. 그들에게 '국가 체제'와 '유대 기독교' 간의 구별은 존재하지 않는다. 이 두 개체는 마르크스의 분석에 따르면 둘 다 상부 체제에 속한다. 파브리스 로베르는 1996년 그의 저서를 통해 다음과 같이 주장했다. "유대기독교주의는 이데올로기적인 측면에서 계속 영향력을 발휘하고 있으며, 비록 본래의 기능(종교적)을 빼앗기긴 했지만 자유주의를 통해서 발현되는 그의 경제적 기능은 계속 유지되고 있다."[318] 그러므로 이 둘의 갈등은 세계관의 차이에서 오는 갈등이라고 볼 수 있다. 그런데 다음의 사실을 이해하는 것 또한 중요하다. 만약 교회가 이교주의를 다신교주의로서가 아니라 하나의 이념으로 이해한다면, 극우주의적 신이교주의자들에게도 이는 마찬가지로 적용된다는 사실이다. 실제로 민족학 박사이며 비교주의 문제 전문가, 그리고 민족주의적 혁명주의 성향을 가지고 있었던 크리스티앙 부셰는 신이교주의를 다양한 성향으로 표출되는 문화적 현상으로 이해했다. 그는 극우주의자들의 신이교주의가 전통적 종교와 전혀 상관없는 이념이라고 강조했다. 신이교주의는 종교가 아닌 철학적 숙고에 가깝다.[319] 아이슬란드의 신이교주의 종교인 아자트루회Asatrúarfélagið는 국가로부터 일종의 종교로 인정받는 반면,

프랑스에서 신이교주의자로 간주되는 피에르 비알과 장 마비르와 같은 인물들은 급진적 극우주의의 국수주의적 흐름을 대변하는 지식인이라고 할 수 있다. 프랑스 뉴라이트 내부에서 신이교주의의 종교성을 이념화하려는 노력들은 결국 헛수고로 돌아갔으며, 그들은 북방주의의 극단적 예로 간주될 뿐이다. 요약해서 말하자면 신이교주의는 세속화가 급속하게 진행되고 서구 사회의 기독교 잔재에 대항하는 포스트모던적 반응이다. 이교주의가 역사적 토대로 발전한 반면 신이교주의는 허구적 사실을 토대로 한 황금시대의 열망에 집착한다. 또한 신이교주의는 개인의 신앙이라기보다 미학적 삶의 형태로 나타나고 있다. 극우주의가 추종하는 다신교는 신이교주의 진영이 끌어들이기 원하는 백인들에게 외면당하고 있지만, 한편으로는 이러한 이유 때문에 일부 뉴라이트의 관심을 끌 수 있었다. 이러한 상황에서 인도 극우주의 전통이 유럽으로 수입되었고, 힌두교의 급진적 정치화를 추구하는 힌두교 민족주의Hindutva 운동은 인도와 유럽의 인도인 거주 지역에 민족능동단체Rashtriya Swayamsevak Sangh와 세계힌두협의회Vishva Hindu Parishad를 설립했다. 영국, 네덜란드, 독일에서 적극적인 활동을 벌이고 있는 이 단체들은 민족주의자들인 동시에 이슬람에 상당히 적대적이며 철저한 공동체주의를 지향하고 근본주의적인 정책들을 고수한다. 극우주의자들 사이에서 이 두 단체가 관심을 끌게 된 것은 그들의 반이슬람적 성향과 인도·유럽 전통에 대한 집착 때문이었다. 서구에서 힌두교 민족주의 운동을 주도하는 핵심 인물은 플랑드르 극우주의자인 콘라드 엘스트Koenraad Elst이다. 엘스트는 1992년부터 1995년까지 플랑드르 뉴라이트 잡지인 ≪테코스≫의 편집자로 활동했다.

결론적으로 말하자면 국민전선 내에서 전개되었던 신이교주의와 가톨릭 전체주의자들의 갈등은 절대 신앙에 관한 것이 아니었으며 정치적·문화적 견해 차이 때문에 일어난 것이었다. 이러한 갈등은 극우주의 내에서 주로 미학적 문제와 관련된다. 게다가 이러한 갈등은 이교도 문제와 전혀 상관이 없고, 토지와 민중이 조직되기 전까지는 국민전선 내에 존재하지 도 않았다. 즉 이 갈등은 1974년 뒤프라가 국민전선에 복귀한 직후에 나타났다. 무신론자였던 뒤프라는 신이교주의를 경멸한 반면 가톨릭 진영의 사람들은 뒤프라와 그의 동료들이 파시스트적 사상을 가지고 있다고 비난했다. 그리고 뒤프라의 전체주의적 국가 개념이 기독교 교리적 측면에서 볼 때 그 자체로서 이교주의적 특성을 내포하고 있다고 비판했다. 그리고 그들은 또한 뒤프라의 개념이 오딘주의Odinisme(신이교주의적 고대 북방 종교 전통으로, 북방의 신Odin을 숭배한다)와 같은 신이교주의는 절대 아니라고 판단했다.[320] 동시에 뉴라이트가 수용한 다윈주의적 사회진화론과 생물학적 물질주의가 전통주의자들의 반감을 샀다. 이리하여 1979년 장 마디랑은 뉴라이트의 반기독교적 성향 때문에, 이 단체는 좌익이거나 극우주의 내부를 분열시키려고 좌익 진영과 공모하는 단체라고 주장했다.[321]

가톨릭 민족주의자들은 브뤼노 메그레를 중심으로 뉴라이트 단체와 민족주의적 혁명주의자들이 연합하자 다시 한번 음모론을 도마 위에 올렸다. 가톨릭 민족주의자들은 이들과 완전히 결별한 후 프리메이슨단이 극우주의 진영에 잠입해서 이러한 연합이 가능하게 되었다고 주장했다. 그리고 이들의 목적이 극우주의 내부를 와해시키고 궁극적으로 프랑스를 파괴해 비기독교화하는 데 있다고 주장했다. 그러나 메그레주의자들의 분열로 국민전선 지도부에 공백이 생기자 가톨릭 민족주의자들은 그들의 적이 떠나간 빈자리를 메꾸면서 그 기회를 이용했다. 즉 국민전선 내에 기독교와 신이교주의의 갈등을 부각시켜서 이를 세력 팽창의 도구로 이용하려는 경향이 팽배해진 것이다. 각 진영은 '음모론'을 중심으로 상대방 진영을 교란시키기 위해 이러한 논쟁들을 도구화했다. 장 마리 르펜을 중심으로 두 진영이 경쟁하는 가운데, 급진주의자들이 베르나르 안토니(가톨릭 전통주의자)를 '아야톨라 스튜l'ayatollah Cassoulet®'라고 부르면서 놀려댔으나 양 진영은 일단 정치적이고 민족주의적인 타협안을 마련하기 위해 절충하기도 했다. 카를 마르크스가 종교를 '부르주아의 정신'이라고 폄하하면서 비판했지만, 민족주의적 혁명주의자들에게 카를 마르크스의 명제는 '유대 기독교주의'에만 적용되는 명제였으며, 르네 구에노René Guénon(힌두교를 종교적 전통이라고 여긴 철학자)적 의미를 내포하는 전통 종교는 예외로 치부했다.

이러한 도구화 전략은 국민전선이 그의 이미지를 '개선'하는 데 사용되기도 했다. 국민전선의 개선 전략은 스스로를 가톨릭 민족주의자들과 차별화하는 전략을 통해 시작되었으며, 이는 마리 르펜이 낙태에 관한 그의 태도를 누그러트림으로써 구체화되었다. 그리고 마리 르펜의 이러한 견해는 그의 문란한 결혼생활과 공화주의자들, 무신론자들에 대한 호의적 태도에 의해 확인되는 것처럼 보였다. 이러한 사실로 인해 결국 2004년에 가톨릭 민족주의자들은 국민전선을 떠나게 되었다. 이는 당연한 귀결이었다. 왜냐하면 극우주의 내에서 가톨릭 민족주의에 반대한다는 것은 곧 '좌익'화 된다는 뜻이었으며, 이는 더 이상 우익들과 동맹을 맺지 않는다는 것을 의미했기 때문이다. 또한 이는 민족주의적 혁명주의자들의 전략적 목표인 '체제 파괴'를 우선시한다는 의미이며 마리 르펜에게는 곧 권력의 쟁취를 의미했다. 극우주의 진영 내에서 차별화 전략을 손쉽게 진행시키기 위해 우선 가톨릭 민족주의자들과 거리를 두기 시작한 것이다. 이러한 관점에서 급진연맹과 르펜세대Génération Le Pen(마리 르펜의 측근에 의해 2002년에 세워진 연합회)가 당의 공격으로 국민전선을 떠났을 때 두 단체가 지향한 전략은 동일했다. '예수 광신자'들에 대해 문제를 제기하는 것은 당의 근대화로 직결되며 이를 통해 대중의 요구에 부응할 수 있다는 것이었다. 르펜세대에게 이러한 국민전선의 전략은 '구시대 청산'적(가톨릭 민족주의자들에 대한 대항), 반인종적(인종차별주의와 정체성 우월주의자에 대한 대

• 보수적 성향을 가진 대표적 인물을 일컫는 개념이다.

항) 전략으로 해석되었으며, 선동적 반유대주의를 지향하는 르펜주의자들의 제거를 의미했다. 종교적 색채를 제거하려는 전략은 언론의 이미지 '개선'(탈악마화) 노력으로 비추어졌고, 브뤼노 골니시를 지지하는 가톨릭 민족주의자들을 공격할 수 있는 근거를 제공했다. 르펜주의자들과 마찬가지로 민족주의적 혁명주의자들에 의해 추진되었던 세속화주의는 가톨릭 민족주의자들과 국수주의적 성격을 가지는 신이교주의를 중앙에서 동시에 밀어낼 수 있는 아주 효과적인 내부 무기가 되었다. 이러한 전략은 결국 세력을 둘러싼 경쟁에 관련된 문제였으나 그것이 전부였다고는 할 수 없다. 모라스주의자들과 대립하는 것은 도미니크 베네르의 관점에서 보면 '긍정적 비판'이기도 했던 것이다. 이는 시대에 부합하는 이념을 찾으려는 노력의 일환이었다.

'급진성 유지 대 개선(탈악마화)'이라는 대립 구도를 넘어서는 이념을 모색했던 민족주의적 혁명주의자들이나 르펜주의자들의 노력 안에서 종교성의 배제는 그들의 정체성을 '좌익'에 가깝게 만들었다. 세계관에 대한 용어를 고심하던 활동가들이 그들을 '좌익'이라고 지칭했던 이유는 좌익이라는 개념이 내포하는 사회적·정치적 이유 때문이 아니라 단순히 '좌익'이라는 단어 자체 때문이었다. 우익과 좌익을 나누는 원칙은 가톨릭주의와 세속화, 그리고 사회주의와 자유주의를 나누는 원칙에도 적용된다. (좌익은) 1789년 그들의 불변 원칙인 공화국과 세속화를 선포했다.[322] 이러한 원칙은 우익과 좌익의 경계를 허무는 이데올로기가 난무하는 가운데 기준을 세우는 중심 역할을 했다. 이 원칙들은 민족주의적 혁명주의자들[323]과 르펜주의자들이 그들의 정치적 입장을 명확히 하기 위해 항상 선두에 내세웠던 원칙들이다. 따라서 가톨릭 민족주의자들과 협력한다는 것은 우익과 좌익의 대립 구조를 변경시킨다는 것을 의미한다. 국민전선에서 축출된 카를 랑Carl Lang이 2009년 프랑스당Parti de la France를 세웠을 때, 그는 민족주의적 타협 원칙과 국민전선이 1984년에 취한 노선을 계승했다. 그 당시에 마린 르펜은 가톨릭 민족주의자들과 결별하면서 우익 진영을 강화하고 동시에 좌익주의적 이슈들을 다시 도입하려고 노력했다. 마린 르펜은 이와 같은 이유로 '프랑스의 봄' 운동(동성결혼 반대)에 대한 지지를 거부했다. 분명하게 말하자면 가톨릭을 지지한다는 것은 민족주의적 타협안을 선택하느냐 마느냐의 문제와 직결되었기 때문이다. 그렇기는 하지만 1999년 분열 이후 국민전선은 더 이상 민족주의적 타협 원칙을 지지하지 않았다. 이로 인해 신이교주의 문제는 하나의 일화가 되고 말았다. 개인의 영성 문제를 떠나서 크리스티앙 부셰와 필리프 바르동과 같은 지도급 인사들이 엄격한 가톨릭 신앙을 존중한다는 것은 다음과 같은 사실을 증명한다. 이교주의의 반문화적 성격은 오늘날 우익의 토대가 되는 문화적 자유에 대항하는 역동성과 꼭 일치하지 않는다.

다양한 경로

급진주의자들을 지지하는 종교 집단은 주로 가톨릭주의자들이다. 그런데 한 가지 놀라운 사실은 프로테스탄트주의자 중 다수가 극우주의 정당을 지지한다는 사실이다. 이들은 극우주의 정당을 지지하는 가톨릭주의자들을 수적으로 능가한다. 베르나르드 슈벵글러Bernard Schwengler가 그의 연구를 통해 이러한 현상을 분석했는데, 그의 비교 연구는 여러 종교가 뒤섞인 지역인 프랑스 알자스Alsace, 스위스, 독일의 바덴 뷔르템베르그Baden-Württemberg주를 중심으로 실행되었다. 그의 분석에 따르면 이 지역의 가톨릭 신도들은 가톨릭적 성향을 가진 지역 정당들의 정치적 활동으로 인한 혜택을 충분히 받는 반면, 프로테스탄트 신도들은 전혀 혜택을 받지 못하고 있다. 이 지역의 가톨릭 정당들은 프랑스중앙당partis centristes français, 스위스 기독교민주주의 대중당Christlichdemokratische Volkspartei suisse 그리고 독일의 독일기독교민주연합CDU이다. 프로테스탄트 투표자들은 프로테스탄트 정당이 부재한 가운데 민주주의 기독교 정당보다 극우주의 정당을 선호한다. 슈벵글러는 알자스 지방의 프로테스탄트 신도들이 가톨릭에 비해 국민전선에 더 많은 표를 던지고 있으며, 스위스에서는 스위스인민당에, 독일에서는 공화당Republikaner 당에 투표하고 있다고 밝혔다.[324] 이와 같은 사실에도 불구하고 프로테스탄트와 극우주의의 관계를 분석하는 문제에서 자주 행해지는 두 가지 오류가 있다는 사실을 분명히 해야 한다. 첫 번째 오류는 근본주의적 전통에 따르는 프로테스탄트 정당들을 '극우주의자들'로 분류하는 것이다. 네덜란드의 개혁당Staatkundig Gereformeerde Partij은 개신교 근본주의적 전통을 따르며 시대착오적인 주장을 하고 있긴 하지만 그렇다고 해서 극우주의 정당에 속하는 것은 아니다. 이 정당은 의회의 논쟁을 관심 있게 지켜보고 자유에 대한 문제를 고민하며 인종차별에 동조하지 않는다.[325] 2009년 스위스에서 있었던 회교사원 첨탑 금지에 대한 국민투표에서 건축 금지를 지지했던 연합민주주의연맹Union démocratique fédérale도 극우주의에 속하지 않으면서 보수적 종교 권리를 대변하는 정당이다. 또한 스위스의 스위스복음당Parti Evangélique Suisse은 전통적 가치를 존중하며, 환경 문제에 참여하고 사회·경제 문제에 관해 상대적으로 진보주의적 입장을 표방한 당이다. 두 번째 오류는 프로테스탄트 압력단체를 구성하려는 시도들을 미국의 도덕적 다수Moral Majority(보수 기독교 단체)의 이데올로기와 연관 짓는 것이다. 기독교연구소Christian Institute나 영국의 기독교보수단체Conservative Christian Fellowship도 도덕적 다수와 비슷한 성향을 가지고 있다. 도덕적 다수는 적어도 반동주의적 성향을 가진 운동 단체였으며, 이 단체의 일부는 그들의 편협한 신앙을 과격한 배타성으로 둔갑시켰다. 그럼에도 불구하고 이 당은 미국 공화당 주위에서 압력을 행사하는 단체에 불과했으며 극우주의 분파에 속하지 않았다. 이러한 사실은 영국의 보수당과 맞서고 있는 앞에서 언급한 영국의 단체들에도 마찬가지로 적용되며

오스트레일리아 총리인 존 하워드John Howard에 맞서는 종교적 우익도 마찬가지이다.[326]

종교성과 급진성 사이의 관계에 대해 혼란을 일으키는 또 다른 종류의 운동 진영은 바로 유대인 극우주의이다. 사실 유대인 극우주의의 종교성은 한계성을 내포하는데, 이 현상을 이해하기 위해서는 이스라엘의 상황을 먼저 들여다보아야 한다. 이스라엘에는 극우주의를 표방하는 여러 개의 정당과 단체들이 활동하고 있다. 이들은 그들의 정체성과 국가의 토대를 이루는 인종적 민족주의를 기본 이념으로 삼고 있으며 폭력의 사용을 허용하고 민주주의를 경멸한다. 그런데 이스라엘 극우주의 정당들이 가지고 있는 유대성에 대한 개념이 종교적 이데올로기와 항상 일치하는 것은 아니다. 예를 들어 아비그도르 리에베르만Avigdor Lieberman이 이끄는 '이스라엘 우리의 고향Israël Beitenou' 정당은 비종교적인 정당이며, 반면 '민족연맹Ihoud HaLeumi'은 민족적·종교적 시온주의와 비종교적 민족주의를 혼합하는 성격을 가지고 있고 민족의 이동을 적극 권장한다. 이스라엘의 민족주의적 정당들은 유럽 국가의 대표적인 유대인 공동체를 중심으로 단체를 조직했다. 이 단체들에는 종교적 시온주의자들과 비종교적 민족주의자들이 연맹한 단체들도 속해 있다. 특히 2000년 이후에 조직된 자기 방어라고 불리는 단체들은 대부분 비종교적 유대인 단체에 속한다. 예를 들면 유대인방어동맹Ligue de défense juive은 리쿠드 청년당(베타르Betar)에서 탈퇴한 비종교적 활동가들로 구성되어 있다. 또한 정통주의자들과 근본주의자들 모두 시온주의자들인 것도 아니다. 반시온주의적 급진 극우주의와 유대인 극우주의를 연합하려는 시도가 딱 한 번 있었는데, 이러한 시도로 반시온주의적 유대인 근본주의자들이 탄생했다. 이들은 인종, 종교 단체나 민족 단체가 철저하게 분리되어야 한다고 믿었으며 이스라엘의 존재 자체를 거부했다. 이러한 성향으로 인해 이들은 흑인 분리주의자들, 무슬림 근본주의자들, 백인 우월주의자들과도 교류할 태세를 갖추고 있었다. 이러한 운동을 대표하는 인물은 미국 출신 랍비인 메이어 실러Mayer Schiller이다. 실러는 뉴욕 예시바대학교 교수이며, 그가 극우주의와 접촉을 시작한 것은 1990년대 초 영국의 제3의 길을 통해서였다. 그의 사상은 민족주의적 혁명주의 잡지인 ≪얼스터 네이션Ulster Nation≫과의 인터뷰를 통해 살펴볼 수 있다. "두 이념이 현재 서구 사회를 위협하고 있다. 하나는 신앙과 가치, 문화를 파괴하는 자유주의이며 다른 하나는 다인종주의나 다문화주의인데, 이는 폭력을 동반하지 않은 공격이며 서구를 장악하려는 의도를 가진다."[327] 유럽 극우주의의 일부 분파들이 유대인 종파인 도시의 수호자 Neturei Karta(근본주의 단체)에 관심을 보이기도 했지만, 실러의 이념은 별 다른 호응을 불러일으키지 못했다. 도시의 수호자에 속하는 런던과 비엔나 지부 회원들은 2006년 테헤란에서 열린 홀로코스트 부정주의 컨퍼런스에 참가하기도 했다. 반면 프랑스 지부 회원들은 반시온주의 선동자인 프랑스 배우 디외도네와 협력하며 2004년 황금의 손 극장Théâtre de la Main d'or에서 디외도네와 모임을 가졌다. 프랑스 지부의 이러한 행동은 도시의 수호자 방침에 어긋나는 것이었기 때문에 도시의 수호자 본부로부터 비판을 받기도 했다. 반시온주의의 이름으로 활동하는 사람들의 공통점을 찾는 것은 쉬운 일이 아니다. 그들 중 일부는 유럽에서 학살당한 유대인의 후손이라고 주장하며, 동시에 정통주의를 고수하는 동유럽 유대인들에게 홀로코스트가 "시온주의자들이 꾸며낸 허구"라고 떠들어대고 있다. 이러한 주장은 대다수 반시온주의자들조차 납득하기 어려운 것이다.

이러한 유형의 급진화는 가톨릭 운동 단체에서는 찾아볼 수 없다. 이는 가톨릭교회가 여전히 일상생활에 큰 영향을 미치고 있는 폴란드와 아일랜드의 경우에서도 확인할 수 있다. 이들 국가의 가장 보수적인 성향을 가진, 심지어 급진주의적 성향을 가진 가톨릭 신도들은 중도적 노선을 표방하는 보수 정당에 주로 투표한다. 그들은 '체제 저항'에는 관심이 없으며 교회의 일부가 지지하고 인정하는 가치 때문에 보수 정당에 표를 던지고 있다. 2007년에 있었던 폴란드 선거에서 폴란드가족연맹Liga Polskich Rodzin은 선거에 참패해 의회석을 더 이상 얻지 못했는데, 대중에게 상당한 인기를 끌고 있는 가톨릭 보수 라디오방송인 라디오 마리아Radio Maryja는 폴란드가족연맹보다 카친스키Kaczynski 형제가 이끄는 가톨릭 보수당인 법과 정의Prawo i Sprawiedliwosc를 선호했다. 게다가 정치에 관심을 가지는 보수적인 가톨릭 신도들은 특히 사회 문제나 생명윤리 문제에 관련해서 내부적으로 활동하는 조직을 구성하거나 이미 영향력을 행사하고 있는 정당의 주위에서 활동하기를 선호한다. 프랑스의 크리스틴 부탱이 이끄는 기독교민주주의당이 바로 이러한 경우에 해당한다. 이 정당은 대중적 운동을 위해 대중운동연합Union pour un mouvement populaire과 협력해 활동하고 있다. 또는 독일 기독교민주연합과 바이에른 기독교사회연합Christlich-Soziale Union in Bayern 내에서 활동하는 참여가톨릭연합Arbeitskreis Engagierter Katholiken도 이러한 유형에 속한다.[328] 이들의 이러한 전략은 아마도 교회의 교리적 원칙 때문인 것 같다. 교회는 지상의 권력에 순종할 것을 권고하는데, 이러한 태도는 정치권력과의 관계 속에서 올바른 선택이라고 여겨지고 있다. 반근대주의자들이 교회 내에서뿐만 아니라 정치권에서도 주변 세력에 머무르고 있는 반면, 보수주의자들은 좀 더 실용적인 노선을 표방한다. 또한 정치적 성향이 종교의 영향을 받는 정도는 나라마다 다르다. 예를 들어 플랑드르 지역에서 정기적으로 교회를 방문하는 가톨릭 신자들은 그렇지 않은 가톨릭 신자들보다 무슬림 이민자들에게 적개심을 덜 느낀다.[329] 프랑스의 정치학자 노나 마예르Nonna Mayer는 가톨릭 신앙과 국민전선의 지지도 간의 상관관계가 여러 요소에 의해 결정된다고 주장했다. 콘텍스트(가톨릭 지도층이 1988~1997년에 보여주었던 것처럼, 그들이 국민전선에 대해 부정적인 의사를 표할 경우 가톨릭 신자들의 국민전선에 대한 지지도는 평균을 밑돈다)와 종교적 열성(정기적으로 예배에 참석하는 신도들은 그렇지 않은 사람들보다 국민전선에 대한 지지도가 낮다. 즉 근본주의자들은 국민전선을 대대적으로 지지한다) 등이 그러하다. 브르타뉴 주나 방데 주처럼 가톨릭 문화가 강한 곳은 국민전선의 영향에 덜 민감하다. 하지만 2012년부터 이러한 경향에도 변화가 일어났다.[330]

실제로 우익 정부 내의 윤리 문제에 대해 반근대주의적 가톨릭주의보다 보수적 가톨릭주의가 더 큰 영향을 미치고 있다. 이는 이탈리아, 아일랜드, 스페인, 포르투갈뿐만 아니라 기사련이 우세한 독일의 바이에른 주에서도 잘 드러난다. 민족주의적 가톨릭의 비중이 큰 곳은 폴란드, 스페인, 슬로바키아의 국민당, 이탈리아의 신세력 등인데, 이러한 곳에서 반근대주의 가톨릭은 민족주의 이데올로기의 뼈대를 제공한다. 이와 같은 현상을 단순히 가톨릭이 사회에서 차지하는 비중 때문이라고 해석할 수는 없다. 종교성 외에 정치적 전통도 중요한 역할을 한다. 폴란드의 가톨릭 민족주의는 19세기에 생성되어 민족민주주의Narodowa Demokracja: Endecja를 통해 계승되었다. 민족민주주의가 정의하는 폴란드의 정체성은 로마, 교황, 가톨릭교회와의 일치를 의미한다. 반유대주의적이며 반우크라이나주의적이고, 폴란드 내에 존재하는 모든 소수민족에 적대적이면서 민주주의를 표방했던 민족민주주의자들은 두 세계대전 사이에 핵심적 정치 세력으로 활동했다. 민족민주주의는 필수드스키 장군이 쿠데타를 일으키고부터 억압받기 시작했으나 계속해서 폴란드 정치 문화에 영향을 미쳤다. 폴란드 가족연맹이 반근대주의적 가톨릭주의가 아닌 가톨릭 민족주의적 성향을 가지게 된 것은 민족민주주의의 영향 때문이다. 다니엘 루이 세일러 Daniel-Louis Seiler가 강조하듯이 "종교는 민족의 정체성 확립에 도움이 되기 때문에 가톨릭과 민족주의의 협력은 가능하다. 하지만 여기서 강조되는 것은 가톨릭의 반근대주의적 성격이나 로마 교황청과의 연계성이 아니라 폴란드화된 가톨릭이다." 그러나 이러한 정치와 신학의 공조는 가톨릭에만 한정된 현상이 아니다. 왜냐하면 헝가리의 칼빈주의자 호르티도 프로테스탄트 교리에 근거해서 이와 비슷한 주장을 했기 때문이다.[331]

폴란드에서 르페브르 계열의 반근대주의와 공석주의는 가톨릭 민족주의주의자들이 아니라 폴란드민족부활 같은 급진적 극우주의자들이 주요 테마로 다루는데, 이러한 사실은 많은 시사점을 던져준다. 폴란드민족부활은 아우슈비츠에서 행해진 범죄 행위를 부정하는 말도 안 되는 주장을 떠벌리고 있으며 극렬한 반유대주의를 표방하면서 스킨헤드에게도 상당히 우호적인 태도를 보이고 있다. 또한 이들은 1989년에 영국인 로베르토 피오레가 설립한 성직자 지상주의적 파시스트 단체인 '국제 제3의 길International Third Position'에 합류하기도 했다. 이 단체는 루마니아의 철위대에 속하는 잡지들과도 연관되어 있다.[332] 우리는 이러한 현상을 통해 주변화된 소수 단체들이 극단화되고 서로 혼합되는 경향을 목격할 수 있다. 이러한 과정을 통해 이 단체들은 서로 결속하게 되며 그들의 반사회적 성향은 계속 강화된다. 폴란드에도 기존 교회 질서에 도전하는 혁명적 성향을 가진 가톨릭 급진주의자들이 있기는 하지만 이들이 선거에 미치는 영향력은 미미하다.

스페인에서는 이러한 경향이 더욱 두드러지게 나타나고 있다. 스페인 가톨릭 반근대주의자들의 세력은 크게 위축되어 신세력과 신팔랑헤주의자들의 일부로 편입되고 말았는데, 이는 그들의 이념이 투표자들에게 전혀 호응을 받지 못했기 때문이다. 스페인 보수주의자들의 입장을 대변하는 단체는 국민당이다. 역사적으로 볼 때 신학에 기반을 둔 정치적 폐쇄성을 보인 단체는 샤를 10세 옹호파이다. 아마도 유럽의 어떤 나라에서도 샤를 10세 옹호파처럼 반혁명적인 성격을 가지고 근대화에 계속 적응해 나가면서 1900년대 이후부터 지금까지 존속하는 단체는 없을 것이다. 샤를 10세 옹호주의는 그의 반혁명적 성향을 넘어서 자신의 교리에만 갇혀 있지 않고 계속 시대에 적응해왔다. 이들은 지역의 특성과 관습을 통제하는 교회의 특권을 수호하기 위해 시대에 부합하는 정책을 선택해왔다. 비록 교황 비오 10세는 가톨릭교회의 정치 참여를 적극 지지했지만, 샤를 10

세 옹호주의자들과 반근대주의의 끊임없는 분열과 반근대주의자들의 극단주의는 스페인 제도 교회로 하여금 가톨릭 이념에 맞는 정당 형성이 불가능하다는 것을 인정하게끔 만들었다.[333] 샤를 10세 옹호주의의 적응력과 지역주의 그리고 계속되는 분열은 일부 샤를 10세 옹호주의자들이 좌익으로 발전하는 과정에서도 계속되었다. 그 후 이러한 특징들은 프랑코 장군이 이들을 거의 해산시킨 후에 자체 관리 문제로서 표출되었다. 샤를 10세 옹호주의가 좌익으로 발전한 과정은 1971년 프랑스행동의 일부가 신프랑스행동을 세우게 된 과정과 비슷하다(신프랑스행동은 1978년 프랑스행동으로부터 완전히 분열되어 신왕정주의 행동으로 거듭났다).[334] 하지만 이 과정에서 부르봉 파르마Bourbon-Parme 가의 왕위권을 주장하는 사람들은 반근대주의 가톨릭 급진 우익과 사회주의 가톨릭 급진 우익으로 분열되었다. 프랑스의 정통 왕위 계승자라고 주장하는 부르봉 파르마가의 전통주의자인 앙리 6세Sixte-Henri 왕자는 1986년부터 스페인의 샤를 10세 옹호주의자들과 연합하려고 노력했다. 또한 그는 프랑스 국민전선의 전통주의자들과 교류했으며 '기독교적 서구'라는 이념을 중시하면서 미국의 제국주의를 비난하고, 최근에는 시리아의 바트당 정권을 옹호하는 입장을 취하기도 했다. 샤를 10세 옹호주의는 19세기에 대중적 기반을 가지고 활동했던 단체이지만 21세기 시대 상황에는 더 이상 부합하지 못하고 있다.

가톨릭 민족주의는 이베리아반도의 독재 권력이 무너지자 정치 세력으로서 더 이상 버티지 못하고 함께 무너졌다. 하지만 분명한 것은 유럽대륙 전역에 등장한 보수주의적 이념(주류가 되지는 못했으나 실제적으로 영향을 미쳤다)은 무엇보다도 기독교 사회의 전통적 가치를 수호하는 데 중요한 역할을 했다는 사실이다. 이들이 중요하게 여겼던 가치들은 가족, 성별의 역할에 대한 구분, 생명에 대한 권리(낙태 문제)인데 삶에 대한 권리 문제는 자연사의 문제와 결부되어 계속 논쟁의 대상이 되고 있다. 이러한 가치들은 2014년 유럽의회 선거에서 다양한 그룹의 정책으로 채택되어 이슈가 되었다. 크리스틴 부탱이 이끄는 삶의 원천Force vie(프랑스 일드프랑스에서 1.2% 득표), 포르투갈의 생명존중Pro Vida, 아일랜드의 노라 베니스Norra Bennis가 이끄는 가톨릭민주주의Catholic Democrats, 독일의 기독교성경헌신당Partei Bibeltreuer Christen(0.2%) 등은 유럽의회에서 네덜란드의 두 캘빈주의 정당이 구성한 연합 정당에 대항해 성공을 거둘 수 없었다. 캘빈주의 정당인 기독교연합Christen Unie과 개혁당은 유럽의회의 의석을 두 개 얻었으며 6.8%의 득표율을 기록했다. 계속해서 이러한 성향을 가진 단체들이 생겨나고 있는데, 이들 중 기독교연합과 개혁당은 현재 유럽 기독교 정치 운동의 기둥 역할을 하고 있다. 유럽 차원에서 활동하고 있는 두 정당은 세 명의 대표를 입법기관에 참여시키는 데 성공했으며, 가톨릭과 프로테스탄트 투표자들에게 기독교적 민주주의 이념이 누렸던 전통적 헤게모니의 회복을 부르짖고 있다. 정치학자인 가엘 브뤼스티에가 언급한 '보수 68혁명'* 은 이러한 의미에서 전통으로의 회귀를 주장하는 일종의 정치적 반개혁 운동이라고 볼 수 있다.

---

* 2013년에 있었던 동성결혼 반대 시위를 뜻한다.

6장

포퓰리즘 정당

지난 수십 년 동안 유럽에서 좌익과 우익의 이념을 폭넓게 수용하는 포퓰리즘 정당이 꾸준히 증가해왔다는 주장은 사실이 아니다. 물론 프랑스의 국민전선과 같은 정당은 설립 초기부터 "모든 이념을 수용하는" 정당이라고 자칭해왔다. 국민전선의 창립자인 프랑수아 뒤프라의 이데올로기에 의해 국민전선은 "국민의 모든 불만족을 수용한다"라는 목표를 가지고 창립되었다고 알려졌다. 하지만 이러한 주장과 다르게 포퓰리즘은 사회계층의 이해관계와 상관없이 선거 때마다 자신의 정책과 이데올로기를 상황에 맞게 바꾸는 대응 이데올로기를 내세우고 있으며, 바로 이러한 전략 때문에 포퓰리즘 정당들은 점점 우익화되고 있다.

'포퓰리즘'이라는 단어는 지금까지 상당히 포괄적인 의미로 사용되어 왔으며, 사실 정치적으로 볼 때 그다지 명확하지 않은 개념이라고 볼 수 있다. 이 단어는 19세기에 우익과 좌익의 대립을 전혀 경험하지 않은 러시아와 미국에서 등장했으며 제2차 세계대전 이후에 아랍 민족주의 정권과 남미의 민족주의 정권의 등장으로 확산되었다. 이러한 역사적 콘텍스트를 배경으로 포퓰리즘이라는 단어는 여러 가지 이념의 혼합을 통해 발전해왔다. 그것은 전체주의가 배제된 카리스마적 지도자에 대한 숭배, 합법적 위계질서 안에서 여러 사회계층의 결합, 과두제를 거부하는 국가에 대한 지지, 그리고 제국주의적 성격을 배제한 민족주의 등이다. 아랍과 남미의 정권들은 정치적 논쟁에서 보통 '파시즘 국가'로 분류되지만, 이러한 기준들을 논리적으로 적용할 경우 파시즘 국가의 카테고리에서 제외된다. 따라서 이러한 현실을 묘사하기 위해 '민족주의적 포퓰리즘'이라는 명칭이 창조되었다. 프랑스에서 이러한 표현을 처음으로 사용한 사람은 아마도 프랑수아 뒤프라일 것이다. 뒤프라는 남미의 "대중적·사회적·민족적 우익"이라는 표현을 차용해 장 마리 르펜이 창안한 국민전선의 정체성을 재규정했다.[335] 그런데 실제로 포퓰리즘적 성격을 가진 정당이 선거에 등장하기 시작한 것은 1970년대 북유럽 지역에서였다. 덴마크의 1973년 선거에서 진보당은 복지국가 정책에 반대하면서 16%라는 예상 밖의 득표율을 기록했으며, 이를 통해 덴마크의 두 번째 정당이 되었다. 하지만 그 후에 곧 해산되고 말았다.

'민족주의적 포퓰리즘'이라는 개념은 1984년 피에르 앙드레 타귀에프가 국민전선이 포함된 극우주의의 역사적 계보를 설명하기 위해 사용한 이후, 유럽 선거에서 극우주의의 재등장을 묘사하는 개념으로 사용되기 시작했다. 1990년대부터 '포퓰리즘'이라는 단어는 언론에 자주 등장하기 시작했고 여러 현상 중 특히 유럽 자유주의에 반대하는 관점들을 대변하는 용어로 사용되었다. 포퓰리즘은 대중주의에 기초하지만 일반 시민 모두가 다 '포퓰리스트'가 될 수 있는 것은 아니다. 포퓰리즘은 정치의 역사적 발전 과정을 퇴화 과정으로 간주하고, 오로지 건전한 정신의 소유자이며 모든 사회계층을 민족이라는 단일체로 결집시킬 수 있는 대중만이 '부패한 엘리트들'을 제거하고 국가를 구할 수 있다고 주장한다. 실제로 포퓰리즘 정당들은 앞서 살펴보았던 우익 진영의 가장 분명한 특징을 보여주는데, 이는 포퓰리즘이 겉으로 보이는 양식에만 집착하고 그 내용에는 별다른 관심을 보이지 않기 때문이다. 하지만 포퓰리즘이 계속 퍼져나가는 것은 유럽 사회 대중이 자국의 정책에 어떻게 반응하고 있는가를 잘 보여준다.[336] 결국 2001년 이후에 민족주의적 포퓰리즘이 신포퓰리즘으로 전환되면서 역설적인 상황이 최고점에 이르렀다. 극우 진영 내에서 자유주의 가치에 대한 주장이 확장되기 시작했고 복지 국가에 대한 비판은 다문화주의에 대한 비판으로 전환되었다.

내부자와 외부자

1969년 이탈리아사회운동의 중앙위원회에 보고된 보고서에서 조르조 알미란테는 다음과 같이 진술했다. "우리에게는 두 가지 선택의 길이 있다. 체제 자체의 변혁이든지 아니면 체제 안에서의 변혁이다."[337] 바로 이것이 지난 몇십 년 동안 극우 진영의 지도자들이 고민해온 문제이다. 어떻게 하면 지배세력에 대한 무조건적인 저항을 포기하고 자신의 정체성을 유지하면서 권력에 참여할 수 있는가? 급진주의자들은 어떻게 세상과 인간과 국가를 근본적으로 개혁시키기 원하면서 동시에 선거로 대변되는 자유주의체제에 참여할 수 있는가? 이러한 문제는 냉전기에 더욱 복잡한 양상을 띠었다. 여러 국가에서 마르크스주의적 혁명을 저지하려는 노력은 역설적으로 국가의 억압을 더욱 강화시키는 결과를 초래했는데, 이들이 궁극적으로 원했던 것은 국가 체제의 전복이었다.

지난 몇십 년 동안 극우주의 진영은 냉전 체제의 대결 구도를 핵심 이슈로 다루어왔다. 1972년에 프랑스 국민전선이 설립되었을 때, 그 설립 목표는 우선적으로 '대중전선(좌익 정당 연합)과 거리를 두는' 것이었다. 이는 소비에트연방의 편에 서서 세계의 균형을 위협하는 사회주의자와 공산주의자와의 단절을 의미했다. 이 시점에서 이민에 관한 문제나 이슬람에 관한 문제는 전혀 거론되지 않았다. 이민 문제나 이슬람에 관련된 '포퓰리즘' 문제는 1968년 영국 보수당의 우익 진영에 의해 최초로 제기되었다. 이는 영국의 국민전선이 설립된 지 1년 후의 일이었고 보수당이 선거에서 패배한 지 2년 후의 일이었다. 이러한 포퓰리즘적 주제는 "피의 강 연설"이라는 제목으로 큰 반향을 일으킨 국회의원 이넉 파월Enoch Powell의 연설에서 처음으로 언급되었다. 보수당의 '그림자 내각Shadow Cabinet' 소속이었던 파월은 인종 문제에 대한 파격적인 주장을 내세웠는데, 그는 백인이 아닌 이민자들이 영국으로 넘쳐 들어오는 것을 통제하지 못할 경우 영국은 시민전쟁을 겪게 될 것이라고 주장했다. 이 극단적 자유주의자가 문제 삼은 것은 이민 문제로 인해 발생하는 비용이 아니라 이민자의 본국 송환이었다. 그는 문화가 다른 인종은 절대 서로 공존할 수 없다고 주장했다. 그의 이러한 주장이 반향을 불러일으킨 것은 산업사회 시대가 끝나고 고용관계가 변화하면서 사회관계가 변했기 때문이다. 왜냐하면 그 이전에 연합운동이 선거운동에서 사용했던 "영국의 백색을 유지하자"라는 슬로건은 전혀 반향을 일으키지 못했으며, 콜린 조던이 영국에 퍼트렸던 이민자들에 의해 백인이 멸종할 것이라는 테마도 급진적 극우주의 진영의 주변 세력에게만 호응을 얻었을 뿐이다. 보수당이었던 토리당도 파월과 그의 주장들을 멀리했는데, 이는 이러한 주장들이 1976년까지 선거에서 계속 성공을 거두었던 영국 국민전선을 정당화하고 더 호의적으로 보이게 한다고 생각되었기 때문이다.[338] 이러한 주장들이 거론되기 시작한 것은 프랑수아 뒤프라가 프랑스 국민전선의 입지를 강화하기 위해 당의 전략 일부로 채택하면서부터이다. 스위스에서도 이러한 주장들이 거론되기 시작했는데 스위스의 정당과 노동조합, 교회의 반대에도 불구하고 이민 문제로 인해 외국인 혐오증이 대중적으로 확산되었기 때문이다. 그들의 전략은 다음과 같았다. 먼저 실업 문제가 사회 문제로 제기될 때 이민을 그 근본 원인으로 주장한다. 그리고 이 문제를 통해서 우익 진영을 극우주의자들과 경쟁하게 만들고, 이민 문제를 이슈화하는 정당은 더 이상 극우주의에 속하는 것이 아니라 우익 진영 중 하나에 속할 뿐이라고 주장한다. 이러한 과정을 통해서 정당성을 인정받으면 권력을 얻기 위해 도전한다.[339] 이러한 전략은 실제로 성공했다. 정치학자인 카이 아르츠하이머Kai Arzheimer는 1980~2002년에 유럽연합에 속한 국가에서 실시된 여론조사를 통해 "극우주의 정당들의 외국인 혐오주의 이슈가 정부에 속한 우익 진영에 의해 대체되자 극우주의 정당에 대한 지지도가 상승했다"는 사실을 밝혀냈다.[340]

따라서 극우주의 진영에서 선거에 참여하기 원하는 정당들의 경우 정당 정책의 독창성이 성공을 좌우한다고 볼 수 있다. 이탈리아가 이 같은 사실을 잘 보여준다. 주변을 맴도는 데 지친 알미란테는 1980년 이탈리아 사회운동을 대중화하려고 시도했다. 그는 이를 위해 민주주의 정치 세력과 논쟁을 벌이는 전략을 택했다. 그러나 1986년 이탈리아사회운동의 지도부 회의에서 그의 축출이 결정되었는데, 이는 알미란테가 파시즘과 결별하고 정부에 참여하고 있는 정당에 접근하려 했기 때문이다. 알미란테는 결국 1987년에 사임했다. 강경파들은 피노 라우티를 그의 후계자로 내세웠고, 근대화를 지지하는 당원들은 잔프랑코 피니를 선택했다. 결국 피니가 53.6%의 득표율로 이탈리아사회운동의 당수가 되었다. 그의 프로젝트였던 '민족연합Alliance nationale'은 우선 모든 우익 진영을 통합하고 이탈리아사회운동이 그 중심 역할을 담당하는 데 뜻이 있었고, 이를 위해 피니는 민족연합 서클을 구성하기 시작했다. 1993년 비례대표제가 폐지되고 1994년 실비오 베를루스코니가 이끄는 이탈리아세력Forza Italia이 설립되자 이탈리아사회운동 민족연합은 베를루스코니의 정당과 선거에서 연합해 의원석 109개와 상원의원석 43개, 장관직 5개를 얻었다.[341] 그 후 이탈리아사회운동은 당의 재정립을 위해 상당히 사려 깊게 행동했다. 1995년에 있었던 정당 대회에서 당의 이름과 로고(불꽃 로고이며 신질서가 처음으로 사용했으나 국민전선이 대중화시켰다), 정관, 프로그램을 바꾸고 국민동맹이라는 이름으로 거듭났다. 이는 후기 파시즘에서 벗어나기 위한 시도였다. 이탈리아사회운동은 권력을 얻고 난 뒤 파시즘과 공식적으로 결별을 선언하고 파시즘을 공격하기 시작했다. 그리고 유대인 차별에 종말을 고했다. 잔프랑코 피니는 2003년 이스라엘의 홀로코스트 국립기념관인 야드 바셈Yad Vashem을 방문해 반유대주의와 이탈리아의 살로공화국을 포함한 파시스트들의 역사적 행태에 비난을 퍼부었다. 민족연합이 우경화되는 동안 피노 라우티를 중심으로 하는 급진주의자들은 사회운동 삼색불꽃Movimento Sociale-Fiamma Tricolore을 통해 계속해서 열정을 불태웠다. 그렇다고 해서 그들이 고집하는 파시즘이 타협을 배제한 파시즘인 것은 결코 아니었다. 즉 이탈리아사회운동 삼색불꽃은 선거에 별다른 관심이 없었음에도 불구하고 다른 우익 정당들과 함께 실비오 베를루스코니가 주도하는 선거에 연합해 참가하기도 했다. 또한 이 단체는 유럽 차원에서 프랑스 국민전선의 부총재인 브뤼노 골니시가 의장을 맡고 있는 민족운동유럽연맹Alliance européenne des mouvements nationaux에 동참하기도 했다. 이 연맹에는 이탈리아사회운동 삼색불꽃 외에도 상당히 다양한 이념을 가진 유럽 단체들이 동참했다. 참가한 단체로는 헝가리의 요비크, 영국의 브리튼국민당, 벨기에의 국민전선, 스웨덴의 국가민주주의National Demokraterna, 우크라이나의 스보보다(자유당), 스페인의 공화주의사회운동, 포르투갈의 민족재건당, 불가리아의 불가리아민족애국당Bălgarksa Nacionalna-Patriotična Partija, 벨기에의 플랑드르 민족주의 정당인 플랑드르의 이익 등이다. 민족운동유럽연맹은 통일된 이데올로기나 정책이 결여된 단체였고, 민족 문제나 유럽 차원의 프로젝트에 관한 문제에서 전혀 다른 아이디어를 가진 단체들의 모임일 뿐이었다. 이 연맹을 통해 합법적 정당들은 상당히 과격한 급진적 성향을 가진 단체들과 접촉하기도 했는데, 이 때문에 마린 르펜은 이미 의회에 진출해 있는 정당들을 연합하기 위해 이 연맹을 멀리했다. 의회에 진출한 정당들은 오스트리아의 오스트리아자유당, 네덜란드의 자유당, 이탈리아의 북부동맹Lega Nord, 플랑드르의 이익, 그리고 프랑스의 국민전선(장 마리 르펜과 브뤼노 골니시는 제외한다) 등이다.

이탈리아의 경우 '체제'를 거부하면서 이와 동시에 합법적인 선거에 참여하는 것이 얼마나 어려운가를 잘 보여준다. 민족연합이 자신의 성향을 우경화하고 정치적으로 실비오 베를루스코니보다 법을 더욱 존중하면서 모범적으로 행동하자 아이러니하게도 이러한 성향으로 인해 이 당의 정치적 생명은 끝이 나게 되었다.[342] 2009년 민족연합은 실비오 베를루스코니가 새로 창립한 '자유의 인민Il Popolo della Libertà'에 합류하기 위해 해산되었으며, 2010년 '이탈리아를 위한 미래와 자유Futuro e Libertà per l'Italia'를 세우기 위해 또다시 분리되었다. 이탈리아를 위한 미래와 자유는 분명 실비오 베를루스코니의 몰락에 기여하긴 했지만 그 이상의 존재적 의미를 갖지 않는다. 마린 르펜은 피니의 경우를 하나의 반례로 여러 번 인용했다. 문화적으로 기존 체제에 동화하는 것은 결국 정치적 해체를 초래하며, 극우주의 정당 선거에서의 승리는 오직 체제전복적인 이념에 충실할 때 가능하다.

이탈리아의 북부동맹Lega Nord은 한동안 포퓰리즘의 열망을 회복할 수 있는 정당처럼 보였다. 이 정당은 역사에 존재하지 않는 가상공간을 추종하는 유일한 유럽 인종민족주의적 운동이었다. 북이탈리아의 '파다니아Padanie'라는 명칭은 1914년 이전에 존재했던 지정학적 개념으로서 1970년대에 스텔라 알피나Stella Alpina라는 작은 단체에 의해 정치적으로 고안되었다. 북부동맹은 이 그룹의 상징을 그대로 사용하고 있다. 1982년 설립된 롬바르디아 연맹은 베니스 동맹과 연합해 1989년 파다니아독립 북부동맹Lega Nord per l'indipendenza della Padania으로 재탄생했다. 이 단체의 지도자인 움베르토 보시Umberto Bossi는 이탈리아 정치 스펙트럼을 기준으로 할 때 상당히 과격한 성향을 지니고 있어서 그의 과격함 때문에 반체제 정당으로 인식되기도 했으나 그렇다고 유권자들에게 파다니아 프로젝트를 강요하지는 않았다. 그들은 검은색(파시즘의 상징) 유니폼을 사용하지 않고 녹색 유니폼을 사용했으나 유니폼을 착용했다는 사실 자체가 파시즘과의 연관성을 암시했다. 북부동맹은 초기에 분리주의를 주장하다가 자치주의로 목표를 변경했고, 당선된 의원들은 당의 수준을 전국적 차원으로 끌어올리기 위한 전략으로서 남부 이탈리아인들을 모욕하는 일을 삼갔다. 북부동맹은 1990년 북부 지역의 지역 선거에서 20%의 득표율을 기록했고 1992년 전국 선거에서 8.6%의 득표율을 차지했다. 2000년부터 북부동맹의 공격 대상은 이민자로 바뀌었다. 북부동맹이 실비오 베를루스코니와 함께 정권에 참여할 때 문제가 된 것이 있었는데, 바로 선거운동 당시 코소보 전쟁에서 민족 학살을 주도했던 슬로보단 밀로셰비치Slobodan Milošević를 지지했다는 사실이었다. 왜냐하면 유권자들이 보기에 밀로셰비치는 사회주의 독재자였기 때문이다. 1999년부터 북부동맹이 핵심 목표로 삼은 이탈리아의 연방제화, 대통령중심제에 대한 안건이 2006년 국민투표에서 완전히 기각되고, 여러 차례의 정치적·재정적 스캔들을 겪으면서 당의 세력이 약해졌고, 움베르토 보시는 2012년에 결국 사퇴했다.[343]

북부동맹의 새로운 지도자가 된 마테오 살비니Matteo Salvini는 파다니아 문제를 일단 보류하고 이민 문제, 이슬람 문제, 유럽연합 문제에 신경 썼으며 2007년부터는 남부 이탈리아에 밀려들기 시작한 난민 문제를 이슈화하는 데 집중했다. 이러한 전략은 성공을 거두었고 이로써 북부동맹은 2013년에 4%에서 2015년에 13%로 득표율을 끌어올리면서 다시 여론의 주목을 받기 시작했다. 살비니는 그의 주장을 더욱 심화하면서 신자유주의 정책과 긴축재정 정책에 이의를 제기하기 시작했고, 동시에 교회를 공격했다(그는 이민자들을 위한 교회의 자선사업을 '전쟁'이 일어난다는 가정하에 문제 삼았는데, 왜냐하면 이 이민자들이 '유럽의 아프리카화'를 위해 결국 이탈리아를 상대로 전쟁을 벌일 것이기 때문이다). 결론적으로 살비니는 그의 정당이 정치에 염증을 느낀 대중을 동화하는 역할을 하게 될 것이라고 확신했다. 그는 이러한 당의 노력이 없다면 한계점에 다다른 대중이 폭력적으로 돌변할 것이라고 예견했다.[344]

결론적으로 이탈리아의 경우를 통해 다음과 같은 사실을 확인할 수 있다. 유권자들은 신파시스트주의적 극우주의뿐만 아니라 후기 파시스트적 우익주의도 거부하고 있으며, 이보다는 과두정치를 거부하고 외국인 혐오주의를 내세우는 정치 이념에 관심을 보이고 있다. 제도 정치에 대한 참여가 꼭 성공을 보장하는 것은 아니지만 유권자들이 선거 당선자들에 대해 상당히 관대한 태도를 보이고 있다는 사실을 유념해야 한다. 1986년과 1988년 선거에서 국민전선 의원 35명의 당선되었고, 2012년 이후에는 국민전선에서 한 명, 블루마린연합Rassemblement Bleu Marine에서 한 명이 당선되었다. 이 의원들이 법안을 제시한 적이 단 한 번도 없다는 사실에 대해 유권자들은 그다지 불만을 표현하지 않았다. 유권자들은 극우주의에 던지는 그들의 표가 이민이나 사회 안전, 정체성 등의 문제에 대한 일종의 로비 효과를 가져온다는 것을 잘 알고 있었다. 포퓰리즘 극우 정당은 정부에 직접 참여하지 않고 선거에서 어느 정도의 표를 얻음으로써 이러한 문제에 계속해서 법적인 압력을 가할 수 있게 되는 것이다. 더 중요한 문제는 '체제'에 대항하는 '반체제'적 정책에 대한 것이 아니라 대통령 선거운동 진영의 캠페인을 변화시키기 위해 '정당·로비' 선거 구조를 어떻게 효과적으로 활용할 것인가이다.

그런데 포퓰리즘 운동과 파시즘 운동을 구별하는 것은 쉬운 문제가 아니다. 2000년 오스트리아자유당이 의회에 진출하자 오스트리아자유당을 파시즘 운동으로 혼동해 유럽에서 '반파시즘' 데모가 격렬하게 일어났다. 실제로 오스트리아자유당은 엄격한 정통 자유주의를 따른다. 오스트리아자유당 당원으로서 경제부 장관직을 맡았던 카를하인츠 그라서Karlheinz Grasser의 정책은 유럽 자유주의 이념의 테두리에서 크게 벗어나지 않았는데, 이는 유럽 자유주의를 주장하는 기독교 보수 정당과 연합하기 위해서였다. 1999년 선거에서 26.9%라는 기록적 득표율을 거둔 오스트리아자유당은 대중계급의 지지를 잃어버리면서 2002년 선거에서 10% 득표율을 획득하는 데 그쳤다. 1999년 선거에서 48%에 해당하는 전문 노동자들은 그 당시 정부의 '스캔들과 부정의를 고발하기' 위해 오스트리아자유당을 선택했다(이것은 오스트리아자유당 지지자 중 65%에 해당하는 유권자들이 오스트리아자유당에 투표한 첫 번째 이유이다).[345] 하지만 정권에 합류한 오스트리아자유당은 사회복지시스템 축소 정책을 펼쳤는데, 이 정책은 사회주의·민주주의자들에 의해 시작되어 보수주의자들이 주창했던 것이었다. 이와 같은 정책 때문에 유권자들은 자유당으로부터 등을 돌렸다. 그러나 그 후 다른 정당들의 열세가 이어지자 오스트리아자유당은 다시금 인기를 얻게 되었다(2013년 선거에서 21.9%를 차지했다). 오스트리아자유당의 행보를 통해 정권에 참여하지 않고 반체제적 입장을 고수하는 것이 어떤 면에서 더욱 유리한지, 그리고 유권자들이 전통적인 정치 정당들보다 포퓰리스트 정당들에 대해 얼마나 더 관용적인지 분명하게 알 수 있다.

이는 또한 특정한 모델을 상황이 전혀 다른 국가로 이식하는 것이 불가능하다는 사실도 증명해준다. 예를 들어 르펜주의를 모방하려는 여러 나라들의 다양한 시도는 모두 실패로 돌아갔는데, 벨기에에서 활동했던 국민전선도 빈껍데기였을 뿐이었다. 벨기에의 특수 상황인 플랑드르와 왈롱 지방 사이의 문제에 대해 르펜주의가 내놓을 수 있는 해결 방안은 무엇이었는가? 또한 스페인의 극우주의자 운동 단체 중 대다수가 프랑스에서 생성된 가설을 스페인에 그대로 이식하려고 노력했는데, 이는 오랫동안 인종적으로 상당히 안정된 구조를 가지고 있던 스페인에서는 일종의 도박이 아닐 수 없었다(1994년 30만 명의 집시들을 포함해 이민자들은 단지 0.9%에 불과했다. 그중 유럽공동체에 속하지 않은 이민자들은 0.4%에 불과했다).[346] 외국에서 성공한 사례를 토대로 정당을 구성할 수는 있다. 하지만 국내 정치 상황에 맞지 않는 부적절한 모델을 도입할 경우 정책 실패로 당의 자율성에 손실을 입을 수 있다. 카탈루냐 지방의 독립운동과 맞물려 스페인의 이민자 문제가 확대되자 2003년에 카탈루냐에서 독립주의적이며 민족주의적·포퓰리스트적인, 그리고 민족의 정체성과 이슬람 혐오주의를 강조하는 운동이 일어나게 되었다. 바로 '카탈루냐를 위한 플랫폼Plataforma per Catalunya'이다(카탈루냐 지방의 이민자 숫자는 1981년 9만 4000명에서 2003년 68만 9000명으로 늘었다). 그리고 이 플랫폼은 토지와 민중, 블록정체성, 오스트리아자유당, 플랑드르의 이익 등의 단체와 교류하기 시작했다. 하지만 현대적 감각을 겸비한 유럽지역주의 운동의 모델이 되려는 노력에도 불구하고 카탈루냐를 위한 플랫폼은 몇몇 구역을 제외하고 선거에서 성공하지 못했다.[347] 2014년에 있었던 주권과 자유Soberanía y Libertad 대회 이후에 등장한 공화주의사회운동(이민정책 반대)의 분열 조직도 별다른 성공을 거두지 못했다. 이 단체는 블록정체성의 영향을 받고 청년 세대 정체성 운동의 로고(그리스 알파벳의 11번째 글자인 람다)까지 사용한 단체였다. 스페인에서 민족주의적 포퓰리즘이 발을 붙일 수 없었던 까닭은 다음의 두 가지로 설명할 수 있다. 첫 번째로 민주주의로의 전환 과정의 말기에 창당(대중연맹Alianza Popular이라는 이름)된 국민당(보수 정당)은 온건한 프랑코주의자들을 모두 수용하면서 이데올로기 수용 문제와 인물 등용 문제에서 다른 모든 형태의 가능성을 차단했다. 두 번째로 프랑코 체제하에서의 경험과 바스크 지방 및 카탈루냐 지방에 대한 그 억압의 기억은 극우주의자들로 하여금 민족주의적 특성이 강한 지역에서조차 자체 운동조직을 구성하는 것을 불가능하게 만들었다.

독일은 민족주의적 포퓰리즘이 실패한 또 하나의 예이다. 독일도 스페인과 마찬가지로 과거에 대한 생생한 기억과 강력한 보수 정당의 존재가 실패의 원인으로 작용했다. 하지만 포퓰리스트적 정당 구성의 시도가 전혀 없었던 것은 아니다. 독일의 공화당Republikaner이 이에 해당하는데(1989년 유럽의회 선거에서 7.1%를 얻었다) 1983년 기사련CSU에서 분열되어 창당되었으며, 이 당의 지도자인 프란츠 쇤후버Franz Schönhuber는 프랑스 국민전선을 모델로 삼았다. 무장친위대에서 활동했던 그의 과거가 당을 정상화하는 데 큰 핸디캡으로 작용했으며, 상당히 부르주아적이고 고연령층으로 구성된 공화당은 라인강과 알프스 산악 지역 사이에서 무시하지 못할 선거 결과를 얻기도 했다. 하지만 그들의 핵심 정책이었던 독일 통일이 보수 총리하에서 이루어지자 독일 극우주의 지지자들은 동독 지역으로 몰려가 대중계급 청년들을 중심으로 재조직되었다. 하지만 독일에서 민족적 포퓰리즘이 약세를 면치 못한 것은 대중적 민족주의의 기반이 약했기 때문은 결코 아니다. 오늘날 독일의 신문 가판대는 민족주의적 감성의 확산을 계속 강조하는 민족주의적 잡지들로 넘쳐난다. 예를 들자면 ≪도이체 보헌차이퉁Deutsche Wochenzeitung(독일 주간지)≫은 철십자 훈장을 표제에 인쇄하고, 종교에 대한 부분만 빼고 프랑스 주간지 ≪리바롤≫과 비슷한 성향의 내용을 싣는다. 독일국가민주당이 발간하는 ≪도이체 슈티머Deutsche Stimme(독일의 목소리)≫, 월간지 ≪추에르스트Zuerst≫, 그리고 ≪콤팍트Compact≫는 이슬람 혐오주의와 러시아 우호주의를 대변한다. 고품격 주간지인 ≪융에 프라이하이트≫는 보수주의적 혁명 노선을 따르기는 하나 정체성에 대한 주제를 주로 다룬다. ≪란처Landser≫는 전쟁에 대한 에피소드와 독일 군인들에 대한 프로필을 주로 소개하는 잡지이다. 독일 극우주의가 안고 있는 문제는 내부에 포퓰리즘적 성향과 급진적 성향을 동시에 가지고 있으면서도, 유권자를 확보할 만큼 정치적으로 안정된 운동 세력으로 발전하지 못하고 있다는 사실이다.

주로 포퓰리즘 정당의 표본으로 제일 먼저 언급되는 단체는 오스트리아자유당이다. 하지만 이 정당은 오스트리아의 특수성을 상당히 많이 반영한 정당이라고 할 수 있다. 이 정당의 역사는 1949년 독립체연합Verband der Unabhängigen으로 거슬러 올라간다. 이 단체는 나치 정당의 중간급 지도자들과 하위 지도자들이었던 인물들의 복귀를 주선한 단체이다. 1945년에 50만 명의 나치 당원들은 선거권을 박탈당했는데, 이들은 4년 후에야 투표권을 다시 부여받았으며 이들의 투표로 독립체연합이 11%의 득표율을 기록하며 의회에 진출하게 되었다. 오스트리아자유당의 창당은 1955~1956년에 이루어졌다. 원래 이 당의 지도자는 나치 당원이었던 인물들, 즉 장관직을 지냈던 안톤 라인탈러Anton Rheintaller나 무장친위대 소속 장교였던 프리드리히 페터Friedrich Peter 같은 사람들이었다. 그 후 오스트리아자유당의 급속한 성장은 서로 상반되는 성격을 지닌 다음의 두 이데올로기를 중심으로 이루어졌다. 하나는 이 당의 골수 자유주의자들이 오스트리아자유당이 정부 연정에 참여하기를 원한 것이고, 다른 하나는 급진주의적 성향을 가진 사람들이 독일민족주의 이념을 숭배한 것이다. 이 이념에 따르면 오스트리아는 대독일의 일부분인 가상 국가에 불과하다. 그러던 중 1983~1986년에 오스트리아자유당은 사회민주당과 함께 연정을 이루면서 당의 정치적 정체성에 타격을 입었다. 결국 당의 근본이념을 환기시키는 외르크 하이더가 혜성처럼 등장해 당의 권력을 쟁취했다. 급진주의자들이 주장했던 독일민족주의 이념은 1993년부터 자취를 감추기 시작했고 오스트리아자유당의 이데올로기는 1997년부터 당의 정치적 프로그램 안에서 확고해졌다. 이는 무엇보다 민족주의에 기초한 외국인 혐오주의와 극단적 자유주의를 근간으로 한다. 오스트리아자유당은 경제와 사회문제에 관해 "고용시장의 안정과 번영을 위해 국가의 경제적 규제를 완전히 제거해야 한다"라고 주장한다.[348] 하이더가 대중의 지지를 얻을 수 있었던 것은 적어도 다음과 같은 문제에서 자유주의적 입장을 고수했기 때문이다. 그는 오스트리아의 나토 가입에 반대하지 않았고, 유럽연합이 오스트리아의 주권을 침해하지 않고 연합국가 구성을 모색하지 않는 한에서 유럽연합에 대한 비판을 자제했다.

오스트리아자유당은 극우주의의 내부적 갱신을 위한 노력을 적극적으로 수용했다. 하이더의 고참 고문관이었던 뉴라이트 소속 안드레아스 묄처는 ≪융에 프라이하이트≫의 발행에 가담하고 ≪추어 차이트≫ 발행을 주도한 인물이다. 그는 상당히 실용주의적인 원칙에 충실한 조언자였으며, 가톨릭 신자들의 지지를 얻기 위해 신이교주의적 성향을 드러내지 말아야 한다고 조언하기도 했다. 이는 기독교를 당의 기본 원칙으로 취해 당의 정체성을 확립하기 위한 조치였다. 1994년 묄처는 오스트리아자유당의 정책 수립 과정에 참여했다(직접민주주의와 행정부가 강화됨에 따라 의회에서 당 세력이 약해졌기 때문이다). 동시에 그는 1970년대 유럽문명조사연구단체가 주장했던 극우적 요소들을 수용했으며, 이 요소들을 오스트리아자유당 프로그램의 일부에 삽입했다. "우리는 사회적 갈등을 유발하는 다양한 문화들의 충돌을 배제해야 한다. …… 상이한 민족들과 상이한 인종들은 각자의 기본 권리를 보장받을 권리가 있으며, 그들의 정체성을 평화롭게 발현할 수 있는 권리를 가지고 있다." 또한 그는 나치친위대가 슬라브 지역에서 게르만 인종의 확산을 촉진하기 위해 사용했던 단어인 '독일화Umvolkung'라는 정치 용어를 다시 사용하기 시작했다. 나치는 이 단어를 식민지화와 이주를 동반하는 인구의 이동을 설명하는 데 사용한 바 있다.

하이더는 텔레비전 매체를 아주 능숙하게 다루고 논쟁거리가 되는 주제를 아주 세련된 방식으로 요리함으로써 오스트리아자유당의 대중성 확보에 성공했다. 요르크 하이더는 국민전선의 장 마리 르펜처럼 자신의 강점인 카리스마적 이미지를 부각시킴으로써 여러 성향들 사이의 균형을 적절하게 유지했다.[349] 그렇다고 내부 갈등이 전혀 없었던 것은 아니다. 하인츠 크리스티안 슈트라허Heinz-Christian Strache가 독일 민족주의자들과 연맹을 맺자 하이어와 그의 측근들은 2005년 당에서 분리되어 나와 오스트리아미래동맹Bündnis Zukunft Österreich을 설립했다. 이로 인해 2008년 하이더가 교통사고로 사망할 때까지 엄청난 혼란이 일었다. 하이더가 사망한 이후 하인츠 크리스티안 슈트라허는 오스트리아자유당의 당수로 복귀해 자유당의 근본적인 원칙들을 다시 부각시켰다. 이러한 원칙들 중에는 기회주의도 속하는데, 이를 통해 자유당은 2015년 부르겐란트 주에서 사회주의·민주주의 정당과 연맹을 맺는 데 성공했다. 이는 하이더가 자신의 출신지였던 케른텐 주에서 행한 전략과 동일한 것이었다. 하지만 이러한 연맹으로 인해 당의 사회적·경제적 전략이 수정된 것은 아니다. 한 예로 자유당은 그리스를 구제하느라 오스트리아 납세자들이 피해를 입었다고 주장하며 정부 정책을 비난하면서도, 마리 르펜처럼 정상 궤도에서 지나치게 벗어난 주장들을 하지는 않았다. 2014년 자유당은 안드레아스 묄처를 축출했는데, 이는 묄처가 유럽연합을 "검둥이 집단"이라고 비난했기 때문이다. 그럼에도 불구하고 오스트리아자유당의 강점과 약점이 동일한 상황을 통해 생성된다는 사실에는 변함이 없다. 오스트리아자유당은 계속 반복되는 정치인들의 똑같은 공약에 지친 유권자들에게 새로운 활력을 불어넣는 역할을 하고 있다. 이러한 상황은 이탈리아의 이탈리아사회운동과 프랑스의 국민전선 역사 속에서 이미 표출되었던 복잡한 문제를 제기한다. 현 정치에 대한 대중의 실망이 포퓰리즘을 확산시키고 있는 가운데, 포퓰리스트들이 선거에서 당선될 경우에도 반체제적 성향을 계속 고수할 수 있을 것인가? 어떻게 기존 정치인들과 다르게 권력의 메커니즘에 빠지지 않을 수 있는가? 정책이나 경제 개혁을 통해서가 아니라 이민 문제와 다문화주의에 대한 문제에 집중함으로써 반체제적 성격을 유지할 수 있는가? 이민 문제와 다문화주의에 대한 이슈화는 상대적으로 상당히 효과적으로 작용하는 것처럼 보인다.

이러한 문제를 이슈화하는 가장 대표적인 정당은 핀란드의 핀인당이다(2011년 진정한 핀인당Parti des Vrais Finnois에서 명칭을 바꾸었으며, 인종 간 구별보다 엘리트와 대중의 구별을 더 강조하면서 상당히 불분명한 정책을 펼친다. 핀인당의 당수인 티모 소이니Timo Soini는 이와 같은 사실을 묵살하고 있다). 핀인당은 반체제적이며 유럽연합에 비판적이고 반이민적 정책을 지지하지만(핀란드의 이민자는 겨우 전체 인구의 5%이다) 급진적 성향을 가진 것은 아니다. 오히려 이 당은 사회계층적으로 기독교 보수주의에 속하며 이념적으로 중도좌파에 속하고 '소시민'의 대변자를 자처한다. 소시민을 대변하기 위한 프로그램은 다음과 같다. 먼저 이민을 막고, 다문화주의를 사회적 위험 요소로 경계하며, 난민의 권리를 최소화하고, 개발 원조 비용을 최소화한다. 핀인당의 당수는 상당히 특이한 프로필을 소유하고 있다. 그는 인구의 98%가 루터교인 핀란드에서 가톨릭으로 개종한 사람으로 유럽대륙에서 인도·유럽어를 쓰지 않는 몇 안 되는 민족에 속하며 켈트족의 발생지인 아일랜드를 열렬히 숭배한다. 핀인당은 2015년 선거에서 다른 두 정당과 함께 높은 득표율을 차지해 우익 연정을 구성했다. 유럽의 장래에 상당히 부정적이었고 반엘리트적 정서를 가지고 있던 티모 소이니는 이 연정에서 외무부 장관직을 맡았다. 경제부 장관은 유럽위원회 의원이었던 올리 렌Olli Rehn이 맡았고 수상과 교통부 장관은 억만장자 기업가들이 맡았다. 당의 사회복지 정책은 60억 유로를 삭감해야 하는 정부의 예산정책 때문에 백지장이 되었으며, 유럽연합을 거부하는 당의 민족주의적 이념은 '그리스 구제'를 거부하자는 주장으로 표출되었다. 핀인당은 연정에 참가한 사실과 유럽 자유주의 이념 사이의 모순을 정체성을 강조하는 정치와 반이민정책으로 정당화하고 있다. 핀인당의 이와 같은 정책은 다른 유럽 운동단체들의 미래적 지표로 여겨진다. 니콜라 사르코지Nicolas Sarkozy는 2015년 프랑스 지역 선거에서 이러한 점을 명확하게 파악해 국민전선을 압박하기 위한 수단으로서 일부러 프랑스의 정체성에 대한 문제를 거론하지 않았다. 만약 그가 이 문제를 건드릴 경우 우익주의자들이 결합할 가능성이 있다고 판단했기 때문이다. 그 대신 사르코지는 국민전선의 경제정책이 '극좌익주의'의 정책과 다를 바 없다고 공격했다. 국민전선은 1차전에서 좋은 성적을 거두어 정권에 참여하기 위해서 자신의 정책을 자유주의적으로 수정하고 반체제적 성격을 배제해야만 하는 위험을 감수할 수밖에 없었다. 결론적으로 말해, 복지 혜택을 오로지 자국 국민에게만 한정해야 한다는 정책이 한편으로는 선거에서 좋은 결과를 얻을 수 있는 수단이 된다는 것이 증명되었다. 하지만 다른 한편으로 이러한 전략은 제도 정치에 편입됨으로써 민족주의적 자유주의자들의 전략과 전혀 차별화되지 않는 딜레마에 빠질 수 있다.

민족주의적 자유주의의 비판

스칸디나비아 국가의 정당들은 국가개입주의에 대한 자유주의적 비판을 당의 우선 과제로 삼는다. 예를 들어 노르웨진보당Parti du progès norvégien과 덴마크인민당은 자국이 상당히 안정된 상태를 유지하고 있고(덴마크), 풍요로움을 누리고 있는데도 불구하고(노르웨이의 경우 2015년 봄 실업률이 지난 10년 동안 최고치를 기록했지만 겨우 4.2%였다) 사회민주주의자들에 의해 도입된 평등주의 모델을 거부하고 있다. 즉 이들 국가의 극우주의자들은 모든 형태의 재분배를 거부하는 유권자들의 지지를 받고 있다. 1970년대 중반부터 덴마크와 노르웨이 사회에서 포퓰리즘이 거세게 일어났는데, 이들 국가의 포퓰리즘은 초기에 세금정책에 반대하고 반엘리트주의적 성격을 바탕으로 출발했으나 곧 인종 문제로 방향을 전환했다. 덴마크인민당은 선거에서 다수의 득표율을 점유함으로써 2009년부터 2011년까지 덴마크 중도우파 정부와 연정을 이루어 정부를 이끌었다. 인민당은 그들에 대한 지지를 토대로 유럽에서 가장 까다로운 이민법을 통과시킬 수 있었다. 24살이 되기 전까지 같은 나라 출신이면서 덴마크 국적을 이미 취득한 사람과 아직 덴마크 국적을 취득하지 못한 사람 사이의 결혼이 금지되었으며(강제 결혼을 방지하기 위함이다), 떨어져 있는 가족을 덴마크로 초청하는 것은 "덴마크에 거주하고 있는 가족이 외국에 거주하고 있는 가족보다 경제적으로 더 안정적이라는 것이 증명될 때"에만 가능하게 되었다. 이뿐만 아니라 자국 내 이슬람주의자들이 점점 급진화되면서 덴마크의 이슬람 혐오주의는 더욱 확장되었다. 즉 덴마크 정부는 소말리아 출신의 덴마크 시민이 소말리아의 알샤바브Al-Shabaab(소말리아 무장 투쟁 단체)를 지지하고 있는 핵심 세력이라는 사실을 밝혀냈으며, 이슬람 운동 단체인 히즈브 우트 타흐리르Hizb ut Tahrir(해방단체)는 파키스탄과 팔레스타인 이민자들로부터 자금을 지원받고 있다는 사실을 밝혀냈다(이 단체는 영국에서 외교관들과 학생들을 먼저 유인했다). 덴마크 일간지인 ≪질란드 포스트Jyllands Posten≫의 마호메트 풍자만화가 발행되기 전, 2004년에 알카에다 이라크 지부에 의해 미국인 닉 버그Nick Berg(유대인)가 참수형을 당했다. 이때 참수형을 집행했던 사람은 바로 덴마크인 무스타파 다르비치 라마단Mutapha Darwich Ramadan이었다. 극우주의는 이슬람 급진주의 문제가 사회적으로 이슈화되고 정체성에 대한 문제가 급부상하는 가운데 사회 내에서 이러한 문제를 다룰 수 있는 위치를 확보하게 되었다. 스웨덴에서는 1990년대부터 신나치주의 청년 그룹이 증가하기 시작했는데 이들은 미국의 백인 파워 문화 모델을 모방하는 그룹들이었으며, 그들 중 일부는 테러에 가담하기도 했다(예를 들면 백인아리아저항Vitt Ariskt Motstånd이 있다). 또한 같은 시기에 문제를 일으킨 그룹에 동조하는 음악 그룹들이 빠른 속도로 증가했다(1996년에만 250개였다). 그러다 극우 정당인 스웨덴 민주당Sverigedemokraten이 선거에 합법적으로 참여하면서부터는 오히려 급진주의적 단체의 활동이 줄어들었다(2008년 1947건, 2009년 1507건, 2010년 1469건, 2011년 1274건). 이들 중 반 이상은 스웨덴당이 주도했으며 400건 이상을 스웨덴저항운동Svenska Motståndsrörelsen이 주도했다.[350]

급진주의에서 민족주의적 자유주의로의 이행은 실제로 극우 단체들을 통해 이루어졌는데, 벨기에의 플랑드르블록이 그 대표적인 예이다. 플랑드르블록은 1978년 플랑드르 민족주의 정당인 민족연맹Volksunie에서 분리되어 세워진 당이다. 민족연맹이 프랑스어를 사용하는 지역에 호의적인 태도를 가지고 있었던 연정에 참여하자 이를 거부하는 일부 당원들이 탈퇴해 플랑드르블록을 세웠다. 이 단체는 1930년대에 활동했던 대네덜란드 민족동맹연합의 정신을 계승한다고 주장했으며, 여러 민족으로 구성된 통일된 유럽을 세우기 전에 우선 지역적 민족주의를 확립하고, 개인 간의 차이와 민족 간의 차이를 당연시하며, 최상의 형태를 보장하는 유기체주의를 선호했다. 이 유기체주의는 개인의 권리보다 '전체 유기체의 주권'을 우선시한다. 플랑드르블록의 급진주의는 유럽연합군 창설을 지지하고 외부로부터 유럽을 보호하기 위해 유럽 단일 시장을 구성하자는 개념에 따라 완화되기도 했다. 하지만 내부적으로는 신자유주의의 확장을 부르짖었다. 플랑드르블록은 1980년대에는 주목을 받지 못하다가 1991~2004년에 급격한 성장을 이루었다.[351]

플랑드르블록이 선거에서 성공하기 시작한 것은 그들이 사용하는 어휘나 표현을 변화시키면서 도약을 모색했던 시기와 맞물린다. 즉 플랑드르블록은 자체 이데올로기는 변혁시키지 않으면서 선거의 지지층을 확보하기 위해 표현 방식이나 테마들을 근대화시키려고 노력했다. 특히 플랑드르블록은 가톨릭 신자들과 대중계급에 다가가기 위한 소통 방법을 발전시키는 데 주력했다. 이는 그 당시 플랑드르블록이 처했던 역설적 상황에 대한 대처 방법이었다. 플랑드르블록이 유권자들을 더 많이 확보할수록 당 자체의 영향력은 점점 상실되고 있었던 것이다. 실제로 1989년 플랑드르 지역의 모든 정치 세력들은 플랑드르블록과 더 이상 협조하지 않기로 동맹을 맺었으며, 동시에 벨기에 여론 매체들은 외국인 혐오주의와 인종차별주의를 지지하는 단체들을 배척하기 시작했다(이러한 여론의 공격은 오늘날 불가능하다고 볼 수 있다. 왜냐하면 플랑드르 지역 문제는 계속 화두가 되고 있으며 서구 사회 전체를 다루는 여론 매체는 더 이상 텔레비전이 아니라 인터넷이기 때문이다).[352] 2003년부터 플랑드르블록과 교류하던 단체들은 이 같은 여론의 비난에 대한 책임을 물으면서 플랑드르블록과 교류를 완전히 '단절'했다. 동시에 플랑드르블록을 제도권 안에 편입시키는 문제에 대한 논의가 격렬하게 일어났는데, 이는 플랑드르블록을 고립시키는 것이 유권자들에게 전혀 영향을 미치고 않는다고 판단되었기 때문이다. 2004년 플랑드르블록은 유럽의회 선거와 플랑드르 의회 선거에서 23.2%를 차지했는데, 이는 플랑드르블록의 지지율이 10년 사이 두 배로 늘었다는 것을 의미한다.[353] 그러나 같은 시기에 플랑드르블록과 교류하던 세 단체가 인종차별주의적 성향 때문에 법적 처벌을 받자, 플랑드르블록은 법적 제제와 경제적 제제에 대한 부담 때문에 플랑드르의 이익으로 당 명칭을 개정했다. 그리고 인종차별주의에서 이슬람 혐오주의로 노선을 수정했으며 신자유주의 정책을 부각시키기 시작했다. 이러한 개혁은 처음에는 유권자들로부터 환영을 받았으나(2006년 앙베르 Anvers 지방에서 플랑드르의 이익은 제1여당이 되었다) 그 후 신플랑드르연맹Nieuw-Vlaamse Alliantie(2001년 민족연맹에서 분리되어 설립된 단체) 때문에 플랑드르의 이익은 선거에서 계속 참패를 맛보게 되었다. 신플랑드르 연맹은 중산층 친화적이고 친정부적인 정책을 제시한 단체이다. 신플랑드르 연맹의 약진으로 플랑드르의 이익은 제도권에 진입하는 데 실패했으며, 2003년 당의 정치적 색깔이 중립화되는 처지에 놓이게 되었다. 이로 인해 플랑드르의 이익의 반체제적 성향이 약화되었고, 이와 반대로 우익주의적·민족주의적 성향은 강화되었다. 2007년 '플랑드르의 이익'의 지지자 중 32%가 2010년 선거에서 신플랑드르 연맹을 택했으며, 2009년과 2014년의 유럽 선거에서 플랑드르의 이익의 득표율은 9.9%에서 4.2%로 떨어졌다.[354]

플랑드르블록과 플랑드르의 이익 사이의 차이는 이탈리아사회운동과 국민동맹의 차이와 비교해볼 때 비록 미세하긴 하나, "유권자들은 복사판보다는 원본을 더 선호한다"라는 프랑수아 뒤프라의 격언이 항상 옳지는 않음이 두 정당을 통해 입증되었다. 즉 우익주의자들이 급진주의자들을 모방할 경우 복사판이 더 성공을 거두는 경우도 있는 것이다. 포퓰리즘의 좌충우돌을 통해 불변의 법칙이 또 한 번 확인되었는데, 바로 각 정당들은 정치시장에서 자신들이 가진 고유의 정책으로 경쟁해야 한다는 사실이다. 영국의 이넉 파월은 자신의 정당이 수행할 수 없었던 정책을 영국 국민전선에 던져줌으로써 국민전선의 발판을 마련했다. 프랑스 국민전선은 반공산주의 이슈를 별로 중요하게 생각하지 않았으며, 유권자 확보를 위해서도 별로 가치가 없다고 판단했다. 이는 정부의 우익 정당들이 반공주의 이슈에 대해 상당히 효과적이고 적극적인 정책을 펼치고 있었기 때문이다. 니콜라 사르코지는 2007년 선거에서 "노동 가치"라는 테마를 내세워 장 마리 르펜의 지지자들을 유인하는 데 성공했으나 2012년 선거에서 정체성, 이민, 이슬람 문제를 내세우면서 르펜의 딸에게 유권자들을 다시금 빼앗겼다. 요약해서 말하자면 선거시장에서 표의 재분배는 단순히 중도적 입장(좌도 우도 아닌)을 취한다고 얻어지는 것이 아니다(이러한 전략은 종종 정치가들과 그의 선거팀들에 의해 잘못 이해되고 있다). 당의 고유한 정책만이 선거에서의 승리를 보장한다.

신자유주의적 이념에 근거하는 포퓰리즘 정당들은 2000년 유럽 여러 나라 선거에서 성공을 거두며 전성기를 누렸다. 이에 속하는 정당들은 오스트리아자유당, 스위스인민당, 북부동맹, 진보당, 덴마크인민당, 덴마크의 진보당 등이다. 이 정당들은 모두 민족주의적 포퓰리즘의 성향을 내포하고 있는데, 이러한 성향은 경기 침체 때문이 아니라 오히려 완전고용이나 실업률이 거의 부재한 경기 호조 시기에 태동되었다. 이들은 복지국가 정책으로 집결되는 사회주의적 민주주의 정부의 정책이나 우익주의적 자유주의자들의 정책에 이의를 제기한 반면, 민주주의 제도의 정치적 관행은 조건 없이 그대로 수용했다. 그들은 이웃인 동유럽 국가들이 2004~2013년에 유럽연합에 가입하는 문제를 놓고, 가입 절차가 시작되기 전부터 이들 나라의 사회적·경제적 상황을 문제 삼기 시작했으며, 가입 절차가 시작되자 그것을 크게 이슈화했다. 알프스 지역 국가들의 포퓰리즘 정당들도 외형적으로 이와 유사한 형태를 띤다. 그들은 복지국가의 해체와 경제 체제에 대한 전반적인 규제 완화, 민족의 이익이라는 구실로 점점 글로벌화되는 자유무역에 대한 불신, 유럽 연방국과 같은 초국가 구성에 대한 비판을 부각시켰다. 그리고 한편으로 지역적 특성을 유지한 통일된 유럽에 대한 지지와 인종적 구별에 근거한 민족 개념에 대한 지지를 강조했으며, 이민을 거부하고 유럽연합을 무시하며 중부 유럽의 특수성을 무엇보다도 부각시켰다.

정치시장에 나와 있는 이러한 이데올로기들은 유권자들이 보기에 상당히 견고한 정치적 정체성을 보유하고 있는 것처럼 보이지만 변화 가능성을 완전히 배제한 것은 아니다. 스위스인민당이 이러한 변화 가능성을 잘 보여준다. 이 당은 독일어권 스위스어로 자신의 명칭을 스위스인민당 Schwetzerischen Volkspartei 이라고 명확하게 표기하고 있다. 1971년에 설립된 스위스인민당은 농민 옹호를 주장하는 두 정당의 합병으로 탄생했다(농민·수공업자·부르주아 정당과 그리종Grisons주와 글라루스Glaris주 민주주의). 스위스인민당은 1979년 연방 정부 선거에서 11.6%의 득표율을 기록했고, 1999년 선거에서는 최고의 득표율을 얻었다(22.5%). 스위스인민당은 스위스의 이익과 스위스의 전통, 건전한 기업문화를 조성한다는 목적 아래 스위스의 국제 개방을 반대했는데, 이는 법적·지정학적·경제적·인구구성적 또는 문화적 차원에서 모두 주장되었다. 엘리트주의에 반대했던 스위스인민당은 대중이 주도권을 잡는 체제를 더욱 보강하기 원했고, 이는 대의제 민주주의를 최소화하고 직접민주주의를 강화하자는 주장으로 연결되었다. 이 당의 세 가지 핵심 이념은 스위스 통합에 대한 두려움과 외국인 혐오주의 그리고 경제적 초자유주의였다. 또한 스위스인민당은 유럽연합과 관련해 각 계약 조항에 스위스 국민의 동의가 있어야 한다는 원칙을 고수했으며, 2002년 국제연합 가입 문제가 대두되자 이에 반대하는 캠페인을 벌였다. 그리고 이민정책은 오스트리아의 하이더 정책을 그대로 모방했다. 한편 그들은 급진주의자들에 대해 일관성 없는 태도를 견지했다. 스위스인민당은 1999년 제네바 지부장이었던 뉴라이트 옹호자 파스칼 쥐노드Pascal Junod를 추방시켰으나 홀로코스트 부정주의자로서 반유대주의를 주장하는 에밀 함Emile Rahm이나 신나치주의자인 호저 에터Roger Etter(현재 살인혐의로 감옥에 갇혀 있다)에 대해서는 어떠한 제재조치도 취하지 않았다. 한편 2009년 청년 당원 하나가 급진주의 정당인 스위스민족당Partei National Orientierter Schweizer과 관련되어 문제를 일으키자 당에서 축출한 바 있다.

여러 나라에서 그러하듯이 극우주의의 확장은 일부 정치 논쟁의 우익화를 초래한다. 스위스인민당은 오스카 프레이징어의 상승으로 당의 중심축 자체가 흔들리는 경험을 했다. 프레이징어는 네덜란드의 헤이르트 빌더르스가 주장했던 이슬람 혐오주의를 그대로 수용해 다른 정치 집단의 반대에도 불구하고 2009년 스위스에서 회교사원 첨탑 건설을 법적으로 금지시키자는 캠페인을 시작한 사람이다. 이 캠페인의 성공은 유럽 극우주의자들에게 강한 인상을 남겼으며 특히 열세를 면치 못했던 프랑스 국민전선에 강한 영향을 미쳤다. 많은 유권자들이 이슬람 혐오주의를 통해 극우주의 포퓰리스트들과 한편이 되어 '체제'에 대항하게 된 것이다. 이러한 경험은 국민전선에 완전히 각인되었다. 이와 함께 2002년부터 떠오르기 시작한 '국민투표에 기반을 둔 공화제'가 더욱 호응을 얻기 시작했다.[355] 유럽 극우주의 신포퓰리즘주의자들의 이와 같은 변화는 두 가지 사건으로 인해 더욱 촉진되었다. 하나는 2001년 9·11테러로 촉발된 지정학적 위기와 관련된 것이며, 다른 하나는 2008년 경제 위기 이후의 사회적·경제적 경기 후퇴와 관련이 있다.

신포퓰리즘의 변화

신포퓰리즘의 핵심 이념인 이슬람 혐오주의는 2001년 전에 태동한 이념이다. 유고슬라비아 전쟁에서 나치주의자라고 낙인찍힌 세르비아는 이 전쟁이 유럽을 이슬람화하려는 전초전이라는 프로파간다를 유포했다. 이 전쟁을 통해 '이슬람 파시즘'이 유럽에 뿌리를 내리려고 시도하고 있으며, 무슬림은 이를 위해 오래전부터 세르비아 민족을 '말살'시키려는 의도를 가지고 있었다는 것이다. 이러한 논리가 서유럽에 최초로 도입된 것은 벨기에의 유럽민족공동체당Parti communautaire national-européen의 기관지에서 활동하던 대중투쟁조직의 지도자를 통해서였다. 그는 자신을 장 티리아르의 계승자로 말한다.[356] 프랑스의 국민전선이 분열됨과 동시에 코소보 전쟁이 일어나고, 급진주의자들이 장 마리 르펜에 대항하기 위해 브뤼노 메그레를 지지하기로 결정하자, 메그레주의자들은 민족공화국운동을 주도하며 1999년 유럽 선거에서 이슬람 혐오주의를 퍼트렸다. 이들은 범죄와 관련된 사회 문제를 유럽 사회의 이슬람화와 관련시키면서 이슬람 혐오주의를 확산시켰다. 이로 인해 급진적 반시온주의자들의 사고방식에 전환이 생겼다. 그들은 이스라엘을 포함한 서구와 유럽 내 거주하고 있는 무슬림을 포함한 아랍·무슬림 세계 사이의 관계에 대해 재고하기 시작한 것이다. 2000년 벨기에에서는 안트베르펜 유대인 공동체의 여러 지도자들과 플랑드르블록의 지도자인 필립 드빈터Filip Dewinter의 만남이 주선되었는데, 이 만남을 통해 여러 해 동안 모색해왔던 두 진영의 협력이 드디어 결실을 맺게 되었다. 즉 플랑드르 민족주의 정당과 젊은 이민자들이 저지르는 반유대주의 테러가 증가하면서 급진화된 유대인 공동체의 결합이 이루어진 것이다.[357] 같은 해에 프랑스에서는 유대인방어동맹이 설립되었는데, 이는 전체 인종차별주의적 범죄 중 유대인 증오 범죄가 1999년 37%에서 2000년 82%로 폭발적으로 증가했기 때문이다.[358] 이 단체는 같은 이름을 가진 미국 단체(이 단체는 이스라엘의 급진적 우익주의 단체인 카흐Kach처럼 미국의 테러 단체로 취급되었다)의 프랑스 지부였으며, 인종차별주의자인 랍비 메이어 카하네Meir Kahane(1990년 이슬람주의자에 의해 살해당했다)의 영향을 받았다. 이 단체는 비록 규모는 작았으나 극우주의 시온주의 단체가 설립되었다는 사실 자체와 반아랍주의를 표방하는 인터넷 포럼 'SOS 불량배Racailles'의 성공, 그리고 급진적 극우주의자들이 개최한 이슬람 혐오주의를 주제로 하는 컨퍼런스에 초청을 받았다는 사실로 인해 중요성이 입증되었다. 1945년 이후 유럽 극우주의 유대인들을 고립시켰던 벽이 이 단체의 설립으로 흔들리기 시작한 것이다. 9·11테러사건 이후 브뤼노 메그레는 프랑스 유대인들의 지지를 얻기 위해 적극적으로 다가갔지만 그다지 성공을 거두지는 못했다. 그는 선거에서 2.3%의 지지밖에 얻지 못했으며 2007년 대통령 선거에서 메그레주의자였던 기욤 펠티에Guillaume Peltier[359]의 자문을 받아 필리프 드 빌리에Philippe de Villiers(프랑스를 위한 운동Mouvement pour la

France이라는 보수적 국가주권 지상주의적 우익 단체 소속)는 이슬람 혐오주의와 엘리트 세계화 폐지를 주장하면서 선거운동을 벌였다. 그러나 성공을 거두지는 못했다(득표율2.2%를 기록했다).[360] 신포퓰리즘은 오히려 극우주의 전통이 거의 부재한 나라에서 극우주의에 속하지 않은 인물에 의해 부상되고 있는 것이다.

네덜란드 정치가인 핌 포르타윈Pim Fortuyn은 좌익 계열의 지식인으로서 공공연하게 자신의 동성애를 공개한 사람이다. 다양한 문화가 공존하고 자유주의 철학적 이념이 팽배한 네덜란드는 극우주의 정치 전통이 부재한 나라라고 볼 수 있다. 한 예로 극우주의 정당은 1998년 선거에서 0.6%의 경미한 득표율만 기록했다. 이러한 상황에서 핌 포르타윈은 이슬람이 네덜란드의 자유를 침해하고 있다고 주장하면서 혜성처럼 등장했다. 2002년 시의회 선거에서 그의 정당인 핌 포르타윈 리스트Lijst Pim Fortuyn는 로테르담에서 34.7%의 득표율을 기록했는데, 그는 장 마리 르펜과 오스트리아의 하이더에 버금가는 카리스마의 소유자였으며, 엘리트를 공격하고 자신의 동성애를 공개함으로써 스스로를 암흑에 싸여 있는 이슬람에 대항해 자유를 수호하는 진보주의자처럼 보이게 만들었다. 그는 좌우익 정당들에서 시작된 '인버르헤링inburgering'(이민자 동화를 통한 사회 통합) 논쟁을 공격하면서, 이슬람이 네덜란드 사회의 또 하나의 종교적 '기둥'으로 등장하는 것을 막아야 한다고 주장했다. 그리고 이는 기독교 종교 단체와 비기독교인 사이의 절충적 합의에 따라 운영되는 네덜란드 같은 나라에서 또 다른 종교의 등장은 혼란을 야기할 수 있기 때문이라고 역설했다. 포르타윈은 무슬림 이민자의 유입이 1917년부터 네덜란드에서 시행되기 시작한 '퍼자일링verzuiling'(정치적·행정적 단위로서 프랑스어로 '여러 기둥이 정부를 구성한다pilarisation'는 의미로 설명할 수 있다)의 혼란을 가중시키고 있다고 주장했다.[361]

포르타윈은 2002년 급진적 좌익주의자에게 살해되었는데, 이 사건으로 인해 핌 포르타윈 리스트는 몇 주 후에 있었던 선거에서 17%를 얻었고 이를 통해 연정에 참여하게 되었다. 하지만 지도자를 잃은 핌 포르타윈 리스트는 결국 살아남지 못하고 해체되었다. 핌 포르타윈 리스트의 생성과 소멸 과정을 통해 우리가 주목해야 할 사실은 핌 포르타윈 리스트가 새로운 정치적 전략의 성공 가능성을 보여주었다는 것이다. 이 당의 전략은 개인의 자유와 그 자유를 보장하는 안전에 대한 정책을 과장하는 "안전 지상주의"(가엘 브뤼스티에와 장 필리프 윌랭Jean-Philippe Huelin의 표현이다)로 요약될 수 있다. 무슬림에 대한 비판은 기독교 보수주의의 이념에 의해서가 아니라 여성들, 동성애자들과 유대인들에 의해 쟁취된 자유를 방어해야 한다는 논쟁 속에서 일어났다.[362] 그리고 이러한 비판은 신보수주의 이념과 일치하는데, 신보수주의는 미국에서 시작되어 현재 서구에서 계속 확장되고 있으며, 이슬람 혐오주의와 나치주의를 혼합하는 성향을 보이고 있다.

헤이르트 빌더르스는 정확하게 말하자면 미국 신보수주의 진영과 연결된 네덜란드의 정치인이다. 2004년 영화감독 테오 판 호흐Theo Van Gogh가 이슬람주의자에게 살해당하고 네덜란드 전체가 문화적 충격 속에 휩싸이자 빌더르스는 이 사건의 배경을 극우화하면서 사회적 이슈로 만드는 데 성공했다. 비록 빌더르스가 유럽연합을 '나치 국가'에 비유하면서 이를 거부하고 이슬람에 대해서도 적대적 태도를 취하고 있긴 하지만 그는 극우주의자에 속하지 않는다. 1990년대에 빌더르스는 프리츠 볼케스테인Frits Bolkestein의 보좌관으로 활동했는데, 볼케스테인은 후에 유럽의회 의원으로 당선되었던 사람이며, 극단적 자유주의와 유럽주의적인 성향을 피력했던 『서비스 지침서Directive services』의 저자였다. 빌더르스는 1998년부터 자유민주국민당 의원으로 활동했고, 2006년 자유당Partij voor de Vrijheid을 설립하기 위해 볼케스테인을 떠났다. 빌더르스는 자유당의 유일한 멤버로 활동하면서 기존에 존재하는 모든 형태의 정당과의 교류를 완전히 거부했다. 그는 볼케스테인의 영향을 받아 비유럽인 이민자에 대한 적개심을 더욱 증폭시켰으며 적어도 5년 동안 이민을 금지해야 한다고 주장했다. 그는 국가권력을 축소하는 전략 속에서 이러한 이민 문제를 계속 이슈화했지만, 스스로 "네덜란드의 보통사람"이라고 하면서 정년퇴직 연령을 늘리는 문제와 연금 축소 문제에 반대하기도 했다. 또한 그는 할랄과 코셔 전통에 근거한 도살, 미나레트탑 건설, 이중 국적, 새로운 회교사원의 건설과 코란을 금지해야 한다고 주장했다. 이러한 정책들 이외의 전략들은 대중과 엘리트 사이의 대립 구도를 중심으로 전개되었다. 특권층에 대한 거부와 도덕적 가치와 권위에 대한 부활, 안전 문제에 대한 강조, 대중이 발의하는 국민투표제 도입, 강제 위임 등이다. 그리고 그는 플랑드르 지방과 네덜란드의 합병을 중요하게 생각했다(프랑스 북부 지역에서부터 네덜란드에 이르는 지역의 문제는 급진적 극우주의자들이 끊임없이 이슈화하는 문제이다). 빌더르스는 이스라엘을 '서구의 보호자'로 간주해 이스라엘의 외무부 장관이었던 아비그도르 리에베르만Avigdor Lieberman(이스라엘 극우주의 정당인 '이스라엘 우리의 고향'의 지도자)과 상당히 우호적인 관계를 유지했다. 빌더르스가 이끄는 자유당은 2010년 선거에서 15.4%의 득표율을 기록하면서 의회의 다수당이 되었으나 긴축재정에 대한 동의와 이민정책 반대 문제 때문에 연정에 참여하지는 않았다. 그 이후 지지율이 하락하면서(2009년과 2014년의 유럽의회 선거에서 지지율이 17%에서 13%로 떨어졌다) 자유당은 다수당의 지위를 박탈당했는데, 이를 통해 자유당이 도달할 수 있는 득표율이 17% 이상은 아니라는 사실이 분명해졌다. 포퓰리즘주의자들이 일상생활과 관련해 던졌던 테마들은 그 이후부터 유럽의 격렬한 논쟁거리가 되었다. 예를 들어 폴란드에서 할랄과 코셔 전통에 따른 도살이 금지되었으며(2013년에 제정되었으나 2014년에 철회되었다), 덴마크에서도 이러한 도살 행위가 금지되었다(2015).

신포퓰리즘이 일으킨 이러한 변화가 단번에 프랑스 국민전선에 영향을 미친 것은 아니었다. 2002년 프랑스 대통령 선거 2차전에서 장 마리 르펜의 '위협'에 대항해 공화국을 지키자는 대규모 시위가 일어난 뒤 마리 르펜 주위의 참모들은(루이 알리오Louis Aliot, 마리 크리스틴 아르노튀Marie-Christine Arnautu 등) 국민전선이 '비악마화' 전략을 채택해야 한다고 주장했다. 즉 반유대주의, 반시온주의, 인종차별주의에 대한 주장을 철회하고, 당의 이념을 확고히 하기 위해 급진주의자들을 축출하거나 반대로 포용하며, 당의 '근대화'와 '비종교화'를 위해 가톨릭 민족주의자들을 축출하거나 포용해야 한다고 강조했다. 또한 파시스트라는 딱지를 떼어내기 위해 사회복지 정책을 제시하고 국민투표에 의거한 공화국적 특징을 더욱 강조했다.[363] 이러한 비악마화 전략은 많은 어려움을 겪어야 했으며, 이 전략을 위해 2006년 국민전선은 소설가인 알랭 소랄을 영입했다. 알랭 소랄은 방어연합단체 소속의 활동가였던 필리프 페냉크Philippe Péninque의 도움으로 인구의 민족적 종교성을 조사하기 위한 '평등과 화해Égalité et Réconciliation' 연맹을 조직한 사람이다. 이를 통해 국민전선 내에 '다양성에 대한 이슈'를 다루는 모임이 설치되었으며, 이는 국민전선이 인종차별주의적이라는 딱지를 제거할 수 있는 발판을 마련했다.[364] 하지만 알랭 소랄의 급진적이고 반시온주의적인 성향과 불같은 성격을 통제하는 것은 쉽지 않았다. 2009년 유럽의회 선거에서 소랄이 제시한 선거 후보자 명단이 당에서 거부되자 그는 대화를 중단해버렸다. 평등과 화해 연맹의 성공에 힘입어 소랄은 문화전쟁을 시작했는데, 그 결과는 아주 자명했다. 그는 스스로를 "민족주의적 사회주의자"라고 선언할 정도로 비악마화 전략에 최선을 다했으며, 인종주의에 대한 모든 주장을 철회함으로서 그를 나치주의와 비교하는 것을 불가능하게 만들었다. 그가 저술한 책들은 수만 권씩 팔려나갔으며, 그가 제작한 비디오와 그와 가깝게 지냈던 코미디언 디외도네의 비디오 조회수는 수백만이 넘었다. 소랄과 디외도네, 두 사람은 프랑스 시아파 단체인 자라센터Centre Zahra(이란과 헤즈볼라 정권 지지 단체)와 교류했으며, 2009년 유럽의회 선거에서 반시온주의자들을 후보에 올리기 위해 그들의 정당인 반시온주의당Parti antisioniste과 접촉했다(프랑스 일드프랑스 주에서 1.3%의 득표율을 차지했으며, 일드프랑스는 그들이 선거에 참여했던 유일한 주였다). 평등과 화해 연맹은 민족주의적 혁명주의 정당을 설립하기 원하는 뒤프라 추종자들을 몰아내지는 않았지만, 그들과 거리를 두면서 정치 정당으로 활동하기를 꺼렸다. 소랄·디외도네 2인조는 국민전선이 그들을 배신하고 이스라엘을 지지하는 입장을 취하게 될 것이라는 추측하에 2014년 말 민족화해당parti Réconciliation nationale을 창립했다.[365] 그런데 이러한 행보는 상당히 위험한 모험이었다. 왜냐하면 디외도네는 사법적 관점에서 그의 ≪스펙터클한 개그쇼≫를 진행하면서 정치인보다 상당히 너그러운 표현의 자유를 누리고 있었기 때문이다. 여하튼 소랄·디외도네 2인조는 프랑스와 벨기에의 급진적 반시온자들을 규합하는 '저항자'들의 핵심 인물로 계속 행세했다.[366]

반유대주의적 이념이 보편화되고 프랑스 사회가 이와 같은 현상을 저지할 만한 능력이 없어 보인다고 해서, 이를 우익적 지식인들이 주장하듯이 프랑스가 반유대주의 지지 국가가 되고 있다는 신호로 바로 해석하기는 어렵다. 반유대주의의 보편화에는 아랍·무슬림 지역 출신의 이민자들과 이스라엘에 적대적인 좌익의 영향이 크게 작용한다. 이 문제가 중요하긴 하지만 그렇다고 해서 프랑스에 국한되는 현상인 것은 아니다. 정치학자인 노나 마예르가 주장하듯이 반유대주의적 견해와 반유대주의와 반시온주의를 결합시키는 문제에서 극우주의자들 간에도 의견이 상당히 양분된다. 또한 이러한 논의는 이스라엘에 대한 증오를 정당화하는 쪽으로 발전될 수 있으며 유대인의 경제력과 권력에 대한 비판으로 집중될 수 있는 가능성도 가지고 있다.[367]

국민전선은 이미 당 내부에 팽배하게 확산되었던 반시온주의와 결별하는 제스처를 확실히 취했다. 마린 르펜은 이스라엘에서 환영받기를 원했고, 부총재인 루이 알리오Louis Aliot는 결국 2011년 이스라엘을 방문했다.

이는 이스라엘을 지지한다는 제스처였다기보다 반유대주의라는 딱지를 떼어내기 위한 상징적 행동이 필요했기 때문이며, 프랑스 보수당 내의 우익 진영과 교류하기 위한 작전이었다. 프랑스 보수당이 주장하는 경제적 자유주의가 이스라엘을 지지하는 정책과 병행되기 때문이다. 그러므로 국민전선의 이러한 제스처는 내부적·정치적 입장이라기보다 지정학적 상황을 토대로 한 표면적·정치적 입장에 불과했다. 르펜은 이슬람이 남성우월주의적이고 동성애 혐오주의적이며 반유대주의적이라고 지적하면서 여성과 동성애자들, 유대인의 권리를 보호해야 한다는 주장을 하여 신포퓰리스트적 주제들을 수용했다. 이와 같은 정책은 국민전선을 거의 동성애자 친화적 정당으로 만들었고, 당내 여성 비율을 절대적으로 증가시키는 결과를 초래했지만(당내 10명 중 4명은 여성이고 모든 입후보자에게 동등한 대우를 해준다)[368] 이로 인한 갈등이 없었던 것은 아니다. 게다가 국민전선은 또 다른 소외 집단들을 끌어들이기 위해 이들을 대변하는 분과를 설립하는 정책을 펼쳤다(이전에 뒤프라가 이미 추천한 바 있고 브뤼노 메그레가 적용했다). 한 예로 교사들의 이익을 대변하기 위해 2013년 공동의 뿌리 Collectif Racine라는 분과가 설치되었는데, 이는 유럽공동체당의 활동 멤버였고 티리아르의 추종자였던 인물이 주도한 것이었다. 이와 같은 사실은 급진주의자들이 계속 플로리앙 필립포 사상의 영향을 받고 있다는 사실을 증명한다. 하지만 메그레주의자들의 시대와 마찬가지로 이러한 정책들은 현재 자금 부족으로 인해 제대로 기능하지 못하고 있다.

왜 포퓰리즘인가

국민전선의 성공은 지리학자인 크리스토프 귀이Christophe Guilly가 저술한 『주변화된 프랑스La France des invisibles』를 통해서 상세히 분석되었다.[369] 국민전선은 중산층과 서민계층이 주로 거주하는 도시 외곽 지역에서 성공을 거두었는데, 이들은 대도시의 정화 작업으로 인해 정치적·지리적으로 주변화된 지역으로 쫓겨난 사람들이다. 이들은 또한 아프리카 마그레브 지역 출신 이민자들의 집중 거주지에서 발생하는 사회 문제들을 피할 수 있는 탈출구를 찾는 사람들이다. 프랑스가 세계화로 고통받고 있다고 강조하면서 정치적·여론적으로 성공을 거둔 마리 르펜은 "낙오자들의 프랑스" 또는 "보이지 않는 자들의 프랑스"를 대변하고 있다고 주장한다.

이러한 해석으로 얻게 되는 장점 중 하나는 도시화와 생활양식 그리고 유권자들 성향 간의 관계를 분석할 수 있다는 것이다. 지역적 차별성에 관한 문제는 국민전선뿐만 아니라 유럽 포퓰리즘이 확산됨에 따라 유럽 전체에서 중요한 주제로 부각되고 있다. 실제로 포퓰리즘은 세 가지 특징과 세 단계의 발전 과정을 거친다. 그중 하나는 공간에 대한 문제와 관련된다(문화적·경제적 면을 내포한다). 최초의 포퓰리즘은 급진주의적 성향을 가지고 있었고(오스트리아, 플랑드르 등) 이후에 정체성을 강조하는 포퓰리즘으로 발전했다. 두 번째 성향은 세금정책에 반대하는 것이다(덴마크, 노르웨이 등). 이들은 자국의 번영을 최우선으로 추구하면서 유럽 내의 갈등을 불러일으킬 수 있는 민족주의로 발전했다. 룩셈부르크의 민족운동National Bewegong은 프랑스인들이 룩셈부르크를 떠나야 한다고 주장하고 있으며, 스위스의 스위스인민당과 제네바시민운동Mouvement Citoyens genevois은 프랑스 국경의 노동자들을 경계해야 한다고 주장한다. 마지막으로 포퓰리즘은 농업 보호주의적 성향을 지닌다(스위스, 핀란드, 1981년 이전의 네덜란드의 농민당Boerenpartij 등). 이는 공공 안전을 주장하는 쾌락주의적 자유주의로 발전했다. 우리는 프랑스 국민전선이 이 세 요소를 모두 겸비하고 있다는 사실에 주목해야 한다. 바로 이러한 특성들의 결합으로 인해 국민전선이 성공을 거둘 수 있었던 것이다.

세계화의 특징들 중 가장 대표적으로 거론되는 특징은 농촌인구가 도시로 유입되는 현상이다. 19세기의 극우주의자들은 산업사회가 '전통' 사회를 대체해버렸다는 사실에 상당히 비판적이었다. 그리고 두 세계대전 사이에 극우주의자들은 도시에 대해 상당히 부정적인 시각을 가지고 있었는데, 그들은 도시를 뿌리가 뽑힌 사람들이 부패하고 타락하는 공간이라며 비난했다. 반면 그들은 파시즘 역사에서 농민들이 핵심적 역할을 수행했다는 사실을 강조했다.[370] 후기 산업주의 시대에 여전히 기존 사회질서와 전혀 상관없는 소농지 중심의 사회를 사회적 이상향의 모델로 삼고 있으며, 도시를 데카당스의 근원지로 멸시한다. 이는 도시가 '게토 지역'을 중심으로 계속 범죄의 온상이 되고 있기 때문이다. 반면 국민전선과 같은 정당들은 노동자계급의 통합을 신화화하면서 산업사회를 황금 시기로 미화하고 있다. 어찌되었든 이 모든 현상은 포스트모던 시대의 급속한 개인주의로 대변되는 사회적 퇴화 현상으로 해석되며, 포퓰리즘 운동 단체들은 이러한 급속한 생활양식의 변화가 '이슬람화'나 '시온주의화'의 결과라고 주장한다. 다시 말하면 포퓰리즘은 포스트모던주의의 특징들 덕분에 대중의 지지를 받고 있음에도 불구하고(시민들이 자신의 고유한 이데올로기에 따라 행동할 권리가 있다고 주장하고, 역사에 대한 배경지식 없이 선거에서 자유롭게 표를 던질 수 있다고 생각하며, 정책 결정에 적극적으로 참여하기 위해 직접민주주의를 요청하는 것 등), 역설적으로 포스트모더니즘에 저항하는 정책을 펼치고 있다. 19세기 산업사회 구조 속에서 대중의 통합을 가능하게 했던 '민족주의 이념'은 포퓰리스트들이 주장하는 인종에 근거한 민족주의로 대치되지 않았다. 현대사회는 사회 내의 불신이 팽배해지고 비시민 사회uncivil society[371]와 세계화를 그 특징으로 하며, 이러한 사회에서 시민들은 더 이상 조합이나 정당, 교회들을 통해 정치에 참여하지 않는다. 이러한 사회에서 우리를 보호하는 유일한 방법은 문화적 자유주의를 비판하고 사회의 통제를 강화하는 것밖에 없는 것처럼 보인다.

세계화 문제와 관련된 지역성 문제는 그 자체로 문제가 되는 것이 아니라 광범위한 다른 문제와 연관 지어 생각되어야 한다. 정치학자인 파스칼 페레노Pascal Perrineau는 지역 문제를 국민전선의 고속 성장을 설명하는 다섯 가지 '요소' 중 하나로 여긴다. 나머지 네 가지 요소들은 다음과 같다. 경제적 글로벌화에 대한 적응, 폐쇄정책과 절대적 권위에 대한 긍정적 대응, 사회 문제에 관한 우경화, 정치에 대한 환멸이다.[372] 또한 정치학자인 조엘 곰뱅Joël Gombin은 2009년 유럽 선거 이후 나타난 국민전선에 대한 지지도와 도시지역의 불평등한 소득 사이의 관계를 밝혀냈다. 그는 소득 격차가 심한 지역에서 국민전선에 대한 지지율이 높다는 것을 밝혀냈는데, 이러한 지역들 중에는 프랑스 평균 소득보다 높은 소득을 가진 도시도 포함된다. 반면 국민전선과 노동 계급의 밀접한 관계를 보여주는 증거로 자주 인용되는 프랑스 북동 지역 노동자들의 국민전선에 대한 지지는 다음과 같은 사실을 은폐하고 있다. 즉 이 지역의 여러 구역에서 고위층에 속하는 사람들이 국민전선에 표를 던지고 있는 사실이다. 국민전선은 마치 자신이 유럽 자유주의에 대항하는 첨병인 것처럼 포장해 사회주의적·민주주의 성향을 가진 유권자들을 유혹하고 있으며, 이와 동시에 문화적 자유주의에 반대하는 선봉장인 것처럼 포장해 우익 진영의 유권자들을 유인하기도 한다.[373]

그러므로 국민전선에 대한 지지는 '하나의 성향으로 대표되는 프랑스 주변 집단'에 의해서가 아니라 다양한 성향을 가진 주변 집단을 통해 이루어진다. 즉 이민자들과 전혀 접촉이 없는 중산층들도 국민전선을 지지하지만, 이민자들과 직접적으로 부딪히는 소득이 낮은 계층도 국민전선을 지지하고 있다. 다시 말해 2012년 이후 국민전선의 성공은 당의 '온건화' 전략과 '좌익화' 덕분이라고 볼 수 있는데, 이는 노동자계급과 빈곤화된 중산층의 사회적 요구에 대응한 결과였다. 하지만 이 두 가지 요소 외에도 국민전선의 성공에 영향을 미친 다른 요소들이 존재한다. 2014년 시의회 선거 때 여러 도시에서 국민전선 외에 다른 극우주의 정당의 후보들도 선거에 출마했다. 시장 겸 시의회 의원이었던 자크 봉파르Jacques Bompard(남부 연맹Ligue du Sud)는 오랑주Orange시 1차 선거에서 이미 당선이 확정되었으며, 그의 정당은 볼렌느Bollène시에서 49.35%를 얻었다. 프랑스 정부에 의해 얼마 전에 해체되고 디외도네를 인용해서 선거 캠페인을 벌인 프랑스실천 소속의 후보들은 베니시외Vénissieux시에서 11.49%를 얻었다. 카를 랑이 이끄는 프랑스당은 10명의 후보를 내세웠는데 '미나레트 첨탑 금지' 운동에 참가했던 당원 중 하나가 오트손Haute-Saône주 롱샹Ronchamp시에서 14.61%를 얻었으며, 프랑스당은 루아레Loiret주 우주에 쉬르 트레제Ouzouer-sur-Trézé 시에서 24.66%를 얻었다. 이러한 투표 결과를 분석하면서 염두에 두어야 할 또 한 가지 사실은 국민전선에 대한 지지가 유권자들의 투표 참여율과 밀접하게 관련되어 있다는 것이다. 요약해서 말하자면 국민전선에 대한 지지는 '저항 의사의 표현'이나 '대중계급의 절망'으로만 해석할 수 없다. 극우주의에 대한 지지는 선거에 관심이 없었던 유권자들이 정치화되고 투표장으로 돌아오는 것과도 관련된다. 심지어 국민전선 이외의 다른 우익주의적 정당들도 유권자의 호응을 얻고 있다. 즉 극우주의는 오늘날 모든 사회가 직면한 사회적 문제와 직결된다.[374] 이러한 사회 분위기 속에서 극우주의 외의 다른 단체들도 전체주의와 중앙집권주의로의 회귀를 외치고 있다. 프랑스 제4공화국 말기에 크게 번창했던 푸자드 운동은 1958년 급작스럽게 자취를 감추었는데, 이는 이 단체가 일반적으로 알려져 있듯이 '한때 첨예화되었던 특수한 상황'으로 생겨난 운동이었기 때문은 아니다. 당시 푸자드 운동의 설립 동기였던 경제 문제와 알제리에 관련된 문제들은 푸자드 운동이 사라진 후에도 계속 사회 문제로 남아 있다. 푸자드 운동은 드골 장군이 권좌에 오르고, 제4공화국이 제5공화국으로 대체되며 사회질서와 국가권력이 정상적인 궤도에 오르자 영향력을 잃게 되었다.

오늘날 '주변 집단'들은 정치적·경제적·문화적 '중심부'에서 점점 멀어짐으로써 더욱 급진화되고 있는데, 이들이 원하는 것은 (무엇보다도 외부 요소를 제거함으로써) 합법적이라고 생각되는 사회계급 안으로 '동화'되는 것이다. 그리고 국민전선의 경제정책은 절대 좌익화되지 않았다. 국민전선의 정책은 무엇보다 '민족을 우선'시하며, 국가의 강력한 개입을 강조한다. 국가의 개입은 자체 행정력을 전반적인 분야에서 강화하는 급진화와 관계된다. 국가개입주의는 어떠한 이데올로기보다 더 효과적으로 유권자들에게 영향을 미쳤지만, 2015년 주 선거에서 한계를 드러냈다. 2015년 선거의 실패(1차 투표에서 성공을 거두었으나 2차 선거에서 모든 주에 걸쳐 참패했다)는 우익주의적 성향을 가지는 유권자들의 정체성이 용해되고 있기 때문이기도 하지만, 이보다 중요한 원인은 보수주의적 유권자들이 국가개입주의에 더 이상 동의하지 않기 때문이라고 볼 수 있다.

유럽의 포퓰리즘은 포스트모던 사회와 후기 산업주의 사회의 문제를 유럽에 거주하는 아랍·무슬림 국가 출신 사람들 탓으로 돌림으로써 지금까지 승승장구했다. 하지만 이러한 연관성을 정치화하는 문제는 결코 단순하지 않다. 소설가인 르노 카뮈Renaud Camus는 동성애자로 널리 알려져 있으며, 2000년 라디오 공영방송에서 유대인 발언자의 수가 너무 많다고 주장해 파문을 일으킨 인물이기도 하다. 그런데 카뮈는 2010년부터 '교체주의'를 선동하는 세력에 의해 유럽에서 '대량 교체'가 진행되고 있다는 발언으로 주목받기 시작했다. 전쟁 이후부터 계속 반복되어 주장되었던 대량 교체 이론이 카뮈로 인해 주목받기 시작한 것은 그가 그의 이론을 피력할 때 반유대주의에 대한 언급을 피했기 때문이다. 르노 카뮈는 이넉 파월의 노선을 따른다. 하지만 이러한 이념을 정치화하는 것이 쉽지 않다는 것이 밝혀졌다. 카뮈는 상당히 특이한 성격을 지녔던 청렴당Parti de l'In-nocence을 창당했으며, 그 후 NON(국민과 문명 변화 반대Non au changement de peuple et de civilisation)을 설립해 2014년 랑그도크 루시용-Languedoc-Roussillon주의 유럽의회 선거에 후보들을 내세웠다. 그러나 0.04%의 득표율을 기록하는 데 그쳤다(루이 알리오가 이끄는 당이 최고 득표율을 기록하면서 극우주의 유권자들에게 국민전선이 절대적 우위를 차지한다는 사실이 입증되었다). 프랑스와 달리 독일에서는 이슬람 문제를 정치화하는 PEGIDA(서구의 이슬람화를 반대하는 애국자 유럽Patriotische Europäer gegen die Islamisierung des Abendlandes) 운동의 세력이 확장되고 있다.

2014년 가을부터 PEGIDA는 독일 드레스덴(무슬림이 전체 인구의 2%를 차지한다)을 중심으로 '이슬람화'에 반대하는 시위를 정기적으로 조직하고 있으며 매번 수천 명의 시위자들이 참가하고 있다(2015년 1월까지 누적 시위자 2만 5000명). 이 운동은 포스트모던주의의 특징을 분명하게 보여준다. 소셜 네트워크를 이용하는 것은 기본이고 대다수 시위자들이 고등교육을 받은 중산층이다. 이들 중에는 급진적 극우주의 성향을 가진 활동가들도 포함된다. 그리고 시위자들은 1989년 베를린장벽이 붕괴될 때 사용한 슬로건과 이민자 거부를 주장하는 슬로건을 뒤섞어서 사용하고 있다. 이슬람화를 경고하면서 더 강력한 직접민주주의를 주장하는 PEGIDA는 2015년 6월에 있었던 드레스덴 시의원 선거에서 9.6%의 득표율을 기록했다. 이 운동은 어떤 의미에서 독일의 주권을 강조하는 정당인 '독일을 위한 대안'(2013년에 창설되었으며 2014년 유럽의회 선거에서 7.1%의 득표율을 기록했다)을 활성화하는 결과를 초래했다. 하지만 이러한 운동이 다른 나라로 퍼질 가능성은 거의 없어 보인다. 왜냐하면 PEGIDA가 주장하는 유럽 정책들은 소셜 네트워크에 기반을 둔 정치적 선동과 선전에 불과하기 때문이다. 프랑스에서는 2015년 1월에 있었던 테러사건 직후에 르노 카뮈와 대중의 반격Riposte Laique(극우주의 인터넷 사이트)이 함께 프랑스 PEGIDA 창당을 선언했다.

프랑스 PEGIDA의 설립은 실현되지 못했는데 창당 시기가 적절하지 않았기 때문이다. 그 당시는 국민전선이 헤게모니를 쥐고 있는 상황이었고 프랑스 PEGIDA는 블록정체성보다 남프랑스연맹Ligue du Midi에서 활동하는 정체성조직Réseau Identités과 주로 교류했는데, 블록정체성이 이러한 운동 단체들 중 가장 핵심 역할을 하는 단체였다는 사실을 감안할 때 프랑스 PEGIDA의 이러한 결정은 오류였다고 볼 수 있다. 블록정체성도 블루마린연합 내의 공천 문제 때문에 국민전선과의 관계를 해칠 수 있는 프랑스 PEGIDA와의 어떠한 교류도 삼갔다.[375] 그리고 프랑스에서는 이슬람을 혐오하는 정서와 다문화 사회에 대한 거부감이 이미 몇 년 전부터 팽배해 있었기 때문에 PEGIDA와 같은 '선동자'가 필요하지 않았다. 독일에서 PEGIDA가 성공을 거둔 것은 독일 내에 포퓰리즘 정당과 반이민 문제를 조직화하는 정당이 부재했기 때문이라고 해석할 수 있다. 반면 프랑스에서는 국민전선이 이미 이슬람을 거부하는 의사 표현의 창구로 기능을 발휘하고 있었기 때문에 PEGIDA의 성공은 불가능했다. PEGIDA를 유럽 내의 다른 국가로 확산시키려는 노력도 성공을 거두지 못했다. 왈롱 브뤼셀 PEGIDA도 프랑스 PEGIDA처럼 전략을 잘못 선택했다. 왈롱 브뤼셀 PEGIDA는 전국이 테러로 충격을 받은 상태에서 대중 앞에 자신을 공개했는데, 이는 벨기에 특수부대가 이슬람 급진단체를 제압한 지 이틀 뒤의 일이었다. 프랑스의 경우처럼 PEGIDA가 준비한 시위는 금지되었다. 벨기에 네덜란드어권 지역에서 생성된 플랑드르 PEGIDA가 계획한 시위는 신플랑드르 연대Nieuw-Vlaamse Alliantie의 총재이며 시장이기도 했던 바르트 데 베버Bart De Wever에 의해 저지당했다. 연정에 참가하기 위해 준비하고 있었던 신플랑드르 연맹은 플랑드르의 이익을 선거에서 누르는 데 성공했으며, 다음과 같은 인물들이 주도한 PEGIDA 운동이 확산되는 것을 방치하지 않았다. 한스 뒤부아Hans Dubois는 민족주의 단체인 전초기지Voorpost와 ODINOnderzoek(정보 네트워크에 대한 연구와 조사Documentatie en Informatie Netwerk)의 활동 멤버였으며, 되르너Deurne 지역에서 플랑드르의 이익 대표로 선출되기도 했던 인물이다. 루디 판 네스펜Rudy Van Nespen과 플랑드르의 이익의 동조자이며 수필가인 빔 판 로이Wim Van Rooy와 그의 아들인 삼 판 로이Sam Van Rooy는 헤이르트 빌더르스의 동력자이다.

결론적으로 포퓰리스트들의 성공과 실패는 다문화 사회의 갈등으로만 설명할 수 없으며, 지난 몇십 년 동안 대중의 교육 수준이 월등이 높아지면서 정치에 대한 참여도 높아졌기 때문으로 설명할 수 있다. 이와 동시에 유럽 사회는 후기 민주주의 시대에 진입하고 있다. 그런데 평등이나 자유의 문제가 더 이상 대중의 정치화를 촉진하는 것은 아니다. 오히려 '공동체' 내에서 동질감을 느끼기 위해, 다시 말하면 공통분모를 가지는 사람들과 일체감을 느끼려는 욕구가 대중을 정치화하고 있다. 따라서 포퓰리즘에 대한 문제를 오로지 사회를 개방하고 세계화를 수용하는 문제와 연관시켜서 분석해서는 안 된다. 포퓰리즘을 '민주주의에 대항하는 파시스트적 위협'이라고 비난하는 것도 엄청난 오류이다. 포퓰리스트들이 권력에 올랐다고 해서 민주주의 사회의 기본 이념인 자유에 대한 기본 권리를 완전히 폐지하지는 않는다. 그들은 사회 문제 해결을 위한 정책 대신 반이민자 정책을 내세우고 있을 뿐이다. 이를 통해 포퓰리스트들은 그들의 유권자들을 민족주의적 성격이 가미된 유럽 자유주의라는 이념 아래 통합시킬 수 있었다. 포퓰리즘은 그람시가 주장한 민족적 자유주의의 실현을 위한 역사적 주체(권력을 획득하기 위해 경제적 이해관계를 극복한 사회집단)의 생산에 성공했다. 하지만 질서자유주의(독일 자유주의 이념에서 생성되었으며, 자유경쟁은 허용하되 왜곡된 경쟁을 배제하는 사회질서 유지가 국가의 역할이라고 보는, 오늘날 국제적으로 실행되고 있는 이념)에 저항하는 혁명을 실현하지는 못했다. 극우주의가 정권에 참여하느냐 마느냐의 문제는 이것이 민주주의에 해가 될 수 있다는 관점에서가 아니라 하나의 선택의 문제로 바라보아야 한다. 만약 국가의 주체인 국민이 외국인의 정착을 배제하고 유럽 자유주의를 원한다면, 이는 포퓰리즘이 정권에 참여하는 것을 가능하게 한다. 왜냐하면 포퓰리스트들이 정권에 참여함으로써 사회적 합의가 가능해지고 민족주의적 자유주의 정치 노선을 추진해나갈 수 있기 때문이다. 하지만 이는 극우주의자들이 체제 자체를 부정하지 않는다는 조건하에서 가능하다. 그러나 만약 국가의 주체인 국민이 유럽 자유주의를 부정적으로 간주하거나 평등주의적 인간중심주의를 중요시한다면 극우주의는 제도권 밖으로 밀려나게 될 것이다.

7장

동유럽,
전혀 다른 극우주의

동유럽의 극우주의자들은 서유럽과는 전혀 다른 형태의 운동을 전개해 왔다. 미하일 고르바초프Mikhail Gorbachyov가 주도한 소련의 개방정책인 글라스노스트를 통해 1985년부터 소련에서 제한적이긴 하지만 의사 표현의 자유가 허용되기 시작했고, 4년 후에 동유럽 체제가 붕괴되기 시작했다. 1991년 봄에 발트해 연안 국가들(에스토니아, 라트비아, 리투아니아)이 독립을 요구하자, 이들 국가의 보수주의자들은 그해 여름에 모스크바에 저항하는 일종의 쿠데타를 일으켰다. 여기서 말하는 보수주의자들은 공산주의자들을 가리키며 이들은 서유럽의 가치로 동유럽을 평가하는 것이 불가능하다고 주장하는 사람들이다. 발트해 연안 국가들과 우크라이나는 결국 그들의 독립을 선언했다. 1991년 성탄절에 소비에트연방은 더 이상 존재하지 않게 된 것이다. 이로써 독립국가연합Communauté des Etats indépendants: CEI이 탄생했고 보리스 옐친Boris Yeltsin이 러시아의 새로운 지도자로 등장했다. 동유럽 국가들은 간접민주제와 자본주의 시장경제가 수용되기 전에 독립국가가 된 것이다. 전 세계의 세계화가 급속도로 진행되고 있는 상황에서 이들 국가에서는 신극우주의가 먼저 등장했는데, 신극우주의자들은 미국 대통령인 조지 부시George Bush 대통령이 선포한 '세계의 새로운 질서'에 대항하고, 이러한 이념 속에 내재한 세계의 다중적 지배체제에 저항하는 것을 운동 목표로 삼았다. 세계화는 서구 자유주의 사상가들이 예견한 "역사의 종말"로 해석되었으며, 이는 핵분열화된 포스트모던주의 사회의 동의어로 이해되었다. 신극우주의자들은 이러한 사회의 시장경제 원칙이 인간을 상품화·소비자화했으며 이에 그치지 않고 윤리와 개인의 사회적 태도까지도 상품화한다고 주장했다.

1993년 10월에 옐친 대통령과 국회의원 간의 정치적 대립으로 인해 러시아 국회에 무력 공격이 가해지는 사건이 일어났다. 겐나디 주가노프Gennady Zyuganov가 주도하는 러시아연방공산당KPFR과 빅토르 안필로프Viktor Anpilov가 이끄는 신스탈린주의 러시아노동당은 우익적 초국가주의 성향을 지닌 '반체제 연합 전선'을 지지했으며, 알렉산드르 프로하노프Alexandre Prokhanov가 발행한 일간지인 ≪덴Den≫이 주장하는 '민족주의적 공산주의'를 지지했다. 이들은 파먀트Pamyat 운동에서 파생된 단체들과 협력해 옐친에 반대하는 연합 전선을 구축했다. 기억이라는 뜻을 가진 파먀트 운동은 정통주의적 신비주의와 상당히 급진적인 반유대주의, 혁명 이전 제국 시대에 활동했던 '흑색의 100인Cent-Noirs'(초민족주의적 극우주의 단체)의 사상을 뒤섞은 이념을 지지하는 단체였다. 이들의 공격으로 인해 새로운 헌법이 제정되었고, 이는 러시아 대통령의 권한을 대폭 강화하는 결과를 초래했다. 공산당 당원들과 민족주의자들은 이 사건 이후에 옐친 대통령이 펼친 정책을 서구 규범에 대한 완전한 종속이라고 규탄했다. 옐친에 반대하는 두 진영은 서로 공조해 민족구원전선Front de salut national(1992~1993)을 조직했다. 하지만 이들의 저항은 오히려 보리스 옐친에게 유리하게 작용하는 결과를 초래했다. 옐친은 "나 아니면 무질서"를 택하라는 카드를 제시했고, 이 두 진영의 급진주의 지도자들은 옐친의 전술에 동조할 수밖에 없었다. 2000년 대통령으로 당선된 블라디미르 푸틴Vladimir Putin 대통령은 강력한 중앙집권적 정부를 구성하기 위해 다양한 이념을 가진 집단들의 화해를 우선 과제로 삼았다. 그는 소련 시대의 향수에 젖어 있는 민족주의자들뿐만 아니라 민족주의를 신봉하는 민족주의자들, 제국주의적 팽창을 꿈꾸는 신유라시아주의자들을 모두 중재해야 했다. 러시아의 이와 같은 특수한 상황이 후기 소비에트연방 시대의 극우주의적 민족주의를 규정한다고 볼 수 있다. 후기 소비에트연방 시대의 극우주의적 민족주의는 제정시대와 공산주의 시대의 역사적 단절을 극복하는 러시아의 유일무이한 소명에 대한 지정학적 이념과 관련된다. 러시아의 소명에 대한 이러한 신념은 과거뿐만 아니라 현재와 미래 모두에 적용된다.

러시아 극우주의자들의 핵심 이데올로기는 알렉산드르 두긴의 신유라시아주의로부터 지대한 영향을 받았다.[376] 두긴은 최초의 유라시아주의

(동양과 서양의 중심이라는 지정학적 위치 때문에 러시아를 특별한 문명사회로 간주한다)와 뉴라이트의 이념, 혁명주의적 민족주의자들의 주장, 비교주의적이고 에볼라주의적인 요소와 1920~1930년대 유행했던 독일의 지정학적 사상의 유산(거대 공간 구축에 대한 특수 이론)을 혼합시켰다. 두긴의 이론은 블라디미르 푸틴의 국경 재정비 정책과 맞물려 점점 중요한 역할을 하게 되었으며, 특히 경제적·정치적 공간을 재구성하려는 푸틴의 아이디어에 토대를 제공했다. 푸틴이 꿈꾸는 유라시아 경제연합은 벨라루스공화국에서 키르키스스탄에 이르며, 유라시아주의적 사상을 국가 이념으로 삼고 있는 카자흐스탄도 포함한다.

유라시아주의 이외에 동유럽이 가지고 있는 특수한 개념들이 몇 가지 있는데, 여러 개념들 중 가장 독특한 성향을 가지는 개념은 바로 국가에 대한 것이다. 동유럽에서 인종에 기반을 둔 민족주의는 극우주의의 전유물이 아니다. 동유럽에서 국가는 일반적으로 다음의 세 가지 요소를 가진 개체로 이해되고 있다. 우선 그것은 인종(이 개념으로부터 집시, 알바니아, 세르비아의 민족이동 문제가 제기된다)에 기반을 두며 그다음으로 역사성과 종교를 토대로 한다.[377] 종교적 공동체의 경우 대부분 가톨릭이나 동방정교회를 의미하지만 극우주의에 연루된 루터교 신부들도 있다는 사실을 잊어서는 안 된다. 예를 들어 개혁 교회 신도인 헝가리의 로란트 헤게뒤시 주니어는 요비크 운동(2003년에 설립된 '더 나은 헝가리를 위한 청년우익운동연합')에서 활동하고 있다. 이 세 가지 특징은 서유럽의 시민성 개념에 비추어볼 때 상당히 비합리적이라고 말할 수 있으며, 이러한 개념 외에 동유럽에서는 민족통일주의Irrédentism 문제와 계속 논쟁이 되고 있는 국경 문제가 첨부되어 상황을 더욱 복잡하게 만들고 있다. 이는 1920년에 체결된 트리아농 조약의 후유증이기도 하다. 트리아농 조약으로 인해 오스트리아 헝가리 제국은 해체되었고 이로 인해 그때까지 동유럽의 안정을 유지해왔던 균형이 깨지게 되었다. 그리고 이 조약으로 유대인을 포함한 소수

민족의 상대적 안전이 보장되었다. 중앙유럽과 발트해 연안 국가, 소비에트연방 소속 국가들은 여러 민족과 언어가 뒤섞인 모자이크로 구성되어 있다. 1945년 이후 결정된 국경의 재정비로 인해서 인종주의에 기반을 둔 민족주의 의식이 고취되었는데, 특히 유고슬라비아의 경우가 그러하다. 또 한 가지 명시해야 할 점은 동유럽 국가들이 채택한 공산주의 제도가 각국의 민족적 특수성과 종교성을 제거하는 데 실패했고, 전쟁 이전부터 존재했던 여러 이데올로기 제거에도 실패했다는 사실이다. 냉전시기가 끝나자 마르크스주의가 언제 동유럽에서 정치적 영향력을 행사했냐는 듯이 마르크스주의 시대 이전의 명칭들을 그대로 계승한 정당들이 또다시 출현했다. 이들 중에는 민족주의적 성향을 가진 당도 있었고 그렇지 않은 당도 있었다(루마니아 자유민족당Parti national-libéral roumain, 국제 마케도니아 혁명조직VMRO macédonia, 크로아티아 우익당Parti croate du droit 등). 이들 단체는 모두 문화적 동질성의 회복을 강조했는데(슬로바키아의 슬로바키아재단Matica Slovenská과 같은 단체), 이는 19세기 중반부터 인종주의적 민족주의 이념 안에서 꾸준히 주장되어온 민족의 언어와 정체성의 향상과 관련된다.[378] 즉 공산주의 체제하에서도 급진적 민족주의 운동은 계속 활동했으며, 심지어 새로운 급진적 민족주의 운동 단체가 등장하기도 했다. 후에 우익 성향을 가진 가족연맹Ligue des familles의 총재가 되었고, 민족주의적 이데올로기 노선의 계승자인 폴란드의 마치에이 기에르티흐Maciej Giertych(1936)는 1962년 망명에서 돌아오자마자 즉시 대학교수로 고용되었다. 또한 가톨릭 연합 단체인 PAX*는 정부의 동의하에 1939년 이전부터 존재했던 민족주의적 민주주의 운동을 공개적으로 계속 이어나갔다. 마찬가지로 루마니아의 철위대 동조자였던 이오시프 콘스탄틴 드라간Iosif Constantin Dragăn(1917~2008)은 사업가로 막강한 영향력을 행사하면서 공산주의 시대 대통령이었던 차

* 공산주의를 지지했던 가톨릭 단체이다.

우셰스쿠Nicolae Ceaușescu 측근들 사이에서 세력을 확장시켰고, 1990년 이온 안토네스쿠 장군 연맹Liga Mareșal Ion Antonescu을 설립했다. 파시즘 추종자들은 공산주의 치하에서 엄격한 탄압을 받았는데, 이 때문에 이에 속한 단체들은 망명자들과 함께 그들의 정치, 언론 활동을 다른 국가, 즉 유럽(특히 스페인), 아메리카(캐나다, 미국, 아르헨티나) 또는 오세아니아주(오스트레일리아)로 옮겨야 했다. 이와 같은 사실을 통해 동유럽의 급진적 민족주의는 공산주의 치하에서 살아남을 수 있었다는 사실을 확인할 수 있다.

러시아: 민족주의적 볼셰비즘에서 신유라시아주의까지

1982에 조직된 파먀트 운동은 원래 문화단체였다. 1984년 이 운동은 '유대교·프리메이슨 단의 음모론'과 '시온주의'를 비판하면서, 그다음 해에 "시온 현자들의 관습Protocoles des Sages de Sion"이라는 제목으로 공개 강연을 개최했다. 이 강연에 시온주의와 관련된 다양한 단체들이 참석했으며, 이들 중 몇몇 단체는 파먀트 운동이 '시온주의자들'과의 투쟁에서 러시아를 '아리아족의 수장'으로 만드는 임무를 맡아야 한다고 주장했다. 광신적이면서 보수적 성격을 가지고 있었던 파먀트 운동은 소비에트연방이 러시아 국민을 '말살'시키려는 시온주의자들의 꼭두각시 노릇을 하고 있다고 생각했다. 이러한 이유로 그들은 제정 시대 러시아와 관련 있는 인물들과 교류하기 시작했고, 러시아 국민의 유전자를 보전하고 민족적 정체성을 구성하는 요소들 중 하나로 동방정교회를 보전하려고 노력했다(민족적 정체성을 구성하는 다양한 특징 중 신이교주의적 성향이 존재하기도 한다).[379] 파먀트 운동 세력이 커지자 소련 정부는 민족주의와 소비에트주의를 중재할 수 있는 자체 파먀트 운동을 조직했다. 따라서 성격이 명확하지 않은 파먀트 운동은 공산주의, 자유주의, 왕정주의 등의 다양한 얼굴을 가지고 있다. 반유대주의 문제에서 어떤 단체는 이를 핵심 이념으로 내세우는 반면, 어떤 단체들은 이에 대해 별로 관심을 보이지 않고 있다.[380]

파먀트 운동 단체들 가운데 러시아의 신민족주의 운동을 대변할 만한 인물이 탄생했다. 1988~1989년부터 서유럽의 뉴라이트 운동 단체와 자주 접촉했던 알렉산드르 두긴이 바로 그 사람이다. 니키슈의 민족주의적 볼셰비즘을 두긴에게 소개한 사람은 벨기에의 로베르 스퇴케이다. 그는 해퍼드 매킨더Halford Mackinder(영국의 지정학 창시자)의 사상과 함께 지정학을 소개한 인물이기도 하다(벨기에의 뉴라이트 이념은 니키슈의 이념을 다시 소개하기 시작한 ≪블루아≫와 ≪파르티잔 유로펜Partisan Européen≫에 의해 확산되었다).[381] 두긴은 니키슈의 사상을 토대로 하여 반서구적 성격을 가지는 거대한 공간을 확보하기 위해 러시아의 소비에트주의와 독일의 극단적 민족주의를 혼합했다. 두긴은 그 누구보다도 해퍼드 매킨더와 카를 슈미트, 카를 하우스호퍼의 영향을 받았고, 유라시아의 영토 지상주의를 주장하는 세력과 앵글로·색슨의 민주주의와 상업 거래를 강조하는 해양 지상주의적 세력을 모두 거부했다. 그의 유라시아 개념 안에는 소비에트연방에 속했던 국가들뿐만 아니라 중국, 인도, 터키, 발트해 연안 국가들이 포함된다.[382] 두긴이 열망했던 제국은 에볼라의 이념을 바탕으로 하며, 백인과 모든 다른 인종을 포함하는 아리아 인종주의에 대한 의식을 바탕으로 한다. 또한 기독교, 이슬람교, 불교, 힌두교에 상관없이 유기적 공동체 안에서 모두가 더불어 사는 것을 목표로 하는데, 이 유기적 공동체는 전통에 충실한 여러 공동체들의 연합을 통해 이루어진다. 한편 두긴은 '미국 시온주의자들'의 이념이 모든 것을 균질화하는 세계화를 기본 이념으로 한다고 비난했다.[383] 다시 말하자면 지리학적으로 '유라시아'라는 용어는 유럽과 아시아 대륙의 통합을 의미할 뿐이었다. 하지만 후기 소비에트연방 시대의 러시아에서 사용되는 유라시아 개념은 일종의 정치적 개념으로서, 이는 슬라브족과 터키 무슬림이 동시에 공존하는 공간을 전제 조건으로 한다. 이 공간을 통제하는 자가 세계의 통치자가 될 것이며 통일된 문화적 정체성을 대변하게 될 것이다. 여기서 말하는 문화적 정체성은 한편으로 기독교 동방정교회와 이슬람 영적 가치의 첨예한 대립 가운데 형성될 것이며, 다른 한편으로 물질주의적이고 자유주의적이며 퇴폐적인 서구적 가치 위에 확립될 것이다.

파먀트 운동과 유럽동지 스페인모임인 CEDADE 사이의 연관성은 두긴의 첫 번째 책이 CEDADE에서 활동했던 사장이 운영하는 출판사인 출판그룹 88에서 발행되었다는 사실로 쉽게 확인할 수 있다. 두긴의 책은 『러시아, 유라시아의 신비Rusia, El MIsterio de Eurasia』라는 제목으로 러시아에 앞서 마드리드에서 1992년에 먼저 발행되었으며, 이 책을 발행한 출판그룹 88은 신나치주의적 성향을 가진 출판사였다. 1991년 유럽문명조사연구단체 회의에 참석한 후, 두긴은 악토가이아Arctogaïa(최북극지방으로 번역할 수 있다) 협회를 창설했다. 이 협회는 유럽문명조사연구단체와 이 단체의 기간지인 ≪엘레멘티Elementy≫에 버금가는 영향력을 러시아 내에 구축하기 위해 노력했다. 악토가이아 협회는 다음과 같은 사상가들의 이념을 러시아 독자에게 소개했다. 알랭 드 브누아, 로베르 스퇴케, 드보르Guy Debord, 들뢰즈Gilles Deleuze, 티리아르, 묄러 판 덴 브루크, 슈펭글러, 윙거, 에볼라, 슈미트 등이다. 이들을 소개할 때 악토가이아 협회는 이들이 가지고 있었던 나치·비교주의적 관점을 배제했으며 이와 동시에 두긴은 민족주의적 애국주의 단체를 자칭하는 저항단체의 기관지인 ≪덴≫의 핵심 집필가가 되었다. 두긴은 ≪덴≫에서 활동하면서 소비에트주의적 보수주의를 혁명주의적 민족주의로 전환시키기 위한 작업을 펼쳤다.[384] 그는 소비에트연방을 경험하면서 공산주의가 파시즘보다 더 견고한 사회를 구축할 수 있는 이념의 토대가 된다는 사실이 입증되었다고 확신했다. 따라서 두긴은 공산주의와 파시즘이 서로 협조해 '열린 사회'를 파괴하고, 세계화가 강요하고 있는 서구의 물질주의적 가치를 저지하는 헤겔주의적 통합을 이루어내는 데 성공할 것이라고 주장했다. 그리고 최종적으로 일종의 제국을 건설하게 될 것이라고 확신했다. 또한 두긴은 소비에트연방의 해체로 러시아 정체성에 대한 패러다임이 변형되었고, 유라시아 제국을 건설하기 위한 객관적 조건들이 마련되었다고 보았다. 왜냐하면 러시아 문화는 근본적으로 혁명주의적 보수주의 성향과 유기체적 성향을 가지고 있기 때문이다. 10월혁명은 자유주의적 군주제의 몰락에 맞선 제국주의적 러시아 영혼의 각성으로 초래되었다. 두긴의 사상은 다음과 같은 명제로 가장 잘 요약할 수 있다. '제3의 로마, 제3의 나치, 제3의 인터내셔널' 이 세 요소들은 세계의 근대화에 맞서는 혁명 안에서 서로 연결되어야 한다.[385] 그의 이러한 발언은 후기 소비에트연방의 변화된 정세를 파악한 서유럽의 급진적 극우주의자들 사이에서 큰 반향을 일으켰다.

1989년 제3의 길 사무국장이었던 크리스티앙 부셰는 그가 속한 조직이 다음의 두 가지 가능성을 가지고 있다고 추정했다. 그것은 국민전선의 길을 따르든지 아니면 반대로 '민족주의적' 근본주의자들과 결별하고 환경, 지역, 무슬림의 가치를 주장하는 대안 세력들과 함께하는 것이다.[386] 그의 핵심 사상은 '좌익'적 사상을 통해 국민전선을 공격하는 것이었는데, 이는 프랑수아 뒤프라 시절의 국민전선이 급진적 성향을 분명히 가지고 있었다는 사실을 장 마리 르펜에게 환기시키기 위함이었다. 그러나 국민전선 총재는 이러한 요구를 거부했고 급진주의 세력을 이끄는 지도자들은 그들의 실패를 인정해야만 했다. 1991년 급진주의 세력은 신저항을 설립했다. 이 조직은 국민전선을 공개적으로 비판하고 에른스트 니키슈의 사상과 민족적 볼셰비즘 그리고 중앙집권주의에 저항하는 지역주의 연맹의 중요성을 강조하기 시작했다. 그들의 이러한 체제 저항 전선 구축에 대한 강조는 알랭 드 브누아에게 상당한 영향을 미쳤다.[387] 제3의 길 지도자인 장 질 말리아라키스에 대항하기 위해 신저항 운동은 3월 12일 그룹 운동 단체들과 접촉해 그들에게 새로운 인터내셔널을 제안했다. 바로 유럽자유전선Front européen de libération이다. 이를 위한 실행 작업은 예상했던 것보다 훨씬 빠르게 진행되었다. 왜냐하면 신저항 창립 회의에서 '유럽 대표 사무국' 설치를 2년 안에 완수하기로 결의했기 때문이다. 유럽자유전선은 지금까지 제3의 길과 관계를 맺은 모든 단체들에 이제부터 오로지 자신과만 교류할 것을 요구했다.[388] 유럽자유전선은 민족주의적 지역주의를 토대로 하는 유럽에 대한 비전을 강조했으며, 좌익주의를 과장되게 지지했다. 그들이 추구하는 유럽은 유라시아 전체를 토대로 하며, 티리아르가 동·서유럽 관계에 대한 그의 비전에서 분명히 밝힌 개념에 의거한다. 스페인의 작가 호세 콰드라도 코스타José Cuadrado Costa와 교류하면서 벨기에의 이론가인 티리아르는 러시아만이 위대한 유럽을 건설할 수 있다는 사상을 발전시켰다. 1983년에 티리아르는 유럽 국가 민족주의자들의 임무가 붉은 군대의 유럽 침략에 대비하는 것이라고 주장했으며 더블린까지 전진한 붉은 군대의 용사들이 "우크라이나의 하르키우Kharkov나 러시아의 블라디보스토크에서와 같은 파란 눈과 금발"을 발견하게 될 것이라고 말했다.[389] 1984년부터 호세 콰드라도 코스타는 유럽민족공동체당의 기관지를 통해 1920년대 러시아 유라시아주의 운동을 소개했다. 코스타는 자신의 이러한 관점을 소비에트연방이 현실화할 것이라고 생각했으나 소비에트연방은 다른 민족들, 특히 중국과 인도에 대해 비개방적인 태도를 보였다. 소비에트연방의 비전은 '더블린에서 블라디보스토크에 이르는' 유럽에 제한되어 있었다.[390]

유럽자유전선의 민족주의적 볼셰비즘은 비非교조주의적인 에볼라주의와 혼합되었고, 이를 통해 두긴의 이념들을 쉽게 받아들일 수 있는 토대가 마련되었다. 두긴의 사상 자체도 에볼라의 영향을 받기는 했으나 에볼라 사상과 완전히 일치하지는 않는다. 2013년 공화주의사회운동 부속 기관의 초청으로 마드리드에서 열린 국제회의에 참가한 두긴은 에볼라의 저서인 『우익의 파시즘Il Fascismo visto dalla Destra』을 장황하게 요약하는 것으로 연설을 시작했고, 혁명주의적 보수주의에 대한 비판을 넘어서 급진적 반근대주의에 대해 주로 언급했다.[391] 1992년 여름에 유럽자유전선의 대표단은 한 주 동안 모스크바에 체류했다(바타라Marco Battara, 부셰, 브누아, 슈나이더Michel Schneider, 스퇴케, 테라치아노Carlo Terracciano, 티리아르). 대표단은 모스크바에서 모임을 가졌으며 이 모임에서 티리아르는 "전 소비에트연방의 우수한 엘리트들과 동유럽의 우수한 엘리트들이 함께 모여 점령자 미국의 추방을 추진하는" 조직망을 건설해야 한다고 주장했다. 이들은 잡지 ≪디엔Dien≫ 관계자들, 두긴, 반시온주의위원회Comité antisioniste와 모임을 가졌다. 또한 이 위원회는 잡지 ≪라 뤼시 소비에티크La Russie soviétique(소련의 러시아)≫ 편집자들과 두긴의 측근이면서 타지키스탄 이슬람부흥당Parti de la Renaissance islamique du Tadjikistan의 대표인 게다 제말Heïdar Djemal, 예고르 리가체프Egor Ligatchev, 겐나디 주가노프, 민족주의적 포퓰리스트인 블라디미르 지리놉스키Vladimir zhirinovsky(러시아자유민주당), 마지막으로 빅토르 안필로프(러시아 공산주의 노동자당)의 환영을 받았다.[392] 유럽자유전선이 주도한 이러한 '신新공조들'은 옐친 지지자들이 사용했던 '적갈색' 상징(적색은 급진적 좌익 공산주의, 갈색은 급진적 우익 민족주의를 상징한다)을 유럽에 전파시켰다. 옐친 지지자들은 '민족주의적 애국주의'라는 딱지에서 벗어나기 위해 이러한 상징을 사용했다. 하지만 유럽자유전선 내에서 민족주의자와 공산주의자들의 연합은 이루어지지 않았다. 서유럽의 다른 단체들처럼 유럽자유전선 내의 '적갈색' 연합은 실제로 '우익' 진영(국수주의적 문화에 근거하는 유럽민족주의)과 급진적 극우주의 진영의 일부인 '좌익' 진영(민족주의적 혁명주의)의 연합이라고 볼 수 있다. 이 연합체의 성격은 그 내용과 상관없이 상당한 오해를 불러일으킬 소지가 있었으며, 많은 학자들이 유럽의 자유주의를 공격 준비가 되어 있는 '적갈색 음모론'의 실체를 확인하기 위해 동분서주했다(그들은 결국 찾아냈다고 믿었다). 하지만 이러한 결합은 두긴이 제시한 이념에 위배되는 것이었다. 두긴은 세계화에 저항하는 전투 안에서 모든 급진주의자가 연합하는 정치적 조직의 설립을 추구했지만, 유라시아주의자들과 인종차별주의적이고 이슬람 혐오주의적인 성향을 가지는 범슬라브주의자들을 구분하는 러시아 정치의 근본적인 변화 없이는 불가능하다고 보았다. 그는 유라시아주의자들이 범슬라브주의자들과 달리 무슬림 근본주의자들과 손을 잡고 새로운 세계 질서 안에서 공동으로 적에게 대처해야 한다고 주장했다.[393]

1993년 두긴은 소설가인 에두아르드Édouard Limonov와 함께 볼셰비키국민전선Front national bolchevik(볼셰비키민족당PNB; 당parti이 후에 전선front으로 바뀌었다)을 설립했으며, 이 정당은 유럽자유전선에 동참했다. 공산주의와 민족주의의 혁명주의자들이 함께 뭉쳐 최전선에 나설 것을 독촉했던 볼셰비키민족당은 서구화된 모든 체제를 거부했으며, 무솔리니의 추종자들이었던 '검은 셔츠Camicia Nera'와 중국 문화혁명의 주역이었던 홍위병의 매개자를 자처했다.[394] 이들의 이념은 일종의 극도로 미화된 반문화적 저항에 대한 것이었으며, 리모노프는 인간화 실현을 위한 도구로 폭력의 확산이 불가피하다는 미래주의적 이념을 수용했다. 그들은 유럽자유전선이 다시 사용하기 시작한 오토 슈트라서의 흑색전선의 상징과 그보다 더 선동적인 다른 상징들을 사용했다(나치의 휘장 상징인 하켄크로이츠는 유탄[395]으로 대치되었으며 때로 낫과 망치로 대치되기도 했다). 이러한 상징들을 다시 사용한 것은 알렉산드르 두긴의 프랑스 여행만큼이나 자연스러운 것이었다. 에두아르드 리모노프 역시 그가 한때 거주했던 프랑스에 대해 잘 알고 있었고, 프랑스의 기관지인 ≪리디오 엥테나시오날L'Idiot international≫('국제 바보'라는 뜻으로 공산주의자들과 국민전선의 연합을 주장했다)과 ≪쇼크 드 므와Choc du mois≫('이달의 쇼크'라는 뜻으로 급진적 극우주의와 국민전선 사이의 관계를 지지했다)의 동력자이기도 했다. 이러한 경험을 바탕으로 그는 장마리 르펜과 블라디미르 지리놉스키와의 만남을 주선할 수 있었다. 1993년 선거에서 민족주의적 애국주의 연합은 해체되었고, 지리놉스키와 주가노프의 정당들은 그 이후부터 독자적으로 행동하기 시작했다. 그들은 서로가 두긴을 지지하는 신유라시아주의자들의 이념을 따른다고 주장했다. 볼셰비키민족당은 "러시아 문명을 토대로 한 블라디보스토크에서 지브롤터에 이르는 제국의 설립"을 내세우면서 대유럽 프로젝트를 재가동했다. 대유럽 개념은 나치의 리벤트로프Joachim von Ribbentrop가 고안한 나치 독일의 최종 목표로서 러시아가 그 주체로 대치되었다. 볼셰비키민족당의 성향은 시베리아 펑크 록 가수인 예고르 레토프Egor Letov의 동참으로 모양새를 갖추어나가기 시작했다. 그것은 분명한 저항 문화적 성격을 가지고 있었다. 볼셰비키민족당의 지부들은 철학을 주제로 한 컨퍼런스와 록 콘서트, 현대 미술 전시회를 번갈아가며 개최했다. 당원들은 검은색 셔츠를 즐겨 입었으며 군인처럼 행동했고, 선거에 당선된 사람들에게 계란을 집어 던지는 폭력을 행사하고 정부기관 사무실 기기에 자신들을 묶으며 시위를 벌였다. 1998년 두긴은 다른 단체들과 관계를 끊고 '민족적 볼셰비즘'에 대한 이념을 자체적으로 발전시켰는데, 이는 유라시아주의자들과 지정학자들이 가지고 있었던 이념과 유사한 것이었다. 동시에 두긴은 문화적 자본을 사회적 자본으로 변화시키기 위해 노력했다. 그는 국가 두마(러시아 연방회의 하원) 공산주의 의장의 자문가가 되었다. 리모노프는 무기 소지죄와 카자흐스탄에서 쿠데타를 일으키기 위해 군대를 조직했다는 죄로 2001년에 체포, 기소되었다. 감옥에서 출옥한 리모노프는 볼셰비키민족당의 노선을 수정했는데, 이는 푸틴의 절대주의에 대항해서 국민의 기본 권리인 자유에 대한 방어를 강조하는 것이었다. 볼셰비키민족당은 2007년 강제적으로 해산되었고, 에두아르드 리모노프는 자유시장경제를 옹호하고 서구의 민주주의 가치를 옹호하는 자유주의자들과 교류하기 시작했다. 러시아는 신파시즘에서 민주주의로 넘어가는 과정에서 급진성이 계속 유지되었다. 급진성은 당원들의 활동 양식에서뿐만 아니라 자유주의가 러시아에서 하나의 비주류에 속한다는 사실에서도 마찬가지였다.[396]

알렉산드르 두긴이 볼셰비키민족당에서 탈퇴하면서 유럽의 급진주의적 극우주의자들 모두가 재편되었다. 1993년 10월, 유럽자유전선은 유럽민족공동체당을 축출했는데, 이는 유럽민족공동체당이 그 책임을 유럽자유전선에 돌리며 반동적인 일탈 행동을 했기 때문이다. 유럽민족공동체당은 플랑드르블록과 벨기에 국민전선과 교류했고 세르비아 민족주의의 영향을 받아 이슬람 혐오주의 캠페인을 벌여야 한다고 주장했다. 이들은 "유럽은 이슬람공화국이 되지 말아야 한다"라는 슬로건을 내걸었는데, 이는 유럽자유전선이 계속해서 급진적 무슬림 단체들과 협력하기 원했던 정책에 반하는 것이었다. 유럽공조와 유럽민족공동체당은 그 이후로 협력하기 시작했고, 유럽민족공동체당의 당원들은 유럽자유전선의 활동을 프랑스 공기관에 은밀하게 고발하기 시작했다.[397] 또한 유럽민족공동체당은 새로운 기관지를 발행했고, 이를 통해 자신들이 러시아 공산주의 국민전선의 유럽 파트너라고 주장했다. 즉 두긴이 계속 유럽자유전선에 가담한 상태에서 유럽민족공동체당은 이슬람주의가 미국의 세계 지배를 위한 도구에 불과하며 유럽과 이슬람은 절대 공존할 수 없다는 노선을 분명히 했다.[398] 그러나 그로부터 3년 후 신저항이 어려움에 직면하자 크리스티앙 부셰는 사임을 발표했고 1996년 11월 30일, 그가 계획한 회의에서 직면한 문제들을 논의하자고 제안했다.[399] 유럽민족공동체당은 이 기회를 이용해 좀 더 공격적으로 행동하기 시작했다. 신저항 운동을 공격하기 시작한 것이다.[400] 유럽민족공동체당은 신저항의 일부 당원들이 "르펜주의를 따르는 반동파와 공조하기" 위해 그들의 지도부를 배신했고, 유럽민족공동체당과 연합하고 있다고 폭로했다. 그 이후 유럽자유전선은 자신을 흑색·적색·녹색 전선Front noir-rouge-vert이라고 주장했다.[401] 유럽자유전선에 속하는 여러 단체들은 이 조직을 거부했으며, 저항서클Cercles Résistance이라는 이름을 다시 사용하기 시작한 조직과 교류를 계속했다.[402]

신저항이 주도한 국제대회는 예상대로 진행되었다. 이 회의에서 국민전선의 주변 그룹을 중심으로 급진 연맹의 설립이 결정되었고, 이 조직은 출신을 따지지 않는 전체 민족주의자들의 연합체 조직을 구축해야 한다고 부르짖었다. 특히 청년 스킨헤드들을 포섭 대상으로 삼았다. 이 조직의 이데올로기는 여러 이념의 혼합으로 구성되었다. 간단하게 요약하면 '좌익주의를 배제하고 파시즘을 확장시키자!'이다. 이 단체의 내부 소식지는 모든 구독자에게 유럽자유전선에 속하는 모든 단체가 지도부에 대한 충성을 다시 맹세했다고 보고했으며, 민족주의적 인터내셔널을 관리하는 데 어려움이 있다는 사실을 환기시켰다. 왜냐하면 신저항이 주도했던 국제대회의 결과로 조직의 노선이 우향화되었고 이에 따른 결과는 자명한 것이었기 때문이다. 즉 '좌익' 성향을 가진 외국 단체들과 관계를 단절해야만 했다.[403] 유럽자유전선은 본부를 영국으로 옮기면서 코드레아누의 행동에 영향을 받은 트로이 사우스게이트Troy Southgate가 사무국장 자리를 맡게 되었다. 이데올로기적 통일에 대한 제2의 유럽자유전선의 열망은 유럽 전체를 위해서 그들이 발행하려 했던 잡지의 제목을 통해 확인할 수 있다. 이 잡지는 4개 혹은 5개의 언어로 발행될 예정이었고 1000부 정도 인쇄될 예정이었다. 이 잡지가 바로 ≪젠 유럽≫이다.[404] 일부 단체들은 이러한 혁신을 적극적으로 수용하지 않았다. 민족주의적 포퓰리스트 정당들이 전혀 존재하지 않았던 시기에 스페인 단체인 유럽대안은 사회공화주의 유럽대안연맹을 설립했으며, 그 후 공화주의사회운동으로 거듭났다. 이들은 유럽자유전선에 속하는 다른 서유럽 단체들처럼 유라시아보다 러시아를 포함하는 유럽을 선호했다. 제국에 대한 개념이 아무리 확장되어도 인종적 민족주의자들은 신유라시아주의자들의 이론을 받아들이기를 거부했다.[405]

1997년 말 유럽자유전선은 영국에 본부를 둔 '민족주의적 혁명주의 연맹을 위한 위원회Comité de liaison des nationalistes-révolutionnaires'와 합병했으며, 그 후 미국, 캐나다, 뉴질랜드에서 활동하는 단체들을 총괄하는 민족주의적 혁명주의 연락 위원회와 지속적인 교류를 맺었다. 미국전선American Front의 공식 사이트는 두긴의 글을 인용하긴 했지만, 미국 단체들은 유럽 우월주의적 사고방식에서 벗어나 백인 우월주의로 방향을 전환하고 있었다. 하지만 이와 같은 단체들에 이데올로기적 방향 전환은 아무런 문젯거리가 아니었다. 1998년 9월 19일에 있었던 파리 회의에서 새로운 유럽자유전선이 건설되었고, 이는 국민전선의 연간 축제 행사 안에서 진행되었다. 그때까지 국민전선은 유럽자유전선의 공공연한 적으로 간주되었으며[406] 러시아의 볼셰비키민족당은 계속 회원으로 남아 있었다. 1999년 영국의 트로이 사우스게이트는 성명서를 하나 발표했는데, 세계의 지배를 꿈꾸는 시온주의 음모론에 대항해서 백인종을 방어해야 한다는 것이 그 내용이었다.[407] 이 성명서와 이를 뒷받침하는 이념은 다른 단체들의 지지를 얻지 못했다. 두긴이 러시아 지배계급에 편입되고 급진연맹이 해체되면서 제2의 유럽자유전선도 붕괴되었다. 프랑스에 급진주의적 조직망을 건설했던 크리스티앙 부셰는 이탈리아의 좌익국민주의Sinistra nazionale(일간지 ≪리나시타Rinascita≫의 발행자)와 함께 유럽 차원의 지정학적 조직망을 출범시켰다. 이 단체는 유럽자유전선의 계승자로서 높은 수준의 잡지인 ≪라 나시옹 유라시엔La Nation eurasienne(유라시아 민족)≫을 발행했다. 스페인의 공화주의 사회운동과 벨기에의 민족 벨기에 운동만이 이 조직에 동참했고, 2011년 이탈리아의 유럽사회운동Movimento Sociale Europeo(사회운동 삼색불꽃의 분리 단체)이 추가로 동참하게 되었다. 벨기에의 민족 벨기에 운동, 급진주의조직망Réseau radical, 이탈리아의 민주평등실천Democratici Egalitari d'Azione은 2003년 2월 15일 공화주의사회운동이 바르셀로나에서 소집한 이라크전쟁 반대 회의에 참석했다. 민족 벨기에 운동, ≪리나시타≫, 급진주의 조직망, 그리고 프랑스의 무슬림당은 '무슬림을 위한 인간 방패 지원자들'을 모집하는 캠페인을 벌였다. 이 사건을 계기로 동유럽과 서유럽의 관계가 완전히 분열되었다고 볼 수 있다. 서유럽의 급진적 극우주의자들은 포퓰리스트들의 성공을 어렵게 뒤좇아가고 있었으며, 백인 중심의 유럽과 이슬람 혐오주의를 주장하는 유로시베리아 이념에서 등을 돌렸다. 반면 동유럽에서는 권력 경쟁이 치열하게 진행되는 가운데 두긴의 이념들이 제도권에 정착되는 계기들이 마련되었다. 두긴의 이념은 특히 블라디미르 푸틴을 둘러싼 세력(수상은 제외한다)에게 강한 영향을 미치게 되었다.

푸틴의 시대

오늘날 대러시아를 꿈꾸는 러시아의 민족주의는 러시아 정교회의 역동적 종교성과 밀접하게 연관되어 있다. 모스크바의 대주교인 키릴Patriarch Kiril과 몇몇 재력가가 세운 재단들(예를 들어 콘스탄틴 말로페예프Konstantin Malofeev가 운영하는 성 바질Saint-Basile 재단)은 다음과 같은 이념을 확산시키는 데 성공했다. 러시아는, 불경건하고 물질주의적이며 퇴락의 길을 걷고 있는 대서양 세력에 맞서 '진정한 신앙'에 근거한 극단적·보수주의적 가치를 보존해야만 하는 러시아의 운명에 대한 인식을 다시 확인하는 중이다. 이러한 관점에 입각해서 러시아 정교회는 러시아가 크림반도(크림반도는 러시아 기독교의 발생지로 여겨지는 장소이다. 이는 세르비아인들이 코소보를 그들의 발생지로 보는 것과 같다)와 우크라이나에서 일으킨 분쟁을 정당화하는 핵심 역할을 했다. 러시아 정교회는 신유라시아주의자들과 향수에 젖은 민족주의적 공산주의자들과 함께 크렘린의 이러한 행동이 영원한 러시아 제국의 부활과 러시아의 이성적 대중을 유혹할 수 있는 신비주의적이며 더욱 심화된 애국주의를 부활시켰다고 보았다. 동시에 그들은 러시아의 운명이 교활한 서구의 손에 놀아나고 있다고 믿었다. 러시아의 문화적 정서는 제국주의에 대한 향수와 광신적 종교성을 부추기고 있다. 따라서 니콜라이 2세와 러시아혁명 이후의 망명자들, 그리고 백색군대(혁명 이후

적색군대에 대항했던 군대) 지도자들의 복권을 외치는 작품들이 큰 인기를 끌고 있다. 특히 브란겔Pyotr Nikolaevich Wrangel, 데니킨Anton Ivanovich Denikin, 콜차크Alexander Kolchak 등이 이에 속한다. 니콜라이 2세와 그의 가족에 대한 작품을 쓴 저자는 이들의 역사를 반공산주의에 희생되고 동시에 종교적 신비화가 가미된 일종의 순교의 경지로 끌어올렸는데, 2000년 모스크바 정교회 총대주교는 차르와 그의 가족이 볼셰비키주의자들에게 살해당했다는 사실을 정설로 선포했다. 그리고 이들의 순교는 엄밀히 말해서 기독교에서 의미하는 순교는 아니지만, 공산주의에 의해 희생된 수백만의 '세속적 순교' 중 하나에 속한다고 주장했다.

블라디미르 푸틴이 민족주의 정치 진영과 교통할 수 있었던 것은 그가 자신의 카이사르적 권력 지배 방식과 러시아의 대중적 메시아주의를 연합하는 데 성공했기 때문이다. 또한 그는 자신의 카리스마적 이미지를 제조하는 사회적 장치들을 아주 효과적으로 이용함으로써 민족주의 진영의 지지를 얻을 수 있었다. 하지만 이와 동시에 민족주의적 애국자들의 정책이 상당히 허술했기 때문이기도 하다. 2012년 대통령 선거에서 블라디미르 푸틴은 63~64%의 지지를 얻었다. 반면 겐나디 주가노프는 17~18%, 블라디미르 지리놉스키는 6.22%를 얻는 데 그쳤다. 민족주의가 그나마 계속 주도권을 가지고 있었기 때문에 블라디미르 지리놉스키가 속한 포퓰리스트 극우주의 정당은 2000년 선거(2.7%)에 비해 비약적 성장을 할 수 있었다. 하지만 그의 영향력은 1993년(23%) 선거 이후 대폭 감소했다. 블라디미르 지리놉스키는 옐친 시대부터 크렘린의 꼭두각시에 불과하며, 옐친 정권에 의해 직접 제조된 야당이라는 비난을 받았다. 대통령의 선출 방식에 상관없이 그의 정당인 러시아자유민주당Parti libéral et démocratique de Russie은 항상 소란을 일으켰다. 그러나 결국에는 국가 두마(러시아 연방회의 하원)에서 대통령의 정책을 지지했다. 즉 러시아자유민주당은 민족주의자 세력의 일부를 동결하는 일종의 도구로 사용되었을 뿐이다. 물론 선거의 공정성에 대한 문제가 여러 번 제기되었지만, 푸틴주의가 극우주의 지지자들의 표를 흡수하는 것이 극우주의자들에게도 도움이 된다는 사실을 분명히 해야 한다. 러시아자유민주당은 신유라시아주의적 요소들을 수용하면서 소비에트연방에 속했던 국가들의 정치적·경제적 연합체를 조직하려고 했다. 그리고 러시아에 우크라이나, 벨라루스, 터키, 아프가니스탄과 이란을 통합시키는 정책을 추진했다. 러시아자유민주당은 NATO를 강력하게 비판하고 이스라엘의 모사드Mossad가 아네르스 브레이비크를 배후에서 조종했다고 주장했지만, 러시아 극우주의 단체 중에서는 반미국주의적인 색채가 가장 적은 당이다.[408] 곧 해체될 것이라는 소문과 함께 '광대'에 불과한 '매춘부' 당이라는 삿대질에 시달렸으나 러시아자유민주당과 그 지도자는 러시아적인 민족주의적 포퓰리즘 성향을 대변한다. 러시아자유민주당은 러시아 엘리트에 대해 강한 적개심을 보이면서 동시에 블라디미르 푸틴의 권력에 순종하는 이중성을 보였는데, 이러한 이중성은 러시아자유민주당으로 하여금 반체제적 성향과 체제 지지 성향을 모두 수용할 수 있는 길을 열어주었다.

러시아의 선거제도는 제도권 밖의 급진주의 운동 단체들의 활동을 가능하게 한다. 물론 갑작스레 나타난 단체들의 활동은 어느 정도 제한하고 있다. 실제로 국가 두마에 의석을 가지고 있는 모든 정당은 다음 선거에서 후보를 내세울 수 있는 권리를 자동적으로 갖게 된다. 두마에 속하지 않은 정당은 15만 명에 해당하는 유권자들의 서명을 얻으면 선거에 후보를 진출시킬 수 있다. 2011년 선거에서 7개의 정당이 경쟁을 벌였는데 러시아자유민주당은 8.14%의 득표율로 40석을 확보했고, 그의 경쟁자 중 하나인 조국당Rodina은 이 선거를 통해 사라졌다. 조국당은 세르게이 바부린Sergey Baburin과 현재 부총리인 드미트리 로고진Dimitri Rogozin(2011년부터)에 의해 설립되었으며, 푸틴의 권력을 보호하기 위해 주가노프가 이끄는 공산주의당 지지표를 잠식하는 것을 목적으로 설립되었다(2003년 선거에서 조국당은 9%를 얻었다). 조국당은 2005년에 정부의 사회 정책에 사회주의적 민족주의 색채를 첨가하는 데 실패하자 푸틴 개인을 지지하는 쪽으로 당의 입장을 수정했다. 그리고 조국당의 이와 같은 입장은 정부에 대항하는 민족주의적 애국주의 저항 세력으로 포장되었다. 선거전에서 25%의 지지율을 얻었음에도 불구하고 조국당은 2005년 선거에서 후보를 등록시키지 못했는데, 이는 반유대주의와 외국인 혐오주의에 대한 프로파간다 때문에 사법부가 인종차별주의를 선동했다는 이유로 유죄판결을 내렸기 때문이다. 조국당의 설립자인 바부린은 대다수 의원들과 함께 조국당을 떠나 이에 맞서는 다른 당을 설립했다. 조국당은 공산당과 가깝게 지내면서 너무 세게 정권을 비판한 대가로 한동안 크렘린에서 소외당했다. 그러다가 2007년 당의 설립자였던 로고진이 푸틴에 의해 브뤼셀 NATO 대사로 임명되면서 정치에 다시 등장했다. 로고진은 서유럽 국가들 앞에서 반서구적·민족주의적 노선을 계속 주장했는데, 그의 주장은 특히 미사일 배치 문제에서 분명히 드러났다. 그리고 그는 종종 군수산업의 대변자로 간주되었다. 조국당은 '공정러시아Russie juste'에 속하는 여러 단체들과 교류했는데, 공정러시아는 표면적으로는 블라디미르 푸틴에게 대항하는 당으로 보였으나 실제로는 푸틴에게 상당히 타협적인 태도를 보인 단체였다(2011년 선거에서 14.2%를 얻었으며, 그 후 로고진이 부총리로 임명되었다).

러시아의 극우주의자들은 의회 밖에서 상당히 활발한 활동을 벌이고 있는데, 그들의 이념 중에서 핵심이 되는 것은 광신적 민족주의와 백인 우월주의이다. 2000년 권력 투쟁으로 당이 와해되기 이전에 알렉산드르 바르카초프Alexandre Barkachov가 이끄는 러시아민족연합은 '순수한 러시아'를 보존하기 위한 '인종적 청소'를 해야 한다고 떠들면서 반유대주의를 지지하고 민주주의의 가치에 반대하면서 1만 5000명에 이르는 당원을 확보했다. 그들은 항상 검은색 옷을 착용했는데, 이는 파시스트처럼 보이기 위한 것이었다. 그들은 몇몇 도시에서 경찰과 함께 순찰을 돌았으며, 어떤 도시에서는 유대인과 외국인을 향한 공격에 가담하기도 했다. 이 단체들은 옐친 정권하에서 아무 문제 없이 활동했으나 2002년에 러시아 사법부가 이러한 단체들의 활동을 제지하는 법적 장치를 마련했다. 이 시기는 크렘린이 스킨헤드 운동을 억압하기 시작한 시기와 맞물린다. 이들을 대표하는 핵심 단체는 러시아민족사회주의당Parti national- socialiste russe과 러시아재출현Résurgence russe, 슬라브연합 등이다. 러시아민족연합이 만자형 십자가를 주로 상징으로 사용한 반면, 러시아의 극단적 민족주의 단체들은 차르 제국 시대에 활동했고, 그 이후에는 히틀러주의를 중심으로 활동한 흑색의 100인 운동이 사용한 상징들과 반유대주의를 강조했다. 그런데 이들 중 일부 단체는 2001년부터 그들의 이념적 성향의 방향을 바꾸었다. 이는 같은 시기의 서유럽 극우주의자들의 방향 전환과 일치한다. 즉 반유대주의적 증오가 이스라엘에 대한 지지와 무슬림을 향한 증오로 대체되었다.[409]

한편 알렉산드르 두긴은 완전히 개별적으로 행동했다. 그는 신유라시아주의를 정교화해서 이를 러시아 특권층과 교류하는 유럽 내의 단체들이 도구화할 수 있게끔 만들었다. 그의 저서인 『지정학의 토대Les Fondements de la géopolitique』(1997)는 2014년 6월 모스크바 국립대학교에서 금서로 지정할 때까지 발행되자마자 일부 러시아 특권층의 참고 도서로 사용되었다. 두긴은 2001년 4월에 크렘린, 러시아 정교회 고위층,[410] 무슬림, 유대인, 불교도의 지지를 기반으로 유라시아Eurasia 운동을 일으켰다. 두긴의 유라시아 운동은 단체의 강령을 통해 신유라시아주의를 하나의 세계관으로 제시하고 동시에 지정학으로 제시했다. 유라시아 제국은 유라프리카를 포괄하는 거대한 공간이며, 이는 세 개의 문화적 공간(유럽, 아랍·무슬림 지역과 흑인이 거주하는 아프리카)을 토대로 한 단일한 '경제 구역'으로 통합된 '거대한 아치형의 유라프리카'이다.[411] 하지만 유라시아주의를 정책화하려는 시도는 결국 실패로 끝났고, 이는 2003년에 발족한 비정부 조직인 국제유라시아운동Mouvement euraisiste international을 통해 메타정치 논쟁으로 발전했다.

이 단체는 다양한 성향을 가지고 있었던 단체인데, 지정학을 전문적으로 다루는 동시에 비정부 기구였으며 반문화적 정책을 제시하기도 했다. 그들이 사용했던 상징은 '혼동의 상징'으로서, 이는 '혼동의 마술가들'이 영국 소설가인 마이클 무어콕Michaël Moorcock의 암흑의 순환이라는 판타지에서 차용한 것이었다.

2012년 블라디미르 푸틴이 대통령으로 재당선되자 알렉산드르 두긴은 러시아 여론 매체의 특별한 주목을 받게 되었다. 그의 견해에 따르면 푸틴이 급진주의적으로 방향을 선회한 것은 그의 권력이 자유주의자들의 저항 때문에 약화되었기 때문이며, 이러한 상황에 대처해야 했기 때문이다. 클럽 발다이Club Valdai[412]의 지나치게 자유주의적인 활동에 맞서기 위해 두긴은 2012년 러시아 대통령의 측근들과 러시아 정교회 고위층들, 그리고 조국당과 교류했던 사람들과 함께 클럽 이즈보르스키Club Izborsky를 설립했다. 하지만 이 클럽 회원들은 대러시아와 유라시아 개념의 토대인 다민족주의에 쉽게 동조하지 않았다. 그들이 겨우 합의를 본 사항은 러시아가 다민족 전통을 가진 국가라는 사실과 이민자 거부에 대한 정책뿐이었다. 그리고 러시아의 도덕적 재부흥을 위해 이즈보르스키 클럽의 다양한 작가들은 경찰 정치의 부활을 주장하거나 나치 독일의 독일유산학술협회와 유사한 단체를 설립하자고 주장했다.[413] 알렉산드르 두긴은 새로운 질서의 출현을 앞당기기 위해 2012년 이후부터 우크라이나를 침략해야 한다고 끊임없이 주장했다. 또한 그는 러시아 정권이 대서양 블록 체제를 무너뜨리기 위해서 유럽 내의 모든 극우주의 운동 단체를 아낌없이 지원해야 하며, 전통적 가치를 보전하고 문화적 자유주의에 저항하기 위해 선두에 서서 노력해야 한다고 주장했다(러시아 동성애자들의 상황은 계속해서 악화되고 있었다). 우크라이나 침공 작전 이후로 두긴은 미디어를 통해 다음과 같은 테마를 자주 거론했다. 그는 푸틴 대통령이 이데올로기적 질서(러시아의 교조주의적 사상을 계승하는 에볼라에게 영향을 받았다)를 토대로 차르로 군림하기 위해

서는 민주주의 제도를 폐지해야 한다고 말한 것이다.[414]

알렉산드르 두긴이 내세우는 신유라시아주의의 장점은 조르주 소렐이 주장하는 두 가지 이론적 요소를 혼합시켰다는 사실에 있다. 하나는 실제적 행동을 장려하는 신화이고, 다른 하나는 개량주의가 혁명을 앞당기는 수단이라고 믿게 하는 유토피아에 대한 환상이다. 두긴이 꿈꾸는 유라시아는 신화인 동시에 유토피아이다. 동·서유럽을 결합시키는 모든 요소들이나 러시아의 제국주의적 전략은 유라시아주의적 혁명의 수행이라는 이름 아래 정당화되고 있다.

신유라시아주의는 유럽의 급진적 극우주의자들에게 지정학적 개념을 제공한다. 예를 들어 알렉산드르 두긴과 교류하고 있는 헝가리의 요비크는 헝가리와 다른 나라들을 지정학적으로 연결하는 거대한 우랄알타이어 연맹을 꿈꾸는 자들과 이상을 같이한다. 이러한 연맹에 속하는 나라로 중앙아시아 국가들, 러시아, 이란, 터키가 있고 인종적·문화적 이유 때문에 러시아와 연결된 지역들도 포함된다. 또한 신유라시아주의는 이미 제도권에 진입한 극우주의 정당들에도 영향을 미치고 있다. 헝가리 총리인 빅토르 오르반Victor Orbán은 2014년에 다음과 같은 발언을 했다. 헝가리는 경제적 글로벌화에 의해 촉진된 경쟁 시대에 쇠락을 초래하는 자유주의에 물든 서유럽보다는 아직 민주주의가 정착되지 않았지만 엄청난 잠재력을 가진 유라시아 국가들에 관심을 가져야 한다. 여기서 문제가 되는 것은 요비크의 급진성이 아니라 집권자[415]의 의도이다. 이들은 오스트리아 헝가리 제국 시대의 헝가리 국민의회 본부였던 부다페스트 국회의사당에 범우랄알타이어 연맹의 깃발을 휘날리게 하려 한다. 프랑스 야당 중 마린 르펜은 국민전선의 총재로 선출되기 전에 프랑스가 친러시아 정책을 펼쳐야 한다는 의견을 피력했다. 이는 그녀의 자문관이었던 에마뉘엘 르루아Emmanuel Leroy의 영향 때문이었다. 르루아는 신질서에서 활동하다가 1980년대에 국민전선 소속으로 선거에 당선되었으며, 그 후 국민전선에서 지속적으로 활동했다. 르루아는 혁명적 민족주의와 급진적 반시온주의 사이에서 중재 역할을 했으며 알렉산드르 두긴과 깊은 관계를 맺었다. 2007년 에마뉘엘 르루아는 모스크바에서 열린 백인 포럼White Forum에 기욤 파예, 유럽동지 스페인모임의 전 회원, 그리고 데이비드 듀크David Duke(큐 클럭스 클랜Ku Klux Klan의 전직 지도층으로 이 인물을 통해 백인 우월주의의 대서양적 관점을 발견할 수 있다) 등과 함께 참석했다.[416]

국민전선의 계속되는 성장은 모스크바 정치인들에게 다른 어떤 단체들보다 특별한 의미를 던져주었다. 프랑스는 유엔 안전보장이사회의 상임이사국이며 프랑스, 독일 두 국가는 유럽연합의 기둥이었기 때문이다. 2012년 니콜라 사르코지가 선거에서 실패하자 푸틴 대통령의 동의를 얻어 러시아 권력의 일부가 프랑스 극우주의를 전폭적으로 지지하기 시작했다. 사르코지의 대중운동연합Union pour en mouvement popularie이 그의 재임 기간에 프랑스·러시아의 우호관계를 위해 모든 노력을 기울였음에도 불구하고 러시아는 극우주의를 지지하는 조치를 취했다. 2012년 12월 마리옹 마레샬 르펜(장 마리 르펜의 손녀)은 러시아 국가 두마의 의장인 세르게이 나리치킨Serguei Narichkin으로부터 영접을 받았다. 나리치킨은 KGB 훈련 기관에서 푸틴과 함께 훈련을 받은 사람이다. 또한 2013년 6월 마린 르펜은 신 러시아를 둘러보느라 일주일을 러시아에서 보냈는데, 그녀는 그때까지 러시아에 합병되지 않았던 크림반도에서부터 그녀의 일정을 시작했으며, 크림반도에서 재정 문제가 정치 문제보다 더 중요하게 다루어졌던 세미나에 참석했다. 마린 르펜은 모스크바에 도착해 국가 두마를 방문했다. 그녀는 의회의 외무부 위원회 의장과 회담을 가졌으며 부총리인 드미트리 로고진과도 회담을 가졌다. 로고진은 민족주의적 애국주의 진영에 속하는 인물이다. 또한 마린 르펜은 공산주의 체제하에서와 그 이후에도 계속 엘리트 외교를 담당하던 국제 관계 국가기구에서 연설했다. 그리고 그녀는 제2차 세계대전 당시 소비에트연방의 편에서 나치를 상대로 전투를 벌인 노르망

디 니에만Normandie-Niémen 중대의 프랑스 비행조종사를 기념하는 기념비에 헌화하고, 상트페테르부르크Saint-Pétersbourg 의회를 방문하는 것으로 일정을 마감했다. 그녀는 어디를 가든 권력자 푸틴에 대한 찬사를 아낌없이 늘어놓았으며 "세계의 새로운 질서"를 위해 투쟁을 벌이는 러시아를 찬양하고 시리아 정권을 지지하면서 국민전선의 사교술을 아낌없이 발휘했다. 크렘린도 마찬가지로 그녀의 이러한 방문을 높이 평가했다. 러시아의 한 은행은 2014년 9월 국민전선에 900만 유로를 빌려주었으며, 조국당의 지도층도 국민전선을 지지하기 시작했다. 우리는 러시아의 이러한 태도를 프랑스 우익의 정치적 구도 안에서 두 가지 목적을 동시에 이루려는 전략으로 해석할 수 있다. 한편으로 러시아는 공화주의자들을 포섭하기 원하고 있는데, 모스크바는 프랑스의 공화주의자들*을 범대서양주의자**로, 그리고 극단주의적인 자유주의자로 여기며, 다른 한편으로는 국민전선을 포섭하기를 원하고 있다. 그들은 계속 상승세를 타고 있는 국민전선이 전통적 우익 진영에 대항해 압력단체로서의 기능을 충분히 수행할 수 있다고 판단했으며, 그런 의미에서 민족주의적 애국주의 프로젝트를 위해 누구보다도 적합한 단체라고 판단했다. 이는 국민전선이 시장경제 형태(하지만 매우 불완전하다)를 인정함에도 불구하고 근본적으로 반자유주의적 가치를 존중하고 있었기 때문이다.

같은 달에 더 급진적 성향을 띤 유럽의 다른 극우주의자들이 러시아를 중심으로 연합해 평화와 자유를 위한 연맹Alliance pour la paix et la liberté을 설립했다. 이 단체의 총재는 로베르토 피오레가 맡았는데, 그는 이미 역사에서 사라진 유럽 국민전선(2004)의 계보를 계승한 인물로서 2015년 3월 러시아의 상트페테르부르크에서 열린 국제 보수주의 포럼과 연관된 인물이

* 사르코지가 이끄는 대중연합운동이다.

** NATO를 지지하는 의미에서 사용되었다.

다. 이 포럼은 조국당의 측근이며 무기 소지 권리 협회의 회장이기도 한 유리 리우보미르스키Yuri Lyubomirsky의 후원으로 열렸다. 평화와 자유를 위한 연맹에는 독일의 독일국가민주당, 그리스의 황금새벽, 이탈리아의 신세력이 포함된다. 평화와 자유를 위한 연맹의 대표단이 코리달로스Koridallos 감옥에 투옥되어 있던 황금새벽의 당수인 니코스 미할롤리아코스Nikos Michaloliakos의 방문을 허가받았을 때, 이 대표단 중에는 미하일 쿠스네초프Mikhail Kusnetsov라는 러시아 변호사도 포함되어 있었다. 평화와 자유를 위한 연맹의 공식 사이트는 우크라이나 문제와 관련된 러시아 외무부 장관의 견해를 공개하고, 유럽을 향해 "미국과의 신냉전과 NATO의 갈등 정치"를 종결해야 한다는 글을 싣기도 했다. 이러한 성향을 놓고 볼 때 우리는 이 단체에 대해 다음과 같은 질문을 던질 수밖에 없다. 이러한 활동이 러시아의 총애를 사려는 급진적 단체들의 시도인지, 아니면 러시아의 일부 진영에서 이러한 움직임을 그들의 영향력을 행사할 수 있는 통로로 사용하기로 결정한 것인지는 분명하지 않다. 하지만 러시아 진영이 이러한 전략으로 정치적 이익을 얻을 가능성은 거의 제로에 가깝다. 만약 평화와 자유를 위한 연맹이 '대서양에서부터 블라디보스토크에 이르는 자유로운 교역을 위한 유라시아 공동체'를 조직하기 위해서 모의하고 있었다면, 이는 러시아 유라시아주의 진영이 이 단체를 뒤에서 조정하고 있다는 의미로 해석해야 하는가? 이 연맹에서 핵심 역할을 하고 있는 몇몇 정당을 제외하면 평화와 자유를 위한 연맹에 속한 단체들은 별 볼 일 없는 작은 단체에 불과하다. 그 단체와 사람은 벨기에 프랑스어권에 속하는 민족운동Mouvement Nation과 영국의 유럽의회 대표였던 닉 그리핀Nick Griffin(그리핀은 브리튼국민당을 떠나 브리튼연합British Unity을 창설했다), 스페인의 민족민주주의와 키프로스의 국민대중전선(ELAM으로 통용된다), 스웨덴당이다. 그리고 이미 해체된 프랑스실천의 당수였던 이반 베네데티도 이 단체에서 활동하고 있었다. 베네데티는 브뤼셀에서 열린 평화와 자유를 위한 연맹의 모임에 모습을 드러냈다.

헝가리의 요비크와는 교류를 삼갔던 평화와 자유를 위한 연맹은 민족주의적 포퓰리즘이 제도권 안에 흡수됨에 따라 주변 세력으로 머무를 수밖에 없었다. 하지만 이 단체 외에도 러시아 권력은 그들의 입장에 동조하는 지정학적 이념을 주장한다고 생각되는 모든 극우주의 단체들에 투자를 아끼지 않았다. 이러한 극우주의 단체들이 제도권 내에 진입할 가능성을 보이지 않으면, 그 시점부터 이들은 소프트파워 전략에 투입되었다.[417] 만약 소프트파워 전략이 성공하게 되면, 혹은 거의 성공하게 되면, 극우주의 단체들은 후원금 걱정 없이 국제정치에서 그들의 정책을 세우는 데 필요한 언어 개발에 집중할 수 있었다. 이 모든 사실에도 불구하고 러시아 정치를 배후에서 조종하는 사람이 알렉산드르 두긴이라고 단정 지을 수는 없다. 두긴은 푸틴의 측근도 아니고 푸틴의 견해를 좌지우지하는 인물도 아니다. 누구든 신유라시아주의 이념의 요소 중 자신에게 도움이 되는 요소를 차용할 수 있으며, 신유라시아주의 프로젝트가 가지는 후광을 마음대로 취할 수도 있다. 하지만 알렉산드르 두긴을 과소평가해서는 절대로 안 된다. 2001년 미국 중앙정보국CIA은 대對러시아[418] 선동이 미래성이 전혀 없는 비생산적 개념이라고 추정했음에도 불구하고, 2015년 3월 우크라이나 사태가 일어나자 알렉산드르 두긴을 배후 조종자로 지목했다. 사실 그 시기에 두긴의 영향력이 계속 하락하고 있었음에도 불구하고 미국은 이러한 결론을 내린 것이다.[419] 두긴은 유럽의 두 종류의 급진주의적 사상을 매개하는 인물이며, 동시에 러시아의 운명에 관해 러시아의 대다수 대중이 열망하는 사상의 대변자이기도 하다. 이는 세계화라는 굴레에서 벗어나기 위해 두긴이 고안해낸 특수한 논리를 통해 촉진되고 있다.

러시아의 이웃들

1991년 우크라이나가 독립을 쟁취하자 극우주의적 성향과는 관계없는 민족주의 단체들이 목소리를 내기 시작했다. 우크라이나의 독립과 함께 서로 경쟁하는 두 종류의 민족주의적 이념이 등장한 것이다. 우크라이나 남부와 동부의 국민은 스스로를 슬라브족으로 여겼으며 동시에 러시아 정교회에 속한다고 믿었다. 그리고 그들과 러시아를 연합한 소비에트연방 시대를 그리워했다. 이러한 향수는 공산주의 정권과 관계있는 것이 아니라 범슬라브주의 이념과 관계있다. 이들에게 서유럽은 그들이 내걸고 있는 슬로건에 나타나듯이 동유럽을 위협하는 적으로 이해되었다. "자본주의의 괴물들은 땅 속으로! 슬라브 연합 만세!" 반면 우크라이나의 서부 지역은 소비에트연방의 박해에 대한 기억과 홀로도모르Holodomor(1931~1933년 스탈린에 의해 유발된 대기근으로, 대략 300만 명의 우크라이나인이 목숨을 잃었다)에 대한 기억이 지배하고 있는데, 홀로도모르는 2006년 우크라이나 의회에서 공식적으로 '집단 학살'로 선포되었다. 이 지역에서 러시아는 우크라이나 전체 역사에 걸쳐 침략을 일삼았던 제국주의 세력으로 간주된다. 이들에게 소비에트연방 시대는 우크라이나 국민이 정치에서 완전히 배제되었던 러시아의 확장에 불과하다. 이 부분에서도 민족주의자들은 반전체주의적 이념들을 수용했는데, 이들 중 일부는 소련이 나치를 물리쳤던 사실에 대해 "조국을 위한 위대한 전쟁"이라고 치하하는 반면, 다른 진영은 공산주의를 20세기 전체주의를 대표적으로 대변하는 체제라고 비난하고 있다. 결국 어떤 진영도 특정한 사회체제를 선호한다고 단정 지어 말할 수 없다. 왜냐하면 한 진영은 분명하게 서유럽을 선호하고 다른 진영은 동유럽을 선호하고 있기 때문이다.[420] 이러한 이중적 민족주의가 우크라이나 극우주의의 다양한 성격을 이해하는 데 도움을 준다. 우크라이나 대중방어민족의회Ukrayinska Natsionalna Assembleya-Ukrayinska Narodna Samooborona는 친서구적인 중앙집권적·민족주의적 정권을 세우기 원하지만 동시에 '슬라브 제국의 핵심'이 되기 원한다. 반면 소규모 단체에 속하는 우크라이나 국가독립Derzhavna Samostijnist Ukrayiny은 우크라이나의 민족적 단일성을 강조하면서 러시아 지지자들이 정권을 차지하게 될 경우 그들을 모두 강제수용소에 감금시키겠다고 협박하고 있다.[421] 오렌지혁명이 일어나기 전인 2013년, 우크라이나 대중방어민족의회는 정당이면서 동시에 반러시아 민병대이기도 한 우익진영Pravyi Sektor 설립에 참여했다.

이러한 상황은 2004년 오렌지혁명과 함께 더 급진화되었다. 오렌지혁명은 2013~2014년 사이에 마이단Maidan 광장을 점령함으로써 시작되었고, 그 후 친러시아 성향을 가지고 있던 우크라이나 군대가 혁명에 개입하면서 크림반도는 결국 2014년 3월 러시아에 합병되었다. 러시아는 마이단 혁명을 '신나치적 혁명'이라고 비난하면서 스보보다(1991년 설립된 신나치 운동 단체가 2014년 포퓰리스트적 이념을 바탕으로 개혁한 범우크라이나 자유연맹)와 우익진영을 향해 특별히 더 강도 높은 비난을 퍼부었다. 여론조사로 보았을 때 이들의 지지도가 전혀 없었던 것은 아니지만, 주도권을 잡기에는 너무 미약했다. 2014년 시위에서 스보보다 당원들이 전체 시위대의 약 18%를 차지했고 우익진영은 6% 정도였다.[422] 마이단 혁명에서는 우크라이나 민족주의자조직Organisation des nationalistes ukrainiens: OUN과 연관된 여러 종류의 상징들이 사용되었는데, 이때 가장 급진적인 세력의 상징이 특히 더 선호되었다. 이 급진 세력의 지도자인 스테판 반데라Stefan Bandera는 1941년 독일군단 소속의 우크라이나 부대를 이끈 인물이다(반면 OUN은 독일군과 러시아의 붉은 군대에 동시에 저항하는 민병대를 조직했다). 우익진영은 반데라를 특히 많이 언급했고, 반데라는 민족주의적 정권의 수립을 위한 혁명적 프로젝트를 위해 마이단혁명을 이용하려 했다. 스보보다의 지지도는 계속 상승해서 2006년 3월 여론조사 당시 0.36%에서 2012년에는 10.44%로 상승했다(의원 37명이 당선되었다). 스보보다는 오렌지혁명의 실패를 만회하기 위해 상당히 적극적인 공세를 벌였고 러시아와 우크라이나 간의 갈등을 이용해 제도권에 진입하려 했다.[423] 스보보다의 핵심 이념은 반데라와 드미트로 돈초프Dmitro Dontsov(1883~1973)의 이념에 의거한 극단적 민족주의로서 반공산주의와 정교회가 주장하는 종교성을 강조하며, 반러시아와 반유대주의, 그리고 민족주의와 낭만주의에 기반을 둔 민족주의적 신화에 대한 열망을 내용으로 한다.[424] 2012년 선거에서 나타난 부동표의 동향을 보면 OUN 지지도의 지역적 차별성이 그대로 반영된 것을 알 수 있다(도시 리비우Lviv가 포함된 지역과 갈리치아Galicie 지역의 이바노 프란키우스크Ivano-Frankivsk주에서 31.18%의 득표율을 얻었다). 이 지역의 주민들이 스보보다를 지지한 이유는 지역의 부패와 올리가르히들이 정치에 계속 개입하는 것에 반대하고 서유럽이든 동유럽이든 외부 세력에 계속 의존하는 특권 계층에 염증을 느꼈기 때문이다. 마이단혁명 이후 스보보다는 높은 득표율을 얻어 연정에 참여했으나 대중으로부터 가혹한 평가를 받았다. 스보보다는 2014년 10월 선거에서 4.7%밖에 득표하지 못했으며 국제적으로도 실패를 거듭했다. 결국 마린 르펜은 그녀의 아버지가 시작했던 스보보다와의 관계를 종결시켰다. 또한 그녀의 조카인 국민전선의 국회의원 마리옹 마레샬 르펜이 "신나치주의적 성향을 가진 집단들"이라고 스보보다를 조롱하자 스보보다의 부총재는 불만을 표하며 국민전선 지도층에게 "신나치"라는 단어를 철회할 것을 편지로 요구하기도 했다.[425]

반면 우익진영Pravyi Sektor은 2014년 신나치주의적 요소를 당 내에서 제거했으며, 같은 해에 있었던 선거에서 28만 4943표를 얻어 1.8%의 득표율을 기록했다. 그리고 OUN의 계승자인 우크라이나 민족주의회의Congrès des nationalistes ukrainiens는 8000표를 얻으면서 정치계에서 완전히 사라졌다. 같은 해에 우익진영의 홍보국은 27개의 지역 사무소를 전국에 설치해 당의 세력을 전국적으로 확장시킬 것이라는 계획을 발표했다. 우익진영은 OUN의 유일한 지부가 있었던 리비우와 이바노 프란키우스크, 우주호로

드Oujhorod를 넘어 돈바스Donbass 지역의 루간스크Lugansk와 도네츠크Donetsk를 포함한 서부와 동부 지역에 투자하기 시작했다. 그들이 이 지역에서 활동을 전개하면서 내건 슬로건은 "우리가 아니면 누가 할 것인가? 지금이 아니면 언제 할 것인가?"이다. 우익진영은 11개 항목에 달하는 프로그램을 개발했다. 외부적으로는 우크라이나가 서유럽과 러시아를 제외하고 동유럽을 통해 개발되기 원했고, 발트해와 흑해 주변 국가들의 긴밀한 협조를 통해 도움을 받기 원했다. 또한 내부적으로 새로운 지도자를 선출함으로써 국가가 쇄신되기를 바랐으며 이를 통해 부패가 척결되고 사회시장경제 제도가 도입되기를 기대했다.[426]

친러시아적 성향을 가진 극우주의는 전혀 다른 상황에 처해 있었다. 러시아 단체들의 지국이 우크라이나에 계속 남아서 활동하고 있었고(민족연합Union nationale, 국제유라시아운동Mouvement eurasiste international 등), 2005년 알렉산드르 두긴의 제자들이 세운 도네츠크공화국République de Donetsk과 같은 특수한 단체들도 계속 존속하고 있었다. 이 단체는 2014년에 러시아의 도움을 받아 스스로 독립을 선언했으며 '도네츠크 인민공화국'으로 명칭을 바꾸었다.[427] 우크라이나의 분리를 주장하는 신유라시아주의자들은 국가명칭을 '신러시아 연방 국가'로 변경해야 한다고 주장하면서 그들의 이념을 명백히 드러냈다. 이 명칭은 클럽 이즈보르스키의 영향을 받은 것으로 루간스크 인민공화국•과 연합하려는 목적으로 채택된 명칭이었다. 불행하게도 루간스크 인민공화국은 '신러시아연방국가'라는 명칭 대신 소비에트연방 시대의 향수를 불러일으키는 '대중연방공화국'이라는 명칭을 채택했다. 친러시아 극우주의 단체들의 움직임을 놓고 볼 때, 우크라이나에서 실시된 여러 차례의 친러시아 국민투표••의 결과만을 가지고 이 지역 민족

• 2014년 친러시아주의자들에 의해 설립된 독립 공화국이다.

•• 러시아와의 연합을 희망하는 투표를 말한다.

주의자들이 실제로 어떤 친러시아 단체를 지지하는지 알아내는 것은 쉬운 일이 아니다. 2003년 이후부터 친러시아 국민투표는 유라시아 지지 운동 세력 안에서 선택된 국제 감시단의 감시하에 치러지고 있다. 유라시아 지지 운동 세력은 러시아민족연합의 당원들에서부터 유럽민족공동체당[428]에 이르는데, 이들의 활동은 현재 벨라루스공화국 정권과 국제적으로 승인되지 않은 트란스니스트리아Transnistria 또는 돈바스 지역의 공화국들을 찬양하는 데 국한되고 있다.

이 두 교전국에서 우리는 급진적 반시온주의와 연관된 반유대주의 이념이 확산되는 현상을 목격할 수 있다. 유대인들은 국가에 절대 충성하지 않는 적군의 협조자로 여겨진다. 하지만 실제로 이들은 유대인 자체에 대한 혐오보다는 '유대인을 지지'하는 진영에 대해 반감을 가지고 있다. 2013년 이후부터 러시아의 많은 여론 매체들은 유대인을 배척하는 전형적인 담론을 바탕으로 음모론을 계속 확장시키고 있다. 그런데 이러한 반유대주의가 완전히 뿌리를 내렸다고 보기에는 아직 이른 감이 있다. 2014년 우크라이나 대선에서 유대교인이며 우크라이나·이스라엘 이중 국적자였던 바딤 라비노비치Vadim Rabinovich는 우익진영과 스보보다 당의 두 후보들이 얻은 표보다 더 많은 표를 얻었다.[429] 그 후 2014년 야당 통합 세력 대표로 국회의원으로 선출되었으며, 특히 러시아인의 인구 비율이 높은 지역에서 높은 지지율을 획득했다.

크렘린은 '키예프 권력을 탈취한 파시스트 정권'을 계속해서 비난하고 있으며, 마찬가지로 "발트해 연안 국가들도 파시즘에 의해 점령당하고 있다"라고 주장한다. 예를 들어 국가 두마의 외무부 위원회 의장인 드미트리 로고진은 2003년 9월 "나치가 라트비아를 장악했다"라고 비난하면서 라트비아를 "깡패의 나라"라고 떠들어댔다. 블라디미르 지리놉스키는 2004년 "라트비아를 파괴하겠다"라고 협박하면서 러시아의 공군이 이미 발트해 국가들의 수도를 폭격하기 위한 준비를 마쳤다고 포고했다. 이러한 적대감은 발트해 연안 국가들도 마찬가지로 가지고 있다. 에스토니아의 외무부 장관이었던 토마스 일베스Toomas Ilves는 히틀러가 수데티산맥Sudètes(체코와 폴란드 국경의 산맥)에 거주하는 독일인들을 이용했던 것과 같이 모스크바도 러시아 언어권 지역[430]을 이용하고 있다고 발언했다. 라트비아가 독립을 획득한 이후 1930년대 나치에 협력했던 민족주의 단체인 번개십자가Perkonkrusts가 재활한 것은 사실이다. 이 단체는 때때로 만자형 십자가를 사용했으며 나치친위대와 여러 방면에서 협력했다. 하지만 이 단체는 결국 영향력 확장에 실패했고, 2006년 테러와 관련된 폭력적인 성향 때문에 법적으로 금지되었다.[431]

라트비아 문제의 핵심은 국민의 대다수를 차지하는 라트비아인(57.6%)과 소수의 러시아인(29.6%) 사이의 관계에 있다. 라트비아 내에는 소수 러시아인에 대한 증오심이 실제로 존재하는데, 이는 러시아인들이 소비에트 연방에 라트비아가 소속되었던 시절을 소비에트라고 표현하지 않고 '러시아의 지배를 받았다'고 표현하기 때문이다. 법적으로 라트비아의 공식 언어는 라트비아어 하나뿐이며, 이름도 모두 '라트비아식'으로 바꾸고 모든 대학에서 러시아 과목도 폐지했다. 1994년에 제정된 '국적취득법'에 의하면 라트비아의 언어, 역사, 법에 관한 시험에 통화해야만 라트비아 국적을 취득할 수 있는데, 이 시험이 상당히 까다로운 데다 라트비아의 외국인 배척 성향이 혼합되어 이 시험이 도입된 지 10년이 지났는데도 취득한 사람은 7만 8540명에 불과했다. 결과적으로 라트비아에 사는 20% 가량의 시민은 라트비아 국적자가 아니며 이에 따라 취업하는 데에도 많은 제한을 받고 있다. 라트비아는 2002년 '망명자법'과 2003년 '이민법'을 새로이 개정했는데, 이는 UN의 협박 때문에 억지로 취한 조치였다.[432]

러시아 소수집단은 정치적으로 표현의 자유를 보장받고 있다. 러시아 소수집단은 '통일된 라트비아 내의 인권을 위한' 연합체를 통해 유럽의회에 진출할 수 있었다. 이 연합체는 소비에트 공산당에서 활동했던 지도층들을 포함하고 있었고, 라트비아 러시아연맹Union russe de Lettonie으로 명칭을 바꾸었다. 2009년 유럽의회 선거에서는 9.7%의 득표율을 차지했으나 2014년 선거에서는 6.7%밖에 얻지 못했다. 반면 뿌리 깊은 반공주의에 기반을 둔 반러시아적 성향을 표명한 '라트비아를 위한 민족연맹! 애국과 자유Nacionālā apvienība Visu Latvijai! Tēvzemei un Brīvibaī'(TB/LNNK; 2010년 정당들이 통합된 후 붙여진 명칭) 당은 2014년 선거에서 14%의 득표율을 차지했다. TB/LNNK는 민족주의적 보수 정당으로서 1997~1998년에 수상직을 맡았고, 현재 정부에서 법무부, 환경부, 문화부 장관직을 맡고 있다. 이 당은 국가를 라트비아화하는 데 선봉적인 역할을 했으며, 1998년 러시아어를 사용하는 소수집단이 라트비아 국적을 취득하는 것을 제한하는 법을 통과시키기 위해 국민투표를 제안하기도 했다. 군타르스 크라스츠Guntars Krasts (TB/LNNK)가 이끄는 내각은 나치 무장친위대에 협력했던 라트비아 민병대의 날인 3월 16일을 국경일로 정했는데, 이는 유럽연합의 강요로 2000년에 폐지되었다. 그러나 이러한 성향을 단순한 나치 동조주의 때문이라고 평가하는 것은 문제를 지나치게 단순화하는 것이다. 발트해 연안 국가(그리고 동유럽)의 우익주의자들은 공산주의와 나치즘을 평가하는 문제에도 이데올로기적 차원(두 개의 전체주의)에서뿐만 아니라 그 이념들이 어떻게 한 나라의 주권을 짓밟았는가의 차원에서 평가한다. 예를 들어 우익주의자들은 나치 협력자들을 공산주의에 대항해서 투쟁했던 애국자로 생각한다. 또한 TB/LNNK는 현재의 라트비아를 1940년 이전의 카를리스 울마니스 독재 권력 시대의 라트비아의 계승자라고 본다. 울마니스는 페르콘크루스트스Perkonkrusts(라트리아 파시스트 단체)에 속하는 파시스트들의 활동을 금지시킨 인물이다. TB/LNNK는 라이비스 친타르스Raivis Dzintars가 이끄는 급진적 민족주의 소정당이 구성한 연정에 동참해야 한다고 주장함으로써 당의 정체성을 모호하게 만들었고, 라트비아 내에 라트비아인 구성비를 75%까지 올려야 한다고 주장했다. 또한 매년 3월 16일 리가Riga에서 열리는 기념일(라트비아 민병대의 날)에도 참석하고 있으며 2010년 비스발디스 라시스Visvaldis Lacis(1924년 출생)가 이끄는 국회에 민병대 베테랑을 당선시키기도 했다. 그렇기는 하지만 연정 정부의 일반 노선은 유럽 전체에 대한 긍정적 태도를 보이고 있으며, 사회적으로 보수적이고 경제적으로 자유주의적인 성향을 내포하고 있다. 즉 연방정부의 성향은 중앙유럽의 극단적 민족주의보다는 극단적·우익주의적 성향에 더 가깝다고 볼 수 있다. 그런데 발트해 연안 국가들의 소수 정당들은 러시아를 혐오하는 데 그치지 않고 다른 이념들도 수용하고 있다. 예를 들어 리투아니아에는 이미 의회에 진출한 포퓰리스트적 성향을 가진 정당들이 존재한다. 질서와 정의당Tvarka ir Taisnigumas은 외국에 아첨하는 소수 특권층에 대항하기 위해 직접 민주제가 더 강화되기를 요구하고 있고, 리투아니아공화국 자유주의운동Lietuvos Respublikos Liberalu Sajūdis은 '반체제주의'를 기본 이념으로 삼는다. 서유럽 소수 정당들과 달리 동유럽 소수 정당들은 부당 이득을 취하는 '특권층'과 이민자들을 그들의 주요 공격 대상으로 삼기를 거부하고 있다.[433] 또한 TB/LNNK는 유럽연맹을 상당히 소극적인 자세로 비판했는데, 이는 영국 보수주의자들과 연결된 유럽 조직에 가담하기 위한 전략이었다.

중앙유럽과 동유럽의 재구성과 지속성

동유럽에서 대중적 민주주의가 자본주의적 민주주의로 대체되자 포퓰리스트적이며 극단적 민족주의적이고 외국인 혐오주의를 주 이념으로 하는 단체들이 동시에 우후죽순으로 생겨났다. 이러한 단체들은 빠른 기간 안에 의회에 진출했고 종종 연정에 참여했다. 그렇다고 연정에 참여하는 정당들이 통일된 이데올로기를 가지고 있는 것은 아니다(특히 슬로바키아를 그 예로 들 수 있다. 슬로바키아민족당은 중도좌파 포퓰리즘 정당인 스메르

Smer 당이 이끄는 내각에 참여했는데, 이로 인해 슬로바키아민족당은 유럽사회주의당Parti socialiste européen 조직에서 축출되었다). 이 범주에 속하는 대표적인 정당으로 슬로바키아민족당Slovenská Národná Strana, 헝가리 정의와 삶의 당Magyar Igazság és Élet Pártja, 대루마니아당, 불가리아의 공격민족연맹Ataka, 폴란드가족연맹, 폴란드공화국자주당Samobroona이 있다. 이 정당들의 발전 양상은 상당히 상이하며 일부는 계속 상승세를 타고 있고(2005~2013년 공격민족연맹) 주변으로 밀려나기도 했으며(헝가리 정의와 삶의 당, 체코공화국, 대루마니아당은 상승세를 타다가 2008년과 2012년 선거에서 참패했다) 정권에 참여하기도 한다(슬로바키아민족당, 앞에서 언급한 폴란드의 두 정당, 1993~1995년 대루마니아당의 정권 참여). 한편 세르비아 급진당(SRS; 유고슬라비아 군사동맹을 일부 계승했다)은 양면적 성격을 보인다. 보이슬라브 셰셀Vojislav Šešelj은 밀로셰비치 정권하에서 연정에 참여하면서 부총리까지 맡았으나 이와 동시에 인종청소 정책에 가담하기도 했다(셰셀은 2003~2014년에 헤이그 법정에 따라 수감되었고 판결을 기다리다가 건강상의 이유로 석방되어 베오그라드로 귀환했다).

이러한 소수 정당들이 공통적으로 가지고 있는 프로그램이 과연 존재하는가? 소수 정당들의 프로그램을 다음과 같이 정의 내릴 수 있다. 특권층에 대한 거부, 서유럽의 사회·경제 모델에 대한 불신, 정치적 자유주의와 마찬가지로 공산주의에 대한 비판, 유럽 공동체 건설 반대, 정권 이행 과정에서 물질적으로 손해를 보거나 아무런 이득을 얻지 못한 사회계층에 대한 방어, 민족·종교·언어에 기반을 둔 민족의 특수성과 민족의 역사에 대한 강화이다. 동시에 이 지역의 포퓰리즘은 서유럽의 포퓰리즘과 분명한 차별성을 보인다. 특히 외국인 수용 문제에 대해 동유럽과 서유럽은 차별성을 보이는데, 동유럽에서는 이민 문제가 사회적 문제로 전혀 이슈화되지 않은 상태에서 내부에 이미 존재하는 혐오 대상들(집시, 영토 문제로 억압받는 소수민족, 유대인)이 이민자 대신 사회 문제를 일으키는 비난의 대상으로 주목받고 있다. 이들을 향한 증오는 동유럽 국가 국민의 대다수가 경제적·사회적 어려움에 처하게 되면서 사회적으로 이슈화되고 있다. 유권자들은 시장경제로의 이양을 주장하는 새로운 특권층을 불신하게 되었고, 부패가 증가하고 대중의 결정이 무용지물이 되었으며 소수에 권력이 집중되자 의회 민주주의에 대한 불신이 확산되었다. 동시에 최소한의 생활을 보장했던 공산주의에 대한 향수가 점점 확산되었으나 이미 개혁에 실패한 공산당들은 거의 소멸한 상태였다(0.58%를 득표한 헝가리노동당Magyar Munkáspárt, 의원 한 명이 당선된 불가리아공산당PC Bulgare, 당원 수백 명이 대폭 축소된 폴란드공산당Komunistyczna Partia Polski).

동유럽의 극우주의는 불가리아의 2006년 대통령 선거 2차 투표를 통해 그 모습을 드러냈다. 공격민족연맹(2005년 설립)의 총재였던 볼렌 시데로프Volen Siderov는 1차 투표에서 놀랍게도 21.5%의 득표율을 얻으면서 1위로 당선된 사회주의 대통령에 뒤이어 2위를 차지했다. 그는 2차 투표에서도 24.1%를 얻어 위세를 과시했다. 유권자들은 만연한 부패와 2007년에 결정된 유럽연합 가입에 대한 두려움 때문에 극우주의 후보자를 선택한 것이다. 시데로프가 이끄는 극우주의 정당은 이미 불가리아 사회에 만연했던 터키 소수민족과 집시에 대한 적대감을 당의 이익을 위해 교묘하게 이용했다. 또한 공격민족연맹은 기회가 주어질 때마다 반유대주의 문제를 부각시키며 당의 입지를 강화하는 데 이용했다. 공격민족연맹은 2005년 선거운동 당시에 터키와 이스라엘 국기로 뒤덮인 불가리아 지도를 제작했는데, 이는 불가리아가 마치 터키와 이스라엘의 지배를 당하는 것처럼 보이게 하기 위한 것이었다. 2006년 이스라엘과 헤즈볼라가 전쟁을 일으키자 공격민족연맹의 대변인 역할을 했던 스카트 티브이Skat TV 방송국은 시아파 개혁반대주의자들의 입장을 대변했다. 공격민족연맹에 대한 지지가 높아진 것은 불가리아 특권층들이 적절한 논의 절차 없이 무차별한 계획을 세우고 서유럽을 향해 강제로 시장을 개방한 것에 대해 시민들이 염증을 느꼈기 때문이다. 또한 불가리아의 터키 소수민족 정당인 '권리와 자유 운동Mouvement des droits et des libertés'이 정권에 참여하게 되자 정체성에 혼란이 생겼기 때문이다. 공격민족연맹은 특권층의 범대서양주의에 이의를 제기하고, 유럽연합에 의해 불가리아의 주권이 상실되었다고 규탄했으며, 개혁이라는 이름하에 국가가 약탈당하고 집시들 때문에 국민의 안전이 위협받게 되었다고 비난을 퍼부었다. 선거운동은 대중에게 호소력이 있었던 강한 리더에 의해 주도되었으며, 이는 벨기에 정보국 소속이었던 요원과 공산당의 도움으로 조직된 조직망의 지원을 받았다. 공격민족연맹은 이러한 모든 자원을 이용해 "불가리아의 질서와 사회보장, 민족적 자긍심을 회복하기 원하는 유권자들"의 지지를 얻을 수 있었다. 민족에 따라 사회계층이 분화된 사회에서 공격민족연맹이 2006년 선거에 성공을 거두게 된 것은 시장경제로의 전환 과정에서 배출된 낙오자들과 퇴직자들, 노동자들 심지어 청년층과 고등교육자들까지 공격민족연맹의 이념을 지지하게 되었기 때문이다. 특히 중산층 거주 지역에서 공격민족연맹의 지지율이 높았는데, 지지자들은 대부분 터키 소수민족의 제거와 불가리아 정교회를 신봉하며 불가리아 민족의 순수성을 열망하는 사람들이었다. 터키인들은 1878년까지 불가리아를 지배했던 오스만 제국을 연상시키는 민족이었기 때문에 지속적으로 혐오의 대상이었다.[434] 터키인들에 대한 증오는 결국 이슬람 혐오주의로 발전했고, 공격민족연맹 급진파는 무슬림에게 테러를 가하기 시작했다. 그리고 이로 인해 2011년 불가리아 정부는 공격민족연맹의 해산을 고려하기도 했다. 이러한 급진성 때문에 공격민족연맹의 일부 유권자들은 이 단체를 떠나기도 했다.

2013년 불가리아에서는 정부의 부패와 특권층에 대한 염증으로 거대한 시위가 일어났는데, 이로 인해 공격민족연맹의 참여 없이 사회주의·민주주의 정당과 터키 소수민족 정당인 권리와 자유 운동 사이에 연정이 형성되었다. 하지만 유권자들은 좌익과 터키 소수민족 정당의 연합에 거세게 저항했으며, 2014년에 있었던 유럽의회 선거에서 2.97%밖에 득표하지 못했다. 이는 2009년 11.96%와 비교하면 대폭 하락한 것이었다. 같은 해에 치러진 불가리아 국회의원 선거에서 지역에 따른 유권자들의 성향이 확실하게 드러났는데, 국경지역에 거주하는 유권자들이 불가리아의 정체성에 대한 문제를 우선순위로 여긴다는 사실이 확인된 것이다. 공격민족연맹의 최고 득표율은 세르비아와 루마니아 국경지역인 몬타나Montana(7.9%), 터키 국경지역인 얌볼Yambol(7.9%), 마케도니아와 세르비아 국경지역인 큐스텐딜Kuystendil(6.8%)에서 나왔다. 터키 소수민족이 거주하는 동부지역의 공격민족연맹 지지율은 그다지 높지 않았다(4.5%). 몬타나 지역은 지역구 중 집시 거주 비율이 가장 높은 지역(12.5%)으로 집시 거주 비율이 두 번째로 높은(11.8%) 실벤Silven 지역에서는 공격민족연맹의 지지율이 5.9%밖에 되지 않았다. 만약 소수민족 집단의 거주 비율로 인해 소수민족에 적대적 성향을 가진 정당의 지지율이 자동적으로 내려간다고 가정할 때, 이는 사실이 아니라는 사실이 증명되었다. 즉 민족 문제 외에 다른 요소들이 투표에 영향을 주는 것이다.

불가리아의 사례를 통해 동유럽 유권자들의 성향에 대한 총체적 분석을 추측해볼 수 있다. 극우주의를 지지하는 이들을 다음의 세 가지 부류로 나눌 수 있다. 첫 번째는 청년층 일부나 하층 노동자, 실업자이고 두 번째는 과거를 그리워하는, 빈곤계층으로 하락한 퇴직자이다. 그리고 마지막 세 번째는 농민이다. 이들의 분포도를 보면 농민은 자유주의와 사회주의적 민주주의의 혜택을 받은 도시 유권자들에게 저항하고 있다는 사실을 확인할 수 있다(예를 들면 폴란드와 슬로바키아 동부 지역). 우리는 또한 1990년대와 2000년대 초반에 극우주의 포퓰리즘이 성공적으로 일어나기 시작한 사실도 발견할 수 있다. 이러한 현상을 정치권 내의 군소 정당의 수가 현격하게 줄어들고 양극화가 심화되면서 정치의 정상화가 이루어졌기 때문이라고 해석할 수 있을까? 또는 이러한 현상을 새로운 포퓰리즘 정당이 등장하고(슬로바키아의 SMER) 급진화된 보수 극우 정당들이 경쟁하는 가운데 생긴 현상이라고 볼 수 있을까(폴란드의 카친스키와 헝가리의 피데스Fidesz의 변환).

중앙유럽과 동유럽의 상황은 상당히 복잡하며 서유럽과는 완전히 다른 양상을 보인다. 이들 나라에서 급진주의나 인종차별주의를 제재하는 법은 아주 초보적인 단계에 머물러 있거나 거의 시행되지 않고 있다. 동유럽의 현재 정치 상황은 1940년 이전 정치 상황의 연속이라고 볼 수 있다. 공산주의가 무너짐으로써 공산주의 정권 이전에 파시즘 운동에 가담했던 자들이 다시 정권에 복귀했으며, 이들은 자신들이 추구했던 이상이나 프로파간다를 다시 떠벌릴 수 있는 기회를 얻게 되었다. 예를 들어 루마니아에서는 1940년대 이전에 민병대 활동을 했던 용사들이 1990년대에 다시 활동을 시작했고, 불가리아에서는 민병대 지도자였던 이반 도체프Ivan Dochev가 1991년에 활동을 재개했다가 2005년에 생을 마감했다. 또한 슬로바키아에서는 흘린카친위대Garde de Hlinka의 지도자였던 알렉산드르 마치Alexandre Mach가 1968년 출감해 공산주의 대통령인 구스타프 스보보다Gustav Svoboda 밑에서 장관직을 지내기도 했다. 이러한 연속성은 폴란드의 기에르티흐Giertych 가문의 경우에도 똑같이 적용된다.

기에르티흐 가문은 19세기에 폴란드 정치계에 입문했으며 두 차례의 세계대전 사이에도 폴란드가족연맹의 전신이면서 강한 종교적 색채를 가졌던 정당 안에서 정치 활동을 계속해왔다. 폴란드가족연맹의 로만 기에르티흐Roman Giertych는 2006년 교육부 장관직을 맡았는데, 이러한 사실은 오히려 폴란드가족연맹에 대한 지지도를 떨어트리는 결과를 초래했다. 폴란드가족연맹은 2007년 국회의원 선거에서 참패해 지지율이 2005년 7.9%에서 2007년 1.24%로 하락했다. 폴란드공화국자주당도 폴란드가족연맹처럼 정권에 참여했다가 지지율이 10% 이상 하락해 2005년 선거에서 1.48%의 득표율을 기록했다. 이 두 정당의 지지율이 하락한 것은 그들이 지나치게 반유럽적 이슈들을 제기했기 때문이며, 상당히 전체주의적이고 반동주의적인 정권에 동참함으로써 자율성을 잃어버렸기 때문이다. 폴란드공화국자주당은 한편으로 폴란드가족연맹보다 훨씬 세련된 이념들을 내세웠으나 동시에 반독일적 정서에 바탕을 둔 외국인 혐오주의(소유지 반환을 주장하는 귀환 망명자들을 향한다)를 종교적이고 대중주의적인 반유대주의(1939년에는 약 300만 명의 유대인이 폴란드에 거주했던 반면 오늘날에는 3000명도 채 안 되는 유대인이 거주하는 나라에서 반유대주의를 선동한다)와 결합하는 성향을 보여주기도 했다. 이 두 정당이 거의 와해되자 폴란드의 극우주의 진영은 더욱 혼란에 빠졌고, 신우익회의Congrès de la Nouvelle Droite 정당은 이들의 빈자리를 얻는 데 성공했다(2014년 유럽의회 선거에서 7.2%를 차지했다). 신우익 회의의 지도자는 선거운동에서 다음과 같은 발언을 했음에도 불구하고 혼란을 틈타 지지를 얻을 수 있었다. 그는 히틀러가 유대인 집단 학살에 대해 전혀 몰랐다고 주장했으며, 블라디미르 푸틴의 독재를 찬양하고, (어쨌든 남녀의 합의로 이루어지기 때문에) 강간과 같은 범죄는 불가능하다고 주장했다.[435]

우리는 세대를 걸쳐 활동하는 폴란드가족연맹과 같은 당을 헝가리에서도 발견할 수 있다. 호르티 정권과 헝가리 정의와 삶의 당의 관계가 그러하며, 슬로바키아의 흘린카친위대와 슬로바키아민족당의 관계도 이와 비슷하다고 볼 수 있다. 그런데 현재 활동하는 단체들은 파시스트 단체라기보다 체제지지적이거나 민족주의적 보수주의 운동 단체에 더 가깝다고 볼 수 있다. 헝가리의 화살십자당을 계승하는 무리는 요비크에 속하는 우익적 성향을 가진 그룹들이며, 각 그룹은 대략 10여 명 내외의 회원으로 구성된다. 알바니아의 알바니아국민전선Balli Kombëtar Shqiptar(2013년 선거에서 0.28% 차지)은 보수 공화국 정당의 정신을 계승하며 이탈리아 파시스트들을 상대로 전투를 벌였다. 또한 그 후 알바니아 내의 공산주의자들에 대항하기 위해 나치 독일에 협력했다.

슬로베니아의 경우 역사적 계보를 정리함으로써 극우주의 단체들의 조직도를 파악할 수 있다. 1991년에 설립되어 즈마고 옐린치치Zmago Jelinčič가 이끄는 슬로베니아민족당Slovenska Nacionalna Stranka(SNS; 2014년 유럽의회 선거에서 4%를 차지했다)은 다양한 이데올로기를 표방한다. 외국인 혐오주의(반집시, 반크로아티아)나 철저히 세속주의적인 '안티젠더antigender'(성의 구별을 엄격하게 적용한다)의 노선을 따른다. 이는 슬로베니아민족방위Slovensko domobranstvo에 대항하기 위한 전략으로 슬로베니아민족방위는 나치와 이탈리아 파시스트들에 협력했던 자들이며, 류블랴나Ljubljana의 대주교인 그레고리 로즈만Gregorij Rozman과 깊은 교류를 맺었던 단체이다. 슬로베니아민족당은 슬로베니아 민병 활동의 기억을 계속 상기시킴으로써 민족방위의 이데올로기적 전통을 따른다고 주장하는 단체들의 분열을 초래했다. 이로 인해 생성된 단체가 바로 슬로베니아인민당Stranka Slovenskega Naroda이다. 이 당은 2014년 유럽의회 선거에서 0.35%를 차지했다. 앞의 두 단체는 대슬로베니아를 꿈꾸는 이념을 계속 추구하는데, 대슬로베니아는 오스트리아 케른텐Carinthie주와 이탈리아 트리에스트 고리지아Trieste- Gorizia 지역, 그리고 지금은 헝가리에 귀속된 슬로베니아 극서부 지역을 포함한다. 그런데 대슬로베니아에 대한 열망은 제2차 세계대전 때문에 생성된 것이 아니다. 상대적으로 민주주의적이고 단일한 민족으로 구성되어 있으며 테러를 전혀 경험한 적이 없는 슬로베니아 같은 나라에서 외국인 혐오주의가 정치적 전략으로 도구화되어 사회 문제로 등장한 것은 2004년 상반기에 수도 류블랴나에 이슬람사원을 건설하는 문제로 논쟁이 일어났기 때문이다. 슬로베니아 인구 200만 명 중 무슬림은 몇만 명에 불과하다. 이들 중 대부분은 전 유고슬라비아 국가(보스니아, 마케도니아) 출신이며 이들은 1969년부터 예배 장소를 물색하고 있다. 2003년 12월 류블랴나시는 슬로베니아의 유일한 회교사원의 건설을 승낙했다. 그런데 슬로베니아민족당의 주도로 회교사원 건설을 반대하는 서명운동이 시작되었고, 1만 2000명의 시민이 서명했다. 이는 이슬람 혐오증이라는 단어 자체와 관련된 현상이며 '문명의 충돌'이라는 이슈와 전혀 관계가 없다고 보아야 한다. 가엘 브뤼스티에가 분석한 '도덕적 공포' 현상이 동유럽에서도 마찬가지로 일어나고 있는 것이다.[436] 이 현상은 2015년 여름과 가을 사이에 난민들이 대거 유입되면서 극우주의자들이 이 문제를 이슈화시키기 전부터 태동되었다.

반면 대다수 극우주의자들은 포퓰리스트 정당의 단순한 논리보다 더 효과적인 전략을 구상했는데, 이는 아직 초보적 수준에 머물러 있는 복수 정당제 민주주의의 문화적 토대를 약화시키기 위한 것이었다. 1998~2002년 헝가리의 국무총리였던 빅토르 오르반(피데스당 총재, 피데스당은 유럽 내 모든 보수 정당을 집결시킨 유럽포퓰리즘당의 회원이었다)은 2010년 선거에서 사회 분열을 자극하는 선거 캠페인을 통해 재선에 성공했다. 오르반은 특권층 비판(올리가르히), 조롱거리가 된 민족적 자부심에 대한 자극(헝가리는 그 누구도 더 이상 존중하지 않는 허약한 나라라는 패배 의식), 그리고 공산주의 정권이 국민 개개인 모두에게 일자리를 보장해주었다는, 그 시대에 대한 향수를 역설적으로 자극하는 캠페인까지 벌였다. 공산주의자이긴 했지만 상당한 부를 축적하고 있었던 오르반이 권력을 다시 획득할 수 있었던 것은 헝가리의 급진적 극우주의자들이 정부에 대항하는 방식이 상당히 비효과적이었기 때문이다. 결국 급진주의자들은 피데스당의 꼭두각시 역할을 하게 되었다. 시위자들은 화살십자당이 사용했던 아르파드 Arpad(적백색 줄무늬) 깃발을 공개적으로 사용하며 동유럽 사회 내에서 과거에 대한 기억들이 사라져가고 있다는 사실을 강조했다. 이 과정에서 요비크의 존재 자체도 막강한 영향을 미쳤는데, 이는 요비크가 그의 핵심 정책들을 아주 분명하게 제시했기 때문이다. 요비크는 "다중 국적 자본가와 유럽연맹, 국제 금융 기구, 이스라엘의 팽창주의 또는 집시들의 범죄에 대한 진실"[437]을 밝히겠다고 공표했으며, 1920년대 이전에 대헝가리 제국 국경에 살고 있는 마자르Magyars에게도 헝가리 시민권을 부여해야 한다고 주장했다. 포퓰리즘의 성공 요인이 사회주의적 민주주의 정부에 의해 추진된 신자유주의 정책에 국민이 실망한 데 있다는 사실에는 의심의 여지가 없다. 하지만 오르반 정권은 헝가리 사회에서 신자유주의가 심화되는 것을 막는 데 실패했고, 오히려 신자유주의 물결을 국민의 기본적인 자유를 제한(이에 대해 유럽에서 다양한 저항시위가 일어났다)하고 외국인 혐오주의(2015년 이주자 문제가 이슈화되면서 더욱 쟁점화되었다)를 확산시키는 전체주의로 발전시켰다. 점점 더 강경화되는 '오르반 정권'은 요비크의 상승을 절대 막을 수 없었다. 요비크는 2006년 헝가리 정의와 삶의 당과 연합해 지지율을 2%로 끌어올렸으며 계속 성장해 2014년 선거에서 20.39%를 차지했다. 요비크는 특히 30세 이하의 젊은 층과 중간 크기의 마을들, 그리고 북동지역의 칼뱅주의가 우세한 지역에서 많은 지지율을 얻었다.[438] 하지만 요비크는 피데스당에게 보복을 가하지는 않았다. 왜냐하면 피데스당의 급진성 성향 때문에 요비크가 오히려 합법적이고 보수적인 정당으로 보였기 때문이다.

이러한 가운데 동유럽에서는 탄탄한 기반을 가진 신나치 스킨헤드 단체들을 중심으로 우익주의 성향의 군소 단체들이 급속도로 팽창하고 있다. 이 군소 단체들은 주로 피와 명예와 해머스킨Hammerskins을 중심으로 한 조직망을 통해 확산되고 있다. 이러한 군소 단체들도 민족에 대한 문제와 소수민족, 민족 통일주의에 대한 문제를 중요하게 다루는데, 64지역구운동HVIM, 헝가리 정의와 삶의 당, 요비크 단체들이 1920년 트리아농 조약이 맺어지기 이전의 대헝가리 제국의 회복을 열망하는 것이 그 예이다. 이 제국은 오스트리아, 루마니아, 슬로바키아, 크로아티아, 세르비아, 우크라이나의 일부를 포함한다. 마찬가지로 세르비아 급진당은 대세르비아 건설을 위해 계속 투쟁하고 있는데, 이로 인해 유고슬라비아 연방국이었던 모든 국가와 갈등을 일으키고 있다.[439] 대루마니아당은 뉴라이트Noua Dreapta

처럼 제1차 세계대전 당시 이슈가 되었던 대루마니아 제국의 건설에 대한 야심을 계속 피력하고 있는데, 이 제국은 베사라비아Bessarabie, 부코비나Bucovine, 트란실바니아Transylvanie 지역을 포함한다. 오늘날 대루마니아 제국이라는 이념 속에는 루마니아와 몰도바의 '통일'도 포함된다. '연합주의'라고 불리는 이 프로젝트는 몰도바의 블록민족연합Blocul Unității Naționale에 의해서도 주장되고 있다. 이 단체는 2015년 7월 5일 몰도바 수도인 키시너우Chisinau에서 이 문제를 주제로 몇천 명(주최 측에 의하면 3만 명)이 모인 시위를 조직하기도 했다.

루마니아의 뉴라이트는 '민족주의적 기독교(그리스 정교회) 운동' 단체이다. 이 단체는 경제 문제에 한해서 자신들이 공정한 '분배주의자'라고 주장하는데, 이는 사회주의적 성향을 부각하면서 전시효과를 얻기 위함이다. 또한 이들은 '전통적 가족'을 중요시하며 공산주의자로 활동했던 사람들이 더 이상 공식적으로 활동하는 것을 금지시켜야 한다고 주장한다. 그들의 핵심 공격 대상은 '정치의 성역화politicianismului'이다. 이 개념은 코드레아누가 다음과 같은 현상을 설명하기 위해 사용한 것으로 그는 "정당들에 의해 장려되는 (일정 계층의) 지성과 심성, 교육에 관한 이념이다. 이러한 이념들이 주입된 개인들이 국가 지도층을 구성한다"라고 말한 바 있다.[440] 뉴라이트는 이러한 현상을 당의 이해관계와 상관없이 전적으로 비판했으며, 오로지 철위대가 주장한 국가의 이익에만 전념해야 한다고 주장했다. 루마니아 뉴라이트의 지도자는 투도르 이오네스쿠Tudor Ionescu이며, 몰도바 뉴라이트 지도자는 세르지우 라스쿠Sergiu Lascu이다. 그들은 철위대가 사용했던 색인 녹색을 바탕으로 한 켈트족 십자를 상징으로 삼는다.

이들이 주장하는 민족통일주의는 국가적·민족적·종교적 이해관계를 토대로 한다. 즉 중앙유럽과 동유럽의 급진적 민족주의자들은 서유럽의 민족주의자들보다 종교에 관한 문제에 더욱 집착한다. 나중에 루마니아의 총리가 된 이온 안토네스쿠는 1919년 파리에서 열린 컨퍼런스를 위해 지역적 특성을 토대로 한 '민족성'에 대한 연설문을 작성했다. 그는 이 연설문에서 루마니아인, 유대인, 마자르인, 독일인, 집시들의 민족성에 대해 피력했는데, 요약해서 말하자면 안토네스쿠는 '민족성'을 국가적·민족적·문화적 특성으로 분류해 이에 대한 도표를 제시했다. 서유럽적 시각으로 바라볼 때 이러한 해석은 상당히 낯설어 보이지만 한편에서는 동유럽적 사고방식을 잘 반영한다고 볼 수 있다. 민주주의 루마니아는 2000년 선거제도 개혁을 통해 국회의원 의석 중 18석을 소수민족에게 할당하는 법을 통과시켰다. 하지만 이 법은 집시를 제외한다는 봉쇄 조항을 포함하고 있다.[441] 슬로바키아민족당은 1938년 티소 신부Mgr Tiso가 주창했던 신성 국가 이념을 지지했다. 폴란드가족연맹은 가톨릭적 교리를 근본으로 하는 정당이며, 비록 폴란드 교계와 좋은 관계를 유지하지는 않았지만 농촌지역에서 활동하는 중요한 성직자들의 지지를 받고 있다. 초보수적이며 반유대적 성향을 가지고 있던 폴란드의 라디오방송인 라디오 마리야Radio Maryja는 선거가 있을 때마다 상당히 활발한 활동을 벌였으며, 2007년 선거 이후부터 카친스키 형제가 이끄는 법과 정의 정당을 지지해왔다.[442] 세르비아와 루마니아, 그리스의 민족주의와 동방정교회 사이의 관계도 상당히 복잡하다고 볼 수 있다. 예를 들어 2007년 아테네 국회에 입성한 극우주의 정당은 스스로를 라오스LAOS라고 지칭하는데, 그리스어로 '대중'을 뜻하는 이 말은 '대중동방정교회연합'의 약자이기도 하다.

동유럽의 극우주의는 서유럽에서는 전혀 찾아볼 수 없는 상당히 특이한 성향을 내포하며 이 같은 성향은 대중을 유인하는 핵심 역할을 한다. 반유대주의가 그 특징들 중 하나에 속한다. 동유럽의 반유대주의는 파울 랑드베Paul Lendvai가 이미 1970년대에 분석했듯이 "유대인이 부재한 반유대주의"이다.[443] 동유럽의 반유대주의는 다음과 같은 발언을 통해 계속 확산되고 있다. 예를 들어 헝가리 칼뱅주의 목사인 로란트 헤게뒤시 주니어는 "유대인들이 우리를 제거하기 전에 우리가 먼저 그들을 제거해야 한다"라고 주장한다(2004).[444] 다른 극우주의적 성향들도 상당히 독특한 성격을 가지고 있다. 집시 차별주의, 슬라브 민족의 연합에 대한 개념, 공동체의 운동에 대한 개념 등이 그러하다. 극단적 급진주의자들은 슬라브 민족 연합 건설이나 슬라브 공동체의 공동 운명에 대한 비전이 절대 서유럽적·다원적 민주주의를 통해 달성될 수 없다고 주장한다.[445] 또한 동유럽에서는 정당을 이끄는 지도자들의 카리스마적 성격이 서유럽보다 훨씬 더 부각되어 나타나고 있다(루마니아의 코르넬리우 바딤 투도르Corneliu Vadim Tudor, 불가리아의 볼렌 니콜로프 시데로프Volen Nikolov Siderov, 세르비아의 보이슬라브 세셀Vojislav Seselj). 그런데 이러한 카리스마적 지도자들의 경력을 살펴보면 이들 중 거의 대부분이 청년 시절에 공산주의자로 활동하다가 점차 극우주의로 변했음을 알 수 있다. 이는 누구든 '당'에서 활동하기 위해서는 공산주의의 영향을 받지 않을 수 없었던 당시 시대적 상황 때문이기도 하지만, 동시에 이미 공산주의와 민족주의 사이의 접목이 적어도 루마니아, 폴란드, 러시아에서 이루어졌기 때문이기도 하다. 차우셰스쿠 통치 시절에 그의 이념을 뒷받침하는 공식 이데올로기는 '민족주의적 공산주의' 성격을 가지고 있었는데, 이는 티리아르의 영향을 받은 것이었다. 마찬가지로 알렉산드르 루카셴코Alexandre Loukachenko가 이끄는 벨라루스도 같은 이데올로기를 표방했다. 이렇게 서로 상극하는 두 이데올로기가 결합되는 것은 서유럽 정치권에서는 찾아보기 힘든 현상이다. 하지만 동유럽의 독재 정권들은 이렇게 상충하는 이데올로기를 동시에 수용할 수 있는 유기체적 환경을 조성했다.

동유럽 극우주의 단체들이 뿌리를 내리는 데 어려움을 겪는 이유를 다음의 몇 가지 요인으로 정리할 수 있다. 그 원인 중 하나는 주요 정당들의 정책이나 이념에 이미 민족주의와 민족통일주의, 반집시에 대한 정서와 유럽연합을 향한 비판이 포함되어 있기 때문이다. 또 한 가지 특징은 일부 동유럽 국가들의 정치적 시스템의 특수성 때문에 매번 선거 때마다 새로운 정당들이 출현하고 있다는 사실이다. 이 정당들은 우익주의적 포퓰리즘 정당들이거나(슬로바키아의 '보통 사람과 독립된 주체Ol'aNO'), 좌익주의적 정당(폴란드의 팔리코트Palikot당), 기업가와 연계된 당(리투아니아의 롤란다스 팍사스Rolandas Paksas, 체코의 토미오 오카무라Tomio Okamura가 이끄는 새벽Usvit당) 등 다양한 성향을 지니고 있다. 이러한 정치적 환경이 정당들의 설립과 소멸을 전혀 예측 불가능하게 만들고 있으며, 심지어 이들 단체들의 불안정성을 심화시키고 있다. 정통적 자유주의와 사회주의적 민주주의 전통을 근본으로 하면서 다른 이데올로기적 성향을 수용하는 데 어려움을 겪는 서유럽(체코 제외)과 달리 동유럽의 특수한 정치적 환경은 극우주의 단체들의 성장을 저지하는 기제로 작용하고 있다.

그 외에도 동유럽 정치 시스템 안에는 서유럽에서는 전혀 찾아볼 수 없는 '가족 중심주의familles témoins' 단체가 존재하는데, 이는 민족성을 강조하는 민족주의 단체들이 포섭하고 싶어 하는 유권자층을 대변한다. 그들은 우선 농본주의자들(불가리아와 크로아티아의 농민당, 리투아니아의 농민중도파당)과 반체제적이지 않은 군주제주의자(불가리아의 시메온 2세Siméon II가 이끄는 안정과 번영을 위한 민족운동), 그리고 경제적으로 극단적 자유주의에 기반을 둔 군주제를 지지하지만 동시에 가톨릭 교리를 중요시하는 폴란드의 반혁명주의 학파, 역사학자 아담 빌롬스키Adam Wielomski가 이끄는 보수주의적 군주제클럽Club conservateur monarchiste은 카친스키 당과 우익의 우익들(야누시 코르빈 미케Janusz Korwin-Mikke가 멤버로 활약하고 있다)에 영향력을 미치는 메타정치 단체로 활약하고 있다. '가족 중심주의'는 슬로바키아의 보헤미아 모라바 공산당Parti communiste de Bohême-Moravie과 같이 다양한 정책을 제시하는 단체들이라고 볼 수 있다. 이러한 단체들은 정치가 양극화되는 현상을 어느 정도 배제하거나 늦추고 있으며 극우주의 세력들이 확장되는 것을 저지하는 역할을 한다.

여기서 염두에 두어야 할 중요한 사실 하나는 동유럽의 정치적 민족주의를 대변하는 진영이 극우주의 진영 하나만 있는 것은 아니라는 사실이다. '동유럽 블록'의 역사와 소비에트의 식민지 국가들이 겪어야 했던 경험 때문에 동유럽의 민족주의 문제는 상당히 복잡하게 얽혀 있다.[446]

동유럽 국가의 극우주의자들은 2014년 유럽의회 선거에서 그 이전 선거와 마찬가지로 서유럽 국가의 극우주의자들에 비해 그다지 큰 성공을 거두지 못했다. 슬로바키아민족당(2012년 의회 선거에서 4.6%, 유럽 선거에서 3.16%)이나 대루마니아당(1.2%, 2.7%), 슬로베니아민족당(2.21%, 4.04%) 등 그 어떤 당도 유럽의회뿐만 아니라 국내에서도 의회 진출에 성공하지 못했다. 폴란드가족연맹은 2007년에 의원 배출에 실패하고 경제적으로 어려움을 겪으면서 해체되고 말았다. 서유럽에서 생각하는 것과 달리 중앙유럽과 동유럽의 극우주의 단체들은 서유럽에서만큼 지지를 얻지 못하고 있는 것이다. 동유럽의 정당 제도는 서유럽보다 훨씬 유동적이어서 매번 선거가 있을 때마다 불만에 가득 찬 투표자들을 수용하는 새로운 포퓰리스트 정당이 출현하는 것을 허용하고 있다(슬로바키아의 올라노 OL'aNO, 체코공화국의 직접민주주의새벽Aube de la démocratie directe, 불가리아의 무검열 Bulgarie sans censure). 이들은 두 차례의 세계대전 사이에 창궐했던 민족주의와 상관없이 유럽 자유주의와 포스트민주주의에 대한 비판을 주요한 전략으로 내세우고 있다.

8장

극우주의는 사라질 것인가

유럽 극우주의는 사회가 변화함에 따라 이 변화에 빠르게 적응하고 있다. 그러나 이러한 변화는 전쟁 직후에는 전혀 예상하지 못했던 것이다. 19~21세기에 이르는 오랜 기간에 극우주의는 지정학적 변화에 따라 정책적 전략과 문화적 프레임들을 새롭게 변혁시켰다. 단기적으로 볼 때 극우주의의 확장은 그들이 주장했던 전통적 이데올로기를 새로운 이데올로기로 대체하는 것이 아니라 그들의 정책을 단지 새로운 언어로 포장함으로써 진행되어왔다. 프랑스 국민전선의 경우가 대표적인 예이다.[447] 그러나 극우주의의 이러한 활동에 전혀 반응을 보이지 않는 사회도 있다. 이러한 사회에서 극우주의는 사산아와 다름없이 취급된다. 경제적 위기를 겪고 있고 이민자 문제가 사회 문제로 대두되며 정치제도가 아직도 구식인 일부 사회에서 이러한 위기에도 불구하고 극우주의가 확산되지 않는 경우가 종종 있다. 그 이유는 무엇일까? 한 예로 아일랜드의 극우주의는 아직도 자국 내에서 소규모 단체 수준에 머물러 있다. 이들은 일종의 변두리 세력으로서, 낙태를 반대하는 보수적 성향의 가톨릭 단체인 가톨릭민주주의가 이에 속한다. 이 단체는 보수적·도덕적 권리를 옹호하는 단체로서 선거에서 1%의 득표율도 얻지 못하고 있다. 이는 아일랜드 정부가 극좌주의(신페인Sinn Fein)부터 극우주의(피너 게일Fine Gael과 피아나 팔Fianna Fail)에 이르는 모든 종류의 급진주의에 대해 강력한 제재를 가하고 있기 때문이다. 아일랜드는 신생국가(1919)이고 파시즘과 가톨릭주의, 협동조합주의(1933년에 창설되어 1936년에 해체된 청의사Blue Shirts)를 모두 겪었지만 이와 같은 이념들은 크게 확산되지 못했는데, 아일랜드공화국군Irish Republican Army이 혁명에 대한 열망을 주도했기 때문이다. 아일랜드에서는 국가 설립 문제와 독립 전쟁이 구분되지 않고 하나의 이슈로 취급되어왔다. 일반적으로 극우주의자들은 정치제도의 기반이 되는 문화적 토양을 거부하는 성향을 가지고 있는데, 이러한 성향을 가진 극우주의 단체들은 아일랜드에 뿌리를 내릴 수 없었다. 예를 들어 극우주의 단체인 피너 게일은 청의사의 당원들을 합병했으며 청의사의 지도자였던 오언 오더피Eoin O'Duffy 장군은 잠시 동안 피너 게일의 당수직을 맡기도 했다. 오더피 장군은 파시즘에 심취하면서 그와 마찬가지로 아일랜드 가톨릭 민족주의자였던 그의 정치적 경쟁자들을 향해 폭력을 행사하기를 주저하지 않았다. 하지만 예방적 반혁명 전략이 다양한 사회계층의 반체제적 요구를 흡수할 수 있었기 때문에 반체제적 성향을 가진 극우주의 단체의 설립은 결코 실현되지 않았다(한편 이탈리아는 이러한 특성을 역사 속에서 잘 보여주는 완벽한 스펙트럼을 제공한다).

아일랜드 외에도 극우주의가 존재하지 않는 나라들이 더 있다. 이들 나라들은 몇 가지 공통된 특징을 가지고 있다. 예를 들어 신생국가 중 하나인 아이슬란드(1944)는 국민 모두가 뿌리 깊은 민족적 설화와 대중문화를 공유한 나라이다. 모나코, 리히텐슈타인, 룩셈부르크 소국들은 영토는 작지만 국가의 번영이 보장된 전통적 군주제 국가이다. 이들 국가는 민주주의에 근접한 정치제도를 통해 사회적 갈등을 완화하는 데 성공했으며, 국가의 경제적 풍요를 통해 상당한 안정성을 유지하고 있다. 이들 나라에서는 민족에 대한 문제(그러한 문제의식이 만약 있다면)가 전혀 이슈화되고 있지 않기 때문에 민족적 차별성의 문제를 이용해서 권력을 쟁취하려는 어떠한 형태의 정당 출현도 불가능하다. 모나코의 경우 극우주의가 생성되기 위한 기반이 과연 존재할까? 모나코는 헌법으로 "공공기관과 사기업의 고용에서 모나코인들을 우선시한다"라고 규정하고 있고, 모나코 영토의 부동산 취득도 내국인으로 한정하고 있다. 이러한 사회에서 포퓰리스트 극우주의가 부재한 현상을 분석할 때 우리는 종종 '대중적'인 것과 '포퓰리스트적'인 것 사이의 혼동이 야기되는 사실을 목격한다. 포퓰리스트 단체들의 성공을 그들이 사회가 요구하는 정치적 요구를 대변하기 때문이라고 해석해서는 안 된다. 포퓰리스트들은 사회계층의 차별을 정당화하려고 노력한다. 즉 사회계층의 일부를 배제함으로써 다른 사회계층의 이익을 증가시키는 것이 그들의 목적이다.

극우주의 국가들은 이러한 전략을 크게 부각시키면서 승승장구했지만 1945년 나치 독일의 제국주의가 패함으로써 대부분의 극우주의 국가들도 역사 속에서 사라졌다. 오로지 이베리아반도의 독재 정권만이 살아남았는데, 살라자르와 프랑코 정권은 제국주의 대신 자급자족 체제를 택했기 때문에 살아남을 수 있었다. 또한 공산주의 연구자인 로맹 뒤쿨롱비에Romain Ducoulombier가 분석했듯이 공산주의 국가의 수명은 국가의 전체주의적 성격이나 국제주의적 성격에 좌우되지 않는다. "장수했던 공산주의 국가들의 공통점과 핵심적인 특징은 그들이 지역적·경제적·문화적으로 폐쇄정책을 추구했다는 사실에 있다." 이러한 정책이 국가로 하여금 "예기치 못하는 상황을 최대한 제어하고, 현대사회 개인주의의 본질인 불안정성을 극복할 수 있게 한다."[448] 살라자르 정권과 프랑코 정권은 정책과 이념들에서 근본적으로 차별성을 가지고 있지만, 이들이 이끄는 민족주의적 가톨릭 국가가 장수할 수 있었던 것은 그들의 폐쇄정책 때문이었다. 하지만 이와 동시에 파트리스 드 라 투르 뒤 팽Patrice de la Tour du Pin의 시를 상기해야 할 필요가 있다. "신화를 더 이상 소중히 여기지 않는 나라들은 추위 때문에 죽음을 맞이할 것이다."[449] 이러한 격언에 해당됨을 자각하지 못한 살라자르주의와 프랑코주의는 결국 역사에서 사라졌다. 이들은 자국의 역사성을 거부하면서 그럼에도 행복할 수 있다고 믿었던 것이다. 결국 이들은 미래를 통한 자기 보기에 실패함으로써 망할 수밖에 없었다. 포르투갈 제2공화국은 식민지 전쟁을 통해 제국을 유지하려 했던 정책 때문에 결국 쇠멸하게 되었는데, 이러한 정책적 실패와 여러 가지 상황들이 맞물리면서 결국 1974년 카네이션 혁명으로 살라자르 정권은 무너지게 되었다. 1945년 이후 탄생한 유럽의 유일한 우익 정권은 그리스의 군사 정권으로서 이 정권은 키프로스 문제 때문에 실패를 맛보아야 했다. 유일하게 지도자가 사망할 때까지 체제를 유지했던 정권은 프랑코 정권뿐이다. 프랑코 정권은 피레네산맥과 과디아나강으로 둘러싸여 자신을 완벽하게 고립시킴으로써 체제를 유지할 수 있었다. 극우주의 국가는 로맹 뒤쿨롱비에가 분석한 대로 완벽하게 고립되지 않으면 살아남을 수 없다. 프랑코주의도 프랑코가 사망하자 결국 살아남지 못했다. 폐쇄정책을 통해 정권의 수명이 연장되긴 했지만, 결국 이로 인해 스스로 물러날 수밖에 없었던 것이다.

민주주의가 이미 정착된 국가에서도 극우주의는 어려움을 겪고 있다. 프랑스의 푸자드주의나 독일의 공화당 같은 단체들은 그들의 핵심적 이념의 토대가 되는 국가와 사회의 관계에 급진적 변화가 생기자 치명적인 영향을 받았다. 국가가 정치적 안정기에 들어서면 극우주의 정당들은 보통 간접적으로라도 여당에 동조해야만 하는 괴로움을 감수해야 한다. 그리고 이러한 전략적 선택은 모든 정당에 어려움을 안겨준다. 그리고 국가에 상관없이 극우주의 정당들이 이러한 전략적 선택을 취했을 경우 유권자들은 이들에게 등을 돌린다. 유권자들에게 버림을 받고 다시 야당으로 전락한 극우주의 정당들은 사회의 위계질서를 정당화할 수 있다고 생각되는 외국인 문제와 대중적인 문제들을 이슈화함으로써 재활을 노리게 된다. 세계적으로 볼 때 이러한 재활의 노력들은 성공을 거두고 있으며, 이로 인해 또다시 전체주의적 국가 체제에 대한 요구가 높아지고 있다. 오스트리아의 오스트리아자유당이 이를 증명하는 대표적인 예이다.

정당의 생존은 무엇보다도 정당들이 제시하는 정책의 독창성에 의해 좌우된다. 다른 정당들과 차별성을 보여주지 못하는 극우주의 정당은 해당 사회에서 뿌리내리는 데 어려움을 겪는다. 국민동맹는 극우주의적 성향을 포기하자 곧 정치적으로 매장되었다. 플랑드르의 이익은 반체제적 성향과 제도권으로의 흡수 사이에서 갈등하다가 결국 제도권으로 흡수되었고 이로 인해 당의 입지가 약화되었다. 하지만 급진성을 유지하는 것만이 유일한 생존방법이라고 생각했던 단체들의 전략도 옳지 않았음이 증명되었다. 요비크와 황금새벽, 두 단체만이 서유럽과 완전히 다른 동유럽의 특수한 환경 속에서 급진적·극우주의적 성격을 유지하고 있으며 국제조직들의 급진주의적 운동도 결국 모두 실패로 끝났다. 이는 체제전복적인 태도를 지나치게 강조하거나(유럽자유전선) 세계화의 선구자를 자처(백인연맹, 유로시베리아 옹호를 위한 사회주의 유럽)함으로써 실패하게 되었다. 결론적으로 말하면 극우주의의 이념은 세계화에 저항하는 반세계화적 성향을 지닌다.

유럽에서 현재 퍼져나가고 있는 전체주의적 정권에 대한 열망을 결코 경제 위기 때문이라고 단순하게 해석할 수는 없다. 하지만 우경화와 세계의 비서구화(1973)가 급속하게 진행되는 가운데, 2001년에 있었던 지정학적 위기는 신포퓰리즘의 발현을 촉발시켰다. 서구는 다른 문명의 존재감을 인식하기 시작했을 뿐만 아니라 급진적 이슬람주의가 각국의 본질 자체를 뒤흔들 수 있다는 사실과 민주주의의 정당성 자체에 의문을 제기하고 있다는 사실은 유럽 전체를 전략적·지정학적 위기에 빠지게 했고 유럽이 높이 평가해온 가치 자체에 의문을 갖게 했다. 2008년의 경제 위기는 민족주의적 포퓰리즘이 전체주의적 절대주권주의로 변화하는 것을 가능하게 했다. 이 책을 마무리 지을 무렵 대중 여론은 알란 쿠르디*의 죽음을 통해 지중해 남부의 망명자 문제가 어떻게 각국의 이민자 문제와 연결되는지 직시했다. 세계화가 진행되는 매 단계마다 극우주의는 이에 대한 방어 전략으로 폐쇄정책을 강화해야 한다고 주장하고 있다. 여러 위기가 계속 중첩되어 나타나는 한 유럽에서 극우주의는 결코 사라지지 않을 것이다. 극우주의는 유럽 역사의 한 부분이었으며 미래에도 여전히 존속할 것이다.

---

* 2015년 시리아 내전으로 유럽으로 망명하다가 익사한 쿠르드계 어린이이다.

주

1 저널리스트인 카트린 푸이예(Catherine Fouillet)는 예외적으로 극우주의를 제목으로 하는 책을 저술했다. [『저요? 저는 극우주의가 좋아요(Moi, j'aime l'extrême droite)』(Paris: La Librairie française, 1982)]. 1940년에 소설가인 뤼시앵 르바테(Lucien Rebatet)는 이미 그의 팸플릿 "Les Decombres(파편)"에서 자신의 정치적 파벌을 '민족주의적'이라고 규정한 바 있다.

2 Marc Crapez, "De quand date le clivage gauche/droite en France?," *Revue française de science politique*, vol. 48, n° 1, 1998, pp. 42~75.

3 *Dialogue entre trois électeurs, ou la Clef des trois opinions* (Paris, s.d.).

4 *Augustin Barruel, Abrégé des mémoires pour servir à l'histoire du jacobinisme* (Londeres: Le Boussonnier, 1799), pp. 248.

5 René Rémond, *Les Droites en France* (Paris: Aubier-Montaigne, 1982(초판, 1954).

6 Stéphan Rials, *Le Légitimisme* (Paris: Presses universitaires de France, 1983).

7 Adam McKeown, "Les migrations internationales à l'ère de la mondialisation industrielle, 1840~1904," *Le Mouvement social*, n° 241, 2012, pp. 31~46.

8 Zeev Sterhell, *Maurice Barrès et le Nationalisme français* (Bruxelles: Complexe, 1985, 1972), p.163.

9 Alain de Benoist, *Vu de droite. Anthologie critique des idées contemporaines* (Paris: Le Labyrinthe, 2001), p. 277.

10 Pascal Ory, *Du fascisme* (Paris: Perrin, 2003), p. 287.

11 Louis Dupeux, *Aspects du fondamentalisme national en Allemagne* (Strasbourg: Presses universitaires de Strasbourg, 2001).

12 Michel Winock, *Nationalisme, Antisémitisme et Fascisme en France* (Paris: Le Seuil, 1990), p. 231에서 인용.

13 André Encrevé, "Protestantisme et bonapartisme," *Revue d'histoire du XIX e siècle*, n° 28, 2004, pp.111~131.

14 Philippe Burrin, *La Dérive fasciste. Doriot, Déat, Bergery(1933~1945)*(Paris: Le Seuil, 1986).

15 *Louis-Auguste Blanqui, Instruction pour une prise d'armes* [s.e.(Nante: Ars Magna), s.d.(1868)], p.7; *Louis-Auguste Blanqui, Texte choisis* (Paris: Les Editions sociales, 1971), p. 167.

16 Karl Marx & Friedrich Engels, *Manifeste du Parti communiste* (Paris: Mille et Une Nuits, 1994, 1848), p. 39.

17 Michel Winock, "La culture politique des socialistes," Serge Berstein(ed.), *Les Cultures politiques en France* (Paris: Le Seuil, 2003), pp. 189~226.

18 Olivier Dard & Nathalie Sévilla(eds.), *Le Phénomène ligueur sous la IIIe République* (Metz: Centre lorrain d'histoire, 2009).

19 Michel Winock, "Populismes français," *Vingtième Siècle. Revue d'histoire*, n° 56, octobre~décembre 1997, pp. 77~91.

20 피에르 앙드레 타귀에프(Pierre-André Taguieff)가 프랑스에 도입한 개념이다. Pierre-André Taguieff, "La rhétorique du national-populisme. Les règles élémentaires de la propagande xénophobe," *Mots*, n° 9, octobre 1984, pp. 113~139.

21 Cf. Eugen Weber, *L'Action française* (Paris: Fayard, 1985).

22 Ibid., p.569.

23 Olivier Dard, *Charles Maurras* (Paris: Armand Colin, 2013), pp. 236~245.

24 Philippe Beneton, "La génération de 1912~1914. Image, mythe et réalité?," *Revue frannçaise de science politique*, vol. 21, n° 5, 1971, pp. 981~1009.

25 Stéphan François, *Au-delà des vents du nord. L'extrême droite française, le pôle Nord et les Indo-Européens* (Lyon: Presses universitaires de Lyon, 2014).

26 Zeev Sternhell, *Ni droite ni gauche. L'idéologie fasciste en France* (Paris: Fayard, 2000).

27 Zeev Sternhell, *La Droite révolutionnaire(1885~1914)*(Paris: Gallimard, 1997), p. 562.

28 Pascal Ory, op.cit., p. 39.

29 Schlomo Sand, "Les représentations de la Révolution dans l'imginaire historique du

fascisme français," *Mil neuf cent(1900)*, vol. 9, septembre 1991, p. 35에서 인용; François Duprat, *Les mouvements d'extrême droite en France de 1940 à 1944* (Paris: L'Homme libre, 1998, 1971), p. 256.

30 Cf. George Mosse, *La Révolution fascite. Vers une théorie générale du fascisme* (Paris: Le Seuil, 2003). 파시즘과 자코뱅주의의 결합은 이탈리아에서처럼 독일에서도 보수주의주의자들에 의해 이루어졌다. 그들의 실책은 이 두 이데올로기의 결합을 외부적인 양식에 의거하지 않고 이데올로기나 실천에 의거했다는 사실이다.

31 Philippe Burrin, "Le fascisme," Jean François Sirinelli(ed.), *Histoire des droites en France* (Paris: Gallimard, 1992), pp. 603~653.

32 Philippe Burrin, "Le fascisme: la Révolution sans révolutionnaires," *Le Débat*, n° 38, janvier~mars 1986, p. 164.

33 Roger Griffin, "Europe for the Europeans: fascist myths of The European New Order 1922~1992," Humanities Research Centre, *Occasional Paper*, n° 1, 1994, Pierre Milza, *Les Fascismes* (Paris: Imprimerie nationale, 1985), pp. 281~284.

34 *Manifeste de Vérone, Manifestes pour une gauche fasciste* [s.e., s.l., s.d.(1943)], s.p.

35 Louis Dupeux, *National-bolchevisme. Stratégie communiste et dynamique conservatrice* (Paris: Honoré Champion, 1979).

36 Armin Mohler, *La Révolution conservatrice en Allemagne, 1918~1922* [(Puiseaux: Éditions Pardès, 1993(1950)].

37 Jean-Pierre Faye, *Langages totalitaires* (Paris: Hermann, 1972), pp. 70~79.

38 Ibid., p. 16.; Dana Ariele-Horowitz, "The Jew as Destroyer of Culture" in *national-socialist ideology*, Patterns of Prejudice, vol. 32, n° 1 janvier 1998, pp. 51~67; *Jan Nederveen Pieterse, Development Theory. Deconstructions/reconstructions* (London: Sage, 2001), pp.39~40.

39 Jean Maze, *Le Système* (Paris: Segur, 1951).

40 Raoul Girardet, "Notes sur l'esprit d'un fascisme français, 1934~1939," *Revue française de science politique*, n° 3, 1955, pp. 529~546.

41 Philippe Burrin, "La France dans le champ magnétique des fascismes," Le Débat, n° 32, novembre 1984, pp. 52~72.

42 Jean-Louis Loubet del Bayle, *Les Non-Conformistes des années trente* (Paris: Le Seuil, 2001).

43 드레퓌스 지지자들의 대독 협력자로의 변절에 대한 문제는 다음의 책을 참고하라. *Simon Epstein, Les Dreyfusards sous l'Occupation* (Paris: Albin Michel, 2001).

44 Jean-Louis Maisonneuve, *L'Extrême Droite sur le divan* (Paris: Imago, 1991), p. 31에

서 인용.

45 Philippe Burrin, *Fascisme, Nazisme et Autoritarisme* (Paris: Le Seuil, 2001), p. 261.

46 Philippe Burrin, *La France à l'heure allemande 1940~1944* (Paris: Le Seuil, 1995), p. 42; Direction générale de la sûreté nationale(DGSN), Direction centrale des renseignements généraux(DRG), *Partis et Groupements politiques d'extrême droite*, I, *Identification et Organisation des mouvements et associations*, janvier 1956, p. 4, Archives nationales(AN) F7/15591.

47 DGSN, DCRG, ibid.; Reseignement généraux de la préfecture de police(RGPP), "Les amis de François Duprat," 1989, p. 6, Archives de la préfecture de police(APP), GAD8913.285; PET(services danois), "Kommissionens beretning vind 11 2. Den danske nazisme i efterkrigstiden, 1945~1989" Sur la problématique subversive, voir François Cochet & Olivier Dard(ed.), *Subversion, anti-subversion, contre-subversion* (Paris: Riveneuve, 2009).

48 DGSN, DCRG, op.cit., pp. 4~6.

49 Courrier entre Michel Leroy et Dominique Venner, novembre 1958, procès-verbal d'interrogatoire de Michel Leroy, Tribunal de grande instance de la Seine, 18 juin 1960, p. 2, AN F7/5W267.

50 Dominique Venner, *Pour une critique positive* (Nantes: Ars Magna, 1997), (초판: *Politique éclair*, Hebdomadaire de l'élite française, n° 98, 28 août 1962, 부록), s.p.

51 L'Esprit public, août 1963.

52 Patrick Moreau, "'Socialisme national' contre hitlérisme. Le cas Otto Strasse," *Reveu d'Allemagne*, juillet~septembre 1984, pp. 485~498.

53 Joey Cloutier, "Ambition et polémique. L'activité anti-hitlérienne d'Otto Strasser à Montréal et la Révolution conservatrice, 1941~1943," *Cahiers d'histoire*, vol. 19, n° 1, automne, 1999, pp. 57~86. 슈트라서(Strasser)는 보수주의적 혁명가인 슈펭글러(Spengler)와 묄러 판 덴 브루크(Moeller van den Bruck)의 영향을 받았다.

54 Anne-Marie Duranton-Crabol, *L'Europe de l'extrême droite de 1945 à nos jours*(Bruxelles: Complexe, 1991).

55 Michel Tournier, "Les mots fascistes, du populisme à la dénazification," Mots, juin 1998, p. 162.

56 예외적으로 아줄 사단(Division Azul)의 스페인 지원병들이 나치에 의해 동부전선에 투입되었다. 아줄 사단에는 후에 부통령이 된 아구스틴 뮤노즈 그란데스(Agustin Munoz Grandes) 장군과, 실패로 돌아간 1981년 2월 23일 쿠데타의 주역인 하이메 밀란즈 델 보쉬(Jaime Miláns del Bosch) 장군도 활동했다.

57 Maurice Bardèche, *Qu'est-ce que le fascisme?* (Sassetot-le-Mauconduit: Pythéas,

1995, 1961), p. 52.

58 Philippe Carrard, *Nous avons combattu pour Hitler* (Paris: Armand Colin, 2011), p. 33.

59 Enrique León & Jean-Paul Scott, *Le Nazisme des origines à 1945* (Paris: Masson et Armand Colin, 1997), p. 156.

60 Henry Rousso, *Pétain et la Fin de la Collaboration: Sigmaringen 1944~1945* (Bruxelles: Complexe, 1984), p. 219.

61 Commissaire principal, chef du service des RG de Lille, au directeur des RG, secret, 21 octobre 1943, AN F/15304; Marc Sueur, "Collaboration et Résistance dans le Nord et le Pas-de Calais," *Revue d'histoire de la Deuxième Guerre mondiale et des conflits contemporains*, n° 135, juillet, 1984, pp.24~25; Léon Degrelle, *Un appel aux Français! Aux armes pour l'Europe. Texte du discours prononcé à Paris, le 5 mars 1944, au palais de Chaillot par le SS-Sturmbannführer Léon Degrelle*(s.e., s.d).

62 *Devenir*, n° 1, février 1944; n° 2, mars 1944, n° 3, avril~mai 1944, n° 4, juin 1944.

63 Contribution de la section économique du groupe 'Collaboration' à l'étude des problèmes européens(Paris), mai 1941, p. 4.

64 Marc Augier, *Les Jeunes devant l'aventure européenne* (Paris), Les Conférences du groupe 'Collaboration', octobre 1941, pp. 28~33.

65 François Duprat, op.cit., p. 149.

66 노르웨이 함메르페스트(Hammerfest)는 지구상 최북단에 위치한 도시이다. 1944년 독일 점령군은 그 도시를 파괴했다.

67 *La Jeune Europe*, n° 1~2, 1942, pp.42~44; n° 3~4, 1942, pp. 9~11, n° 7, 1942, p.21; n° 8, 1942, p. 24.

68 Urs Altermatt & Hanspeter Kriesi, *L'Extrême Droite en Suisse. Organisation et radicalisation au cours des années quatre-vingt et quatre-vingt-dix* (Friburg: Presses universitaires de Fribourg, 1995)에서 사용한 개념이다.

69 Alain Néry, "Nouvelle droite et droite révolutionnaire," Institut universitaire Saint-Pie X, *Vu de haut* (Saint-Foy-lès-Lyon: Editions Fideliter, 1981), pp. 61~71.

70 Gaël Brustier, *Le Mai 68 conservateur. Que restera-t-il de La Manif pour tous* (Paris: Le Cerf, 2014).

71 Alain de Benoist, op. cit., p. XII.

72 Piero Ignazi, *L'Estrema destra in Europa* (Bologne: Il Murino, 1994).

73 Hans-Georg Betz, *Radical Right-Wing Populism in Western Europe* (London: Palgrave Mcmillan, 1994).

74 Cas Mudde, "The Extreme Right Party Family. An Ideological Approach," thèse de

doctorat en sciences politiques(Leyde: Université de Leyde, 1998).

75 Roger Griffin, *The nature of Fascism* (London & New York: Routledge, 1991).

76 Roger Eatwell, *Fascism. A History* (London: Chatto & Windus, 1995).

77 몇몇 개인은 예외로 볼 수 있다. 즉 몇몇 의원과 지도 세력에 속하는 몇몇 인물들은 이와 비슷한 이념을 가지고 활동하고 있다.

78 Emilio Gentile, *Qu'est-ce que le fascisme?* (Paris: Gallimard, 2004).

79 Cf. Johann Chapoutot, *Le National-Socialisme et l'Antiquité* (Paris: Presses universitaires de France, 2008).

80 신세력당은 1979년 유럽의회 선거에서 2.1%를 차지했으나 1982년 득표율은 0.5%로 떨어졌다.

81 Damir Skenderovic & Luc Van Dongen, "Gaston-Armand Amaudruz, pivot et passeur eurupéen," Olivier Dard(ed.). Doctrinaires, *Vulgarisateurs et Passeurs des droites radicales au xxe siècle(Europe-Amériques) IDREA I* (Berne: Peter Lang, 2012), pp.211~230.

82 PET, "Nazisme, foreninger," 11 avril 1960.

83 역사학자 스테판 프랑수아(Stéphane François)는 인종주의를 다음과 같이 정의 내리고 있다. 인종주의는 인종의 불평등성에 관한 이론이며 인종에 대한 질문으로 역사를 설명한다. Stéphan François, *Au-delà des vents du nord*, op.cit., p. 15.

84 이 숫자는 코리나 바시폴루(Corina Vasipolou)의 글에서 인용. "Aube dorée: le choc," "Manière de voir," *Le Monde diplomatique*, n° 134, p. 20.

85 Robert Solliers, "Que devient l'Allemagne aujourd'hui? Naissance et développement de la NPD(1964~1967)," *Reveu d'histoire du fascisme*, n° 5, septembre 1974, pp.170~186.

86 Delphine Iost, "L'implantation du NPD dans les nouveaux Länder allemands," Hérodote, n° 128, 2008, pp. 87~102.

87 Alexander Agadjanian, "Pluralisme religieux et identité nationale en Russie," *Journal on Multicultural Societies*, vol. 2, n° 2, 2000, pp.97~124.

88 *Le Nouvel Observateur*, 13~19 juin 2002.

89 Valérie Igounet, Robert Faurisson. *Portrait d'un négationniste* (Paris: Denoël, 2012).

90 데버라 립스탯은 2006년 1월 12일 BBC와의 인터뷰에서 어빙의 투옥에 대한 입장을 밝혔다. 그녀는 자신이 그를 순교자로 만드는 결과를 초래했으며, 그가 미디어를 통해 그의 입장을 밝힐 수 있는 기회를 제공했다고 밝혔다. 예를 들어 어빙은 2006년 1월 22일에 영국 주간지 ≪더 옵저버(The Observer)≫와 인터뷰를 하는 기회를 얻을 수 있었다.

91 미국의 전반적인 상황을 파악하기 위해선 다음의 책을 참조하라. Jean-Yves Camus, "El negacionismo en el mundo occidental: una pantalla pseudo-cientifica del

antisemitismo" Miguel Angel Simon(ed.), *La Extrema Derecha en Europa desde 1945 à nuestros dias*(Madrid: Tecnos, 2007), pp. 223~248.

92 CIA, "Net Project: Los Angeles," 1947, Freedom of Information Act(FOIA) 519cd821993294098d516f71.

93 Pauline Picco, "Extrême droite et antisémitisme en Italie. L'exemple du 'Centro studi Ordine nuove'(1955~1971)," *Laboratoire italien*, n° 11, 2011. pp. 17~52.

94 이 책에는 민족주의자인 요키(Yockey)와 티리아르(Thiriart)의 논쟁이 들어 있는데, 이들에 대해서는 다음 장에서 다루겠다.

95 Pierre Milza, *L'Europe en chemise noire. Les extrêmes droites européennes de 1945 à aujourd'hui* (Paris: Fayard, 2002), pp.99~100; Francesco Ferraresi, "Les références théorico-doctrinales de la droite radicale en Italie," *Mots*, n° 12, mars 1986, p. 14.

96 Pino Rauti, "Thèses de l'Ordine Nuovo," 1963, François Duprat, *L'Ascension du MSI* (Paris: Les Sept Couleurs, 1972), pp. 58~67에서 인용.

97 Isabelle Sommier, *La Violence politique et son deuil* (Rennes: Presses universitaires de Rennes, 2008), p. 99.

98 CIA, "Alleged Role in Coup Plans of Valerio Junio Borghese," 6 août 1970, FOIA 519a6b27993294098d511202; CIA, "The National Front: an ineffectual right wing organization often accused of planning à coup d'etat," janvier 1971, FOIA 519a6b27993294098d5111f3.

99 Fulvio Reiter, *Ordine Nuovo Verità e menzogne Riposta alla Commissione Stragi* (Rome: Settimo Sigillo, 2007), s.p.; Frédéric Laurent, *L'Orchestre noir* (Paris: Stock, 1978).

100 Luciano Cheles, "Le 'new look' du néofascisme italien: thèmes, styles et sources de la récente propagande de l'extrême droite parlementaire," *Mots*, n° 12, mars 1986, pp. 29~42.

101 Roger Griffin, "From slime mould to rhizome: an introduction to the groupuscular right," *Patterns of Prejudice*, vol. 37, n° 1, mars 2003, pp. 27~50.

102 Étienne Verhoeyen, "L'extrême droite en Belgique," Courrier hebdomadaire du CRISP(Centre de recherche et d'information socio-politique), n° 715~716(Bruxelles, 1976), pp. 34~35.

103 Fédération internationale des résistants, Le Néofascisme en Italie(Vienne, 1971), pp. 40~41.

104 Pierre Clémenti, *La Troisième Paix* (Fribourg: Editions de la Jeune Europe, 1949), p. 54.

105 CIA, "The fascist international," 9 janvier 1956, pp. 5~16. FOIA 519a6b28993294

098d51133c.

106 *Le Monde*, 30~31 octobre 1949.

107 CIA, "The fascist international," art. cit., p. 8; 뒤프라의 국제적 관계에 대해서는 다음을 참조하라. Nicolas Lebourg & Joseph Beauregard, *François Duprat, l'homme qui inventa le Front national* (Paris: Denoël, 2012).

108 *Le Combattant européen*, avril 1946; juin 1946; René Binet, *Théorie du racisme* (Paris: Les Vikings, 1950).

109 Kevin Coogan, "Lost Imperium: the European Liberation Front(1949~1954)," *Patterns of Prejudice*, vol. 36, n° 3, juillet 2002, pp. 9~23; Jeffrey Kaplan, "The post-war paths of occult national socialism: from Rockwell and Madole to Manson," *Patterns of Prejudice*, vol. 35, n° 3, 2001, p. 49; *Le Prophète de l'Imperium: Fracis-Parker Yockey* (Paris: Avatar, 2004); Fracsi-Parker Yockey, *Le Monde en flammes* (s.e., s.l., s.d.); *The Proclamation of London of the European Liberation Front* (London, 1948).

110 Roger Griffin, "Caught in istown net: Post-war fascism outside Europe," Stein Larsen (ed.), *Fascism outside Europe* (Columbia: Columbia University Press, 1997), pp. 46~68. 또한 나치주의는 악마숭배주의와 비교주의의 요소들을 차용하면서 진화했다. 1968년 대통령 선거에 출마했던 인종차별주의자 조지 윌리스(George Wallace)는 선거에서 13.5%를 차지했다. 이는 44년 동안 대통령 선거 기간에 무소속 후보가 차지한 득표율 중 가장 높은 것이었다. 그를 지지했던 청년층들은 매우 급진적인 민족연합 당원들이었다.

111 *Le Viking*, janvier 1964.

112 모즐리 경은 1950년대 초에 프랑스 오르세 시(에손 주)에 정착해 그곳에서 생을 마감했으며, 그의 재도 그곳에 뿌려졌다.

113 Pascale Sempéré, "L'européisme d'Oswald Mosley à travers ses textes fondateurs: un projet de Grande Europe sur les traces du fascisme historique," *Miranda*, n° 9, 2014, http://miranda.revues.org/5891.

114 "La Paneurafrique," *Les Annales coloniales*, vol. 31, n° 6, novembre 1930, p. 1; Étienne Deschamps, "Quelle Afrique pour une Europe unie? L'idée d'Eurafrique à l'aube des années trente," Michel Dumoulin(ed.), *Penser l'Europe à l'aube des années trente. Quelques contributions belges* (Bruxelles: Nauwels, 1995), pp. 95~150.

115 Marco Antonsich, "L'Eurafrica des Italiens. La revue 'Geopolitica' conscience géographique du régime fasciste," *Outre-Terre*, n° 11, 2005, pp. 487~488, Charles Bloch, *Le IIIe Reich et le Monde* (Paris: Imprimerie nationale, 1986), p.432.

116 Bernard Bruneteau, *'L'Europe nouvelle' de Hitler. Une illusion des intellectuels de*

la France de Vichy(Monaco: Le Rocher, 2003), pp. 94~99; Gérard Bossuat, *Faire l'Europe sans défaire la France. 60 ans de politique d'unité européenne des gouvernements et des présidents de la République française(1943~2003)* (Bruxelles: Peter Lang, 2005); Désirée Avit, "La question de l'Eurafrique dans la construction de l'Europe de 1950 à 1957," *Matériaux pour l'histoire de notre temps*, n° 77, 2005, pp. 17~23; Pascal Sempéré, "L'européisme d'Oswald Mosley à travers ses textes fondateurs……," art. cit.

117 Oswald Mosley, *La Nation Europe*(Paris: Nouvelles Éditions latines, 1962); *La Nation Européenne*에 실린 슈트라서와의 인터뷰, 15 Janvier~15 février 1967.

118 Pauline Picco, "Théoriser la violence politique à l'extrême droite en Italie," *Storicamente*, n° 10, 2014, http://storicamente.org/picco-violence-droite.

119 CIA, "The fascist international," art. cit. p. 2.; Ian R. Barnes, "Antisemitic Europe and the 'Third Way': the ideas of Maurice Bardèche," *Patterns of Prejudice*, vol. 34, n° 2, 2000, p. 62; Joseph Algazy, *La Tentation néofasciste en France 1944~1968* (Paris: Fayard, 1984), pp. 294~295.

120 CIA, "Arrow Cross 'Hungarista Movement'," novembre 1955, FOIA 51966ec2993294098d509642.

121 DGSN, DCRG, op.cit., pp. 11~12.

122 Olivier Dard, *La Synarchie ou le Mythe du complot permanent*(Paris: Perrin, 2012); Frédéric Charpier, *Génération Occident*(Paris: Le Seuil, 2005).

123 빅토르 바르텔레미에 대해서는 다음을 참조하라. Nicolas Lebourg & Joseph Beauregard, *Dans l'ombre des Le Pen. Une histoire des numéros 2 du Front national*(Paris: Nouveau Monde, 2012), pp. 23~63.

124 안톤 뮈서르트는 1934년 몽트뢰(스위스) 유럽 파시스트 회담에 참석했었다.

125 "Réunion du Nationaal Europese Sociaal Beweging(NESB) à Amsterdam le 21 juin 1953," Archives Binnenlandse Veiligheidsdienst(BVD), A8-n°689-53.Div.

126 Damir Skenderovic & Luc van Dongen, art. cit.

127 *Déclarations du Nouvel Ordre européen*(s.e., 1958), pp. 1~3; Maurice Bardèche, *Le Racisme, cet inconnu*(Waterloo: Le Javelot, 1992, 1960), pp. 3~8.

128 2015년 1월에 로잔에서 마지막 호가 발행되었다.

129 1954년 프랑스팔랑헤당 대표단의 유럽대중운동 방문은 앙리 호크(Henri Roques, 1920~1994)가 주도했는데, 호크는 비시 정권의 청년 실습장(Chantiers de jeunesse de Vichy) 멤버였으며, 후에 유럽대중운동의 사무국장이 되었다. 그는 또한 유럽신질서의 기관지인 ≪유럽 렐(L'Europe réelle)≫발행에도 관여했다. 그는 1985년 6월 15일 낭트(Nantes) 대학에서 있었던 논문 심사에서 홀로코스트를 부정하는 논문을 공개적으로

지지함으로써 알려지게 되었다. 이 심사는 결코 일반적이지 않은 조건하에서 우익적 성향을 가진 교수들이 심사위원으로 구성되어 진행되었다.

130 Fidélité, novembre 1957.

131 Fidélité, avril 1958.

132 CIA의 최종 보고서, "The fascist international," art. cit., pp. 2~5.

133 DCRG, "Les mouvements néonazis: la FANE et le Nouvel Ordre européen," *Bulletin mensuel confidentiel Documentation-Orientation*, octobre 1968, p. 7. AN F7/15585.

134 Roger Griffin, "Europe fort the Europeans," art. cit., p. 39; Jean-François Brozzu-Gentile, *L'Affaire Gladio* (Paris: Albin Michel, 1994), p. 227.

135 Philippe Vervaecke, "Sir Oswald Mosley et l'internationalisation du fascisme britannique, 1947~1966," Olivier Dard(ed.), *Doctrinaires, Vulgarisateurs et Passeurs des droites radicales*, op.cit., p. 90; Patrick Moreau, *Les Héritiers du IIIe Reich. L'extrême droite allemande de 1945 à nos jours* (Paris: Le Seuil, 1994), pp. 55~56.

136 Stéphane François, "Un exemple de contre-culture nazie: le cycle thuléen de Wilhelm Landig," Olivier Hanse & Cecilia Fernandez(ed.), *Résistances souterraines à l'autorité et Construction de contre-cultures dans les pays germanophones au xxe siècle* (Berne: Peter Lang, 2014), pp. 71~86.

137 이 외교관은 전쟁 전에 칠레의 사회민족주의 운동(Movimiento National-Socialista)에서 활동했다.

138 Stéphane François, *Les Mystères du nazisme. Aux sources d'un fantasme contemporain* (Paris: Presses universitaires de France, 2015).

139 언어학자이면서 동시에 정치가이며, 독일유산학술협회(Ahnenerbe; 나치 독일에서 아리안 인종의 고고사 및 문화사를 연구하기 위한 목적으로 만든 기관) 동조자였던 독일의 볼프강 크라우제(Wolfgang Krause, 1895~1970)는 룬문자가 "순수한 비신도"적 텍스트를 서술하기 위한 것이었거나, "마술과 종교의식 사이를 중재하는 비신도"의 텍스트일 가능성이 크다고 주장했다. Cf. Wolfgang Krause, *Les Runes* (Paris: Le Porte-Glaive, 1995), p. 58.

140 DGSN, DCRG, op.cit., p. 7.

141 Marlène Laruelle, "Alexandre Dugin, esquisse d'un eurasisme d'extrême droite en Russie postsoviétique," *Revue d'études comparatives Est-Ouest*, vol. 32, n° 3, 2001, pp. 99~100; Harvey G. Simmons, "The French and european extreme right and globalization," *Colloque Challenges to the New World Order anti-globalism and counter-globalism*, Amsterdam, Université d'Amsterdam, 30~31 mars 2003, p. 37.

142 Cf. *Les peuples blancs survivront-ils? Les travaux du Nouvel Ordres européen de 1967 à 1985 présentés par G.-A. Amaudruz* (Montréal: Editions celtiques, 1987).

143 DCRG, "Le Nouvel Ordre européen", *Bulletin mensuel confidentiel. Documentation-Orientation*, mai 1969, AN F7/15585.

144 Anti-Defamation League of B'nai B'rith, *Extremist Groups in the United States*, 1983, p. 258; *RésistanceS*, printemps, 1999. 앞에서 인용했던 DCRG의 자료 중 어디에도 팔레스타인 대표들이 이 대회에 참석했다는 사실은 기록되어 있지 않다. 하지만 아모드뤼가 1967년 이집트 대통령 나세르(Gamal Abdel Nasser)와 접촉했었다는 사실은 자료로 남아 있다.

145 DCRG, "Le Nouvel Ordre européen", doc. cit., p. 3.

146 마이외의 정체와 생애는 조심스럽게 다루어져야 한다.

147 Stéphane François, "Jacques de Mahieu entre racisme biologique et histoire mysté rieuse," *Politica Hermetica*, n° 26, 2012, pp. 123~132; Pierre-André Taguieff, *Sur la nouvelle droite* (Paris: Descartes & Cie, 1994), pp. 129~130.

148 유럽민족공동체당(Parti communautaire national-européen)이나 유럽자유전선(Front européen de libération)의 생성 과정을 참조하라.

149 Heinrich Kessemeier, *Fortsetzung des Lebens nach dem Tode* (Hambourg: Ideal und Leben, 1919); Cornelia Wilhelm, *Bewegung oder Verein? Nationalsozialistische Volkstumspolitik in den USA*(Stuttgart: Franz Steiner Verlag, 1998).

150 Eddy de Bruyne, "La SIPO-SD à Liège," Bulletin d'information, Centre liégois d'histoire et d'archéologie militaires, vol. 9, n° 1, 2004, p. 29.

151 Francis Balace, "Le Tournant des années soixante, de la droite réactionnaire à l'extrême droite révolutionnaire," *De l'avant à l'après-guerre, l'extême droite en Belgique francophone* (Bruxelles: De Boeck-Wemael, 1994), pp. 137~140.

152 RGPP, "Le mouvement Jeune Europe," février 1965, p. 2, APP GAJ4.

153 Patrick Moreau, *Les Héritiers du IIIe Reich*, op.cit., pp. 58~59.

154 *Combat*, 13 décembre 1966; Yannick Sauveur, *Jean Thiriart et le National-Communautarisme européen, Revue d'histoire du nationalisme révolutionnaire* [s.d.(1978)], p. 25.

155 이 책의 번역본들은 때때로 상당히 암시적인 제목으로 출판되었다. 예를 들어 스페인어로 『일어나라 유럽이여』(스페인 팔랑헤당을 연상) 또는 독일어로 『제4제국: 유럽』(나치주의의 극복을 연상).

156 *La Révolution nationale-européenne* [Nantes: Ars magna, s.d.(1963)], pp. 15~31.

157 군사 안보 지침, "Hiérarchie du mouvement néonazi Jeune Europe," 7 mai 1963, APP GAJ4; DCRG, "Le mouvement 'Jeune Europe'," *Bulletin mensuel confidentiel. Documentation-Orientation*, septembre 1965, p. 10, AN F7/15584; Yannick Sauveur, op.cit., pp. 59~60.

158 Riccardo Marchi, "As Direitas Radicais no Estado Novo(1945~1974)," Ler História, n° 57, 2009, pp. 95~110.

159 1963년에 창설된 청년조국은 공식적으로 청년유럽이라고 불린다. 청년유럽은 청년조국(이탈리아사회운동에서 분리되어 설립)의 토대 위에 설립되었으며, 스테파노 델레 키아이에(Stefano Delle Chiaie)의 영향을 받았다. 이 단체는 급진적 우익주의 성향을 가지는 논평을 소식지에 실었는데, 그 내용은 다음과 같다. "이탈리아인들이여! 20년 동안의 창부정치 끝에 우리는 당신들을 우리 인종을 방어하는 올바른 길로 인도하기 위해서 당신들에게 호소합니다. 이탈리아인들이여! 우리의 상징 밑에 하나로 뭉칩시다. 이 상징은 오늘날 이탈리아에 재등장한 나치·파시즘을 대변하는 켈트족 십자가입니다. …… 유럽은 유럽 나치·파시즘의 켈트족 십자가 아래서 하나로 연합된, 거대한, 자유로운 대륙입니다. 우리는 무적입니다! 무솔리니여 영원하라! 히틀러 만세!"(Serge Dumont, Les Brigades noires, Berchem: EPO, 1983, p.116).

160 Bureau de coordination de l'action européenne, 'Jean Thiriart', 공보 2호, Bruxelles, 30 juin 1963, APP GAJ4; Pierre Milza & Marianne Benteli, *Le Fascisme au xxe siècle* (Paris: Richelieu, 1973), p. 350; Étienne Verhoeyen, op. cit., pp. 20~31; Patrick Moreau, Les Héritiers du IIIe Reich(나치 독일의 유산), op. cit., pp. 401~402; Yannick Sauveur, op.cit., pp. 41~42 & pp. 89~93.

161 행동유럽(Europe-Action) 주위에 정체 불명의 단체를 투입함으로써 형성된 민족학생연맹〔청년국가(Jeune nation)의 재조직〕이 뉴라이트의 모태이다.

162 RGPP, 15 mars 1963; 4 avril 1963; 2 mai 1963; 13 mai 1963, p. 2; 2 mai 1966(APP GAJ4).

163 서방운동에 대항해서 티리아르는 다음과 같은 발언을 했다. "프랑스 우익주의자들이 열광하고 있는 서방운동의 정체는 다음에 불과하다. 즉 그것은 미국산 탄산수의 확장에 불과하다고 볼 수 있다. …… 서방운동은 우리를 구역질나게 한다. 또한 이 단체에 동조하는 자들도 우리를 구역질나게 하는데, 그들은 지구상의 첫 유대인 국가에 동조하는 사람들(그리고 미국을 숭배한다)이다," *La Nation européenne*, 15 mars au 15 avril 1996.

164 프랑스 비밀 정보국(SDECE) 국장이 경찰국장에게 보낸 편지, 1964년 11월 17일, APP GAJ4.

165 CIA, "Memorandum," 10 janvier 1953, FOIA 519bdecd993294098d5143f7.

166 Cf. Patrick Moreau, *Les Héritiers du IIIe Reich*, op.cit., pp. 278~281.

167 Ernesto Milá, "La Nation européenne, el ultimo proyecto de Jean Thiriart," *Revista de Historia del Fascismo*, n° 2, décembre 2010~janvier 2011, pp. 152~174; *Le Monde*, 23 mars 1967; La Nation européenne, 15 septembre~15 octobre 1966.

168 Gustavo D. Perednik, "Naïve spanisch judeophobia," *Jewish Political Studies*

Review, vol. 15, n° 3~4, 2003, pp. 87~110; CEDADE, *Thule, La Cultura de la Otra Europa* (Barcelone: Ediciones Wetlaschauung, 1979, pp. 235~237; Rosario Jabardo & Fernando Reinares, "Démobilisation de l'extrême droite en Espagne," Pouvoirs, n° 87, L'extrême Droite en Europe, novembre 1998, p. 116.

169 Xavier Casals Meseguer, *La Tentación neofascista en España* (Barcelone: Plaza & Janés, 1998), pp. 132~133.

170 이는 민족주의적 혁명주의적 단체 조직망들이 해산되면서 나타난 결과 중 하나이다. 이 조직망은 그들의 지도자이며 동시에 장 마리 르펜이 이끌었던 국민전선의 제2인자였던 프랑수아 뒤프라가 살해되자 와해되었다.

171 현재 카탈루냐 운동은 극우주의적 성향을 가지고 있지 않다. 이 운동은 세계화에 대한 저항이라기보다 자신들의 우월한 문화를 보장하면서 세계화를 최대한 효과적인 방법으로 받아들이는 것에 대한 것이다.

172 José Rodríguez Jiménez, "Antisemitism and the extreme right in Spain(1962~1997)," *Anaysis of Current Trends in Antisemitism*, 1999, http://sicsa.huji.ac.il/15spain.html; Chrisitian Bouchet, "Yockey, le précurseur," *La Revue d'histoire du nationalisme-révolutionnaire*, n° 1, decembre 1998, s.p.; Mickael Whine, *Mapping the Extreme Right in Contemporary Europe* (Abingdon: Routledge, 2012), p. 319.

173 Cercle écologique des Amis de l'Europe, "Service de librairie par correspondance," 1980(개인 소장).

174 "L'Europe combattante. Note d'orientation n° 3 du secrétariat général de Nouvelle Résistance," n° 2, 1992(내부 문서; 개인 소장). Nous traiterons du FEL dans le chapitre "À l'Est, quoi de nouveau?"

175 라몬 보(Ramón Bau)는 1997년 CEDADE를 계승하는 인도유럽연구원(Circulo de Estudios Indoeuropeos)을 창립했다.

176 RGPP, 초안, 15 mai 1966, APP GAJ4; Francis Balace, art. cit., p. 117; Bruno Garcet, "Jeune Europe: souvenirs de la section de Louvain," *In memoriam Jean Thiriart* (Charleroi: Machiavel, 1993), p. 35.

177 *Révolution européenne*, 15 janvier~15 févrvier 1965.

178 RGPP, "Le mouvement Jeune Europe," doc. cit.

179 RGPP, "L'extrême droite," 10 septembre 1969, p. 77, APP GADR 15; DCRG, "Le mouvement Jeune Europe," doc. cit., p. 23; DCRG, "Le mouvement 'Révolution européenne'", juin 1965, p. 2, AN F7/15584.

180 RGPP, "Le mouvement Jeune Europe," doc. cit.

181 Étienne Verhoeyen, op. cit., pp. 20~23.

182 Jean Thiriart, *La Grande Nation: l'Europe unitarie de Brest à Bucarest*[Nantes: Ars

Magna, 1998(1965)〕, s.p.

183 *La Nation européenne*, 15 octobre~15 novembres 1966; 15 novembre~15 décembre 1966

184 *La Nation européenne*, 15 janvier~15 févriers 1967; 15 février~15 mars 1967.

185 *Jeune Europe,* 3 janvier 1964.

186 Jean-Yves Camus & René Monzat, *Les Droites nationales et radicales en France* (Lyon: Presses universiaitres de Lyon, 1992).

187 Frédéric Laurent, op.cit., p. 133.

188 *De Jeune Europe aux Brigades rouges. Anti-américanisme et logique de l'engagement révolutionnaire* (s.e., s.l., s.d.).

189 2004년 10월 14일, 뤽 미셸(Luc Michel)이 니콜라 르부르(Nicols Lebourg)에게 전한 편지. 프레다는 "나치·모택동주의"라는 수식어를 완전히 거부하지는 않았다. 다음을 참조하라. *Giorgio Freda: nazi-maoïste ou révolutionnaire inclassable?* (Lausanne: Comité de solidarité avec Giorgio Freda, 1978).

190 Franco Frede, *La Désintégration du système* 〔Nantes: Ars Magna, s.d.(1969)〕.

191 *La Flamme*, mars 1972; septembre 1972; Yannick Sauveur, "L'organisation 'Lutte du peuple'", *un mouvement national-bolchevik?* (s.d.), p. 3; Frédéric Laurent, op.cit., p. 182.

192 OLP(인민투쟁), *Code du militant Lutte du peuple* (s.d.), p. 2(내부 문서; 개인 소장).

193 Cf. *La Flamme*, janvier 1972; *Lutte du peuple*, juillet 1973 & 4 au 18 mars 1974; Joseph Algazy, *L'Extême Droite en France(1965 à 1984)* (Paris: L'Harmattan, 1989), pp. 150~151.

194 다음을 참조하라. Pauline Picco, "Franco G. Freda: idéologie; éditeur, activiste," Olivier Dard(ed.), *Doctrinaires, Vulgarisateurs et Passeurs des droites radicales*, op.cit., pp. 143~160.

195 *La Flamme*, janvier 1972, mars 1972, septembre 1972; Yves Bataille, 인터뷰, 21 juin 2004.

196 *Article 31*, juin 1986 & décembre 1986. '신우익행동'은 1972년 독일국가민주당(NPD)에서 분리되어 설립되었다. 그리고 1974년에 신우익행동으로부터 민족혁명 재건설조직(NARO)이 분리되어 나왔으며, 몇 주 후에 이 조직으로부터 민족의 이익과 민족혁명 재건설(NARO-SdV)이 분열되었다.

197 DCRG, "Les mouvements néonazis: la FANE et le Nouvel Ordre européen(NOE)," octobre 1968, pp. 1~6, AN F7/15585; *Notre Europe*, juin 1968, août 1968, octobre 1968 & janvier 1969.

198 Nicolas Lebourg & Joseph Beauregard, *François Duprat*, op.cit.

199 René Monzat, *Enquêtes sur la droite extrême* (Paris: Le Monde éditions, 1992), pp. 102~104; Patrick Moreau, *Les Héritiers du IIIᵉ Reich*, op.cit., pp. 290~298.

200 *Notre Europe* (organe de la FANE), février 1980.

201 Anne-Marie Duranton-Crabol, op.cit.,p. 170. 베러 디(Were Di)는 벨기에 서방운동의 전신이다(프랑스 조직 형태를 취하고 있기는 하나 프랑스 조직과 직접 연관은 없었다). 오스트리아 국가민주당은 1988년 활동이 금지되었다.

202 *Informations NR*, 21 octobre 1985(내부 문서; 개인 소장).

203 *TV Rapport d'activités mai 1986*; *TV Bulletin bimensuel d'informations*, 10 janvier 1987(내부 문서; 개인 소장).

204 *TV Belletin d'information NR*, novembre 1987(내부 문서; 개인 소장).

205 1989년 7월 18일 서신(개인 소장).

206 일곱 개 조항은 다음의 웹 사이트를 참조하라. http://nationalsocialist,net/cotswold.htm

207 Pierre Milza, *Fascisme français. Passé et présent*(Paris: Flammarion, 1987), p. 353; *Article 31*, juillet 1985.

208 Jeffrey Kaplan, art. cit.; Jacques Delarue, *Les nazis sont parmi nous* (Paris: Le Pavillon, 1969), p. 54.

209 *Le Viking*, janvier 1964; Stéphan François & Emmanuel Kreis, "Le conspirationnisme ufologique," *Politica Hermetica*, n° 19, 2005, pp. 116~137.

210 Heléne Lööw, *Nazismen i Sverige 1980~1997* (Stockholm: Ordfront Förlag, 1998), p. 226; *Créativité* (bulletin du chapitre français), n° 1, décembre 2001.

211 몽골의 단체 차간 하스(Tsagaan Khass)의 지도자는 소비에트연방이 붕괴된 후 야기된 러시아의 혼잡함 속에서 나치주의를 발견했다고 주장하고 있다. *The Guardian*, 2 août 2010.

212 MRAP(Movement contre le racisme et pour l'amitié entre les peuples)의 '반유대주의' 위원회 보고서, mars 1983(MRAP 문서).

213 Guillaume Faye, *La Nouvelle Question juive* (Chevaigné: Les Éditions du Lore, 2007).

214 Gildas Lescop, "'Honnie soit la Oï!' Naissance, émergence et déliquescence d'une forme musicale de protestation sociale," *Copyright Volume! Autour des musiques actuelles*, vol. 2, n° 1, 2003, pp. 109~128; Bruno Cabanes, "Football et violence: un très vieux couple……," *L'Histoire*, juin 1998, pp. 26~27.

215 *Signal*, n° 2, 17 juin 2007(이 잡지의 명칭은 당연히 나치친위대 잡지 명칭에서 따온 것이다).

216 Armin Pfhal-Traughber, "La scène skinhead," Pierre Blaise & Patrick Moreau(eds.), *Extrême Droite et National-Populisme en Europe* (Bruxelles: Centre de recherche et

d'information socio-politique, 2004), pp. 531~553; Patrick Moreau, *Les Héritiers du IIIe Reich*, op.cit., pp. 267~270.

217 이 단체의 프랑스 지부인 샤를마뉴 망치 스킨(Charlemagne Hammer Skins)은 몇몇 유대인에게 살해 협박을 가한 이유로 1997년 해산되었다. 이는 1996년 몇몇 멤버들이 한 시체를 발굴해서 모독한 사건 이후에 일어난 일이다. 그리고 샤를마뉴 망치 스킨은 국가사회주의 블랙메탈(National-Socilaist Black Metal)을 프랑스에 소개했다. 새 지부는 사부아(Savoie)지방에서 출범했으며, 이 지부는 그 후 프랑스 해머스킨(Hammerskin Nation France)이라는 이름으로 활동했다.

218 Cf. Anton Shekovtsov, Paul Jackson(ed.), *White Power Music. Scenes of Extreme Right Cultural Resistance. Mapping the Far-Right* (London: Searchlight Magazine/Radicalism and New Media Research Group, 2012).

219 Veřa Stojarová, "Paramilitary Structures in Eastern Europe," Uwe Beckes & Patrick Moreau(eds.), *The Extreme Right in Europe Current Trends and Perspectives* (Göttingen: Vandenhoeck & Ruprecht, 2011), pp. 265~279.

220 Marlène Laruelle, "La xénophobie et son instrumentalisation politique en Russie. L'exemple des skinheads," *Revue internationale et stratégique*, n° 68, 2007, pp. 111~119.

221 Fabrice Robert, *La Diffusion de l'idéal identitaire européen à travers la musique contemporaine* (Nice: Université de Nice-Sophia Antipolis, 1996), pp. 49~51. 이는 블록정체성(Bloc identitaire)의 현재 총재에 관한 것이다.

222 Cf. Jean-Yves Camus, "Les Skinheads: une contre-culture néonazie," *La Pensée*, n° 304, octobre~décembre 1995, pp. 127~138.

223 유대인이 장 마리 르펜을 조종하고 있다는 생각은 뒤프라가 살해된 뒤 장 피에르 스티르부아(Jean-Pierre Stirbois)가 국민전선의 신나치주의자들을 몰아내면서 생기기 시작했다. 르펜의 본명이 슈티른바움(Stirnbaum)이라는 소문이 돌기도 했으나, 이는 사실이 아니었다. 하지만 르펜의 어머니 이름이 루히트마이어(Luchtmeyer)인 것은 사실이다[프랑스 국회 자료, 로맹 뒤쿨롱비에(Romain Ducoulombier)가 유포한 정보].

224 *Bêtes et Méchants. Petite histoire des jeunes fascistes français* (Paris: Reflex, 2002), p. 174.

225 *Bulletin interne Troisième Voie*, n° 3, septembre 2011(내부 문서; 개인 소장).

226 Cf. Commission nationale consultative des droits de l'homm(인권자문위원회), *La Lutte contre le racisme, l'antisémitisme et la xénophobie. Année 2013* (Paris, La Documentation française, 2014).

227 *Tribune nationaliste* (organe du PNFE), avril 1987.

228 Stéphane François, *La Musique europaïenne. Ethnographie politique d'une*

subculture de droite (Paris: L'Harmattan, 2006).

229 Simon L. Garfinkel, "Leaderless Resistance today," *First Monday*, vol. 8, n° 3, mars 2003; Roger Griffin, "Fascism's New Faces(and New Facelessness) in the 'Post-Fascist' Epoch," *Erwägen Wissen Ethik*, vol. 15, n° 3, 2004, pp. 287~300; Résistance!, mai~juin 1998; Jeffrey Kaplan, art. cit., pp. 53~58.

230 극우주의자들이 항상 비밀결사조직에 거부감을 가졌던 것은 아니다. Cf. Stéphane François, *À droite de l'acacia. De la nature réelle de la franc-maçonnerie?* (Valence d'Albigeois: La Hutte, 2012).

231 Cf. Nicolas Lebourg & Dominique Sistach, "The Role of underground music in the renewal of the french radical right wing," Anton Shekovtsov & Paul Jackson(eds.), op.cit., pp. 25~34.

232 *La Lettre des adhérents du Bloc identitaire*, n° 3, 2012, p. 1(내부 문서; 개인 소장). 투표자는 거부할 권리도 분명히 있다. 32.64%는 어떤 후보도 지지하지 않는다고 밝혔으며, 32.46%는 마리 르펜, 2.04%는 프랑수아 바이후, 1.66%는 프레데릭 니우, 그리고 0.5%는 '다른' 후보자들을 지지한다고 밝혔다.

233 Sofia Tipaldou, "The Dawning of Europe and Eurasia? The Greek Golden Dawn and its transnational links," Marlène Laruelle(ed.), *Eurasianism and the European Far Right. Reshaping the Europe-Russia Relationship* (Lanham: Lexington books, 2015), pp. 193~219.

234 Jacques Marlaud(1944~2014)는 1987년부터 1991년까지 유럽문명조사연구단체의 소장직을 맡았다. 이 인용문은 ≪노보프레스(Novopress)≫ 사이트에서 2008년 12월 9일에 공개된 인터뷰 글을 발췌한 것이다. http://esprit-europeen.fr/entretiens_marlaud.html

235 Cf. Richard A. Viguerie, *The New Right. We're Ready to Lead* (Falls Church: The Viguerie Company, 1981).

236 오스트레일리아 '뉴라이트'에 관해서는 다음을 참조하라. Marion Maddox, *God under Howard. The Rise of the Religious Right in Australian Politics* (Crows Nest: Allen & Unwin, 2005).

237 *Eléments*, n° 94, février 1999, pp. 10~23.

238 특별히 마르코 타르키(Marco Tarchi)의 책을 참조하라. *Contro l'americanismo* (Rome: Edizioni Laterza, 2004).

239 1992년 5월 ≪르 몽드≫와 알랭 드 브누아(Alain de Benoist)의 인터뷰, 결국 신문에는 실리지 않음. 전문: http://files.alaindebenoist.com/alaindebenoist/pdf/entretien_sur_la_politique_francaise.pdf

240 Cf. Sofie Delporte, *Nieuw Rechts in Vlaanderen. Het gedachtegoed van het Nieuw*

Rechtse tidjschrift 'Teksten, Kommentaren en Studies', mémoire de licence(Grand: Université de Grand, Faculté des lettres, 2002).

241 *Junge Freiheit*, 23 mars 2005. 이 잡지는 대략 만 부 정도가 판매되고 있다.

242 Riccardo Marchi, "A extrema-direita portuguesa na 'Rua': da transição à democracia (1976~1980)," *Locus: revista de história*, n° 8, 2012, pp. 167~186.

243 Jaime Nogueira Pinto, *Visto da direita, 20 anos de Futuro Presente* (Lisbonne: Hugin, 2000). 핀투는 살라자르 정권이 무너지자 어린 나이에 망명할 수밖에 없었으며, 포르투갈 제2공화국과 제국주의 시대에 대한 그리움에서 벗어나지 못하는 성직자 지상주의적 보수주의 우익 진영을 결코 떠나지 않았다.

244 Dominique Venner, op.cit.

245 "Printemps arabe et destin de l'Occident," *Jeune Nation*, n° 19, août 1959, pp. 8~10.

246 "Qu'est-ce que le nationalisme?," *Europe-Action*, n° 5, mai 1963, p. 51.

247 틱시에 비냥쿠르 위원회는 장 마리 르펜이 조직한 위원회로서, 1965년 대통령 선거에서 극우주의 진영의 단일 후보를 내세우기 위해 조직되었다. 극우주의에 속하는 모든 단체들이 이 위원회에 가담했다(많은 가담자들 중 빅토르 바르텔레미도 이에 속한다).

248 DCRG, "La nouvelle tactique d'Europe-Action," *Informations hebdomadaires*, 3 décembre 1964, AN F7/15573.

249 RGPP, "Après l'éclatement du Comité Tixier-Vignacour: remous à l'extrême droite," 1966, APP GADR15.

250 *Flamme camp école*, 21 juillet 1966(내부 문서; 개인 소장).

251 Klaus Schönekäs, "La 'Neue Rechte' en République fédérale d'Allemagne," *Lignes*, 1998, vol. 3, n° 4, pp. 126~155; Patrick Moreau, *Les Héritiers du IIIe Reich,* op.cit., p. 186, p.243, pp.254~256.

252 Olivier Dard, "La nouvelle droite et la société de consommation," *Vingtième Siècle*, n° 91, juillet~septembre 2006, pp. 125~135; Stéphane François, "La nouvelle droite et l'écologie: une écologie néopaïenne?," *Parlement(s)*, n° 12, décembre 2009~janvier 2010, pp. 132~143; Patrick Moreau, *Les Héritiers du IIIe Reich,* op.cit., pp. 154~174.

253 Anne-Marie Duranton-Crabol, *Visages de la nouvelle droite, le GRECE et son histoire* (Paris: Presses de la Foundation nationale des sciences politiques, 1988), p. 155.

254 DCRG, "La Rassemblement européen de la liberté," n° 139, avril 1968, AN F7/15584; RGPP, "L'extême droite," doc. cit.

255 Alain de Benoist, *La Mai 68 de la nouvelle droite* (Paris: Éditions du Labyrinthe, 1998), p. 13.

256 Anne-Marie Duranton-Crabol, *Visages de la nouvelle droite*, op.cit.; Henry Coston, *Dictionnaire de la politique française* (Paris: La Librairie française, 1979), p. 333; Pierre-André Taguieff, "La stratégie culturelle de la 'nouvelle droite' en France (1968~1983)," Antoine Spire(ed.), *Vous avez dit fascismes?* (Paris: Montalba, 1984), pp. 13~152; Maurice Rollet, "Nous étions douze," *La Mai 68 de la nouvelle droite*, op. cit., pp. 135~139.

257 Roland Gaucher, *Les Nationalistes en France. La Traversée du désert* (Paris: Roland Gaucher Éditeur, 1995), p. 226.

258 DCPJ, "Situation des mouvements d'extrême droite en France," 29 mars 1968, p. 2, BDIC F8150/1; RGPP, note sur l'Association des Amis de François Duprat, juin 1989, p. 6, APP GAD8 913.285.

259 *Socialisme européen*, n° 0, 1967; mai~juin 1968; septembre~octobre 1968; novembre~décembre 1968.

260 *Réalités socialistes européennes*, décembre 1968; février 1969.

261 DCRG, "Les Groupes de recherches et d'études pour la civilisation européenne", *Bulletin mensuel confidentiel. Documentation-Orientation,* n° 160, juillet 1970, AN F7/15585.

262 Pierre-André Taguieff, *Sur la nouvelle droite*, op.cit., pp. 64~105.

263 MNR, *Bulletin de liaison*, 10 décembre 1984(내부 문서; 개인 소장), *Libération*, 25 novembre 1985.

264 *Libération*, 11 novembre 1985.

265 *GUD-Jeune Garde Infos*, avril 1986(내부 문서; 개인 소장).

266 반더포겔은 일종의 국가적 차원의 보이스카우트 단체이며 1896년에 설립되어 수천 명에 이르는 독일 청소년들을 회원으로 두고 있었다〔그중에는 하인리히 힘믈러(Heinrich Himmler), 아돌프 아이히만(Adolf Eichmann), 발두르 폰 쉬락(Bladur von Schirach) 등이 포함된다〕.

267 Pierre Milza, *L'Europe en chemise noire*, op.cit., p. 225.

268 Étienne Verhoeyen, op.cit.

269 Guillaume Faye, Pierre Freson & Robert Steuckers, *Petit Lexique du partisan européen* 〔Nantes: Ars Magna, s.d.(1985)〕, pp. 7~8, p. 39. 이 소사전은 프랑스에서는 제3의 길이, 벨기에에서는 신세력이 배포했다.

270 *Le Partisan européen*, vendémiaire~brumaire 1986(내용 그대로 옮김).

271 *Le Monde*, 25 août 1987. 이 사건에 대한 보고는 혼동될 만큼 다양하다. 당의 주도자들은 그들 모두가 기욤 파예의 축출에 가담했다고 밝혔으나, ≪엘레망≫ 발행인들은 ≪르 몽드≫ 기사와 상관없이 기욤 파예가 유럽문명조사연구단체에서 축출된 적이 절대로

없었다고 주장한다. 이들은 마치 인종주의 극우주의자와 아무런 관계가 없다는 듯이 행동하고 있다.

272 2014년 5월 30일 로베르 스퇴케(Robert Steuckers)가 니콜라 르부르(Nicolas Lebourg)에게 보낸 이메일. 스페인의 후앙 안토니오 로파트(Juan Antonio Llopart)는 루마랭 회의에서 귀국한 후 그의 동료들과 함께 유럽대안(Alternativa Europea)을 설립했다. 루마랭 회의는 블루마린연합(Rassemblement Bleu Marine)의 멤버였던 질베르 콜라르(Gilbert Collard)의 참여를 허용했는데, 콜라르는 티에리 뮈드리(Thierrey Mudry)의 친구이자 협력자였다.

273 *De l'Atlantique au Pacifique*, février 1976.

274 Cf. Alexandre Douguine, *La Grande Guerre des continents* (Paris: Avatar, 2006).

275 *Au fil de l'épée*, n° 11/12, mai~juin 2000, p. 4.

276 *La Colonisation de l'Europe, discours vrai sur l'immigration et l'islam* (Paris: AEncre, 2000).

277 알랭 드 브누아는 2000년 3월 이탈리아 잡지 ≪아레아(Area)≫(국민동맹과 비슷한 성향을 가지고 뉴라이트에 속하는 잡지)와의 인터뷰에서 기욤 파예의 '급진적 인종차별주의 입장'에 대해 회고했다. 그는 특히 파예가 이슬람 문제에 대해 급진적 견해를 가지고 있었다고 말했다.

278 이 잡지는 에른스트 윙거와 미르체아 엘리아데가 최근에 발행했던 잡지 명칭을 그대로 사용하고 있다.

279 Christian Bouchet, *B.A.-BA du néopaganisme*, Puiseaux, Pardès, 2001, p. 91.

280 Verta Taylor, "Social movement continuity: The women's movement in abeyance," *American Sociological Review*, vol. 10, n° 1, 1989, pp. 761~775.

281 *La Flamme*, bulletin de liaison du mouvement de scoutisme Europe Jeunesse, n° 1, 15 juillet 1976, 개인 소장.

282 Cahiers de la Haute École populaire de Normandie, 1re session, 1~7 août 1993, n.p., 개인 소장.

283 Pedro Carlos González Cuevas, "Las 'otras' derechas en la España actual: teólogos, razonalistas y neoderechistas," *El Catoblepas*, n° 103, septembre 2010, p. 10.

284 Riccardo Marchi, "The Extreme right in 21st-Century Portugal: the Partido Nacional Renovador," Ralf Melzer & Sebastian Serafin(eds.), *Right-wing Extremism in Europe. Country analyses, counter-strategies and labor-market oriented exit strategies* (Berlin: Friedrich Ebert Foundation, 2013), pp. 133~155.

285 *Le Monde*, 25 août 1987.

286 Roger Griffin, "Between metapolitics and apoliteia: the Nouvelle Droite's strategy for conserving the fascist vision of the 'interregnum'", *Modern and Contemporary*

France, février 2000, pp. 35~53. 로저 그리핀은 알랭 드 브누아가 발행하는 잡지 ≪크리시스(Krisis)≫에 좌익 진영의 저자들이 참여한 것은 학문적·이성적 정보 교환의 차원이 아니라, 한 시대가 막을 내리고 새로운 시대가 시작되었다는 것을 알리기 위한 것이었다고 보았다. 그러므로 알랭 드 브누아와 기욤 파예에 의해 주장된 보수혁명 원칙 다시 읽기 사이에 문화적 공백 기간은 존재하지 않는다. 따라서 싱크탱크들이 '카오스 이후'를 메꿀 사상들을 생산하는 '공백 상태'는 존재하지 않는다.

287 Nicholas Goodrick-Clark, *Black Sun: aryan cults, esoteric nazism and the politics of identity* (New York: New York University Press, 2002), pp. 69~70.

288 Cf. Stéphane François, *La Nouvelle Droite et la Tradition* (Milan: Archè, 2011).

289 *Les Nouveaux Cahiers*, n° 64, printemps 1981, pp. 3~22; 같은 기사가 ≪MRAP≫(인종차별 반대와 민족 간 우애를 위한 운동) 소식지에도 실렸다. "Présences de l'héritage nazi: des 'nouvelles droites' intellectuelles au 'révisionnisme'", *Droite et Liberté*, n° 397, janvier 1981, pp. 11~21.

290 François Laurent Balssa, "Dieudonné, Molière et la nullité de l'art contemporain," *Éléments*, n° 149, octobre~décembre 2013, pp. 28~31.

291 Pierre-André Tqguieff, "Julius Evola. Penseur de la décadence. Une 'Métaphysique de l'histoire' dans la perspective traditionnelle et l'hypercritique de la modernité," *Politica Hermetica*, n° 1, 1987, pp. 11~48.

292 *La Préférence nationale. Réponse à l'immigration* (Paris: Albin Michel, 1985).

293 Alexandre Dézé, *Le Front national à la conquête du pouvoir?* (Paris: Armand Colin, 2012), p. 90 s.

294 2014년 5월 20일 장 이브 카뮈(Jean-Yves Camus)에게 보낸 이메일. 브뤼노 라르비에르(Bruno Larebière)는 ≪미뉘트(Minute)≫와 ≪쇼크 드 므아(Choc de moi)≫ 발행에 참여했으며, 2015년 154호 ≪엘레망(Eléments)≫ 편집에도 참여했다. 그는 민족주의적 혁명주의에서 활동했으며 극우주의와 멀어지기 전에 블록정체성의 멤버로 활약하기도 했다.

295 급진적 반시온주의는 이스라엘이 하나의 국가로 존재하는 것을 절대 인정하지 않으며, 유대인과 시온주의자들을 구별하지 않고, 모든 유대인을 이스라엘 국가의 대표자·중계자·주체자로 본다.

296 *Flash*, 27 janvier 2011.

297 *Lutte du peuple*, juillet 1992. 이 모임의 발언자로 세 명의 뉴라이트주의자〔브누아(Benoist), 스퇴케(Steuckers), 워커(Walker)〕, 제3의 길 대표, 신저항 대표, 범아프리카 국제운동(흑인들을 모두 아프리카로 이주시켜야 한다고 주장하는 운동)의 대표가 정해졌다.

298 Émile Poulat, "Intégrisme: un terme qui vient de loin," *Croire*, novembre 2006, http://www.croire.com/Definitions/Vie-chretienne/Integristes/Integrisme-un-terme-qui-vient-de-loin

299 Émile Poulat, *Intégrisme et Catholicisme intégral. Un réseau international antimoderniste: la 'Sapinière'(1909~1921)* (Paris: Casterman, 1969).

300 René Rémond, "L'intégrisme catholique: portrait intellectuel," *Études*, vol. 370, n° 1, janvier 1989, pp. 99~100.

301 Xavier Ternisien, *L'Extrême Droite et l'Église* (Paris: Brepols, 1997), pp. 173~179.

302 Raoul Girardet, "L'héritage intellectuel de l'Action française," *Revue française de science politique*, vol. 7, n° 4, octobre~décembre 1957, pp. 765~792.

303 Jacques Maître, "Le catholicisme d'extrême droite et la croisade antisubversive," *Revue française de sociologie*, vol. 2, 1961, pp. 106~116.

304 Madeleine Garrigou-Lagrange, "Intégrisme et national-catholicisme," *Esprit*, n° 271, novembre 1959, pp. 515~543; Anne-Catherine Schmidt-Trimborn, *Charles Lacheroy. Discours et conférences* (Metz: Centre de recherche universitaire lorrain d'histoire, 2012).

305 Jules Isaac, *L'Enseignement du mépris* (Paris: Fasquelle, 1962).

306 Roger Garaudy, *Les Mythes fondateurs de la politique israélienne* (Paris: Librairie du savoir, 1996).

307 *L'Élite européenne. Signification et perspectives de l'Aggiornamento* (s.d.).

308 Stéphane François, *La Modernité en procès* (Valenciennes: Presses universitaires de Valenciennes, 2013), pp. 161~162.

309 Ministère de l'Intérieur, Direction de la réglementation et du contentieux, Note à l'attention de Monsieur le Directeur de cabinet, 14 novembre 1980, AN 19990426/5.

310 Dominique Albertini & David Doucet, *Histoire du Front national* (Paris: Taillandier, 2013), pp. 310~319; David Doucet, "Pierre Sidos, ce pétainiste qui a voulu tuer de Gaulle," *Charles*, n° 5, 2013, pp. 106~130.

311 *La Vie intellectuelle*, août~septembre 1952.

312 Gaël Brustier, *Le Mai 68 conservateur*, op.cit., pp. 93~133.

313 Libération, 23 janvier 1989~16 août 1989.

314 Lettre aux membres de la Fraternité Saint-Pie-X, citée par *Itinéraires, janvier 1975. Mgr Marcel Lefebvre, Un évêque parle* (Paris, Dominique Martin Morin, 1974, p. 196.

315 Bernard Antony, *Abécédaire politique et social*, supplément à la revue *Reconquête*, avril 2002, p. 87.

316 Kevin Geay, "'Messire Dieu, premier servi.' Étude sur les conditions de la prise de

parole chez les militants traditionalistes de Civitas," *Politix*, n° 106, 2014, pp. 59~83.

317 *Osservatore romano*, 11 janvier 2011.

318 Fabrice Robert, op.cit.

319 Christian Bouchet, *B.A.-BA du néo-paganisme*, op.cit.

320 *Le Salut public*, novembre~décembre 1977.

321 Philippe Vilgier, *La Droite en mouvements. Nationaux et nationalistes 1962/1981* (Paris: Vastra, 1981), pp. 147~148.

322 Michel Winock, "Le terrain vierge de la nouvelle gauche," *Le Banquet*, n° 7, 1995, pp. 81~88.

323 이들의 입장이 아주 논리적이지 않았던 것은 아니었다. 예를 들어 마르셀 데아(Marcel Déat)는 자코뱅주의가 파시즘의 원조라고 서슴지 않고 주장했다.

324 Bernard Schwengler, "Le clivage électoral catholique-protestant revisité," *Revue française de science politique*, vol. 55, n° 2, 2005, pp. 381~413.

325 Wim Fieret, *De Staatkundig Gereformeerde Partij, 1918~1948: een bibliocratisch ideaal* (Houten: Den Hertog, 1990).

326 Marion Maddox, *God under Howard. The rise of the religious Right in Australian politics* (Crows Nest: Allen & Unwin, 2005).

327 *Ulster Nation*, n° 32, juillet 2000(자체 번역).

328 *Junge Freiheit*, 27 novembre 2009.

329 Jaak Billiet, "Church involvement, ethnocentrism, and voting for a radical right-wing party: diverging behavioural outcomes of equal attitudinal dispositions," *Sociology of religion*, vol. 56, n° 3, pp. 303~326.

330 Nonna Mayer, *Ces Français qui votent FN* (Paris: Flammarion, 1999).

331 Daniel-Louis Seiler, *L'Europe des partis: paradoxes, contradictions et antinomies, Working Paper*, n° 251(Barcelone: Institut de Ciències Polítiques I Socials, 2006).

332 Rafal Pankowski, "Right-Wing Extremism in Poland," *International Policy Analysis*, Friedrich-Ebert-Stiftung, octobre 2012, pp. 3~6; Michael Shafir, "Varieties of antisemitism in post-communist east central Europe," *Jewish Studies at the Central European University III*, 2002, pp. 184~185.

333 Feliciano Montero Garcia, "El Movimiento católico en la España del siglo XX," Maria Dolores De La Calle Velasco & Manuel Redero San Roman(eds.), *Movimientos sociales en la España del Siglo XX* (Salamanque: Aquilafuente, pp. 173~192); Jordi Canal, "La longue survivance du carlisme en Espagne: proposition pour une interprétation," Jean-Clément Martin(ed.), *La Contre-Révolution en Europe* (Rennes: Presses universitaires de Rennes, 2001), pp. 291~301.

334 Humberto Cucchetti, "De la Nouvelle Action française à la Nouvelle Action royaliste," *Pôle Sud*, n° 42, 2015, pp. 87~104.

335 François Duprat, *Le Néofascisme en Occident*, II, *Amérique latine*, supplément à *La Revue d'histoire du fascisme*, n° 13, novembre 1975, p. 25.

336 유럽의회 선거는 선거인단의 직접적 참여와 거리가 멀기 때문에 특별한 시각에서 분석해야 한다. 그럼에도 불구하고 우리는 유럽의회 선거 결과를 중요한 지표로 해석하고 있는데, 그것은 선거 결과에 따라 각 정당들의 상관관계를 분석할 수 있기 때문이다.

337 Alexandre Dézé, *Idéologie et Stratégies partisanes: Une analyse du rapport des parits d'extrême droite au système politique démocratique: le cas du Front national, du Movimento sociale italiano et du Vlaams Blok*, thèse de doctorat(Paris: Institut d'études politiques de Paris, 2008), p. 353.

338 Stéphane Porion, "Le National Front et Enoch Powell: 'l'un des leurs'", Philippe Vervaecke(ed.), *À droite de la droite. Droites radicales en France et en Grande-Bretagne an xxe siècle* (Villeneuve-d'Ascq: Presses universitaires du Septentrion, 2012), pp. 323~352; Paul Jackson, "White genocide? Postwar fascisms and the ideal value of evoking existential conflicts," Cathie Carmichael & Richard C. Maguire(eds.), *The Routledge History of Genocide* (New York, Routledge, 2015), pp. 207~226.

339 Cf. Nicolas Lebourg & Joseph Beauregard, *François Duprat*, op. cit.

340 Kai Arzheimer, "Contextual factors and the extreme right vote in Western Europe, 1908~2002," *American Journal of Political Science*, vol. 53, n° 2, avril 2009, pp. 259~275.

341 브뤼노 메그레는 이에 영향을 받아 장 마리 르펜의 국민전선의 고립주의에 문제를 제기했다. 그리고 국민전선의 이미지 개선을 통해 우익 진영과 연맹을 맺어야 한다고 주장했다.

342 베를루스코니즘을 포함한 이탈리아의 포퓰리즘을 전체적으로 조망하기 위해서는 다음의 책을 참조하라. Marco Tarchi, *Italia populista. Dal qualunquismo a Beppe Grillo* (Bologne: Il Mulino, 2015).

343 Christophe Bouillaud, "La ligue du Nord, de la périphérie au centre, et retour (1989~2004)," Pierre Blaise & Patrick Moreau(eds.), op,cit., pp. 311~336.

344 ≪라 레푸블리카(La Repubblica)≫에 실린 실비니의 인터뷰를 참조하라. 2015년 8월 17일.

345 *Exit poll, Fessel-GfK*, Vienne, 1999.

346 Moreno Feliu, "La Herencia desgraciada: racismo y heterofobia en Europa," *Estudios sociológicos*, vol. 12, n° 34, 1994, p. 54.

347 Xavier Casals, "La Plataforma per Catalunya: la eclosión de un nacional-populismo catalán," *Working Papers*, n° 274(Barcelona: Institut de Ciènces Politiques i Socials, 2009.

348 자체 번역.

349 Patrick Moreau, "Le Freiheitliche Partei Österreich, parti national-libéral ou pulsion austro-fasciste?," *Pouvoirs*, n° 87, op.cit., pp. 61~82.

350 Cf. Gustav Fridolin, *Blåsta! Nedskärningsåren som formade en generation* (Stockholm: Ordfront Forlag, 2009).

351 Hans de Witte & Peer Scheepers, "En Flandre: origines, évolution et avenir du Vlaams Blok et de ses électeurs," *Pouvoirs*, n° 87, op.cit., pp. 95~113.

352 Alexandre Dézé, "Entre adaptation et démarcation: la question du rapport des formations d'extrême droite aux systèmes politiques des démocraties européennes," Pascal Perrineau(ed.), *Les Croisés de la société fermée* (La Tour-d'Aigues: L'Aube, 2001), pp. 335~361.

353 Anne Tréfois & Jean Fanie, "L'évolution des partis politiques flammands (2002~2007)," *Courrier hebdomadaire du CRISP*, n° 1971, 2007, pp. 5~51.

354 *Le Soir*, 5 avril 2012.

355 2010년 블록정체성에 의해 조직된 유럽 이슬람화 반대회의 관계로 오스카 프레이징어(Oskar Freysinger)가 파리에 왔었다. 이 시점부터 마리 르펜은 블록정체성과 거리를 두기 시작했으며 동시에 이슬람 혐오주의를 통해 여론을 조성할 수 있다는 가능성을 깨달은 것 같다.

356 *Nation Europe*, janvier~mars 1995; Xavier Bougarel, "Travailler sur l'islam dans la Bosnie en guerre," *Cultures et Conflits*, n° 47, 2002, pp. 49~80; Jacques Sémelin, *Purifier et détruire. Usages politiques des massacres et génocides* (Paris: Le Seuil, 2005), p. 33.

357 *Regards*, 12 septembre 2000.

358 Commission nationale consultative des droits de l'homme, *La Lutte contre le racisme, l'antisémitisme et la xénophobie* (Paris: La Documentation française, 2001).

359 펠티에(Guillaume Peltier)는 사르코지(Nicolas Sarkozy)의 핵심 추종자가 되었으며 오늘날 프랑스 보수당 흐름 중 하나를 주도하고 있다. 그는 '뷔송 계열〔파트리크 뷔송(Patrick Buisson)은 ≪미뉘트≫에서 활동했고 2012년 니콜라 사르코지 계열의 핵심 인물이다〕'을 따르고 있다. 이 계열은 스페인 국민당과 동일시되는 프랑스 보수당을 구축하는 중심 역할을 하고 있으며 모든 우익주의 스펙트럼을 수용한다(파트릭 뷔송과 기욤 펠티에는 스페인 선거제도가 프랑스 선거제도와 다르다는 사실을 전혀 염두에 두고 있

지 않다. 스페인 선거는 1·2차 모두 다수제가 아니다).

360 Cf. Jean-Yves Camus, "L'extrême droite européenne et la Turquie: le double fantasme de l'islamisation et de la reconquête," Füsün Turkmen(ed.), *Turquie, Europe: le retour des nationalismes* (Istanbul & Paris: Université Galatasaray & L'Harmattan, 2010), pp. 73~92.

361 Thomas Beaufils & Patrick Duval(eds.). *Les Identités néerlandaises: de l'intégration à la désintégration?* (Villeneuve-d'Ascq: Presses universitaires du Septentrion, 2006).

362 Gaël Brustier & Jean-Philippe Huelin, *Voyage au bout de la droite* (Paris: Mille et Une Nuits, 2011).

363 Sylvain Crépon, *Enquête au cœur du nouveau Front national* (Paris: Nouveau Monde, 2012).

364 Abel Mestre & Caroline Monnot, *Le Système Le Pen* (Paris: Denoël, 2012), pp. 84~87.

365 이 시기에 이슬람 혐오주의 단체인 '평신도의 반격'(Riposte laïque; 극우주의를 비난하는 좌익 단체이긴 하지만 때때로 블록정체성과 교류를 하기도 한다)은 공개적으로 국민전선이 아랍·무슬림을 지지한다고 비판했다.

366 Cf. Rudy Reichstadt, *Conspirationnisme: un état des lieux*, Observatoire des radicalités politiques, n° 11, Paris, Fondation Jean-Jaurès, février 2015.

367 Cf. Nonna Mayer, *L'opinion publique française n'est pas antisémite*, Observatoire des radicalités politiques, n° 10, Paris, Fondation Jean-Jaurès, octobre 2014; Nonna Mayer, "Les opinions antisémites en France après la seconde Intifada," *Revue internationale et stratégique*, n° 58, 2005, pp. 143~150.

368 국민전선의 사무국장의 보고에 의하면 당원 중 39%가 여성이다[2013년 11월 5일 니콜라 베이(Nicolas bay)가 니콜라 르부르(Nicolas Lebourg)에게 보낸 이메일]. 페르티냥[Perpihnan; 인구 십만 명의 도시로서 루이 알리오(Louis Aliot)가 이끄는 국민전선은 2014년 시의회 선거에서 제1야당이 되었다]시에서 활동하는 국민전선의 여성 당원은 44%에 이른다[Cf. Jérôme Fourquet, Nicolas Lebourg & Sylvain Manternach, *Perpignan, une ville avant le Front national?* (Paris: Fondation Jean-Jaurès, 2014)]. 국민전선의 동성애자 문제에 관해서는 다음을 참조하라. Nicolas Lebourg & Joseph Beauregard, *Dans l'ombre des Le Pen*, op. cit., pp. 365~380. 이 책은 동성 간의 결혼 권리에 대한 비판을 다룬 2013년 1월 2일 자의 ≪미뉘트≫ 보고서에 이어 이 주제에 대해 논쟁을 불러일으켰다. 이 책을 통해서 마리 르펜은 플로리앙 필립포(Florian Philippot)의 중립적 입장을 취하고 있음이 분명해졌다.

369 Christophe Guilly, *La France périphérique* (Paris: Flammarion, 2014).

370 농경사회에서의 파시즘에 대해서는 다음을 참조하라. Robert O. Paxton, "Les fascismes: essai d'histoire comparée," *Vingtième Siècle*, n° 45, janvier~mars 1995, p. 3~13.

371 이 단어는 'uncivil society' 개념을 번역한 것이다. Cf. Andreas Umland, "Towards an Uncivil Society? Contextualizing the decline of post-Soviet Russian extremely right-wing parties," *Weatherhead Centre for International Affairs, Working Pater Series*, n° 2~3. 2002.

372 Pascal Perrineau, *La France au Front* (Paris: Fayard, 2014).

373 Cf. Joël Gombin, "Contextualiser sans faire de l'espace un facteur autonome. La modélisation multiniveau comme lieu de rencontre entre sociologie et géographie électorales," *L'Espace politique* (http://espacepolitique.revues.org/3066), juillet 2014; Joël Gombin, "Vote FN aux européennes: une nouvelle assise électorale?," Observatoire des radicalités politiques, n° 9, Paris, Foundation Jean-Jaurès, septembre 2014; Joël Gombin & Sylvain Crépon, "Loin des mythes, dans l'isoloir," in "Manière de voir," *Le Monde diplomatique*, n° 134, avril~mai 2014, pp. 61~66; Jérôme Fourquet, Nicolas Lebourg & Sylvain Manternach, op. cit.

374 Joël Gombin & Nicolas Lebourg, "Le vote pour l'extrême droite est une façon de repolitiser l'élection," *Le Monde*, 28 mars 2014, p. 25.

375 블록정체성의 정기간행물(*Identitaires*; '정체성'이라는 의미)은 "PEGIDA 반이슬람화 사회운동"을 일으켜야 한다고 주장했다(n° 22, 2015년 5~6월, p. 14). 하지만 그들이 관심을 가졌던 것은 운동 자체가 아니라 독일을 위한 대안(AfD)이 주장하는 테마를 도입하는 것이었다. 따라서 시 선거 1차전에서 PEGIDA가 얻은 득표율을 언급하면서 PEGIDA가 AfD(4.8%)를 추월한 사실에 만족했으며 다음과 같은 결론을 내렸다. "정체성 문제에 관해 포괄적인 전략을 세웠던 AfD의 지도자들의 주장이 옳았다".

376 우리는 이 운동의 전문가인 마를렌 라휘엘(Marlène Laruelle)의 '신유라시아주의자들'에 대한 정의를 따른다. 실제로 1920년대 유라시아주의와 두긴(Alexandr Douguine)에 의해 발전된 유라시아주의 사이의 차이는 여러 면에서 다양하다. 유라시아주의는 유대인들을 유라시아의 일부라고 간주하지만 신유라시아주의자들은 슬라브 아리아족과 유대 인종에게 적대적이다.

377 국가에 대한 이러한 관점을 통해 헝가리 국무총리 빅토르 오르반(Viktor Orban)의 다음과 같은 발언을 이해할 수 있다. "헝가리로 들어오는 이주자들은 우리와 근본적으로 다른 문화를 가지고 있는 사람들이라는 것을 잊어서는 안 된다. 그들은 대부분 기독교인이 아니라 무슬림이다. 그리고 이는 상당한 중요성을 가진다. 왜냐하면 유럽과 유럽인들의 정체성은 기독교를 그 뿌리로 하기 때문이다." *Frankfurter Allgemeine Zeitung*, 2015년 9월 2일 자.

378 슬로바키아 재단은 1992년에 가톨릭 신부이자 살레지오회 수도사인 밀란 S. 두리카(Milan S. Durica)가 저술한 요제프 티소(Jozef Tiso)에 대한 성인전을 출판했다. 1863년 슬로바키아 재단의 설립은 세르비아와 체코에서 세워진 재단을 모델로 설립되었으며 이후 크로아티아와 슬로베니아에 동일한 성격의 재단이 설립되었다. 이 재단들의 활동은 정치에 국한된 것은 아니었으며, 더욱이 극우주의적 성격을 가지고 있었다고 보기 어렵다.

379 *Pamjat'parle* (Nantes: Ars Magna, s.d.).

380 Vladimir Pribylovski, "Le mouvement Pamiat, 'école des cadres' du nationalisme russe durant la Perestroïka," Marlène Laruelle(ed.), *Le Rouge et le Noir. Extrême droite et nationalisme en Russie* (Paris: CNRS, 2007), pp. 99~114.

381 Anton Shekhovtsov, "Alexandre Dugin and the West European New Right, 1989~1994," Marlène Laruelle(ed.), *Eurasianism and the European Far Right*, op.cit., pp. 37~38.

382 범투란주의는 투르크 민족을 기원으로 하는 민족적·언어적 친족 공동체로서 궁극적으로 통일된 정치 공동체를 목표로 한다. 이는 종종 유라시아주의와 혼돈되어 사용되고 있다. 이스탄불에서 발행되고 있는 잡지 ≪투란(Turan)≫은 헝가리의 단체 요비크와 그 지도자인 가보르 포나(Gabor Vona)의 활동을 다시 거론하고 있으며, 독일 무장친위대에 자발적으로 가입한 투르크메니스탄인들이 기도하고 있는 사진을 표지에 싣기도 했다(*Turan*, n° 13, 2011).

383 Marlène Laruelle, "Alexandre Dugin esquisse d'un eurasisme d'extrême droite en Russie postsoviétique," art.cit., p. 94.

384 Markus Mathyl, "The National-Bolshevik Party and Arctogaia: two neo-fascist groupuscules in the post-Soviet political space," *Patterns of Prejudice*, vol.36, n° 3, 2002, p. 64; Roger Griffin, "Plus ça change! The fascist mindset behind the Nouvelle Droite's struggle for cultural renewal," Edward Arnold(ed.), *The Development oft the Radical Right in France 1890~1995* (London: Routledge, 2000), pp. 237~252.

385 Alexandre Douguine, interview à *Lutte du peuple*, octobre 1992; Alexandre Douguine, "Métaphysique du national-bolchevisme," "Julius Evola et le traditionalisme russe," "La Révolution conservatrice russe," *Archivio eurasia*, site lié à Synergies européennes.

386 Christian Bouchet, *Troisième Voie-Année zéro*, 1989(내부 문서; 개인 소장).

387 1992년 5월, 기관지 ≪엘레망(Eléments)≫에서 알랭 드 브누아는 신저항의 기관지인 ≪뤼트 뒤 푀플(Lutte du peuple)≫이 주장하는 요소들을 그대로 답습하고 있는 것처럼 보인다.

388 *TV Circulaire SG-8*, 4 septembre 1991; *Nouvelle Résistance SG-9*, 23 septembre 1991(내부 문서; 개인 소장).

389 Yannick Sauveur, *Jean Thiriart*, op.cit., p. A- J; 이 텍스트가 처음 인쇄된 것은 1981년이다, 이 책에 소개된 텍스트는 1983년에 보안된 것이다.

390 José Cuadrado Costa, "Insuffisance et dépassement du concept marxiste-léniniste de nationalité," *Conscience européenne*, n° 9, octobre 1984.

391 Cf. Anton Shekhovtsov & Andreas Umland, "Is Aleksandr Dugin a Traditionalist? Neo-eurasianism and perennial philosophy," *The Russian Review*, vol. 68, n° 4, 2009, pp. 662~678; Alexandre Douguine, "La Cuarta teoria politica," Madrid, 12 novembre 2013, YouTube에서 재생 가능.

392 *Lutte du peuple*, septembre 1992; Marlène Laruelle, "Alexandre Dugin, esquisse d'un eurasisme d'extrême droite en Russie postsoviétique," art.cit., p. 87.

393 *Lutte du peuple*, octobre 1992.

394 Alexandre Dreiling, "Les nationalistes radicaux russes en 1996~1997," Jean-Yves Camus(ed.), *Les Extrêmismes en Europe* (La Tour-d'Aigues: L'Aube, 1998), pp. 316~317.

395 '리몬카(Limonka; 작은 레몬이라는 뜻으로, 반인격적인 유탄을 지칭하는 이름이다)는 리모노프(Edouard Limonov)의 잡지 제목이다.

396 Véra Nikolski, "Le Parti national bolchevique russe: une entreprise politique hétérodoxe," *Critique internatioale*, n° 55, 2012, pp. 93~115.

397 Déclaration n° 9253, 10 novembre 1993, Archives de la sous-préfecture de Valenciennes.

398 *Nation Europe*, n° 1, février~mars 1994; n° 2, juin~juillet 1994.

399 Christian Bouchet, "Lettre ouverte aux cadres de Nouvelle Résistance," 16 août 1996(내부 문서; 개인 소장).

400 신저항 연합의 정관, 2 septembre 1996, Archives de la sous-préfecture du Raincy.

401 Cf. "À propos du Front européen de libération et du PCN," "Communiqué de presse de Nouvelle Résistance — 10 novembre 1996," http://fel.nr.free.fr/propos.htm

402 *L'Europe combattante*, octobre 1996(내부 문서; 개인 소장); *Tribuna de Europa*, vol. 2, n° 8, décembre 1996.

403 3e Congrès de Nouvelle Résistance. Motion présenté par le secrétariat général de l'organisation, p. 4; *L'Europe combattante*, novembre 1996, pp. 1~2(내부문서: 개인 소장).

404 *L'Europe combattante*, été 1997(내부 문서; 개인 소장).

405 *Tribuna de Europa*, vol. 2, n° 10, mai~juin 1997; n° 12, octobre~novembre 1997.

406 *La Lettre du Réseau*, novembre~décembre 1997; novembre~décembre 1998(내부 문서; 개인 소장).

407 Troy Southgate, "Manifesto of the European Liberation Front," 1999, Troy Southgate, *Tradition and Revolution* (London: Arktos, 2010), pp. 125~132 재인용.

408 Anton Shekhovtsov & Andreas Umland, "Vladimir Zhirinovsky and the LDPR," *Russian Analytical Digest*, n° 102, 26 septembre 2011, pp. 14~17.

409 "Russie: information sur le parti politique appelé Unité nationale russe(Russkoyé natsional' noyé edinstvo — RNE), y compris sa taille, son influence, ses activités et ses relations avec le gouvernement," Canada, Commision de l'immigration et du statut de réfugié, Direction des recherches, 9 juin 2004, http://www.refworld.org/docid/41501c562a.html

410 이들 자체는 '신앙 연합체(Edinoverie)'라고 불리는 단체에 속하는데, 이 단체는 '전통 신앙인(Vieux-Croyants)'의 오래된 의식에 따른다. 러시아 정교회 소속인 전통 신앙인들은 모스크바 총대주교인 니콘(Nikon)에 의해 1666~1667년에 도입된 교리와 예배의식 개혁에 반대했다. 국가(1905년까지)와 교회에 의해 추방당한 이 단체는 우랄 지역과 시베리아 지역에 정착한 뒤 계속 활동했다. 종말론에 입각한 종교적 급진주의의 영향에 힘입어서 그들은 계속해서 널리 퍼져나갔다. 19세기 초부터 전통적 의식을 숭배하는 신자들은 모스크바 정교회 총대주교에 편입되어 있으며, 두긴과 교류했다.

411 Erasia, "La vision eurasiste. Principes de base de la plate-forme doctrinale eurasiste," *La Nation eurasienne*, n° 1, juin 2003. s.p.

412 2004년 설립된 친러시아적 국제 포럼은 다양한 사상을 존중하는 토론장이다. 프랑스 초청 인사들로 에이메릭 쇼프라드(Aymeric Chauprade), 자크 사피어(Jacques Sapir), 마리옹 마혜샬 르펜(Marion Maréchal-Le pen) 등이 속한다.

413 Cf. Marlène Laruelle, "Novorossiya: a launching pad for Russian Nationalists," *PONARS Eurasia Policy*, n° 357, septembre 2014; Marlène Laruelle, "A Nationalist Kulturkampf in Russia? The Izborsky Club as the Anti-Valdai," à paraître(très aimablement communiqué par l'auteur).

414 Cf. *Le Nouvel Observateur*, 1er mai 2014.

415 Umut Korkut & Emel Akçali, "Deciphering Eurasianism in Hungary: Narratives, Networks, and Lifestyles," Marlène Laruelle(ed.), *Eurasianism and the European Far Right*, op.cit., pp. 175~192.

416 Cf. Jean-Yves Camus & René Monzat, Les Droites nationales et radicales en France, op. cit., 1992, pp. 469~470; Abel Mestre & Caroline Monnot, op, cit., pp. 55~58.

417 소프트파워는 미국 정치학자 조지프 나이(Joseph Nye)가 발전시킨 이론이다. 하드파

워와 함께(군사 수단) 국가는 문화적 활동을 통해 생성되며 대중성에 기반을 둔 요소들로 구성되는 소프트파워 전략을 함께 펼쳐야 한다. 나이는 정부가 국제 관계에서 영향력을 넓힐 수 있는 전략으로 다음과 같은 정책을 제시했다. 즉 소프트파워에 의거한 인기도를 통해서 사회를 대표하는 사람들을 움직이게 해야 한다는 것이다(미국의 이미지는 미국 영화를 통해 만들어지며, 공자 연구소 네트워크를 구성해 중국 문화를 재발견하고, 프랑스어 사용 운동에 대한 논쟁을 불러일으키는 것 등을 그 예로 들 수 있다).

418 *Le Monde*, 8 juin 2001.

419 Marlène Laruelle, "Scared of Putin's Shadow," *Foreign Affairs*, mars 2015, http://www.foreignaffairs.com/articles/russian-federation/2015-03-25/scared-putins-shadow.

420 Olha Ostriitchouk Zazulya, "Le conflit identitaire à travers les rhétoriques concurrentes en Ukraine postsoviétique," *Autrepart*, n° 48, 2008, pp. 59~72.

421 Pierre Milza, *L'Europe en chemise noire*, op. cit., pp. 380~382.

422 Anna Colin Lebedev, "Les Ukrainiens an tournant de l'histoire européenne," *Études*, n° 3, 2015, pp. 7~18.

423 Olha Ostriitchouk Zazulya, "Les dessous de la révolution ukrainienne. D'une contestation civique à une guerre identitaire," *Le Débat*, n° 180, 2014, pp. 3~16.

424 돈초프(Dontsov)의 작품 중 한 권의 제목은 『우리 과거의 에스프리(Douch nachyi davnynyi)』(1944)이다. 이 책의 표지는 러시아 정교회 사진과, 양날 검 그리고 전통주의라는 단어로 이루어져 있다

425 Oleh Pankevych au Front national, 7 mars 2014, http://www.contre-info.com/lettre-de-svoboda-au-front-national-exclusivite-contre.info

426 자체 번역. *Pravyi Sektor* [s.d.(2014)]; dépliant de propagande du Secteur droit(개인 소장).

427 Anton Shekhovtsov, "The spectre of Ukrainian 'fascism': information wars, political manipulation, and reality," Andrew Wilson(ed.), *What does Ukraine think?*, European Council on Foreign Relations, 2015, pp. 80~86.

428 Anton Shekhovtsov, "Far-right election observation monitors in the service of the Kremlin's foreign policy," Marlène Laruelle(ed.), *Eurasianism and the European Far Right*, op, cit., pp. 223~243.

429 Irena Cantorovich, "Post-Soviet Region," *Antisemitism Worldwide 2014 General Analysis Draft* (Tel Aviv: Moshe Kantor Database for the Study of Contemporary Antisemitism and Racism), 2014, pp. 17~21.

430 Radio Free Europe/Radio Liberty Report, 10 octobre 2003, Kathleen Knox; *Baltic Times*, 8 avril 2004; *EU-Reporter*, 23~27 février 2004, p. 14.

431 Céline Bayou, Jaroslav Blaha, Édith Lhomel, Jean-Yves Potel, "Populisme et extrém-

isme en Europe centrale et balte," *Le Courrier des pays de l'Est*, n° 1054, 2006, pp. 27~43.

432 Rapport CAT/C/CR/31/3, 5 février 2004.

433 Ilze Balcere, "Comparing populist political parties in the Baltic States and Western Europe," *Working Paper ECPR General Conference in Reykjavik*, 25~27 août 2011.

434 Nadège Ragaru, "Ataka: les raisons du succès d'un parti nationaliste radical en Bulgarie," CERI CNRS 보고서, 2005; Nadège Ragaru, "Ataka: Les gloires éphémères de la xénophobie? La redéfinition des frontières intérieures de la société bulgare," *Recherches internationales*, n° 92, octobre~décembre 2011, pp. 69~80.

435 다음에서 인용. Gilles Ivaldi, "Euroscepticisme, populisme, droites radicales: état des forces et enjeux européens," *L'Europe en formation*, n° 373, 2014, pp. 7~28.

436 미국 사회학자인 스탠리 코헨(Stanley Cohen)과 스튜어트 홀(Stuart Hall)의 학설을 따르는 가엘 브뤼스티에(Gaël Brustier)는 소수민족의 문화에 대해 비정상적으로 반응하는 사회현상을 '도덕적 공포'라고 분석했다.

437 자체 번역.

438 Balázs Ablonczy & Bálint Ablonczy, "L'extrême droite en Hongrie. Racines, culture, espace," *Hérodote*, n° 144, 2012, pp. 38~59.

439 2012년 대통령으로 당선된 토미슬라브 니콜리치(Tomislav Nikolić)는 세르비아 급진당 출신이지만 2008년 세르비아 급진당에서 탈퇴해 유럽연합을 지지하는 당을 설립했다.

440 Horia Sima, *Histoire du mouvement légionnaire* (Rio de Janeiro: Dacia, 1972), p. 44.

441 *Ion Antonescu, Romanii, originea, trecutul, suferintele si depturile lor* [Bucarest: Saeculum, 1998(1919)], p. 55; Oleh Protsyk, *Représentation des minorités au Parlement roumain* (New York: Programmes des Nations unies pour le développeemt), 2010.

442 현재 이 당의 총재는 국무총리를 지낸 야로스와프 카친스키(Jaroslaw Kaczynski; 1949) 이다. 그의 쌍둥이 형제인 레흐 카친스키(Lech Kaczynski)는 폴란드공화국의 대통령을 지냈으며 2010년 소련의 스몰랜스크 (Smolensk) 지역에서 비행기 추락 사고로 사망했다. 이 사고로 인해 민족주의 진영에서는 다양한 음모론이 제기되었다.

443 Paul Lendvai, *L'Antisémitisme sans juifs* (Paris: Fayard, 1971).

444 2002년 1월부터 헝가리 개혁 교회 공의회에서는 헤게뒤시의 발언에 대해 강력한 제재를 가했으며 2002년 의원 선거에서 헝가리 정의와 삶의 당의 후보자로 10명가량의 목사가 참여한 사실에 대해서도 제재를 가했다.

445 블라디미르 푸틴(Vladimir Putin) 대통령도 러시아는 서유럽과는 다른 '독특한 길'을 선택해야 한다는 이론을 전개하고 있다. 겐나디 주가노프(Gennady Zyuganov)가 이끄는

공산당도 같은 입장을 가지고 있었다.

446 Mark Mazower, *Le Continent des ténèbres, Une histoire de l'Europe au xxe siècle* (Bruxelles: Complexe, 2005).

447 Cécile Alduy & Stéphane Wanich, *Marine Le Pen prise aux mots* (Paris: Le Seuil, 2015).

448 Romain Ducoulombier, *Histoire du communisme* (Paris: Presses universitaires de France), 2014, pp. 4~5.

449 Patrice de La Tour du Pin, *La Quête de Joie* (Paris: Gallimard, 1933).

감사의 말

책을 집필하는 것은 여러 사람이 함께 하는 공동 작업이다. 우선 이 책의 편집자인 장 크리스토프 브로시에Jean-Christophe Brochier에게 감사드린다. 그리고 유럽 극우파들에 대해서 연구하고 있는 학자들과의 정보 교환을 통해 이 책이 완성되었음을 밝힌다. 또한 몇 년 전부터 프랑스 언론사의 기자들이 유럽 극우파에 대한 자료를 수집하고 있는데, 이러한 자료들이 우리에게 많은 도움을 주었다. 마지막으로 극우파 단체에 활동하고 있는 활동가들 중에서 자신이 몸담고 있는 단체에 대한 분석을 외부 관찰자와 공유하기를 꺼려하지 않는 지식인들이 커다란 도움을 주었다. 그들 중 특히 다음과 같은 분들에게 감사드린다. 마뉘엘 아브라모비치Manuel Abramowicz, 도미니크 알베르티니Dominique Albertini, 그레임 앳킨슨Graeme Atkinson, 우베 바케스Uwe Backes, 프란시스 발라스Francis Balace, 크리스티앙 부셰Christian Bouchet, 사비에르 카살스Xavier Casals, 움베르토 쿠체티Umberto Cucchetti, 알랭 드 브누아Alain de Benoist, 기욤 도댕Guillaume Daudin, 르노 델리Renaud Dély, 다비드 두세David Doucet, 잡지 ≪엑스포Expo≫(스톡홀름) 발행인 크리스토프 포르카리Christophe Forcari, 제롬 푸르케Jérôme Fourquet, 로저 그리핀Roger Griffin, 제롬 자맹Jérôme Jamin, 스티브 케제Steve Kayser, 브뤼노 라레비에르Bruno Larebierè, 노나 마예르Nonna Mayer, 아벨 메스트르Abel Mestre, 카롤린 모노Caroline Monnot, 르네 몬자René Monzat, 파트리크 모로Patrick Moreau, 카스 뮈더Cas Mudde, 에마누엘 네그리에Emmanuel Négrier, 라팔 판코프스키Rafal Pankowski, 파스칼 페리노Pascal Perrineau, 디나 포라트Dina Porat와 현대유럽유태인 연구를 위한 캔터 센터Kantor Center for the Study of Contemporary European Jewry(텔 아비브), 조나탕 프레다Jonathan Preda, 호세 루이스 로드리게스 히메네스José Luis Rodríguez Jiménez, 알프레드 로스Alfred Ross, 미카엘 샤피르Michael Shafir, 안톤 셰브코초프Anton Shevkotsov, 마르코 타르키, 안드레아스 움란트Andreas Umland, 필리프 베르베크Philippe Vervaecke, 에릭 위버Eric Weaver 등이다. 여기에 거론되지는 않았지만 극우 단체에 속하는 활동가들 중에 우리에게 정보와 문서를 제공하고 조언과 함께 검증 작업을 도와준 분들도 있다. 이들의 도움이 없었다면 우리가 분석 대상으로 삼았던 단체들의 활동을 제대로 파악하기 어려웠을 것이다. 연구자들 중에 극우 단체에 대한 국제 연구 강좌를 책임지고 있는 학자들에게도 많은 도움을 받았다. 올리비에 다르Olivier Dard(유럽·미국 급진적 극우주의의 세계화) 그리고 마를렌 라뤼엘Marlène Laruelle(유럽의 파시즘)이다. 그리고 우리가 공동으로 집필한 바로 이전 책의 삽화를 그려준 샤를리 에브도Charlie Hebdo 신문사에도 감사를 드리며, 2015년 1월 7일 테러 사건의 희생자들과 아직도 고통받고 있는 생존자들에게 경의를 표한다. 마지막으로 장 조레 재단Fondation Jean-Jaurès의 급진정치관측연구소ORAP에 특별한 감사를 드리는 바이다. 급진정치관측연구소의 세실 알디Cécile Alduy, 조제프 보르가르Joseph Beauregard, 가엘 브뤼스티에Gaël Brustier, 실뱅 크레퐁Sylvain Crépon, 알렉상드르 데제Alexandre Dézé, 델핀 에스파뇨Delphine Espagno, 스테판 프랑수아Stéphane François, 조엘 곰뱅Joël Gombin, 도미니크 시스타흐Dominique Sistach, 루디 라이히슈타트Rudy Reichstadt에게 감사를 전한다. 또한 급진정치관측연구소를 재정적으로 지원하고 있는 장 조레 재단에게 감사를 드리며, 특히 질 핑셸스탱Gilles Finchelstein, 로랑 코엔Laurent Cohen, 알린 그랑주Aline Grange, 알리스 샤지마나시스Alice Chatzimanassis, 제레미 펠티에Jérémie Peltier에게 감사를 드린다. 교정을 맡아준 프레데리크 르 부르Frédérique Le Bourg, 미리앙Myriam, 뤼마엘Lumael, 일랑Ylan에게도 감사의 말을 전하고 싶다. 아니 폴Annie-Paule, 리오라Liora, 플로라Flora에게 고맙다는 말을 전하며 마지막으로 무엇과도 바꿀 수 없는 아이디어와 자료들을 제공해준 알렉스 데르찬스키Alex Derczansky에게 감사의 말을 전한다.

찾아보기

단체

가

라

마

바

사

파

하

기타

인물

가

나

다

라

마

바

사

아

자

차

카

타

파

하

지은이

장 이브 카뮈Jean-Yves Camus

프랑스 극우파와 이슬람 급진주의 단체를 전문적으로 연구해온 장 이브 카뮈는 2006년부터 국제관계전략연구소(IRIS) 연구원으로 활동하고 있으며, 2014년부터 사회주의적 성향을 가진 싱크 탱크인 장 조레 재단(Fondation Jean-Jaures)의 급진정치관측연구소 책임자를 맡고 있다. 조지 워싱턴 대학의 유럽 파시즘 강좌 책임자이며, 『프랑스의 극우주의』(2006), 『극우주의 사전』(공저, 2007) 등 다수의 책을 저술했다.

니콜라 르부르Nicolas Lebourg

사회학자인 니콜라 르부르는 장 조레 재단의 급진정치관측연구소 연구원이자 몽펠리에 대학의 유럽정치연구센터(CEPEL) 연구원으로 활동하고 있다. 조지 워싱턴 대학의 유럽 파시즘 강좌 책임자이며, 『르펜의 그늘 아래에서』(공저, 2012), 『국민전선의 뿌리: 신질서 운동의 역사』(공저, 2014) 등 다수의 책을 저술했다.

두 사람은 유럽 극우파와 급진주의 단체에 대한 전문가로서 프랑스를 비롯한 유럽 극우주의에 관한 다수의 책을 저술했으며 언론매체를 통해 활발하게 활동하고 있다.

옮긴이

은정 펠스너Eun-Jung Felsner

프랑스 소르본 대학에서 영화 공부를 하다가 독일 남자를 만나 19년째 독일에 거주하고 있다. 한국어, 영어, 불어, 독일어의 혼재 속에서 각 언어가 지닌 보편성과 특수성에 관심이 많으며, 그러한 관심은 2013년 한국문학번역원 독일어권 번역상 수상으로 결실을 맺었다. 현재 베를린 자유대학교 한국학과에서 종교와 통일 문제로 박사과정을 밟고 있으며, 출판 기획자와 번역가로 활동하고 있다. 번역서로 『IS 리포트』(2015)가 있다.

한울아카데미 2040
유럽의 극우파들
유럽에 들이닥친 우익 열풍, 왜, 어떻게 시작되었는가

지은이 장 이브 카뮈·니콜라 르부르
옮긴이 은정 펠스너
펴낸곳 한울엠플러스(주) **펴낸이** 김종수
편집책임 최규선 **편집** 김다정

초판 1쇄 인쇄 2017년 11월 6일
초판 1쇄 발행 2017년 11월 13일

주소 10881 경기도 파주시 광인사길 153 한울시소빌딩 3층
전화 031-955-0655 **팩스** 031-955-0656 **홈페이지** www.hanulmplus.kr
등록번호 제406-2015-000143호

ISBN 978-89-460-7040-0 93340 (양장)
978-89-460-6388-4 93340 (반양장)

Printed in Korea.
※ 책값은 겉표지에 표시되어 있습니다.